浙江省文化研究工程指导委员会

浙江文化名人传记精选修订丛书

原 主 编：万 斌

执行主编：卢敦基

婺学之宗

吕祖谦传

徐儒宗 著

浙江人民出版社

图书在版编目（CIP）数据

婺学之宗 ：吕祖谦传 / 徐儒宗著. -- 杭州 ：浙江人民出版社，2024. 12. -- ISBN 978-7-213-11822-7

Ⅰ. B244.99

中国国家版本馆CIP数据核字第20247DJ254号

婺学之宗：吕祖谦传

WUXUE ZHIZONG LU ZUQIAN ZHUAN

徐儒宗　著

出版发行　浙江人民出版社（杭州市环城北路177号　邮编　310006）
　　　　　市场部电话:(0571)85061682　85176516

责任编辑　王　燕

责任校对　姚建国

责任印务　程　琳

封面设计　王　芸

电脑制版　杭州天一图文制作有限公司

印　　刷　杭州富春印务有限公司

开　　本　710毫米×1000毫米　1/16

印　　张　21.25

字　　数　322千字

插　　页　6

版　　次　2024年12月第1版

印　　次　2024年12月第1次印刷

书　　号　ISBN　978-7-213-11822-7

定　　价　88.00元

“浙江文化研究工程成果文库”总序

有人将文化比作一条来自老祖宗而又流向未来的河，这是说文化的传统，通过纵向传承和横向传递，生生不息地影响和引领着人们的生存与发展；有人说文化是人类的思想、智慧、信仰、情感和生活的载体、方式和方法，这是将文化作为人们代代相传的生活方式的整体。我们说，文化为群体生活提供规范、方式与环境，文化通过传承为社会进步发挥基础作用，文化会促进或制约经济乃至整个社会的发展。文化的力量，已经深深熔铸在民族的生命力、创造力和凝聚力之中。

在人类文化演化的进程中，各种文化都在其内部生成众多的元素、层次与类型，由此决定了文化的多样性与复杂性。

中国文化的博大精深，来源于其内部生成的多姿多彩；中国文化的历久弥新，取决于其变迁过程中各种元素、层次、类型在内容和结构上通过碰撞、解构、融合而产生的革故鼎新的强大动力。

中国土地广袤、疆域辽阔，不同区域间因自然环境、经济环境、社会环境等诸多方面的差异，建构了不同的区域文化。区域文化如同百川归海，共同汇聚成中国文化的大传统，这种大传统如同春风化雨，渗透于各种区域文化之中。在这个过程中，区域文化如同清溪山泉潺潺不息，在中国文化的共同价值取向下，以自己的独特个性支撑着、引领着本地经济社会的发展。

从区域文化入手，对一地文化的历史与现状展开全面、系统、扎实、有序的研究，一方面可以借此梳理和弘扬当地的历史传统和文化资源，繁荣和丰富当代的先进文化建设活动，规划和指导未来的文化发展蓝图，增强文化软实力，为全面建设小康社会、加快推进社会主义现代化提供思想保证、精神动力、智力支持和舆论力量；另一方面，这也是深入了解中国文化、研究中国文化、发展中国文化、创新中国文化的重要途径之一。如今，区域文化研究日益受到各地重视，成为我国文化研究走向深入的一个重要标志。我们今天实施浙江文化研究工程，其目的和意义也在于此。

千百年来，浙江人民积淀和传承了一个底蕴深厚的文化传统。这种文化传统的独特性，正在于它令人惊叹的富于创造力的智慧和力量。

浙江文化中富于创造力的基因，早早地出现在其历史的源头。在浙江新石器时代最为著名的跨湖桥、河姆渡、马家浜和良渚的考古文化中，浙江先民们都以不同凡响的作为，在中华民族的文明之源留下了创造和进步的印记。

浙江人民在与时俱进的历史轨迹上一路走来，秉承富于创造力的文化传统，这深深地融汇在一代代浙江人民的血液中，体现在浙江人民的行为上，也在浙江历史上众多杰出人物身上得到充分展示。从大禹的因势利导、敬业治水，到勾践的卧薪尝胆、励精图治；从钱氏的保境安民、纳土归宋，到胡则的为官一任、造福一方；从岳飞、于谦的精忠报国、清白一生，到方孝孺、张苍水的刚正不阿、以身殉国；从沈括的博学多识、精研深究，到竺可桢的科学救国、求是一生；无论是陈亮、叶适的经世致用，还是黄宗羲的工商皆本；无论是王充、王阳明的批判、自觉，还是龚自珍、蔡元培的开明、开放，等等，都展示了浙江深厚的文化底蕴，凝聚了浙江人民求真务实的创造精神。

代代相传的文化创造的作为和精神，从观念、态度、行为方式和价值取向上，孕育、形成和发展了渊源有自的浙江地域文化传统和与时俱进的浙江文化精神，她滋育着浙江的生命力、催生着浙江的凝聚力、激发着浙江的创造力、培植着浙江的竞争力，激励着浙江人民永不自满、永不停息，在各个不同的历史时期不断地超越自我、创业奋进。

悠久深厚、意韵丰富的浙江文化传统，是历史赐予我们的宝贵财富，也是我们开拓未来的丰富资源和不竭动力。党的十六大以来推进浙江新发展的实践，使我们越来越深刻地认识到，与国家实施改革开放大政方针相伴随的浙江经济社会持续快速健康发展的深层原因，就在于浙江深厚的文化底蕴和文化传统与当今时代精神的有机结合，就在于发展先进生产力与发展先进文化的有机结合。今后一个时期浙江能否在全面建设小康社会、加快社会主义现代化建设进程中继续走在前列，很大程度上取决于我们对文化力量的深刻认识、对发展先进文化的高度自觉和对加快建设文化大省的工作力度。我们应该看到，文化的力量最终可以转化为物质的力量，文化的软实力最终可以转化为经济的硬实力。文化要素是综合竞争力的核心要素，文化资源是经济社会发展的重要资源，文化素质是领导者和劳动者的首要素质。因此，研究浙江文化的历史与现状，增强文化软实力，为浙江的现代化建设服务，是浙江人民的共同事业，也是浙江各级党委、政府的重要使命和责任。

2005年7月召开的中共浙江省委十一届八次全会，作出《关于加快建设文化大省的决定》，提出要从增强先进文化凝聚力、解放和发展生产力、增强社会公共服务能力入手，大力实施文明素质工程、文化精品工程、文化研究工程、文化保护工程、文化产业促进工程、文化阵地工程、文化传播工程、文化人才工程等“八项工程”，实施科教兴国和人才强国战略，加快建设教育、科技、卫生、体育等“四个强省”。作为文化建设“八项工程”之一的文化研究工程，其任务就是系统研究浙江文化的历史成就和当代发展，深入挖掘浙江文化底蕴、研究浙江现象、总结浙江经验、指导浙江未来的发展。

浙江文化研究工程将重点研究“今、古、人、文”四个方面，即围绕浙江当代发展问题研究、浙江历史文化专题研究、浙江名人研究、浙江历史文献整理四大板块，开展系统研究，出版系列丛书。在研究内容上，深入挖掘浙江文化底蕴，系统梳理和分析浙江历史文化的内部结构、变化规律和地域特色，坚持和发展浙江精神；研究浙江文化与其他地域文化的异同，厘清浙江文化在中国文化中的地位和相互影响的关系；围绕浙江生动的当代实践，深入解读浙江现象，总结浙江经验，指导浙江发展。在研究力量上，通过课题组织、出版资助、重点研究基地建设、加强省内外大院名校合作、整合各地各部门力量等途径，形成上下联动、学界互动的整体合力。在成果运用上，注重研究成果的学术价值和应用价值，充分发挥其认识世界、传承文明、创新理论、咨政育人、服务社会的重要作用。

我们希望通过实施浙江文化研究工程，努力用浙江历史教育浙江人民、用浙江文化熏陶浙江人民、用浙江精神鼓舞浙江人民、用浙江经验引领浙江人民，进一步激发浙江人民的无穷智慧和伟大创造能力，推动浙江实现又快又好发展。

今天，我们踏着来自历史的河流，受着一方百姓的期许，理应负起使命，至诚奉献，让我们的文化绵延不绝，让我们的创造生生不息。

2006年5月30日于杭州

吕祖谦世系表

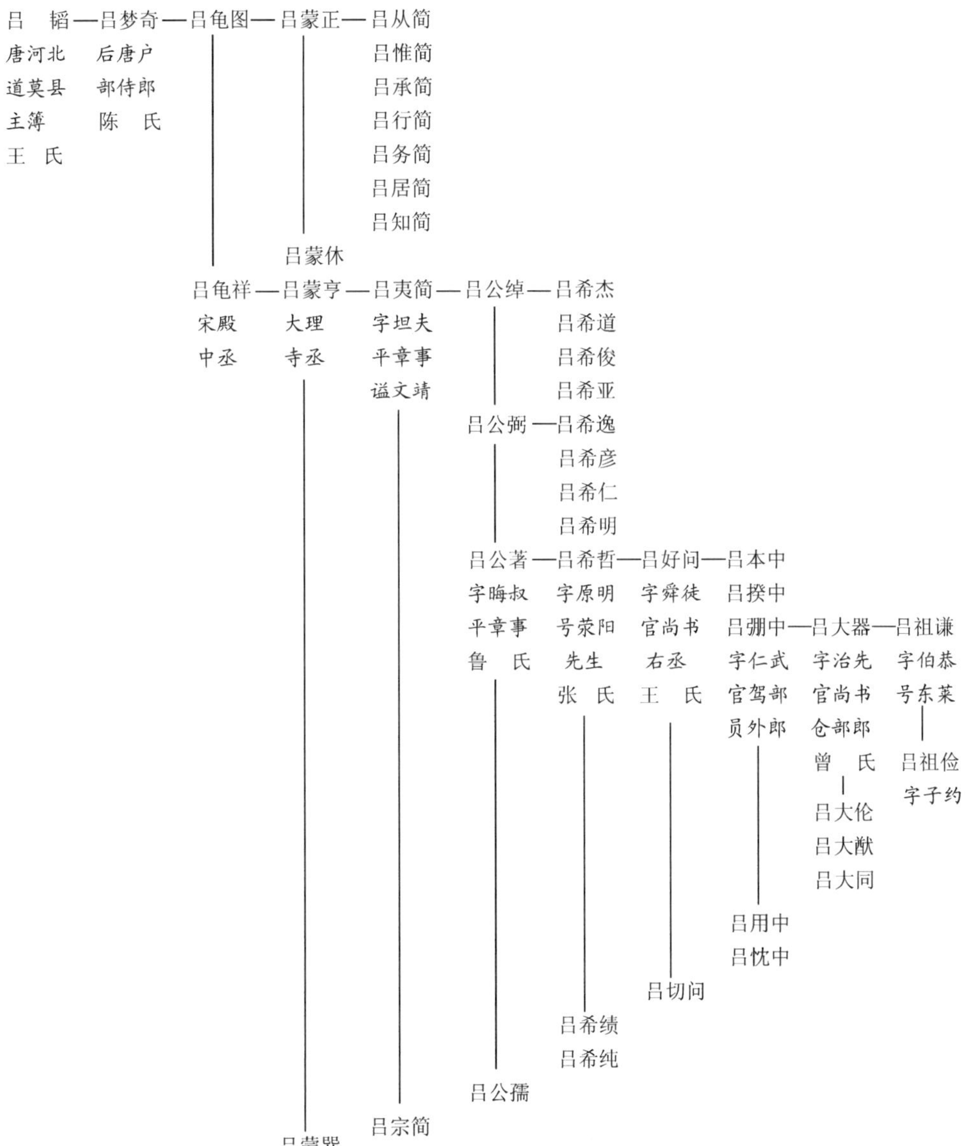
吕　韬—吕梦奇—吕龟图—吕蒙正—吕从简
唐河北道莫县主簿
王　氏
后唐户部侍郎
陈　氏
吕惟简
吕承简
吕行简
吕务简
吕居简
吕知简
吕蒙休
吕龟祥—吕蒙亨—吕夷简—吕公绰—吕希杰
宋殿中丞
大理寺丞
字坦夫
平章事
谥文靖
吕希道
吕希俊
吕希亚
吕公弼—吕希逸
吕希彦
吕希仁
吕希明
吕公著—吕希哲—吕好问—吕本中
字晦叔
平章事
鲁　氏
字原明
号荥阳先生
张　氏
字舜徒
官尚书右丞
王　氏
吕揆中
吕弸中—吕大器—吕祖谦
字仁武
官驾部员外郎
字治先
官尚书仓部郎
曾　氏
字伯恭
号东莱
吕祖俭
字子约
吕大伦
吕大猷
吕大同
吕用中
吕忱中
吕切问
吕希绩
吕希纯
吕公孺
吕宗简
吕蒙巽
吕蒙周

目录

第一章　家学渊源

引　子

孔子开创的中华主体文化儒学，经由汉唐经学家的详备训解，至北宋又有周敦颐、张载、二程诸大儒的继承和发挥，从而发展成为致广大而尽精微的理学。到南宋时期，理学又发展为朱熹的闽学、吕祖谦的婺学与陆九渊的金溪之学三家鼎立之局。清儒全祖望《同谷三先生书院记》云："宋乾、淳以后，学派分而为三：朱学也，吕学也，陆学也。三家同时，皆不甚合。朱学以格物致知，陆学以明心，吕学则兼取其长，而复以中原文献之统润色之。门庭径路虽别，要其归宿于圣人则一也。"其中能"兼取其长"而得"中原文献之统"的婺学的开创者吕祖谦，就是本书的传主。

吕祖谦（1137—1181），字伯恭，因其祖籍莱州，故学者称东莱先生。吕祖谦与其伯祖吕本中皆号"东莱"，世人因称吕本中为"大东莱先生"，而称吕祖谦为"小东莱先生"以区别之。而吕祖谦开创的学派之所以被称为"婺学"，则是因为吕祖谦的曾祖吕好问携家随宋室南渡，始定居于婺州，故吕祖谦本身乃婺州人氏。

婺州（今浙江省金华市），春秋属越，楚灭越又归楚。秦王政二十五年（前222）置会稽郡，婺州之地又属之。东汉末年，中原干戈不休，大量人口南渡，婺州地区的经济和文化开始迅猛发展。三国吴宝鼎元年（266），始分会稽西部置东阳郡，因郡治在瀔水之东、金华山之阳而以为名，领县九，是为婺州独立建郡之始。南朝梁改称金华郡。隋代因其地属婺宿分野，乃始称婺州。隋大业三年（607），复称东阳郡。唐代，改东阳郡为婺州。宋代曾称保宁军。南宋定都临安（今浙江省杭州市），婺州地近京畿，人口、经济和文化又得到了一次长足的发展。

婺州在地理位置上属浙东地区，境内多佳山丽水、风景名胜。万历《金华府志》写道："金华诸山蜿蜒起伏，势如游龙，腾空驾云，高为潜岳，雄压万峰。左右分支，回峦列巘，连屏排戟，拱卫四维。西南诸峰数重，近者横如几案，远者环如城郭。郭外双溪萦带，众水汇合，弯环流衍，注于瀔水，转浙江。"具体地讲，婺州境内主要的自然景观和人文景观，有金华北山的双龙洞、冰壶洞、朝真洞诸景以及双溪、八咏楼、丽泽书院，浦江的仙华山、浦阳江、月泉书院，武义的明招山，永康的方岩、五峰书院，义乌的绣湖，东阳的双岘山，兰溪的兰江等。这些自然景观和人文景观的存在，为这些壤地相接、声气易于相通的婺州文人探奇览胜，寻幽访古，唱和吟啸，讲论切磋，提供了一个极好的去处。也就是说，山水名胜能给本地文化带来地灵人杰、人文荟萃的积极效果。这是婺学得以勃然兴起和长期发展的自然因素。

然而，吕祖谦开创的婺学之所以能得"中原文献之统"，则非婺州山水名胜之优所能解说，而是另有渊源所自。而追溯这一渊源，就不得不归宗于吕祖谦的源远流长、博大深厚的家学传统。

吕祖谦作为历史名人，并非以一个有作为的政治家彪炳于史，而是以思想敏锐和学识宏富的思想家著称于世。他的一生既没有波澜壮阔、叱咤风云的功业，也没有悲欢离合、可歌可泣的情节。他一生的成就主要是在平淡恬静的氛围中从事书院讲学、青灯著述，并与师友交流。显然，写这样的传记，不能以情节的推进为线索，而是应以学问的积累和思想的发展为脉络，而叙述学问的积累和思想的发展，就不能不探索其源流继承的问题。因此，撰写吕祖谦的传记，就不能仅从吕祖谦的本身开始，而应追本溯源，从他的家世、家学的渊源写起。

一、仕宦显族

吕祖谦出身累世业儒的官宦之家，其祖籍为莱州（今山东省烟台市属莱州市）。莱州，《禹贡》青州之属，古莱夷之地，春秋时为莱国。齐侯迁莱子于郳，位国之东，故曰“东莱”。秦属齐郡，汉始析置东莱郡，晋改东莱国，南朝宋复为郡，隋改莱州，唐、宋、金沿之。吕祖谦与其伯祖吕本中皆号“东莱”，志不忘祖地也。

传说吕氏系出于神农之后，受姓于虞夏之际，历商、周、秦、汉以迄隋、唐，世远已难稽考。有世系可考者，当自唐代开始。

吕祖谦的十一世之祖吕諲，仕唐，官河北道莫州州治莫县（原州县治今为河北省沧州市属任丘市莫州镇）主簿，后赠太保。妻王氏，封许国太夫人。生子梦奇。

十世祖吕梦奇，仕五代后唐，累官至户部侍郎，后赠太保。妻陈氏，封邓国太夫人。生二子，长龟图，次龟祥。

九世伯祖吕龟图，梦奇长子。仕五代后周为起居郎，后赠尚书令。始从祖籍莱州徙家河南洛阳。妻刘氏，封徐国太夫人。生二子，长蒙正，次蒙休。

九世祖吕龟祥，梦奇次子。宋太宗太平兴国二年（977）进士，与其兄长子蒙正同科。历殿中丞，出知寿州（州治下蔡县，今安徽省淮南市凤台县），惠政及民，民爱留之，不忍舍去，遂从祖籍莱州徙家而居。于是吕氏始分洛阳与寿州二支。生三子，长蒙亨，次蒙巽，幼蒙周。

八世从伯祖吕蒙正（944—1011），字圣功，龟图长子。宋太宗太平兴国二年（977）进士第一名，授将作监丞，通判升州（今江苏省南京市）。历太宗、真宗两朝，三居相位，为有宋一代名相。并能识重富弼，荐侄夷简，后二人俱为名相，可见其知人之明。《宋史》本传云：“蒙正质厚宽简，有重望，以正道自持。遇事敢言，每论时政，有未允者，必固称不可，上嘉其无隐。”[①]授太子

① 《宋史》卷二百六十五。

太师，封莱国公，改封徐，复封许。致仕陛辞之日，谓真宗曰："远人请和，弭兵省财，古今上策，惟愿陛下以百姓为念。"此后，真宗曾两幸其第。卒，谥文穆。生七子，皆为显宦。弟蒙休，咸平进士，官至殿中丞。

八世祖吕蒙亨，龟祥长子。太宗雍熙二年（985）进士，获礼部高等，但因从兄蒙正为参知政事，故报罢。所谓"报罢"，乃是当时一种任官避嫌的临时制度。同时以父兄居于朝廷宰执显位而报罢者，尚有宰相李昉之子李宗谔、左谏议大夫许仲宣之子许待问、盐铁使王明之子王扶三人。因太宗认为"斯并势家，与孤寒竞进，纵以艺升，人亦谓朕有私也"，遂皆下第。这就是说，在朝高官的子弟不得再任为高官。于是，乃历任其所居之地下蔡县以及武平县（今属福建省龙岩市）主簿。太宗至道（995—997）初，考课州县官，以其引对文学、政事俱为优等，遂命为光禄寺丞，后改大理寺丞。生二子，长夷简，次宗简。弟蒙巽，官虞部员外郎。幼弟蒙周，太宗淳化（990—994）间进士及第。

七世祖吕夷简（974—1044），字坦夫，蒙亨长子。幼时，伯父蒙正致仕家居，真宗幸第，询蒙正诸子孰可用，蒙正对曰："诸子皆豚犬，有侄夷简，宰相才也。"长而进士及第，补绛州（今山西省运城市新绛县）军事推官，迁大理寺丞。历真宗、仁宗两朝，三度入相，当国柄最久，堪称名相。仁宗初立年幼，太后临朝，天下晏然，赖夷简之力颇多。然遗契丹缯金过巨，使此后不堪重负，又斥范仲淹于外，时论不免议之。入为朝官后，自寿州下蔡徙居京师开封。生四子：公绰、公弼、公著、公孺。弟宗简，进士及第。

六世祖吕公著（1018—1089），字晦叔，夷简三子。自幼嗜学，废寝忘食。父夷简异之，曰："此子，公辅器也。"登进士第，召试馆职，辞而不就。通判颍州（今安徽省阜阳市），时欧阳修为知州，遂为讲学之友。判吏部南曹，仁宗奖其恬退，赐五品服。除崇文院检讨，同判太常寺。进知制诰，固辞不受。改天章阁待制兼侍读。英宗亲政，加龙图阁直学士。因谏英宗不听，遂乞补外，出知蔡州（今河南省驻马店市汝南县）。神宗即位，召为翰林学士、知通进银台司。司马光以论事罢中丞，公著为之向神宗恳请不已，竟解职银台司。旋知开封府，又为御史中丞。因与王安石政见不合，重又出知颍州。继而召还，起知河阳，历任翰林学士承旨、端明殿学士、宝文阁学士、户部侍郎、同知枢密院事，除正议大夫、枢密副使，加龙图阁直学士，以光禄大夫、资政殿学士知定州（今河北省保定市属定州市），徙扬州安抚使，加大学士。神宗将立太子，谓辅臣当以吕公著与司马光为师傅。哲宗即位后还朝，自资政殿学士、银青光禄大夫兼侍读加尚书左丞。继入相，自金紫光禄大夫、尚书右仆射兼中书侍郎，与司马光同心辅政。司马光卒，独当国政。加司空，平章军国重事。宋立国以还，宰相以三公平章重事者凡四人，而公著与其父夷简均在其列，居其数之半。终年七十二岁。太皇太后甚痛闵之，谓“邦国不幸，司马相公（光）既亡，吕司空复逝”。哲宗亦极痛惜，亲诣其家临奠，赐金帛万。赠太师、申国公，谥曰“正献”。御书碑首曰“纯诚厚德”。配鲁氏，封申国夫人。三子：长希哲，次希绩，幼希纯。

公著长兄公绰（999—1055），字仲佑（一字仲裕），夷简长子。以荫补将作监丞，知开封府陈留县（今河南省开封市南）。天圣间为馆阁对读，迁太子中允。复为直集贤院、同管勾国子监，出知郑州。还判吏部南曹，累迁太常博士、同判太常寺。历知制诰、龙图阁直学士、集贤殿修撰，知永兴军（今湖南省郴州市永兴县）。改枢密直学士，知泰州（今江苏省泰州市）。迁刑部郎中，召为龙图阁学士，权知开封府。进翰林学士，知审刑院兼判太常寺。旋复侍读学士，留侍经筵。迁右司郎中，未拜命，卒，赠左谏议大夫。配上官氏，封京兆郡夫人。六子：希杰、希道、希俊、希亚，余二人早亡。希杰官至太常博士，希俊官至太常寺，希亚官至秘书省正字。而其中以希道为最著。吕希道（1025—1091），字景纯，庆历六年（1046）赐进士出身。历知解州、和州、滁州，皆有惠政。累迁少府监。熙宁、元丰间，士急于进取，希道独雍容安分，遇事有不可，必力争。及元祐初，吏道宽平，希道雅量自如，亦不改其故，以此甚为时所称。

公著次兄公弼，字宝臣，夷简次子。赐进士出身，累迁直史馆、河北转运使。擢都转运使，加龙图阁直学士，知瀛州（今河北省沧州市属河间市），权开封府。后以枢密院直学士知渭州、延州，徙成都府。罢为观文殿学士、知太原府。又拜宣徽南院使、判秦州（今甘肃省天水市）。卒，赠太尉，谥惠穆。配扈氏，封赞皇郡夫人；再配王氏，封清源郡夫人。四子：希逸、希彦、希仁、希明。希彦累官赞善大夫，签书陕州节度判官、骁骑尉。

公著弟公孺，字稚卿，夷简幼子。初任奉礼郎，赐进士出身，判吏部南曹。历知泽州（今山西省晋城市）、颍州（今安徽省阜阳市）、庐州（今安徽省合肥市）、常州，提点福建路、河北路刑狱。入京师为开封府推官，府尹包拯重其为人。改陕西转运使。神宗得绥州（今陕西省榆林市清涧县北），遣使者议守弃之便，久而未决，遂命公孺往，与郭逵议合而存绥州。后知审官东院，出知秦州（今甘肃省天水市）、相州（今河南省安阳市）、陈州（今河南省周口市淮阳区）、杭州、郑州、瀛州（今河北省沧州市属河间市）。元祐初加龙图阁直学士，改秘书监。迁刑部侍郎、知开封府。擢户部尚书，提举醴泉观。以廉俭著称，清节其身。卒，赠右光禄大夫。

高祖吕希哲（约1037—1114），字原明，公著长子，学者称荥阳先生。以荫入官，绝意科举，终父之丧，始为兵部员外郎。哲宗元祐（1086—1094）中为崇政殿说书，导帝以正心诚意为本。绍圣党论起，以秘阁校理出知怀州（今河南省焦作市属沁阳市）等地。徽宗即位，召为秘书少监，旋改光禄少卿。力请外，遂以直秘阁知曹州（今山东省菏泽市）。不久遭崇宁党祸，夺职知相州（今河南省安阳市），迁邢州（今河北省邢台市），罢为宫祠。流寓淮、泗间十余年而卒，年七十八。配张氏，赠文安郡夫人。二子：好问、切问。

希哲弟希绩，字纪常，公著次子。元丰七年（1084），以校书郎充伴送辽国贺正旦使。元丰八年为吏部员外郎、秘书少监。元祐二年（1087），改朝奉大夫、少府少监。元祐六年，因父公著丧满，以左朝散大夫除都官员外郎。绍圣四年（1097），光州居住。元符二年（1099），降受朝请郎，守少府少监，分司南京（今河南省商丘市），居随州（今湖北省随州市）。崇宁二年（1103），以庶官入元祐党籍。

希哲幼弟希纯，字子进，公著三子。登进士第，为太常博士。历宗正、太常、秘书丞，迁著作郎，以父讳不拜。擢起居舍人，权太常少卿。未几，拜中书舍人，同修国史。绍圣元年（1094），章惇为相，出为宝文阁待制，知亳州（今安徽省亳州市），徙睦州（今浙江省杭州市淳安县）、归州（今湖北省宜昌市秭归县）。自京东而至浙西，自浙西而至三峡，越徙越困。后以屯田员外郎分司南京（今河南省商丘市），居金州（今陕西省安康市）。旋又责舒州团练副使，道州（今湖南省永州市道县）安置。建中靖国元年（1101），还为待制，知瀛州（今河北省沧州市属河间市）。旋改知颍州（今安徽省阜阳市）。入崇宁党籍。年六十卒。

曾祖吕好问（1064—1131），字舜徒，希哲长子，以荫补官。崇宁初，以元祐子弟坐废。蔡卞得政，讽之曰："子少亲我，即阶显列也。"好问笑而不答。靖康元年（1126），以荐召为左司谏、谏议大夫，擢御史中丞，数建大义。又疏蔡京过恶，乞投海外。及金人入寇，委曲以成中兴之业。当时，钦宗再幸金营，好问实从。已而金人立张邦昌，以好问为事务官。好问因说邦昌以利害，使亟还政；且致书请康王宜自立。金人既退，高宗即位，好问奉太后书诣行在，高宗劳之曰："宗庙获全，卿之力也。"建炎元年（1127），除尚书右丞。后以资政殿学士知宣州（今安徽省宣城市），提举洞霄宫，以恩封东莱郡侯。吕氏自好问起，从北宋都城开封携全家随宋室南迁，定居于婺州（今浙江省金华市）。绍兴元年（1131）卒于桂州（今广西壮族自治区桂林市）。配王氏。五子：本中、揆中、弸中、用中、忱中。

好问之弟切问，字舜从，希哲幼子。守官会稽，或讥其不求知者，切问对曰："勤于职事，其他不敢不慎，乃所以求知也。"

伯祖吕本中（1084—1145），初名大中，字居仁，学者称为东莱先生。后因侄孙祖谦亦号"东莱"，故学界称"大东莱先生"以示区别。以荫补承务郎。绍圣间，坐党事被黜。元符中复官。政和五年（1115）调兴仁、济阴（今山东省菏泽市）簿，继为泰州士曹。丁母忧毕，除大名路抚干。宣和六年（1124），除枢密院编修官。靖康初，迁职方员外郎，以不答梁师成而著名于世。绍兴六年（1136），自直秘阁主管崇道观。召赴行在，特赐进士出身，擢起居舍人兼权中书舍人。七年，上幸建康，本中奏曰："当今之计，必为恢复事业，求人才，恤民隐，审政刑，开言路，然后练兵谋帅，增师上流，固守淮甸，伺彼有衅，一举可克。若邦本未强，恐生他患。"本来，本中曾与秦桧同为郎官，相得甚欢。赵鼎素主元祐之学，谓本中公著后，故深相知。当时，赵、秦适为左右揆，议论多不谐。桧有专擅之意，欲排不附己者，本中为陈大义，而桧不以为然。本中又力劝桧不可汲用亲党，桧私有引用，本中即封还除目。桧大怒，风御史萧振劾罢之。本中乃引疾乞祠，直龙图阁、知台州，不就，主管太平观。召为太常少卿。八年，迁中书舍人，又兼权直学士院。绍兴十五年，卒于上饶，年六十二。赐谥文清。

祖父吕弸中（？—1146），字仁武，好问三子。累官驾部员外郎，终于右朝请郎，主管台州崇道观。绍兴十六年卒。四子：大器、大伦、大猷、大同。弸中的次兄揆中官至郊社斋郎；弟用中曾任兵部员外郎，终于右朝奉大夫；幼弟忱中曾任提举江南东路常平茶盐公事，终于右朝奉郎、知饶州。

父吕大器（？—1172），字治先，弸中长子。累官尚书仓部郎。乾道八年（1172）卒。配曾氏（？—1166），乃曾畿之女，乾道二年卒。二子：祖谦、祖俭。弟大伦，字时叙，绍兴中为武义县丞。

纵观吕氏家族，从北宋开国到南渡，代多显宦，连绵不绝。考诸宋史，可谓是与赵宋皇室同休戚、共存亡的独一无二的世家显族。这一家族环境，培养了吕祖谦对于赵宋朝廷的高度企望和深厚感情，从而造就了他忠于宋室的政治思想，加深了对于艰难时局的忧患意识。吕祖谦一生矢忠于赵宋社稷，时刻以偏安江南一隅之地的南宋小朝廷兴衰存亡为念，热切希望朝廷能革故鼎新，振兴昌盛，并为之消耗了自己的毕生精力。所有这一切，固然与其从小所受的儒家正统思想的熏陶有关，同时也因为他的家庭世代屡受赵宋皇室的眷隆之恩而责无旁贷。

二、文献世家

吕氏家族不仅是宋代罕有其匹的仕宦显族，而且更是奕世相传的得“中原文献之统”的文献世家。全祖望《札记》云：“吕正献公家，登《学案》者七世十七人。”吕正献公就是吕祖谦的六世祖吕公著。从吕公著到吕祖谦之子吕延年共七世，共有十七人被列入《宋元学案》，其中为吕祖谦的高祖吕希哲专列《荥阳学案》，伯祖吕本中专列《紫微学案》，吕祖谦本人专列《东莱学案》，其余还有十多人则分列于有关《学案》之中。这样名儒辈出、世代相传的家族，在整部《宋元学案》中也是独一无二的。兹将吕氏前辈的学术渊源试予简述。

吕祖谦七世祖吕夷简，博通经史，善于诗文，著有《文集》二十卷，传于世。长子公绰亦著有《文集》二十卷，藏于家。公绰之第三子希道，亦有《文集》二十卷，传于世。

六世祖吕公著，自幼嗜学，废寝忘食。治学善于博取众家之长，唯求其所至善。他与欧阳修为讲学之友，后欧阳修使契丹，契丹主询问中国学行之士，修首以公著对。又与司马光长期同辅朝政，既是同僚，又是论学之同调。本来，公著与王安石善，相与问学论道，共相切磋，至为莫逆，安石以兄事之。安石曾说："晦叔为相，吾辈可以为仕矣。"后因政议不合而交情不终。既而独当国政，其时科举专用王氏经义，且杂以释氏之说。公著始令主司毋以老、庄书出题，举子不得以申、韩、佛书为学，经义参用古今诸儒之说，不得专取王氏，并恢复贤良方正科。公著虽长期从政，但一生不废讲学，且门生众多，而讲学即以治心养性为本。尤其是他的治学态度，开启了吕氏博采众长的学风，影响极其深远。有《正献公集》二十卷。

高祖吕希哲，与弟希绩、希纯，少时皆不名一师。初学于焦千之（焦为欧阳修高弟，公著延致馆中而使诸子师事之），继从胡瑗、孙复、石介诸师学。又同学于邵雍，故雍之子伯温与之交游甚厚。亦尝学于李觏、王安石，长而遍交当世之学者。希哲本与程颐俱事胡瑗，在太学并舍，年龄相仿。其后心服程颐学问，首师事之，乃从程颢、程颐、张载诸哲游。希哲闻见广博，躬行实践，为人乐易有至行。晚居宿州、真、扬间十余年，衣食不给，有至绝粮数日者，处之晏然。静坐一室，家事一切不问，不以毫发事托州县。其在和州，尝作诗云："除却借书沽酒外，更无一事扰公私。"闲居日读《易》一爻，遍考古今诸儒之说，默坐沉思，随事解释。夜则与子孙详论古今，商榷得失，久之方罢。晚年习静，虽惊恐颠沛，未尝少动。晚岁名益隆，远近皆师尊之。希哲治学，常谓："少年为学，惟检书最有益。记得精，便理会得仔细。"又谓："读书编类语言相似作一处，便见优劣是非。""学者读书，须要字字分明。"著有《吕氏杂记》二卷，率多名言。如云："后生初学，且须理会气象，气象好时，百事自当。气象者，辞令容止，轻重疾徐，足以见之矣；不惟君子小人于此焉分，亦贵贱寿夭之所由定也。”又云：“‘攻其恶，无攻人之恶。’盖自攻其恶，日夜且自点检，丝毫不尽，即不慊于心矣，岂有工夫点检他人邪？”或问：“为小人所詈辱，当何以处之？”曰：“上焉者，知人与己本一，何者为詈？何者为辱？自然无忿怒心也；下焉者，且自思曰：‘我是何等人？若是答他，却与此人等也。’如此自处，忿心亦自消也。”朱子曰：“吕公《家传》，深有警悟人处，前辈涵养深厚乃如此。”黄百家云：“吕氏家教近石氏，故谨厚性成，又能网罗天下贤豪长者以为师友，耳濡目染，一洗膏粱之秽浊。”全祖望云：“荥阳少年不名一师，……而归宿于程氏。集益之功，至广且大。然晚年又学佛，则申公家学未醇之害也。要之荥阳之可以为后世师者，终得力于儒。”可见兼容诸家之学，确为吕氏的优良传统。

曾祖吕好问，平生于经籍之外，没有其他嗜好。与其弟切问，严事李潜、田述古、田腴诸先生。李潜博通诸经，其学简而易明，以行己为本，不以空言。田述古乃胡瑗高弟，又从司马光、邵雍、二程诸先生游，兼通诸家，一生以穷经讲学为业。田腴从张载学，学问贯通，造诣甚深，尤不喜佛学，力诋轮回之说。三人相与友善，故好问兄弟皆从之游，并兼传其学。

吕好问又有同宗兄弟行吕和问，字节夫，和问弟广问，字仁夫，均系吕夷简从曾孙。兄弟俱从学于尹焞。兄弟少时家贫，奉亲至孝，聚族数百指，无间言。宾客过之，蔬食菜羹，讲论道义，终日不厌。广问自少隽拔能文，年二十，即贡太学，登宣和七年（1125）进士第，授宣州士曹掾，屡辟主管机宜文字。官至权礼部侍郎除集贤殿修撰，知池州、徽州。其官宣州时，乃奉兄和问一同赴任。不久而罢，屏居黄山之隅，怡然若无意于世者。以流寓恩监西京中岳庙，选主德安，招辑流亡，建学舍以教其子弟。

伯祖吕本中，少从游酢、杨时、尹焞游，而于尹焞为最久。而游、杨、尹三人均为二程入室高弟。复造刘安世、陈瓘、王苹之门请益。刘安世是司马光门生，陈瓘是刘安世的同调之友，而王苹则是程门的高弟。本中的学问端绪之广博深远盖出于此。又善于诗，深得黄庭坚、陈师道句法。本中器蕴宏厚，行谊纯笃，诚意充积，表里无间。与人忠信乐易，即之蔼然，莫见其愠。平日学问，以穷理尽性为本。卓然高远，不可企及。常谓“忍诟”二字，古之格言，学者可以详思而致力。尝论任人当别邪正："迩来建言用事之臣，稍稍各徇私见，不主正说，元祐、绍圣混为一途。其意皆有所在，若不早察，必害政体。"因以切直忤柄臣，一斥不得复用，贫甚，人多代为忧戚，而本中方且深居，讲明道学。他把摧抑屏弃视为士之常事，而不为介意。

吕本中自少讲学，即闻父祖至论，又与诸君子晨夕相接熏陶。尝言："德无常师，主善为师，此论最要。"又谓："世之学者，忘迩而趋远，忽卑而升高，虚词大言，行不适实。虽始就学，则先云：'言不必信，行不必果，达节行权，由仁义行。'而不知言必信、行必果，守节共学、行仁义之为先务也。故修其身者，荒唐谬悠之说；施于事者，颠倒杂乱，而卒无所正也。"吕本中一生讲学，门人殊众，其尤著者就有林之奇、李楠、李樗、汪应辰、王时敏、章宪、章悊、周宪、王师愈、曾季狸、方畴、方丰之等，在当时学术界有其巨大影响。其中林之奇、汪应辰即为吕祖谦受业之师，即此可见其一脉相承的家学渊源。著有《春秋集解》十卷，《西垣童蒙训》三卷，《师友渊源录》五卷，《东莱诗集》二十卷，以及《紫薇杂说》《紫微诗话》《舍人官箴》等。其中《西垣童蒙训》系弟弸中所手抄，又经吕祖谦从子乔年所校正，所录皆为读书、治学、教育方面的经验之谈；而《舍人官箴》所记则是为官之道，能从切实处勉励如何做一位好官。

其《童蒙训》云："学问当以《孝经》《论语》《中庸》《大学》《孟子》为本，熟味详究，然后通求之《诗》《书》《易》《春秋》，必有得也。既自做得主张，则诸子百家长处，皆为我用。"又云："后生学问，且须理会《曲礼》《少仪》《仪礼》等，学洒扫、应对、进退之事，及先理会《尔雅》训诂等文字，然后可以语上。下学而上达，自此脱然有得，自然度越诸子也。不如是，则是躐等、犯分、陵节，终不能成。"又云："《国语》公父文伯之母，分别沃土瘠土之民，以为圣王劳其民而用之。《左传》亦言'民生在勤'。以此知勤劳者，立身为善之本，不然，万事不举。细民能勤劳者，必无冻馁之患；懒惰者，必有饥寒之忧。然则后生处身居业，可不以勤劳为先乎。"又云："万物皆备于我。反身而诚，富有之大业；至诚无息，日新之盛德也。"

其《舍人官箴》云："当官之法，惟有三事：曰清，曰慎，曰勤。知此三者，可以保禄位，可以远耻辱，可以得上之知，可以得下之援。然世之仕者，临财当事，不能自克，常自以为不必败。持不必败之意，则无所不为矣。然事常至于败而不能自已，故设心处事，戒之在初，不可不察。借使役用权智，百端补治，幸而得免，所损已多，不若初不为之为愈也。”又云：“当官处事，但务着实。如涂擦文书，追改日月，重易押字，万一败露，得罪反重，亦非所以养诚心、事君不欺之道也。百种奸伪，不如一实；反复变诈，不如慎始；防人疑众，不如自慎；智数周密，不如省事。不易之道。”

全祖望评云：“大东莱为荥阳冢嫡，其不名一师，亦家风也。”又云：“愚以为先生之家学，在多识前言往行以畜德。盖自正献以来，所传如此。原明再传而为先生，虽历登杨、游、尹之门，而所守者世传也。先生再传而为伯恭，其所守者亦世传也。故中原文献之传，独归吕氏，其余大儒弗及也。故愚别为立一学案，以上绍原明，下启伯恭焉。”又云：“紫微之学，本之家庭，而遍叩游、杨、尹诸老之门，亦尝及见元城。多识前言往行以畜德，成公之先河，实自此出。顾世以其喜言诗也，而遂欲以‘江西图派’掩之，不知先生所造甚高。成公诗云：‘吾家紫微翁，独守固穷节。金銮朝罢归，朝饭而薇蕨。峨峨李杜坛，总角便高蹑。暮年自誓斋，铭几深刻责。名章与俊语，扫去秋一叶。冷淡静工夫，槁乾迂事业。有来媚学子，随叩无不竭。辞受去住间，告戒意尤切。’可以知先生晚年之养矣。惟是其于释氏之学有未尽斥者，则荥阳之遗风也。然学者读其《童蒙训》《官箴》而行之，足以入圣学矣。于其佞佛，姑置之可也。”王梓材评云：“先生固从学荥阳，兼闻父祖之训者，第以为荥阳家学可也。”

祖父吕弸中，尝从其兄本中游于尹焞之门，并曾手钞其兄《西垣童蒙训》文稿，悉得家学之传。弸中又有同宗兄弟吕稽中（字德元）、吕坚中（字景实），皆深于学。张浚宣抚川陕，辟稽中为计议官。尹焞入蜀，稽中即往从学。学者来问，尹焞以属之稽中，曰：“不殊于吾。”尹焞卒，为志其墓。坚中亦从尹焞游，后官祁阳令，胡致堂为作《学宫记》，称其“服勤和靖左右有年，今试之政事”。

父吕大器，与弟大伦、大猷、大同，共筑豹隐堂以讲学。汪应辰称之，谓“其所讲释者，莫非前言往行之要，盖皆有得于家学者也”。而大器又为当世名儒曾畿之婿，从而师事之，故又兼得其传。

纵观吕氏家学，可以归纳为两大特色。其一，善于博取诸家之学，对于北宋时期各家大儒，诸如胡瑗、孙复、石介、欧阳修、李觏、司马光、王安石、刘安世，尤其是邵雍、张载、二程以及游酢、杨时、尹焞等各家的学说，莫不兼收并蓄而取其长，使之融会贯通地容纳于自己的学说之中，而成为含宏博大的一家之学。其二，善于"多识前言往行以畜德"，亦即重视先儒文献的收集整理，故全祖望评为"中原文献之传，独归吕氏，其余大儒弗及也"。这两大特色都给予吕祖谦以非常巨大的影响，因而在其一生的学术成就中充分地体现出来。

三、儒学正传

南宋时期是学术争鸣极其活跃的时期。纵观当时的争论问题，无非是在两个层面上展开的：第一个层面，是关于人生修养上的"尊德性"与"道问学"的争论，辩论的焦点在于"发明本心"与"格物致知"何者为先，也就是在"内圣"范围内"德性"与"知识"何者为重的争论；第二个层面，则是关于人生目标上的"性理"与"事功"的争论，辩论的焦点在于道德与功业何者为圣王之正道，也就是"内圣"与"外王"何者为人生最高目标的争论。其实，无论在哪个层次上，如若偏重一端而轻视另一端，从而导致事物失去应有的平衡，都是有违儒家中庸之道的原则的；只有两端兼重而处得其宜，从而使之合乎事理之"中"，才是符合儒家之精神的。在先秦的原始儒学中，不仅在人生修养论上德性与知识并重，而且在"内圣"与"外王"之间也是高度统一的。

《中庸》强调"君子尊德性而道问学"，明确地把道德修养和知识修养两者加以统一。孔子一生既重道德，也重知识。他说："君子博学于文，约之以礼。"[①]"文"指文献和文化，"礼"是道德规范。他还常常将"仁"与"知"并举而言，"知（智）"包括知识和智慧，"仁"与"知"并举也是道德和知识并重之意。他还说："好仁不好学，其蔽也愚；好知不好学，其蔽也荡；好信不好

① 《论语·雍也》。

学，其蔽也贼；好直不好学，其蔽也绞；好勇不好学，其蔽也乱；好刚不好学，其蔽也狂。”[①]本来，好仁、好知、好信、好直、好勇、好刚都是美好的德性，但若不好学，就会出现流弊。《易传》以“进德”与“修业”并举，“业”指学业，也兼指事业。《大学》则把格物、致知作为诚意、正心之先务。《中庸》把“诚”作为修德之本，而又强调博学、审问、慎思、明辨，并将“尊德性”与“道问学”统一于“笃行”之中。孟子最重道德，也兼重知识；荀子最重知识，也兼重道德。在他们那里，道德和知识完全是相济相成的关系，两者之间是高度统一的。

“内圣”是内在的道德修养，“外王”是外在的济世安民事业。儒家的中庸之道强调以内在的道德修养为本，然后将其扩充贯彻于济世安民的经世事业之中，以达到两者的高度统一。《中庸》一书，主张以“诚”为修养道德的最根本的素质，在“诚”的基础上培养起知、仁、勇三种“达德”。然而，“诚者，非自成己而已也，所以成物也”。所以，必须用这三种达德去正确处理君臣、父子、夫妇、昆弟、朋友五类最基本的人伦关系，以达到全社会的协调和谐。若从政治上说，就是运用知、仁、勇三种道德去实行治天下之“九经”：“凡为天下国家有九经，曰：修身也，尊贤也，亲亲也，敬大臣也，体群臣也，子庶民也，来百工也，柔远人也，怀诸侯也。”作为“诚”和“知、仁、勇”等道德修养，既内在地贯彻于“修身”之中，又外在地贯穿于其他八项治国条目之中，达到了“内圣”与“外王”的统一。故曰：“合外内之道也，故时措之宜也。”故历代圣贤都主张通过道德修养来实现济世安民的目标。诸如：帝尧以“克明俊德”为本，最后达到“协和万邦”之效；孔子主张“修己以安百姓”；孟子从“养吾浩然之气”到以“仁义平治天下”；《大学》以诚意、正心为本，而以治国、平天下为目标，等等，无不高度体现了“内圣”与“外王”之统一。

宋代，周、张、二程等大儒继起，他们作为旷世师儒，对于德性和知识仍然是并重的。如程子所谓“涵养须用敬，进学则在致知”[②]；“识道以智为先，

---

① 《论语·阳货》。

② 《程氏遗书》卷十八。

入道以敬为本”[①]，显然就是“尊德性”与“道问学”并重之意。而在“内圣”与“外王”的关系上，由于客观环境没有给予他们以济世安民、建功立业的机会，因而他们只能在讲学和著述中开拓圣贤之道，似乎他们都有重“内圣”而轻“外王”的倾向；但在实际上，他们对于“内圣”与“外王”仍然是并重的。如程子曾多次上书历陈当时弊政并提议改革之道，这就是注重“外王”之明证。学者也许都会认为像伊川这样以正道自诩的理学家，虽优于治国而必拙于战争，其实不然。有人问：“用兵，掩其不备、出其不意之事，使王者之师，当如此否？”伊川答道：“固是。用兵须要胜，不成要败？既要胜，须求所以胜之之道。”“且如两军相向，必择地可攻处攻之，右实则攻左，左实则攻右，不成道我不用计也？且如汉、楚既约分鸿沟，乃复还袭之，此则不可。如韩信囊沙壅水之类，何害？他师众非我敌，决水，使他一半不得渡，自合如此，有甚不得处？”[②]伊川从“兵者诡道”的观点出发，认为在战阵上，凡运用足以取胜的计策都不害于义，不过像楚、汉那样既经谈判之后，汉王不守信用而偷袭之则是不应该的。他的这一观点，既符合用兵权变之机，又不违乎正道。又据载，他曾移书河东帅曰：“公莅镇之初，佥言交至，必曰‘虏既再犯河外，不复来也，可高枕矣’。此特常言，未知奇胜之道也。夫攻必取者，攻其所不守也，谓其不来，乃其所以来也。故为今之计，宁捐力于不用，毋惜功而致悔。岂独使敌人知我有备而不来，当使内地人信吾可恃而愿往，则数年之内，遂致全实，疆场安矣。此长久之策也。”[③]由是观之，伊川深明疆场战守应变之机，正体现了他看重事功的务实精神。

然而，作为累世执掌国政的吕氏诸公而言，他们必须既重道德，又重知识，以加深其“内圣”的修养；而且还必须把道德和知识融合到治国安民的“外王”事业中去。例如：吕祖谦的八世从伯祖吕蒙正在宋太宗时为相，太宗于上元观灯时看到京师繁盛，正在自鸣得意，吕蒙正避席说道：“乘舆所在，士庶走集，故繁盛如此；臣尝见都城外不数里处，饥寒而死者甚众，愿陛下亲近以及远，

① 《程氏粹言·论学》。

② 《程氏遗书》卷十八。

③ 《程氏粹言·论政》。

苍生之幸也。”他的这一举动，不仅体现了他不顾得罪皇帝、不计个人得失的道德品质，而且也体现了他以百姓为重的济世安民的抱负。七世祖吕夷简为相，史家评论道：“自庄献太后临朝，十余年间，天下晏然，夷简之力为多。及西夏用师，契丹求地，夷简选将命使，二边以宁。……其于天下之事，屈伸舒卷，动有操术，故当国最久。”可见他在为相期间，也立有不小的功业。

吕祖谦的六世祖吕公著，立身谨于言行，平居无疾言厉色，淡声利，泊纷华，简重清静；识虑深敏，量闳而学粹，不以私利害动其心；与人交，必至诚，每事持重近厚；然去就之际，极其介洁，其在朝廷，小不合，便脱然无留意，故历事四朝，无一年不自列求去。而且讲说精要，言简意赅。故司马光曰：“每闻晦叔言，便觉己说为烦。”显然是一位德高学博的纯儒形象。然而他在为官期间，却能深谋远虑，遇事果决。哲宗即位之初，公著为侍读，即进言：“人君初即位，当修德以安百姓。修德之要，莫先于学。”他首先就把“学”与“修德”“安百姓”联系起来。及为相，即上言列陈畏天、爱民、修身、讲学、任贤、纳谏、薄敛、省刑、去奢、无逸等“十事”。又尝向神宗进言：“尧舜惟以知人、安民为难，所以为尧舜也。”所以他经常上奏百姓困苦之状。神宗曾慨叹道：“边民疲弊如此，独吕公著为朕言之耳。”公著独当国政，任官授吏皆一时之选。可见他一直以尧舜的“知人”“安民”作为自己为相期间的重大责任。

曾祖吕好问处于北宋末期的危急存亡之秋，更以忍辱负重的精神，重延了赵宋的社稷。靖康元年（1126），金兵犯城，宋许割三镇之地以求和，金兵方退。当时身任御史中丞的吕好问即向钦宗进言：“金人得志，益轻中国，秋冬必倾国复来，御敌之备，当速讲求。”然而钦宗竟置而不听。后来果不出好问所料，到十月间，金兵复至。大臣不知所出，遣使讲和。金人佯许而攻略不止，而诸将则以和议之故，皆闭壁不出。吕好问进言道：“所谓讲和不进兵者，彼当顿兵境上不敢相侵，然后朝廷亦勿进兵可也。彼既欲和而攻我不已，今日破一城，明日破一县，朝廷犹执议和之说，不谋进兵遣将，臣恐比至得和，河北诸城遍被其害矣。今日之计，和与不和皆当为备。”吕好问又上疏，请亟集沧、滑、邢、相四州之戍，以作抵抗；而列勤王之师于畿邑，以卫京城。疏入，不理。及金人陷真定，攻中山，上下震惊，廷臣狐疑相顾，犹以和议为辞。好问即挺身而出，率台属劾大臣畏懦误国之罪，然而竟被贬谪出知袁州。靖康二年，金兵攻破京城，立张邦昌为楚帝，虏二帝及后妃、太子、宗戚、百官等共三千余人北去，京师为之一空；张邦昌亦正在做安享皇帝之美梦。际此危亡的紧急关头，吕好问说张邦昌道："相公知中国人情所向乎？特畏女真兵威尔。女真既去，能保如今日乎？今大元师康王在外，元祐皇后在内，此殆天意，何不早日归还国政，尚可转祸为福。而且禁中非人臣所居之地，理宜寓直殿庐，车驾未还，下文书不当称'圣旨'。为今之计，当迎元祐皇后，请康王早正大位，方可保全。"又说："现在天命人心，皆归康王，相公先遣人推戴，则功无在相公右者；若抚机不发，他人声罪致讨，悔之何及？"他一面又暗中使人送信给康王，力请康王急宜早正大位："大王不自立，恐有不当立而立者。"就在吕好问从中委曲周旋之下，康王终于得以在南京即位，建立南宋，就是史称宋代中兴之主的宋高宗。元祐太后派遣好问奉手书赴南京朝见高宗，高宗慰劳道："宗庙获全，卿之力也。"除尚书右丞。后来宰相李纲认为群臣在围城中时不能保持臣节，欲悉加治罪，好问进言道："王业艰难，政宜含垢之时，假若突然尽皆绳以峻法，惧者众矣。当时群臣被困于围城之中，若责以不能死节犹可，若都治以叛逆之罪，恐怕是过重了。"李纲乃止。吕好问在靖康之难中，能含垢忍耻以就大计，后来有人以其曾任张邦昌时的伪官为病，而胡安国则为之辩解道："舜徒在围城中，遣人以蜡丸致元帅。盖累朝辅相，身为世臣，同国休戚，必欲复赵氏社稷，故偷生忍死伪楚之朝，斡正大事。诱导邦昌使之归宰相班，劝进元帅，皆其力也。……使舜徒死节，第洁一身耳，以此易彼，故宁受污辱以救大事。"可谓深知好问之苦衷。

由是观之，吕氏家学之所谓独得"中原文献之传"，在于其不仅兼重道德和知识，而且也兼重道德和事功。这一家传的学风，无疑给予吕祖谦以巨大的影响。

在南宋时期的各学派中，无论是朱学、陆学乃至永康、永嘉的事功之学，都难免有其一定程度的偏激之处，或多或少地偏离了先秦儒家的中庸之道。唯有吕祖谦所创建的婺学，能以求真务实为依归，主张经史并重，文道并重，道德与知识并重，性理与事功并重；总而言之，就是主张"内圣"与"外王"的高度统一而独得儒学之正传。正因为如此，其他各学派之间，都不免于互相争论甚至攻讦；独有吕祖谦的婺学，能根据“道并行而不相悖”“天下殊途而同归”的宗旨，以求同存异、“和而不同”为原则，与各学派之间和谐相处，并以宽宏兼容的雅量与各学派之间进行正常的交流，以推动传统儒学的正常发展。吕祖谦婺学的这一精神，与其所承传的家学渊源显然是分不开的。

第二章　从师问学

一、童年家教

宋代自开国肇始，即以偃武修文为治国宗旨。这虽然对文化发展起有积极作用，却又导致边患连年不断，国力日削。始而辽与西夏经常扰边，使得西北一带了无宁日；继而金人勃起，长驱直入，汴京失守，徽、钦二帝被俘，一百六十余年的北宋江山暗然而亡。幸而高宗南渡，抗金浪潮风起云涌，才得以苟延残局。于是把战火从中原转移到了江淮一带。数年以来，长期干戈扰攘，兵荒马乱，百姓陷于水深火热之中。

这时，中华大地虽然战祸纷纭，然而远处西南边隅、环抱在奇山秀水之中的桂林城，却显得相对平静。城外漓江若带，城内榕湖如镜，信不虚“山水甲天下”之誉。宋高宗绍兴七年（1137），岁次丁巳，仲春二月十有七日，正当春光明媚，东风送暖，花木万物蕴含一片生机之时，婺学创始人小东莱先生吕祖谦出生于桂林城的广西转运使的官邸之中。

众所周知，作为婺学创始者的吕东莱，乃是浙东婺州（今浙江省金华市）人氏，为什么出生于偏远的桂林呢？原来，东莱之父仓部公吕大器娶著名诗人曾茶山之女为妻，当时曾茶山正任广西转运使，故仓部夫妇亦随任居于桂林甥馆，所以，吕东莱也自然就在桂林出生了。

曾茶山（1084—1166），名几，字志甫，一作吉甫，自号茶山居士。其先赣州人，后徙河南。幼有识度，早年从舅氏孔文仲、孔武仲聆听讲学，继从刘安世谈经论事，又从胡安国游，其学益粹。他认为儒释的区别在于："崇德必先事后得，如释氏却是先得后事。"又谓："在己为忠，推己及物为恕，合彼己以为一，便是一以贯之。通天下是一个心。"[①]为文纯正雅健，尤工于诗。继入太学，很有声望，特命试吏部。考官异其文，置优等，赐上舍出身，擢国子正，迁校书郎，为应天少尹。高宗即位，历提举湖北、广西运判、江西提刑，乃至现在的广西转运使。曾茶山与仓部的伯父大东莱吕本中又是同道讲友，曾、吕两家本系世交又是姻亲，故仓部夫妇之所以随从曾茶山居于甥馆，一则可以帮助茶山做些公务，二则便于向茶山请教学问和诗文。

广西虽然处于偏远之地，距战地较远，但曾茶山和仓部乃是爱国之士，深以国家安危为忧，随时在关心前方的战局。何况此时，仓部之父吕弸中累官至驾部员外郎，伯父大东莱先生吕本中官任起居舍人兼权中书舍人，在京供职，国家的安危直接关系到全家的祸福。因此，曾茶山与仓部翁婿二人，每天除了公务和探讨学问而外，就是讨论战守之策和恢复大计，因之心绪也随着前线的胜负消息而忧喜不定。

吕门小东莱的降生，自然也会改变一下全家的气氛。仓部公初得一子，想到从此后继有人，可以承传家学而丕振家声，夫妇自然异常欣喜；就是曾茶山老夫妇，也为之不胜喜悦。然而，再大的喜事，也冲淡不了他们对于时局的担忧。前方复杂的战局，朝中关于和战方略的争论，搅得他们忧心如焚。

高宗南渡之后，一直依违于主战与主和之间，缺乏远大的方略。绍兴七年（1137）三月，亦即小东莱出生后的第二个月，高宗在张浚等主战派的敦请催促下，一度驻跸建康（今江苏省南京市），形成了北进用兵的态势。大东莱吕本中奏道："当今之计，必为恢复事业，求人才，恤民隐，审政刑，开言路，然后练兵谋帅，增师上流，固守淮甸，伺彼有衅，一举可克。若邦本未强，恐生他患。"[②]可是就在八月间，发生了震动朝野的淮西杀将叛兵之变：淮西副统制郦

① 《宋元学案》卷三十四《曾茶山语》。

② 《宋史》卷三百七十六本传。

琼执杀使臣吕祉，叛投金人所立的齐帝刘豫。一时间异论蜂起，张浚被迫去位。于是主和派再度得势，有人竟要尽撤两淮防戍退还建康自守，以致将数年以来恢复中原的有利形势毁于一旦。

绍兴八年（1138）二月，本来勉强做出主战姿态的高宗皇帝连忙还跸临安。由于高宗遽忘国耻，耽于晏乐，毫无枕戈尝胆以振兴社稷之志，终于正式定都临安，甘于偏安一隅。于是，苟安东南半壁的大局已成，虽有主战派的抗争呼号也回天无力了。三月，以秦桧为相，自是专主和议。文武官吏纷纷反对和议，竟多遭贬逐。这一消息传到桂林，曾茶山和仓部不觉为之震惊。曾茶山乃毅然进陈恢复大计，为秦桧所恶，乃请奉祠，去官而归。这样一来，仓部公也只得带着曾氏夫人和尚在襁褓中的小东莱回到婺州老家居住了。

吕氏自小东莱的曾祖吕好问从北宋都城开封携全家随宋室南迁，定居于婺州，住所在婺城西南隅的长仙门内向西十数步的光孝观之侧。其地本为印光寺故址，前临二湖，旁有土山及一览亭。后因寺废，土地入官建房，吕氏即租赁官房居住，颇为宽敞。仓部公带曾夫人和小东莱从桂林回来，就是住在这里。婺州地近京畿，消息比较灵通，故对于政局的变化也就更为敏感了。

是年十二月，金国许宋议和，宋即遣使如金报谢。绍兴九年（1139）正月，宋以金许和而大赦，又以金许归河南地奏告天地宗庙。三月，宋金交割地界。乃于绍兴十年正月，遣使如金迎回徽宗之丧。于是，南宋朝廷以为疆埸无事，可以高枕无忧、尽情享乐了。然而仓部公对这种表面和平的现象更为忧虑，预感到更大的危机即将到来。果然不出所料，到了五月，金国竟又毁约败盟，复出兵攻取河南、陕西等地，各城不战而下。消息传来，仓部公只有扼腕长叹，自愧报国无门。

可喜的是，随着金兵的入侵，各路抗金将帅也立即抖擞精神，奋起抵抗。六月，金兵攻顺昌，为刘锜军所败；攻石壁寨，为吴璘军所败；攻京西，为岳飞军所败；攻淮东，为韩世忠军所败。闰六月，岳飞军大破金兵于颍昌府，克淮宁府。与之同时，张俊军克复亳州，韩世忠军克复海州。七月，岳飞军攻克西京，又屡败金兵于郾城、小商桥、朱仙镇，一路势如破竹，眼见得恢复中原、兴复宋室在此一举。无奈高宗竟又听信秦桧和议，诏岳飞班师，于是收复诸城皆失，唯数月中陕西仍时有小战。

绍兴十一年（1141）正月，由于主战将帅的坚持，宋金再次交兵于淮南西部。二月，宋大破金兵于柘皋。三月，因困于朝廷不予接济，又被金攻破濠州，焚掠而去。四月，宋罢韩世忠、张俊、岳飞兵柄，分别以为枢密使和枢密副使。八月，又罢岳飞枢密副使，而岳飞部将张宪则被诬下狱。九月，宋遣使如金议和。虽有宋将吴璘再次大败金兵于剡家湾，但不久也不得不受诏班师。十月，岳飞被诬下狱，韩世忠罢枢密使。十一月，宋金和议成约，以淮河为界，宋向金岁输币、银、绢各二十五万，宋帝称臣。十二月，岳飞终于被害于大理寺狱。绍兴十二年二月，宋进誓表于金。三月，金册宋帝为皇帝。十一月，张浚罢枢密使。至此，掌握兵权的主战派将领被一网打尽，日盼和议的君相以及一批无耻佞臣，早已沉湎在升平歌舞之中了。面对这种自毁长城的失策和自作自受的民族耻辱，但凡有志之士，无不为之切齿顿足，痛哭流涕。仓部公作为大宋世代显宦之家的成员，自然更为痛心疾首，而对于恢复中原的愿望，也只得付诸流水了。

转眼间，小东莱已长至六岁。仓部公夫妇就专心一意地以培养小东莱为事，并把继承家学、保持家声的期望也寄托在小东莱身上。仓部公从小接受父亲驾部公弸中和伯父大东莱本中的家教，早已是饱读诗书、博通众学的硕儒了，后来又向岳翁曾茶山受学经术和诗文，尽得其传，所学益加广博精粹。曾氏夫人本是世代书香门第的大家闺秀，自幼精通诗书翰墨，自然深谙圣人胎教的古训，所以早在怀孕期间就已随时注意视、听、言、动悉遵于礼，以实行其胎教了。及至出生之后，虽在襁褓之中，无不随时注意端恭谨慎，以体现其童蒙施教之义。到了小东莱四五岁上，就已开始文字教育。眼看小东莱已经六岁，且生得聪敏颖悟，夫妇自然要开始进一步给予教育了。施教的内容无非是《孝经》《论语》《孟子》以及诗文之类。不料小东莱一读就会，才思敏捷，且能过目不忘。夫妇自然欣喜异常。

此时，仓部公除了训子而外，在家闲着无事，而且小东莱已有曾氏夫人悉心管教，也用不着自己多加操心。因此，乃与弟大伦、大猷、大同商量，倡议共同开堂讲学，三人自然赞成。于是就在住舍的西南附近处打扫几间空房，中间一堂，悬上“豹隐堂”的匾额，兄弟四人开始讲学。因为他们都是著名的博学之士，所以远近士人都来求学。他们除了教以经史、诗文而外，又加之以家传的前言往行。而这些，都是吕氏祖上几代学人从书本和现实当中总结出来的经验之谈，有其深刻的心得体会，所以学生都听得饶有兴味，教学效果非常之好，前来求学的也就越来越多。仓部公又经常带着小东莱前来听讲。小东莱虽然只有六七岁，却聪明伶俐，一听马上领会。过了不久，许多见识反而在其他学生之上。学生们对他非常佩服，都愿与之接近。于是，小东莱就交了许多比他年龄大得多的忘年朋友。

未几，在京中官居中书舍人兼权直学士院的大东莱先生吕本中因年老而致仕回家。他眼看到四个侄儿在“豹隐堂”讲学的成就和侄孙小东莱的成长，不觉满心欢喜。回想以往的一切功名荣禄、宦海波涛，竟如过眼烟云；而家庭的天伦之乐倒可以颐养晚年。于是，除了与四个侄儿讲道论学而外，就是教导侄孙小东莱攻读诗书。小东莱也喜欢时刻跟随在大东莱的身边听他讲道论学。大、小东莱在一起，一老一少，居然像一对莫逆的忘年之交。

此时，仓部公夫妇又得一子，取名祖俭（后来取字子约）。全家自然都为添丁而高兴，尤其是小东莱，看见自己有了弟弟，竟然乐不可支。曾氏夫人有了小儿，管教小东莱的时间也就相对减少了，而小东莱跟随大东莱的时候也就更多了。所以大东莱的学问给予小东莱的影响甚为巨大。

一晃过了两年，已是绍兴十五年（1145），九岁的小东莱早已读完《孝经》《论语》《孟子》和《诗经》《礼记》等书，进而开始读《春秋》及其“三传”以及《史记》之类史籍了。而豹隐堂更成为小东莱常往的地方。

然而天有不测风云。大东莱吕本中因事到江西上饶去，大概是因为旅途劳顿，到上饶后竟然一病不起，卒于上饶，享年六十二岁。大东莱的去世，是吕氏家族的一大损失，故全家都异常伤心。尤其是小东莱，突然失去了这位长期相依并教他读书的伯祖父，止不住哭得死去活来。可幸的是，官居驾部员外郎的亲祖父吕弸中，得知长兄本中去世的消息，也毅然致仕归家。一家把大东莱的丧事办完之后，驾部公自然就代替了大东莱教育孙子的任务。

绍兴十六年丙寅（1146），小东莱已经十岁。忽然朝廷传来诏命，任仓部公为江东提举司干官，赴任池阳（今安徽省池州市贵池区）。于是，小东莱也就离开婺州，侍奉父母同赴任所。谁知到了十二月初八日，亲祖父驾部公又因病卒于婺州家中。仓部公得知这一噩耗，只得去官带着夫人和小东莱匆匆赶回婺州家中，忙着治丧并在家丁忧了。

绍兴十八年（1148）四月，小东莱十二岁，朝廷忽来诏命，因祖父驾部公致仕去世，恩补小东莱为将仕郎之职。这当然是一喜讯，尽管现在还仅仅是一个空头衔，但总算有了官衔了。

二、白水启蒙

据《宋元学案》等诸书所载，小东莱是白水刘勉之的门生，而刘勉之先生卒于绍兴十九年（1149）二月，这时小东莱才十三岁。故小东莱从学于刘先生当在十三岁以前，但具体的时间和地点已缺乏明确记载。兹仅就刘先生的有关教学内容及其对小东莱的影响略作叙述。

刘勉之，字致中，建州崇安（今福建省武夷山市）人，因他祖居崇安的白水之滨，故学者号称刘白水先生。少年时以乡举入游太学。其时正值蔡京严挟元祐书制之禁，刘白水心知其非，乃暗中访求伊洛程氏之书，藏于箧底，深夜于帷帐中燃膏，潜钞而默诵之。不久即厌弃科举业，南归。刘白水在离太学经南都时抠衣趋谒刘安世，刘安世告诉他“方外之学”。又特向龟山杨时拜谒请业，杨龟山授以二程伊洛之学。归闽后，结草堂隐居建阳竹源山，读书其中，力耕自给，澹然无求于世。常与籍溪胡宪、屏山刘子翚日以讲论切磋为事。绍兴八年，刘白水又被特召入都，因要慷慨进言反对屈己和戎之议，遭到秦桧党羽的阻挠，即谢病而归。杜门十余年，学者踵至草堂从学。

刘白水的草堂实际有两处，一处在崇安五夫里鹅峰之下，白水之滨，是刘白水祖传的故里，但南渡以来已经室庐荒芜。刘白水又在建阳近郊的萧屯别墅另结草堂，他平时主要就隐居萧屯草堂，读书吟诗、耕稼自乐，死后也是葬在萧屯草堂近侧，所以小东莱受学于刘白水先生大概是在萧屯草堂。

年轻的小东莱已有做当代大儒的志向，他从学时主要还是研经习儒，兼收并蓄地接受了经学和理学。在经学和理学上，刘白水除了上承二程而外，更有取于横渠张载，又辗转问学于谯定、刘安世、杨龟山。故他的经学和理学比较驳杂。刘白水的象数《易》学远承郭载，近本谯定和朱震。而谯定实际上是伊川程子的入室弟子。从这一条传授渊源上看，刘白水又是伊川的再传弟子。只是伊川的义理《易》学对谯定影响不大，谯定从伊川接受了《中庸》等学，从郭载接受了《易》学，所以他的《易》学属于象数学中的象学，而杂以佛老之说。刘白水从谯定尽得象学之秘，以至归家后还专门为谯定的《牧牛图》作了详传。这些众多的理学大师的思想都从不同的方面经过刘白水而通向了小东莱。

刘白水最早向小东莱传授了张横渠的《西铭》。张子《西铭》是同濂溪周敦颐《太极图说》并列的理学经典，被理学家奉为“原道之宗祖”，从伊川、龟山到朱子就是借《西铭》建立了划判儒学与一切杨墨老佛异道的“理一分殊”思想。

刘白水作为小东莱的启蒙老师，尤其是在诗文方面给予小东莱的影响更为巨大。刘白水主张以陶、柳为学诗门径，而又擅长辞赋，取法汉赋的繁丽。李处全称他“祖笔摩空有赋声，长杨羽猎旧齐名”[①]。这就造就了小东莱兼精诗赋的根柢和文道并重的治学观念。今存小东莱最早的几首诗是十七岁时的作品。其《题真觉僧房芦》古风一篇云：

何人夜折苕溪雪？吹落山堂寄清绝。
梦回轩槛非人间，一岸扶疏碎残月。
秋风索索秋意晚，叶外参差明叠巘。
颇似江南短棹归，平沙雁落汀洲远。
苍涛绕窗碧玉寒，中有渔父千古闲。
知君胸次五湖阔，波声仿佛游杏坛。
少林之孙韵枯木，避世避人何用逐？
渭川谩复千亩多，江上由来一苇足！

① 《崧庵集·简刘致中兄弟》。

又有《再赋真觉僧房芦》七绝三首云：

湖山近减江湖趣，寂历颓垣仲蔚蒿。
纵有秋风何处着？绕篱无叶起苍涛。

屋角清渠濑浅沙，风斜雨重倒苍葭。
沙鸥不下投前浦，塞雁重来失旧花。

清晓霜钟唤客兴，余声知度几棱层。
烟霞深处无人到，时见凭栏一两僧。

试读这几首诗，清新恬淡，饶有余味，显然系受刘白水先生推崇陶、柳诗风的影响而来。

据载，小东莱少年时代脾气极其褊急暴躁，与人相处，稍有不合就要动怒，而且往往自以为是，只知苛责别人，因而常常与人争辩吵架，使得父母也经常为此而操心。后因病中读《论语》，至“躬自厚而薄责于人”一语，若有所悟，乃随时以这句话警戒自己，终于改变了自己的性格。遂终身无暴怒，修养成为和平宽厚的品德。

三、三山从师

绍兴二十一年辛未（1151），吕东莱十五岁。由于父亲仓部公被调任为浙东提刑司干官，赴任於越（今浙江省绍兴市），东莱也随侍于任所。及至绍兴二十五年（1155）春天，其父仓部公始调任福建提刑司干官，东莱又随父来到福州任所，侍奉于福唐（今福建省福清市）。

宋代以来，闽地名儒迭出，建宁、南剑、福州、莆田、泉州都成了儒风大盛、人才荟萃之地。尤其是福州，乃名儒和文士麇集的东南文化名城，而尤以大东莱吕本中的弟子在福州势力最盛。如侯官林之奇和李楠、李樗兄弟，浦城章宪、章悊兄弟，莆田方丰之，永丰周宪等，都是大东莱的高弟。其中尤以三山林之奇最为大东莱所称许。所以，到了三月，仓部公即命东莱从学于林之奇先生。

林之奇（1112—1177），字少颖，又字拙斋，福建侯官（今福建省福州市）人，福州别称“三山”，故学者称三山先生。林三山曾师从东莱的伯祖大东莱吕本中，受大东莱所赏识。大东莱曾“教之以广大为心，以践履为实”[①]。林三山对此教诲深有领悟，且多有发挥，故被许之为师门高弟，仓部公与其甚为友善。绍兴六年（1136），林三山西上应进士，行至北津而返，他说：“我不忍心离开我的年老双亲去求取功名！”于是益肆力于学。成绍兴十九年进士，授长汀（今福建省长汀县）尉。

这时，林三山正待次汀州长汀尉，设坛讲学于福州，及门求学者常数百人。适值仓部公亦带东莱赴任福唐，于是，即命东莱师事之。林三山讲学常步趋大东莱的说经之法，出入于儒释之间。但林氏的《尚书》学却在南渡之初推为第一。他作的《尚书全解》，朱子认为在解说上有过于伊川之处；虽然他的说经好用古文《尚书》，但他认为古文《尚书》的《盘》《诰》出自伏生等，启发了朱子后来怀疑古文《尚书》的孔《序》孔《传》为伪作，所以朱子特别推重林氏的《尚书全解》。

林三山对东莱要求甚严，东莱受其影响不小。例如林三山曾说：“《论语》一部，圣人之心体在是，须是不释手看，始得。”又说：“疑字、悔字，皆进学门户，学者须是疑是悔，于道方有所入。”[②]他的这些观点，为东莱全盘接受，且得到了更多的阐述。在时人眼中，东莱的学问较之林三山业已高出一筹，故有“出蓝”之誉。《宋元学案》云：“三山之门，当时可谓极盛，然而至今其弟子多无可考，而吕成公其出蓝者也。”

东莱在向林三山从学期间，若逢佳节良辰，有时也到福州的一些景点游览

① 《宋元学案·紫微学案》。

② 上引均见《宋元学案·紫微学案》。

一番，借以吟诗作赋，言志抒情，并留下了不少诗篇。诸如现存《许由》《清晓出郊》《城楼》《夏诗》等作品，都是绍兴二十六年二十岁时所作，兹抄录如下。

其《许由》云：

许由不耐事，逃尧独参寥。行至箕山下，盈耳康衢谣。
谓此污我耳，临流洗尘嚣。水中见日驭，劳苦如尧朝。
尧天接山际，尧云抹山椒。谁云能避世？处处悉逢尧。

其《清晓出郊》云：

落月窥瓮牖，殷勤唤人醒。蓐食治野装，行行向郊坰。
林端横宿霭，未放群山青。藕花断复续，莫辨浦与汀。
初闻露花香，一洗廛市腥。清景竟难挽，晨光著邮亭。
留眼数天际，尚余三四星。车尘驾暑气，白汗如翻瓶。
凉燠一机耳，愠喜谁使令？泠然解其会，冰壶在中扃。

其五律《城楼》云：

城峻先迎月，帘疏不隔风。棋声传下界，雁影没长空。
岛屿秋光里，楼台海气中。登临故待晚，雨外夕阳红。

其五律《夏夜》云：

晚市收声尽，虚堂一味凉。炎烝渠酷吏，闲静我羲皇。
露沐疏萤湿，风梳细草长。兴移无定在，随月转胡床。

由于南宋自绍兴二十四年（1154）开始，规定诸州皆以中秋日考试举人，不得选日。所以东莱届时应福建转运司进士考试，被举为首选。当时，适值林三山也由长汀尉被荐，入京为秘书省正字，乃于十一月初九日，师生二人同赴临安。

东莱初次来到京师，少不得拜见了一些世交前辈，游览了许多名胜古迹。不久，林三山又以秘书省正字迁校书郎。他在入对时，首先进言尧、舜执中不离仁义；其次奏言急宜革除文弊而归于忠实；再次又言不宜崇尚老、庄之学。对此，高宗褒纳之。高宗撰有《损斋记》，林三山即趁机奏道："损思以益德，损用以益本，损华以益实。"其时，朝议欲兼用王安石"新经"，林三山进言："晋人以王（衍）、何（晏）清谈之罪，深于桀、纣。今外族不断入侵，究其端倪，王氏实负王、何之责。所谓邪说、诐行、淫辞之不可训者也。"林三山又建言："欲图中原，必自巴、蜀。若浮江绝淮，下梁、宋以图中原，必不能也。故赤壁、淝水虽一胜，而卒不能长驱而前。"对于当时的符离之捷，中外称贺，而林三山独致书幕府，戒以持重，时人讥以为迂，不作防备，已而果又重蹈覆辙。他的这些言论，对于东莱来说，都深有影响。转眼间已到十二月，东莱办完事务，就拜别林三山先生回家过年了。

十二月底，东莱从临安回到福州，要与全家团圆共度新年。刚好朱子携家由同安北归经过福州，顺便前来拜谒仓部公，东莱得以与朱子初次见面相识。

朱子名熹（1130—1200），字元晦，一字仲晦，徽州婺源人。父朱松，以进士历官司勋吏部郎，因不附和议忤秦桧而去官，故其行谊为学者所称。又因曾任福建延平、尤溪县尉，罢官后即寓居尤溪城外毓秀峰下之郑氏草堂，朱子即出生于此，所以朱子从小就在福建长大。朱子自幼颖悟，五岁读《孝经》，即题曰："不若是，非人也。"从小就慨然有求道之志。十四岁时，父朱松病故。朱子即奉父遗命从学于籍溪胡宪、白水刘勉之、屏山刘子翚三先生，尽传其学。十八岁时，登绍兴十八年（1148）进士第，授福建泉州同安主簿。绍兴二十三年五月，朱子南下赴任同安。他由建溪南下经建宁、南剑，东沿闽江至福州，再南下经莆中、泉州到同安，一路访学问道。经过南剑时拜访了延平李侗，在福州拜访了以《诗》学名家的迂斋李樗，以《尚书》学名家的三山林之奇，以《礼》学名家的刘藻和任文荐。在兴化，朱子又拜访了名震莆中的硕儒艾轩林光朝和方翥。李迂斋是南渡以来主《毛序》派的《诗经》学大家，著有《毛诗详解》三十六卷。朱德润说：“《诗》传至伊川、欧、苏诸先生发其理趣，南渡后，李迂仲、张南轩、吕东莱、戴岷隐、严华谷诸先生，又各自名家。”[①]李迂斋和林三山又是外兄弟，同为大东莱吕本中的高足。后来东莱在《祭林宗丞文》中说：“昔我伯祖西垣公（吕本中），躬受中原文献之传，载而之南。裴回顾瞻，未得所付。逾岭入闽，而先生与二李伯仲实来。一见意合，遂定师生之分。于是嵩洛关辅诸儒之源流靡不讲，庆历、元祐群叟之本末靡不咨。”[②]二李就是指李蘩二子李楠和李樗。绍兴二十六年七月，朱子曾奉檄走旁郡漳州，归后同安任秩已满，八月上旬他到泉州等候批书，一直到十二月底他才携家小离泉州北归崇安。由于东莱之父仓部公同朱子之父韦斋朱松相知，故朱子早就以“契旧”得识仓部公，因此在同安主簿任满携家眷北归崇安经过福州时，特意登门拜谒。适值东莱刚从临安回来，就在这个时候，年方二十岁的东莱与二十七岁的朱子初次相识，并成为莫逆之交。[③]

后来直到乾道七年（1171）仓部公去世时，朱子在给东莱信中还提到了当初同东莱父子在福州的相见：“熹自泉、福间得侍郎中丈（按：指东莱之父）教诲，蒙以契旧之故，爱予甚厚。比年以来，阔别虽久，而书疏相继，奖厉警饬，皆盛德之言，感激铭佩，何日敢忘。”[④]“泉”指仓部公因差来泉州同任同安簿的朱子相见，“福”指朱子绍兴二十六年北归经福州时两人的相见，他就在这一次相见时结识了东莱。后来他在给东莱的信中提起过他们两人的这次初识：“三山（按即福州）之别，阔焉累年，跧伏穷山，不复得通左右之问，而亲友自北来者，无人不能道盛德，足以慰瞻仰也。”[⑤]东莱在绍兴二十六年十二月底前由

---

① 《存复斋文集》卷四《郑夹漈诗传序》。

② 《东莱吕太史文集》卷九。

③ 关于东莱与朱子初见相识之事，王懋竑《年谱考异》云：“两家文集皆无所考。”而邹涿其《年谱》则以为两人相见在绍兴二十五年（1155）正月，并说：“时伯恭父仓部公官福州，朱子以檄书白事大都督府，与伯恭交始此。”其实，两说皆未确。谨按：东莱之父仓部公于绍兴二十五年春方来任福建提刑司干官，而朱子于正月只是以檄书告都督府，本人并未亲往福州，故二人不可能在绍兴二十五年正月相见。而只能到绍兴二十六年十二月朱子由同安离职北归经过福州时，才有机会第一次见面。

④ 《朱文公文集》卷三十三《答吕伯恭》书十三。

⑤ 《朱文公文集》卷三十三《答吕伯恭》书一。

临安归福州与全家共度新年。朱子在这一年十二月北归，经福州时也正好在十二月底，这就是朱子说的三山相见。到第二年三月朱子再回同安经福州时，东莱已赴临安参加春试。这年十二月朱子再由同安任满北归经福州时，东莱又已在十月随任满的仓部公归婺州，从此两人音讯不通。直到隆兴元年（1163）十二月中旬朱子临安奏事南归途经婺州，两人才得以再次相见。

四、籍溪求学

林三山进京就职之后，吕东莱就在家中继续接受仓部公的教导。然而仓部公自有公务在身，不能专心从事教子，所以又使东莱赴籍溪向胡宪先生受学。

胡宪（1086—1162），字原仲，建州崇安（今福建省武夷山市）人，所居在籍溪，故以自号。他是程门私淑弟子胡安国的从子，故长期从胡安国学，会悟程氏之说。绍兴中，以乡贡入太学。适值朝廷禁止伊洛之学，胡籍溪独与乡人刘白水私下寻访程门之书，深夜点油膏躲在帐中偷抄默诵。因见所学与世相背，于是毅然辞别诸生归隐故山，力田卖药，以养其亲。

胡籍溪归隐故山之后，决意不再出仕。后因胡安国称其有隐君子之操，贤士大夫亦皆注心高仰之。于是朝臣折彦质、范冲、朱震、刘子羽、吕祉、吕本中等，共以胡籍溪行义上闻于朝廷。高宗乃下诏特征其出山，赐进士出身，授左迪功郎、建州学教授。胡籍溪以母老辞不赴命。折公彦质入西府，又言于高宗，促召愈急，而胡籍溪坚辞益力。后经郡守魏矼遣行义诸生入里致诏，且手书列陈大义，再三开譬启发，籍溪始不得已而就职。胡籍溪教诸生于功课余暇，常以片纸书古人懿行，或诗文铭赞之有补于人者，粘置壁间，俾往来诵之，咸令精熟；并启迪诸生以为己之学，诸生孚化，共留七年不徙。后以母老，监南岳庙以归。是时正当秦桧用事，胡籍溪无复当世之念，仍以设帐讲学为业。胡籍溪质本恬淡，而培养深固，平居危坐植立，时然后言，望之枵然如槁木之枝，而即之温然。虽当仓卒，不见其有疾言遽色，人或犯之，未尝校也。他读书不务多为训说。尝谓："凡学者治经术，商论义理，可以问人；至于出处，不可与人商量。”[①]

胡籍溪本与白水刘勉之、屏山刘子翚三人同为崇安人，而且同在武夷山一带设教讲学，故号称武夷三先生。他们都以伊洛之学培养后进，旨在重振儒学。

自从五代儒学衰微以来，作为中国文化负荷者的有知识的士子们，挣扎在一个漫长的文化转型期中，这也是一个新型的理学文化的漫长的难产期。以发挥儒家义理之学为己任的“道学”，从它诞生之日起就走着坎坷曲折的道路，从保守恋古的陋儒到狎妓风流的名士，三教九流的人无不群起而攻之。故二程洛学从崇宁以来就遭到禁绝，到绍兴八年（1138）秦桧任相，出于投降卖国的需要，独崇王学而严禁程学，称程学为“专门曲学”，借以作为政治上党同伐异、驱逐爱国志士的理由。绍兴十四年，汪勃上奏“去专门曲说”，何若上奏“黜伊川之学”。绍兴二十年，曹筠奏请凡“考官取专门之学者，令御史弹劾”。直到绍兴二十五年，张震再乞“天下学校禁专门之学”，学禁达到高潮。这时二程洛学只得走向民间，被排摒的洛学传人们在林下倡道，山间授学。武夷三先生都是伊洛之学的虔诚信徒，故四方士人闻知他们在武夷山设坛讲学，无论远近都望风前来，从游日众。

武夷三先生都与朱子之父韦斋朱松交情甚厚。韦斋临危时，特嘱其子同拜三先生为师，向他们受学，故朱子早年曾长期受学于三先生之门。刘屏山、刘白水两先生先后去世，故事胡籍溪为最久。而此时，朱子也已离开胡籍溪赴任就职。

胡籍溪由建州教授任上奉祠归居后，只在绍兴二十三、二十四两年间除福建安抚司准备差遣而外，大部分时间在“白首穷经隐涧隈”的读书授学中度过。当东莱随父到福建时，胡籍溪正好归隐山中在讲学授徒。所以仓部公命东莱前来从学。东莱来到籍溪，即拜胡籍溪为师。于是，胡籍溪的籍溪山居便成为东莱主要的问学聆教的地方。

东莱早年本曾师从刘白水先生受学。刘、胡二先生的学问在主向上基本一致，不过在枝节上也略有不同。在经学上，刘、胡都上承二程，但刘白水更多

---

① 《宋元学案·刘胡诸儒学案》。

有取于谯定、刘安世、杨龟山、张横渠；胡籍溪更多有取于上蔡谢良佐、胡安国、谯定、朱震、湖湘派。东莱对先后两位先生的师说兼容并蓄，这些众多的理学大师的思想都从不同的方面经过刘、胡二先生通向了东莱。刘、胡二先生的儒家教育，从廉退自好的人生哲学、反和主战的政治态度和独尊二程的理学思想三个方面，先后陶铸着东莱特殊的道学性格。

刘、胡二位先生都是洁身自守、超世脱俗的饱学硕儒，高尚其事，高蹈其行。刘白水弃科举归隐，杜门高卧，留下了"老大多材、十年坚坐"的美名。胡籍溪由太学归居故山，靠耕田卖药为生。他们共同铸造了东莱清高淡泊、难进易退、终身以读书著述为乐的处世性格。但是南宋的屈辱腐败又不容他们独善其身，他们都怀有一腔抗金报国的热忱，大义击贼的忠愤，这对东莱也有巨大的影响。因而，刘、胡二先生又铸造了东莱道学性格中济世忧民、坚决抗金、力挽衰世的另一面。这种正反两面道学性格的合一，又凝成东莱自小服膺二程理学理想的执著性格。

胡籍溪的象数《易》学与刘白水一样，也是远承郭载，近本谯定和朱震。而谯定又是伊川程子的入室弟子，故胡籍溪也是程子的再传弟子。据说胡籍溪学《易》于谯定，久未有得。谯定启发道："是固当然，盖心为物渍，故不能有见，唯学乃可明耳。"胡籍溪恍然领悟，喟然慨叹道："所谓学者，非克己工夫也耶！"自是一意下学[①]。实际上他在荆门还曾问学于象数大师朱震，也是朱震的入门弟子，后来得到朱震的荐举。

刘、胡二先生首先是程门理学家，而不是传统的经学家。他们对东莱在注重直接用二程及其门人的著作来灌输理学思想时，把重点从五经学转移到了四书学上。刘白水和胡籍溪的理学思想的一脉渊源，是由张横渠的高弟吕大临上溯到横渠那里，所以他们两人又都特别注重向东莱传授横渠的著作。刘白水最早向东莱传授了张子的《西铭》，而胡籍溪更通过《论语》学和张子的关学继续培养了东莱的理学思想。

在禅学上，刘白水和胡籍溪都信奉径山宗杲派。他们的佛学思想主要是直

① 《拙斋集》卷十八《胡籍溪行状》。

接向宗杲门下两大弟子宗元和道谦问禅叩道所得。故刘、胡两先生都好援佛入儒，并信守禅宗新派的参悟。他们这种精粗纯杂纷然并呈的理学教育，却为东莱后来建立全面而又庞杂的理学体系准备了丰厚的思想土壤。

这时刘白水虽已去世，而在胡籍溪的门下，东莱受到了更正规全面的儒家教育：从小学到大学，从诗文到经书；一面为科举入仕攻习程文与词章之学，一面为入“圣贤之域”而潜研二程的理学。程文和诗赋作为举业的基本功，是胡籍溪课督的重点。他选用司马光的《温公集》、陈了翁的《了斋集》等作为练习程文的范本。而把他的理学渊源叙述得最详细明晰的，是同为东莱之老师的三山林之奇。他在《胡宪行状》中叙道：

> ……得涪州谯处士定于京师逆旅中而问学焉。谯授以《易》学，……洞明格物致知之要。归日，从季父文定公（胡安国）游，又益以尧舜孔孟道学授受之详，为之讲贯演绎，曲尽精微，究极博大……先生与从弟侍郎公（胡寅）各得其家学之正传……先生之学，本之以谯处士之清，居之以文定公之任，而济之以和理，一之以诚实，守节乐道，不名一行，而粹然皆出于正。博取百家诸子之长，不主一说，而必体之于身，验之于心，辞约而理备，行高而操坚。①

显然，胡籍溪师事谯定和胡安国，使他把程学与湖湘学沟通起来。因为谯定称自己的象学远承汉蜀人庄君平的象数学，故而胡籍溪归隐山中后也仿庄君平卖卜行医的故事开店卖药，讲学授徒。

经学上胡籍溪对东莱影响最大的是《礼》学和《论语》学。武夷三先生中胡籍溪最精《礼》学，东莱经常向他问礼，这对东莱以后在《礼》学方面影响很大。胡籍溪最重《论语》，他独在《论语》学上写了一部专著《论语会义》，而且是不喜立文字的三先生唯一的一本成文经学专著。这本书原先纂辑数十家《论语》之说，后以二程之说为本，抄撮精要，附以己说而成一书，后来在绍兴

① 《拙斋集》卷十八。

三十年（1160）入都任秘书省正字时上于朝廷。胡籍溪向东莱传授的《论语》学，对东莱治学思路的形成具有决定意义。

《论语会义》穷搜广录，收入众说。朱子在给胡籍溪的另一名弟子魏掞之信中对这本书作了评价："有胡丈《会义》初本否？二先生说《论语》处皆在其中矣。大抵只看二先生及其门人数家之说，足矣。《会义》中如王元泽、二苏、宋咸，杂说甚多未须看，徒乱人耳。"[①]即此可见此书的体例全而且杂，这对东莱后来编纂《吕氏家塾读诗记》等书的体例具有很大的影响。

二程洛学，一脉由杨龟山到罗从彦、李延平，发展成为东南闽学，以《中庸》为入道之要；一脉由谢上蔡到胡安国父子，发展成为湖湘学，以《论语》为入道之要。胡籍溪和致堂胡寅、五峰胡宏、茅堂胡宁本是武夷胡安国门下的四大弟子，即使只从家学传授上看，胡籍溪也同湖湘派有密切关系。谢氏的《上蔡语录》一大半是谢上蔡与胡安国师弟之间的一问一答。上蔡的经学以《论语》为本，以一部《论语解》传闻于世。朱震向他问学，他只向朱震"说一部《论语》"。胡安国的《论语》学受到上蔡的直接影响，正如朱子所谓"毕竟文定之学，后来得于上蔡者为多"[②]。胡籍溪的《论语》学更本自上蔡和胡安国。周必大在《胡籍溪墓表》中说："原仲自言：少从其从叔文定公传《论语》学，时时为予诵说，以为入道之要。"[③]故东莱师事胡籍溪也就必然特别深受上蔡的《论语》学的影响。

然而东莱从胡籍溪那里受到胡安国与湖湘派的影响又不仅在《论语》学上。湖湘学派的思想渊源及其特点，是以胡安国的远承泰山孙复的《春秋》学和得自谢上蔡的《论语》学为两大家学嫡传，同时又特别推重张横渠之学。《论语》一贯章在"理一分殊"上可以同张子《西铭》相通。曾敏行提到胡安国的独好张子之学说："崇、观间尝为太学官，虽当时禁习元祐学术，而公独留意《正蒙》诸书，与杨、谢诸公通问不绝。"[④]故东莱从胡籍溪那里又接受了胡安国的

① 《朱文公文集》卷三十九《答魏元履》。

② 《朱子语类》卷一百零一。

③ 《省斋文稿》卷三十五。

④ 《独醒杂志》卷八。

《春秋》史学。东莱的师事胡籍溪，已经为他后来的集经史文献之学和义理之学打下了基础。

绍兴二十七年丁丑（1157），东莱二十一岁。是年春，入京应试礼部，不中。赴铨试，列下等第三人。于四月七日，授迪功郎，监潭州（今湖南省长沙市）南岳庙。乃自临安赴天台省问外祖曾茶山。原来曾茶山自广西转运使任上因忤秦桧去官而归，直到绍兴二十五年（1155）十月秦桧病死，才得以复起为浙西提刑，知台州。所以东莱就趁临安归途之便，专程到台州向外祖父母恭行问候。在台州住了一月有余，才于六月初二日，自天台返归福州，继续向胡籍溪从学。至十月，因仓部公任满归里，东莱亦只得拜别胡籍溪，随侍父亲返归婺州了。

五、玉山问道

吕东莱自绍兴二十五年春十九岁时随父赴任福州，远离婺州已达两年半之久。于今还归故里，与许多家乡亲友久别相逢，自然格外亲热。可是，一旦离开胡籍溪先生，在学业上失去指导，又未免觉得空虚而惆怅。而且，由于东莱学问日深，一般学者已难胜教育之任。仓部公正在为此而操心，适值大东莱吕本中的高弟、著名学者玉山汪应辰乞外出知婺州，仓部公当即登门拜见，并命东莱拜汪玉山先生为师。吕、汪本有世谊，汪玉山自然满口应承。从此，东莱在汪玉山门下，受到了更为严格的教育。

汪应辰（1118—1176），字圣锡，本名洋，江西信州玉山（今江西省上饶市附近）人，学者称为玉山先生。他本是农家子，五岁知读书属对，十岁能诗。因当时著名学者喻樗为玉山尉，一见奇之，许以女，以书充奁，遂闻伊洛之学。继而名相赵鼎为帅江西，提拔喻樗为幕僚，汪玉山也一同相随。赵公一见汪玉山也大为赏识，置之馆塾。汪玉山通过岳父喻樗的介绍，得以向许多前辈学者交往问学，并深得闽中胡安国、浙东大东莱吕本中所赏识。于是，先后从学于胡、吕之门，胡、吕皆勉以正学。年十八，成进士。在应高宗的对策中，汪玉山以为："陛下励精图治，求复父兄之仇亦历年，而驻跸无一定之地，战守无一定之策，进退无一定之人，所施行事无一定之规画，何以奏功？是在陛下反求诸己而决定之。”高宗览其对，还以为是老儒，擢为第一。及唱名，见是少年，乃大喜，赐名“应辰”，又特书《中庸》以赐。至是改为赐名，而字“圣锡”即由此而来。高宗欲即除馆职，赵鼎请“且历外任，以老其才”，乃授镇东签判，待阙。状元故事本无待阙之例，而汪玉山省试亦居前列，合以升甲转官，赵公又令暂缓执行，汪玉山深感赵公的厚意。汪玉山又闻横浦张九成讲学之名，又往从之。张横浦本与喻樗相善，见汪来，喜曰：“少年登上第，乃急忙来就学邪？”继而赵公出帅绍兴，汪玉山始相从赴任，但凡幕府之事，赵公悉皆谘询汪而行。据传，其时绍兴方旱，赵公令汪祷之而即应，越人歌颂赵公道：“此相公雨。”赵公笑道：“此状元雨也！”继而召为秘书省正字。其时金人方归河南之地，而汪玉山抗金态度甚为坚定，力斥和议，乃上疏云：

> 和议不谐，非所患；和议谐，而因循无备之可患。异议不息，非所患；异议息，而上下相蒙之可患。今虽通好，疆埸之上，宜各戒严，以备他盗。乃方且肆赦褒宠，以为遂休兵息民矣。纵忘积年之耻，独不思异日意外之患乎？此所谓因循无备者也。力排群议，大则窜逐，小则罢黜，于是轻躁者阿谀以取宠，畏懦者循默以固位，忠臣正士，无以自立于群小之间，此所谓上下相蒙者也。入则无法家拂士，出则无敌国外患，此其时矣。

秦桧览疏大怒，出汪为建州判，汪玉山遂即请祠。从此长期被贬谪在外，“寓居常山之萧寺，馆粥不给，处之裕如，益以讲学为事”①。后又改判袁州，不久又为广州判。绍兴二十四年（1154），秦桧将兴大狱以诬张浚，连逮者数十家，汪玉山亦被牵连在内。翌年狱甫具而秦桧死，乃得幸免。次年（1156），召为尚书吏部郎，迁右司。共计流落岭峤十有七年，至此才得回京供职。方期大用，又因亲老乞外，出知婺州。适值东莱自福州返里，前来拜于门下受学。汪玉山见东莱颖悟异常，在学问上业已卓有成就，自然给予精心教导，对他企望

① 《宋元学案·玉山学案》。

也特高。

汪玉山于学，博综诸家，且较诸儒为纯正。其骨鲠极似横浦张九成；多识前言往行以畜德则似大东莱吕本中；而未尝佞佛，粹然为醇儒。全祖望评价道："玉山汪文定公，少受知于湍石（喻樗），其本师为横浦（张九成），又尝从紫微（吕本中）。然横浦、紫微并佞佛，而玉山粹然一出于正，斯其为干蛊之弟子也。"东莱在汪玉山的悉心指导之下，不仅在学问上更上层楼，而且更由广博而归于纯正，从而修养成为近继周、张、二程，远得孔、孟正传的醇儒气象。

东莱在治学之余，有时也与同乡亲友游览婺中名胜。有一次，东莱登八咏楼纵览婺州景观，忽然有感于唐王仲舒守婺时，多有惠政，竟被今人所忘怀，乃赋诗言志，作有《登八咏楼有感》一绝云：

仲舒旧事无人记，家令风流一世倾。
天下何曾识真吏，古来几许尚虚名。

诗中批评了世人不重实政、徒尚虚名的弊端。其实，不仅为政如此，就是治学，也在于学以致用，而不在于虚名。这诗正体现了东莱业已形成的务实学风。

清秋八月的一天，东莱与几位好友泛舟作富春之游，夜宿舟中，忽然下起雨来。东莱即景赋成一绝，题为《富阳舟中夜雨》云：

万顷烟波一叶舟，已将心事付溟鸥。
蓬笼夜半萧萧雨，探借幽人八月秋。

东莱虽已学有成就，但一想起人生前途，犹如一叶扁舟独行于万顷烟波之中，未免感叹起来。不过东莱也深深自信，"天生我材必有用"，既然学业有成，自然可以经世致用，以期重兴社稷，济民于水火之中，犹如鸥盟之信然可期。这样一想，一片幽情，自然与蓬笼上的萧萧秋雨融合为一了。

不久，汪玉山因丁忧离官，而东莱仍继续向他从学。汪玉山是东莱一生中从学最久的一位老师。

第三章 花烛金榜

一、初婚悲欢

绍兴二十七年丁丑（1157），吕东莱年方二十一岁。这时，仓部公早已为东莱聘定世交韩元吉之女为婚。

韩元吉（1118—1187），字无咎，开封雍丘人，徙居信州（今江西省上饶市），前有涧水，因自号南涧翁。其高祖韩维，与程明道为同调讲友。明道卒，其弟伊川函请韩维为明道作《墓志》，可见其交谊之深。元吉又与吕氏本中、弸中同学于程门高弟和靖尹焞，而与朱子为友。其诗文均有欧、苏之遗风。元吉生有二女，长女韩复，即已许配东莱为婚；幼女韩螺，尚幼。是时，元吉正新任建州建安县知县。由于元吉的从祖韩瓘为刘安世门人，韩璜为胡安国门人，元吉之子韩淲又为刘清之门人，均为一时大儒；而东莱又为元吉之婿。故全祖望云："北宋公相家之盛，莫如吕氏、韩氏，其子孙皆能以学统光大之。吕氏则荥阳（吕希哲）学于伊川（程颐），紫微（吕本中）遍学于龟山（杨时）、广平（游酢）诸公之门，仁武（吕弸中）、德元（吕稽中）学于和靖（尹焞）；而韩氏则德全（韩瓘）学于元城（刘安世），先生（指韩璜）学于武夷（胡安国），无咎学于和靖，东莱又无咎之婿，佳话也。"[①]故吕氏与韩氏乃是几代同僚、同门

① 《宋元学案·武夷学案》。

和同道之世交。这样门当户对的婚姻，难怪全谢山称之为学术界之“佳话”了。

按照古时婚礼，包括六项仪式：一曰纳采，系男方委托媒人向女方表示欲与之结为婚姻之意；二曰问名，系男方向女家询问所求女子的名字和出生日期，若女方乐如所请，即表示答应了这门婚事；三曰纳吉，则是男方将男女两人的出生日期进行占卜得吉后，以告女家；四曰纳徵，由男方向女家奉送财礼以聘定婚事；五曰请期，则是男方选定婚期后通知女家并请求其应允；六曰亲迎，则是由新郎亲自到女家迎接新娘回家成亲。这就是通常所称的“六礼”，于是，全部婚礼乃告完成。从“纳采”到“请期”五项仪式都是由男方委托媒人向女家联系办理。每次仪式，媒人都要以雁作为贽礼求见女方家长，这是因为雁性温顺，以取双方和顺之意。所以，古人雅称委托媒人谓之“委禽”。女家在接受男方的“请期”之后，即于婚前三月安排受聘女子在家庙中接受婚前教育，由女师教以妇德、妇言、妇容、妇功等内容。“妇德”是妇女所应遵守的道德品质，“妇言”是言语应对的礼貌，“妇容”是关于化妆、服饰方面的艺术，“妇功”就是各项家务劳动的技能：这就是通常所称的“四德”。学好这四门课程，就为婚后治理家庭做好了准备。因为东莱后来曾把古礼参考当时的礼俗作了修订，所以就趁东莱迎亲的机会略加叙述。

吕氏是世代冠缨之族，娶亲自然要完全遵照婚礼进行。这时，业已恭行了纳采、问名、纳吉、纳徵、请期等五项礼节，并已在第五道礼节“请期”中选定本年十二月二十九日为花烛佳期。所以，剩下来的就是“六礼”中最后一项“亲迎”了。所谓“亲迎”，就是由新郎亲自到女家去迎接新娘，以表示对新娘的敬重。

“亲迎”是“六礼”之中最隆重的一项仪节。亲迎之日，必须“告迎于庙”，就是到家庙中去向祖宗之灵汇报请示。由于婺州到信州路程较远，必须提早动身，所以定于十二月十六日在吕氏家庙恭行“告庙”之礼。是日一早，仓部公率领东莱恭进家庙，族中几位长辈也已陆续到来，依次坐下。堂上列有世代祖宗的牌位，按照左昭右穆的世序排列着。案上早已排设了香、茶、酒、果之类。仓部公率东莱向北焚香酹酒，跪地再拜俯伏稽首而起。乃由掌仪人向东跪读祝辞，读毕，仓部公亲自向东莱敬酒，当面授予迎娶新妇的任务。东莱接受父命，然后偕同在座的长辈皆再拜而出。门前早已备下供新郎乘的马匹和迎接新娘用的车子。于是，东莱辞别仓部公和诸位长辈，跨马引车，亲自与几位随行人等，一同前往信州迎婚。在赴信途中，东莱赋有《晚望》诗云：

独立荒亭数过帆，横林疏处见沧湾。
故知不入豪华眼，送与凫鸥自在看。

诗中描写了一片隆冬疏寒的景色。行了多日，方到信州，即在韩府住下。

女方嫁女，则要先到家庙中去恭行“辞庙”之礼。所以，次日一早，韩家已在韩氏家庙内排设酒席。韩公元吉亲自到门外迎接东莱，彼此揖让登堂，向韩氏祖宗再拜上香。东莱又以雁作为贽礼拜见岳父母，再拜致辞，又再拜。然后宾主入席，酒行三巡，饮罢，即有韩家扶着韩女前来辞庙。案上也排设有香、茶、酒、果之类。韩公率女向北焚香酹酒，再拜俯伏稽首而起，由掌仪人向东跪读祝辞。韩女拜别父母，父母致以诫辞，然后由侍姆奉女出门。这时，东莱已在堂下亲自驾好新娘坐的车子，等新娘到来，即向新娘一揖，并把车上的引手绳交给新娘，引她上车，亲自驾车前进，待车轮转了三圈之后，再交给车夫驾驶，自己则乘马在前带路先行，新娘的车紧随于后，与随行人等，一同向婺州进发。

十二月二十九日吉期，东莱亲迎新娘到达婺州。到家庙前，新郎在门外恭候新娘到来，揖请新娘进庙，参拜父母成礼。然后再到自己家中花烛成婚。“妇至，婿揖妇以入，共牢而食，合卺而酳，所以合体、同尊卑，以亲之也。”[①]这是说，新郎向新娘作揖行礼，请她进门。就餐时，夫妇共用一种食品，合饮一个酒杯，这样做，是表示夫妇二位一体，互相平等，以加深互相亲爱之意。这里“同尊卑”三字最值得注意，这是先秦儒家提倡夫妇平等的最有力的明证。新婚花烛本来就是一生中最大的喜事，何况韩夫人乃是奕世书香的名门之女，知书达理而又极其贤慧，故而两情非常融洽。东莱夫妇就是在这种新婚欢乐之

① 《礼记·昏义》。

中度过了新春佳节。

次年春，东莱陪同韩夫人归宁，在信州游览了不少风景名胜，由于是新婚佳期，心情自然格外兴奋。赋有《春日》七首云：

江梅已过杏花初，尚怯春寒着萼疏。
待得重来几枝在，半随蝶翅半蜂须。

短短菰蒲绿未齐，汀洲水暖雁行低。
柳阴小艇无人管，自送流花下别溪。

岸容山意两溶溶，便是东皇第一功。
春色平铺人不见，却将醉眼认繁红。

春波无力未胜鸥，夹岸山光翠欲流。
若使画成惊顾陆，更教吟出压曹刘。

络石寒毛涧底明，春来绿遍小峥嵘。
凭谁再续平泉记？为定芸兰孰弟兄！

一川晓色鹭分去，两岸烟光莺带来。
径欲卜居从钓叟，绿杨缺处竹门开。

檐铎无声鸟语稀，径深钟梵出花迟。
日长遍绕溪南寺，未信东风属酒旗。

这组诗生动地描绘了其时其地满目生机的春天景色，表达了内心的无比喜悦。一直到三月底，东莱才拜别岳父母，带着韩夫人自信州返归婺州。四月初二日，夫妇双双拜见了父母之后，东莱带领韩夫人到吕氏家庙拜见祖先，恭行

“庙见”之礼。“庙见”也是古代的一种礼仪，一般在新婚之后三个月举行。

至次年，即绍兴二十九年（1159），十一月初四日，韩夫人初生一女，取名华年。这时东莱二十三岁。是时，先生汪玉山丁忧在家，故东莱仍向汪玉山受学。

是年，朝廷又召东莱原先的老师胡籍溪入朝任秘书省正字。本来，胡籍溪的学行声誉早已上闻于朝廷，有许多达官都推荐他出仕，但因当时秦桧当朝，胡籍溪坚决辞官归隐，长期在武夷山卖药养亲，设帐讲学。及秦桧死后，执政者又多次向朝廷推荐。至此，又有诏命前来相召，胡籍溪乃决定进京就职。启行时，朱子作诗二首送行。诗云：

祖饯衣冠满道周，此行谁与话端由？
心知不作功名计，只为苍生未敢休。

执我仇仇讵我知，漫将行止验天机。
猿惊鹤怨因何事？只恐先生袖手归。

绍兴三十年（1160）四月，东莱监潭州南岳祠秩满，六月赴临安铨试，得上等第二人。这时，仓部公亦以祠满赴阙，授岳州通判，馆于粮料院曾逢寓舍。曾逢，字原伯，乃曾茶山长子，亦即仓部公之大舅。传曾氏家学，最以学称。后来官至司农卿。是年，汪玉山在丁忧服除之后，亦以秘书少监权吏部侍郎入都供职。八月，东莱自临安返回婺州。

绍兴三十一年正月十三日，朝廷授东莱严州桐庐（今浙江省杭州市桐庐县）县尉，主管学事。正月二十三日，韩夫人生下一子，东莱取名岳孙。不料岳孙仅两旬而夭，空使全家都为之悲痛了一番，尤其是东莱夫妇，异常伤心。

五月，朝命任王十朋为大宗正丞，途经婺州，顺便前来拜访。王十朋（1112—1171），字龟龄，温州乐清人。自幼天资颖悟，日诵数千言。及长，有文行，聚徒梅溪，受业者以百数。书室匾曰“不欺”，每以诸葛武侯、颜平原、寇莱公、范文正、韩魏公自比。其学一出于正，自孔、孟而下，唯师法韩愈、欧阳修、司马光，故其文粹然。曾为张浚所荐，故常以张浚为受知之师。入太学，主司异其文。秦桧死，高宗亲政，策士，十朋以“揽权”对。高宗嘉其经学淹通，议论纯正，擢为第一。学者争相传诵其策，以拟汉之晁错、董仲舒。授绍兴府签判，既至，当地人认为书生好对付，毫不在意，然而十朋裁决如神，众乃信服。时以四科求士，十朋以身兼四者，召为秘书郎。因奏解杨存中兵权，乃迁著作郎。至是年，又迁大宗正丞，请祠归，故顺便前来拜访。王十朋本来就是东莱素所钦敬之人，何况这时年已五十，是东莱的父辈人物。东莱闻知十朋前来，连忙出外远迎。东莱向他虚心请教，倾谈甚欢，乃成为忘年之交。

九月，忽报金兵分三路大举南下，号称百万，直逼两淮。负责淮西防务的王权贪生怕死弃庐州南遁，金军顺利渡淮长驱南进，攻城陷州，临安城里一片惊慌。文武百官的家眷纷纷装载金银细软逃之夭夭，最后只剩下陈康伯和黄中两人的家眷还在临安。惊魂失魄的宋高宗竟不制止逃跑，反而无耻地说：“任之，扬州时，悔不令其去，多坏了人。”他自己打算逃往海上，由于陈康伯的反对，才鼓起勇气下诏“亲征”。至十月，金统军高景山率步骑几万人猛攻扬州，刘锜招募精熟水性的兵民凿沉金军用毡毯护裹的粮船，自己不顾重病吐血，亲临前线指挥。皂角林一战，小校王佐只领四百名步卒埋伏在林中，等金兵进入皂角林，弓弩齐发，大败金兵，斩杀高景山，大获全胜。与此同时，李宝的胶西之战亦取得胜利。刘锜皂角林之战和李宝胶西之战的连续胜利，才稍挡住金兵南侵的锋锐。

十一月，金帅完颜亮企图从采石强行渡江。到采石犒军的虞允文在宋军没有统帅的危急关头，毅然自动担起了组织军民抗击金兵渡江南侵的重任，取得了采石大捷的辉煌战功。完颜亮渡江南下受阻，黄河以北又全被金世宗所控制，陷入了腹背受敌、进退无路的困境，竟强令全部人马要在三天之内一齐渡过长江，否则处死。完颜元宜便利用金兵的愤懑厌战情绪乘机内讧，十一月二十七日，在扬州龟山寺杀死了完颜亮。到十二月金兵全部渡淮北退。

在宋军一举收复两淮地区后，又攻克洛阳、嵩州、长水、永宁、寿安等地，敌后也有声势浩大的耿京等部义军击杀金军，异常活跃，正是一个乘胜继续进击的大好时机。但心有余悸的高宗皇帝又重温起投降乞和的旧梦。他以战求和，竟向金主唱起了“朕料此事终归于和”的媚调，主和派也跟着蠢蠢鼓噪附和。在此以前，老将张浚被秦桧党羽论罢废居十年，在完颜南侵前又遭主和派汤思退的沮抑，直到是年十一月金兵南侵的危急之际，才被起判建康，可是等他从长沙赶到建康时，金军已卷旗北退。从刘锜病卒以后，朝廷内外主战派都热望起用张浚主持军事，砥柱中流，但高宗却任命主和派的杨存中为江淮荆襄路宣抚使，因而大失人望。所以，东莱的老师林三山即于十二月以病求去，除宗正丞，出为提举福建市舶，奉祠，亦过婺来访东莱。东莱得知林先生来，亲自出郊远迎，尽礼接待。师生久别相逢，自然欢喜，但见林先生身体欠安，又恻然为之担忧。师生相聚，少不得谈一些学问之事。林三山见东莱学问大有长进，今非昔比，已远在自己之上，心中也满怀高兴。一住数日，然后告辞而归。

绍兴三十二年壬午（1162）正月初八日，东莱偕韩夫人同往信州。是时，因韩公元吉为司农寺主簿，故东莱夫妇带着四岁的女儿华年一同归宁省亲。夫妇在信州住了几日，然后又带着女儿一同前往临安，一家在临安寓舍居住下来。先后拜见了胡籍溪和汪玉山两位先生。

是岁，东莱参加两浙转运司的秩试，得第二人。适逢同郡永康的龙川陈亮也参加这次考试，两人初次相遇，即成莫逆，遂在临安同试漕台。

陈亮（1143—1194），字同甫，婺州永康（今浙江省金华市属永康市）人，因家居龙窟山下，学者称为龙川先生。龙川为人才气超迈，喜谈兵，议论风生，下笔数千言立就。十九岁时，遍考古人用兵成败之迹，写成《酌古论》一书。其书以安天下之志、平天下之谋为立论的根本，充分强调了决策的重要性，强调了在确切把握事件之客观情势的前提下，人的主动精神对事态之发展的主导作用。并明显地表现了他所崇尚的理想人格，乃是必有过人之智，以天下为己任的英豪之士。是时周葵以集英殿修撰知婺州。他看到《酌古论》后，极为赞赏，遂与龙川相见，相与究诘论难，对龙川的才华甚为赏识。认为龙川乃“他日国士也”，遂请为上客。龙川少年得志，意气风发。这时，东莱已二十六岁，且有深厚的家学渊源；而龙川才二十岁，又全靠自己崛起于乡间。今日既能与东莱同试漕台，故对自己的学问遂颇为自负：“亮二十岁时，与伯恭同试漕台，所争不过五六岁。亮自以姓名落诸公间，自负不在伯恭后。”①刚好集英殿修撰知婺州周葵也于本年闰二月己丑升敷文阁待制，业已入朝就职。龙川乃从周葵同受《中庸》《大学》，又与东莱进一步展开经学的讨论。

然而正在这年之中，东莱家中接连发生了几起重大的事故。三月二十八日，东莱自临安归婺州。四月，仓部公用从臣荐，差知黄州。东莱代父作《知黄州谢表》云：

> 窃以群万国之舆图，大一王之统御。地分远迩之别，政有先后之差。繄牧守必得夫循良，则黔黎庶底乎康乂。眷惟小垒，介于长淮。虽事简而俗醇，实望轻而责重。……臣敢不宣布诏条，辑宁闾里？挈缾守器，誓力保于封陲；毁瓦画墁，敢坐縻于廪禄？

又代父作《知黄州谢宰执启》云：

> 窃观云梦之南州，素号江淮之要地。黄堂胜概，传王、杜之风流；赤壁威声，想曹、刘之雄烈。会启恢图之运，实当控扼之冲。疏亭障以制襟喉，远烽燧以明耳目。辑宁封部，储峙刍粮。拊凋瘵而民气苏，严赏罚而士心奋。……某敢不力务中行，勉求实效？措诸事业，愿师三折肱之医；畏此简书，莫伸九顿首之礼。

前篇《谢表》从政治上阐明了守土安民之要，表示必不辜负国家付托之重；后篇《谢启》则从军事上论述了黄州乃战略要地，必须预作筹划，以图恢复之计。这两篇代父之作，初步表现了东莱在恢复主战宗旨指导下的政治思想和军事思想。

六月初七日，韩夫人在临安生下一子，取名齐孙。这本来是一件喜事，然而这时东莱尚在婺州，因仓部公于六月十二日赴黄州就职，而当时伯舅曾逢正

① 《陈亮集》卷二十八《甲辰秋与朱元晦书》。

在通判绍兴府事，故东莱又侍奉母亲曾夫人如越中外家。不料寓居临安的韩夫人因产后流血过多，加上照顾不周，以致一病不起。东莱得知韩夫人病重信息，即从绍兴匆匆赶回临安，于六月二十三日到达临安时，谁知韩夫人已在当日卒于寓舍。东莱见此状况，痛不欲生。又看到年仅四岁的女儿华年早已哭得泪人儿一般，而出生只有半月的小齐孙又嗷嗷待哺。东莱面对这一景况，一时束手无策，莫知所措。只得连忙使人为小齐孙找来一个乳母，又吩咐家人将丧事料理了一番。几天忙下来，本来身体就很虚弱的东莱早已支撑不住，不觉也大病了一场。直到八月，才以韩夫人之丧归于婺州。九月二十六日，葬夫人韩氏于武义县明招山祖墓之侧。然而更为不幸的是，过了不久，韩夫人生下只有三四个月的小齐孙又因病而夭折了。这一连串的丧妻丧子之痛，无论在体质上抑或在精神上都给东莱造成了莫大的损伤。

东莱自绍兴二十七年（1157）年底娶归韩夫人，夫妻感情甚洽，到绍兴三十二年六月韩夫人去世，仅仅四年半时间。在这短短的四年半内，韩夫人曾生一女二子，二子岳孙和齐孙皆不幸夭亡，只留下一女华年，年仅四岁。东莱的这段姻缘，可谓欢少而悲多，给东莱留下了不少精神上的创伤。

二、两科题名

东莱自韩夫人去世后，由于心情不好，一直在家闭门读书。到冬天，东莱又到绍兴侍奉曾夫人。母子相聚，总算得到了一点安慰。东莱在绍兴除了读书和侍奉母亲外，还游览了不少山水名胜，也结交了不少朋友。其中一位最重要的朋友是邢邦用。邢邦用，名世材，其先自青州徙汴，绍兴间始家会稽。既举进士，尽弃故学，遍从长者游。这时开始与东莱相识，即成莫逆。此后与东莱经常书信来往，而且同东莱相与讲学甚久。东莱又游览了外祖母住家所在地的禹迹寺，并认识了寺中的义恩禅师。

正当东莱家中接连发生不幸之际，南宋朝廷也发生了巨大的变化。绍兴三十二年（1162）六月，宋高宗内禅，称太上皇，孝宗即位。高宗在退位前，便撤销了为抗金而设的招讨司、宣抚司。宋金双方遣使议和奔走道途，主和气氛笼罩朝廷。及孝宗即位，朝政才发生了转机。孝宗有志恢复中原，中兴宋室。他一即位便任命张浚为江淮宣抚使，追复岳飞官爵，起用被贬的胡铨，并下诏中外士庶指陈时政阙失。孝宗的一系列大力更张的措施，使得主战派一时得势，从而也激起了大批一腔抗金热血的爱国志士。其中东莱的挚友朱子，也就在八月七日应诏上了长篇封事。然而，孝宗这位"圣孝"的新皇帝，事事要受退居德寿宫的太上皇的掣肘。他自己也对金国抱着通过议和请复土疆的幻想，故而采取一种"绥寇"政策。他在即位的赦书上仍写上议和一条，严禁诸将进兵，遣使往金"续修和好之礼"。八月，他又命主和派的史浩任参知政事，事事牵制主战派领袖张浚的手脚。而且，孝宗又同高宗一样佞佛老成癖，他手下一大批从高宗之朝过来的元老重臣，几乎无一不是耽佛嗜老之辈。所以，朱子的封事，就是从反和主战、反佛崇儒两个方面展开的。他尖锐指出孝宗即位后的现状是："祖宗之境土未复，宗庙之仇耻未除，戎虏之奸谲不常，生民之困悴已极。"认为"天下之事至于今日，无一不弊"。因此他提出了刻不容缓的三条当务之急：其一是"帝王之学不可以不熟讲"，这就是要以儒学反佛老之学；其二是"修攘之计不可以不早定"，这是发表了最激烈的反和主战之说；其三是"本原之地不可以不加意"，主张中央朝廷必须选贤任能，内修政治。最后力劝孝宗的新政应勇于因革损益，不应苟安守成。[①]他这讲学明理、定计恢复、任贤修政三条，是从思想、军事、政治三方面对孝宗初政的现状作了全面而深刻的剖析。

然而，被主和派包围的孝宗，在和战上一直举棋不定。就在朱子上封事后不久，出使金国的起居舍人洪迈、知合门事张抡，因贪生怕死，大辱国命而归。参知政事史浩乃极力撺掇孝宗尽弃陕西之地，川陕宣谕使虞允文连上十五疏力陈不可，反以显谟阁直学士罢知夔州。至十一月，朝廷用史浩建议，下令吴璘弃德顺城从川陕前线退兵，竟遭到金兵邀击，三万军兵只剩七千人退回。已收复的秦凤、熙河、永兴等地全部丧失。抱着以议和请复疆土幻想的孝宗才如梦方醒，决意出师北伐。这时适值稼轩辛弃疾去金归宋，使权天平军节度掌书记、特补右承务郎。

---

① 参见《朱文公文集》卷十一《壬午应诏封事》。

辛弃疾（1140—1207），字幼安，号稼轩居士，齐州历城人。自幼豪侠超人，工于词，才气纵横，独具豪迈慷慨之风，为一代作词大家。义士耿京聚兵山东，他为掌书记，劝京奉表归宋，成为抗金义军。旋因张安国擅杀耿京投降金国，他即驰入金营，执安国献于临安斩之。朝廷授稼轩为江淮判官。后来成为东莱的好友。

冬间，宋金双方在淮河两岸的对峙已如箭在弦上。金帅完颜雍在河南屯结十万大军，公然向南宋提出割让唐、邓、海、泗、商州等地。宋军驻扎在泗、濠、庐三州和盱眙一线。然而，朝中却仍处在和战两派胶着相持的沉闷气氛之中。

是年十月，东莱的老师汪玉山以权户部侍郎来知福州。原来汪玉山自绍兴三十年入京为秘书少监权吏部侍郎，不久又权吏部尚书。他即上言奏驳李显忠冒赏之罪。未几又权户部侍郎兼侍讲，乃力主裁减冗费，以济时艰。其时，高宗方欲禅位，一时大典礼仪多出于汪玉山制定。只因会议上皇尊号未合高宗之意，于是又乞外，知福州。他一入闽，就在建安遇到朱子。汪玉山本系朱子的从表叔，读到朱子的诗文，叹为远器，立即招他来福州，拟由福建帅司准备差遣。朱子积极赞助他实施改革，替他具体谋划，废除扰民苛政。

原来朱子自从绍兴二十九年（1159）送先生胡籍溪入都之后，朝廷也曾于六月召他进京供职，但他坚辞不肯成行。且又给先生胡籍溪和同窗刘珙二人寄诗二首云：

先生去上芸香阁，阁老新峨豸角冠。
留取幽人卧空谷，一川风月要人看。（时刘珙自秘书丞除察官）

瓮牖前头列画屏，晚来相对静仪型。
浮云一任闲舒卷，万古青山只么青。

显然，这两首诗是以“浮云”和“青山”自明其志而已。有人把朱子这两首诗传给衡山五峰胡宏，胡宏看后认为其诗“词甚妙而意未员”，因作古绝三章云：

云出青山得自由，西郊未能如薰忧。
欲识青山最青处，云物万古生无休。

幽人偏爱青山好，为是青山青不老。
青山出云雨太虚，洗尽尘埃山更好。

天生风月散人间，人间不只山中好。
若也清明满怀抱，到处氛埃任除扫。

胡宏又对弟子南轩张栻说：“吾未识此人，然观此诗，知其庶几能有进矣。特其言有体而无用，故吾为是诗以箴警之，庶其闻之而有发也。”[①]在胡宏看来，这时的朱子还只知青山（体）好，却不知云雨的变化（用）可以把青山洗得更好；只知超世的山中好，不知现实的人间“不只山中好”，也就是说，这种“静仪型”不知“道”在人间，须从日用上下功夫，做到“到处氛埃任除扫”，因而他只能算是有“体”而无“用”，有“静”而无“动”，有“理一”而无“分殊”。胡宏的三首诗虽系言“道”之作，但其现实之意，分明是开导朱子不应如“浮云”之在“青山”那样只知“独善其身”；而是应该出山作“雨”以“洗尽尘埃”，亦即应该学以致用，以“兼善天下”为己任，这才是儒者目标。这同朱子的老师李侗的看法不谋而合。李侗也指出朱子尚不能应事洒落，希望他能“脱然一行”。李侗的启发引导促使朱子开始关注起政局朝事。八月，朱子在给入都任正字的先生胡籍溪信中便以过人胆识分析江上宋金两军对峙的形势，希望胡籍溪“一试大儒之效”，认为天下形势“救之之术，独在救其根本而已”，“所谓救其本根之术，不过视天下人望之所属者，举而用之，使其举措用舍，必当于人心，则天下之心翕然聚于朝廷之上，其气力易以鼓动”[②]。所谓举用“天

① 《朱文公文集》卷八十一《跋胡五峰诗》。
② 《朱文公文集》卷三十七《与籍溪胡先生》书二。

下人望之所属者”，就是指被贬的主战派领袖张浚和刘锜。不久，胡籍溪果然上疏道：“金人势必败盟，宿将惟张浚、刘锜在，愿亟起之。”当时两人皆为积毁所伤，无人敢公开显言起用者，胡籍溪自知此疏是冒险之举，所以上疏之后，立即求去。高宗虽未能听从其言，但心知其忠，故下诏改秩左宣郎、主崇道观，乃归。至绍兴三十二年卒，年七十有七，谥“简肃”。由于胡籍溪敢于上疏首倡起用久被罢免的抗金主战的元臣宿将张浚和刘锜，于是名震朝野，列为“五贤”之一，四方传颂。

本来，东莱因为自己从学的林、胡、汪三位先生都在京中为官，所以早就想游学京师。后来林三山先生虽已于去年离京回闽，但胡、汪二先生仍在京中，所以今年春天带着韩夫人母女一同进京，打算在京中住一段较长的时期，一则便于向两位先生请教，二则可以在京中开阔眼界，增广知识。然而想不到韩夫人不幸身亡，不得不放弃这一计划而暂行离开临安。而对于朱子所上封事的内容，心中自然佩服，恨不得就与之见面，共同纵谈国事。后来汪玉山先生也于十月间出知福州，东莱闻之感叹不已。现在又闻知胡籍溪在离京之后病卒，东莱自然不胜悲痛。他虽然在胡籍溪处从学的时间不长，但在三位先生之中，胡籍溪的年龄最高，去世得也最早。可惜的是，由于东莱早年的诗文率多散佚，没有留下他与胡籍溪先生之间的交往文字，致使师生关系的详情也难以查考了。

宋孝宗隆兴元年癸未（1163）正月，任命张浚为枢密使，都督江淮东西路军马。三月，又起用坚决主战的辛次膺为同知枢密院事，又数次召见张浚征询恢复大计。孝宗的锐意用兵恢复的态度才终于明朗起来。可是南宋腐败的军队将骄兵惰，八十万殿前、江淮军，只选出六万称得上精锐的人马供张浚调用。由张浚一手主持的北伐，就是在朝廷并没有形成一个主战派坚强有力的领导的情势下开始出师渡淮，求战心切的张浚和冷热无常的孝宗都表现出了同样的轻率。宋军六万，号称二十万，以五月初四日渡淮。最初势如破竹，李显忠在五月初七日克复灵璧，邵宏渊在初十日克复虹县，到十六日又一举攻下了宿县。同北伐最初的大捷相呼应，朝中也在五月十五日以八大罪状罢去史浩的右相。然而，前线在攻占宿州之后，由于李、邵二将发生争执不和，导致五月二十四日在符离全军溃败。六月，张浚退到扬州，就上章自劾，乞求致仕。于是，孝宗用兵主战的热情也一落千丈，降张浚为江淮东路宣抚使，任主和派兵部侍郎周葵为参政。七月，臭名昭著的汤思退又复为右相。朝中又重新掀起了一片主和主守的声浪，而短暂的恢复呼声又归乎沉寂。

是年，东莱连续参加了两科的考试，都获优等。一是春天参加礼部进士科考试，奏名第六人。四月十二日，赐东莱进士及第，改左迪功郎。二是夏天又参加博学宏词科的考试。《宋会要辑稿·选举》十二之十五记载："五月一日，……右迪功郎、新严州桐庐县尉、主管学事吕祖谦考入下等（博学宏词科）。……诏减二年磨勘，堂除差遣。"注文又说："祖谦既中选，赐同进士出身，相继放进士榜，又登上第，故有是命。"一年之中两科题名，对此，素以生活恬淡而著称的东莱也颇有点喜出望外。他在《中两科谢主司启》中说：

问津邹鲁，未知经术之渊源；学步班杨，讵识词章之统纪。揣己初无其一可，逢辰乃幸于兼收。得之若惊，荣不盖愧。①

东莱如此兴奋，有两方面的原因。其一，"博学宏词科"乃宋高宗所特设，此科榜上有名，是当世众多士人的心愿，东莱亦不能超然物外。其二，有宋一代，尚文轻武，选拔人才，注重出身，中进士乃是飞黄腾达的捷径，南宋尤其如此。《宋史·选举》称："南渡以来所得之士，多至卿相、翰苑者。"②即为佐证。所以东莱接着又说："一升俊造之列，即为腾耀之阶，指日而须，若偿所负。"③在东莱的《宏词进卷》中，确实有不少精彩的文章，以表达自己的思想。例如他说：

臣闻《春秋》复九世之仇，世宗遵而伐虏；匈奴直百年之运，宣帝因以受朝。涤荡平城之忧，焜耀渭桥之谒。惟今盛烈，跨古鸿猷。遵制扬功，雪上皇之宿愤；陈师鞠旅，空大漠之鬼区。日月清明，华夷震叠。……武

① 《吕东莱先生文集》卷二。

② 《宋史》卷一五六。

③ 《吕东莱先生文集》卷二《中两科谢主司启》。

> 王载旆，躬戎辂以濯征；票骑抗旌，受将臣之成算。同文同轨，来享来王。……简奇兵之锋锐，出间道之空虚。扼定襄之襟喉，从天而下；捣可汗之肘腋，击地而惊。……太白入月，星垂灭狄之祥；高锋彗云，士倍禽胡之气。……

这分明是借古讽今，以抒发其主战抗金、平定寰宇的宏大抱负。在表面上虽然没有触及当时的时局，而在实质上，无疑是针对当时的和战之争而发表自己的见解。

东莱虽然没有能像朱子那样敢于直接激烈批评朝政，甚至当面直接批评孝宗的行动，但是他善于抓住一切机会，运用婉言微讽的方式来发表自己的政见。而实际上，这种婉言微讽的谏诤方法，较之激烈批评的方法，更能使统治者易于接受，以期收到较好的效果，所以也更符合儒家的传统。因而可以说，东莱之获得“两榜题名”之誉，并非像一般文人那样以华言浮词取胜，而是以他的实学和卓识取得学术界的由衷信服的。

东莱及第之后，本来打算立即回桐庐担任旧职，但他又考虑到像他这样刚入品的最低等的文官，不是由吏部分配，而是由都堂（政事堂）直接任命，已属特例。因为宋时由都堂任命的通常为中级以上的官员和部分较低级的京官，而他眼下只是一名从九品的右迪功郎，如果不等待重新分配，仍去桐庐任职，就颇有他在同年七月给汪玉山先生信中所说的“邀求近次”高职之嫌。故而只好耐心等待朝廷的再分配。到六月初七日，特授左从政郎，改差南外敦宗院宗学教授。制词云：

> 敕左迪功郎、新差南外敦宗院宗学教授吕某：唐之科目，虽多而轻，故有食饵小鱼之讥。然连中者亦寡矣，此青铜钱所由取誉于当世也。尔两科皆优选，宜有以旌其能，资叙超升，是亦常典。可特授左从政郎，差遣如故。中书舍人钱周材行。

东莱被授为“南外宗学教授”，而“南外宗正司”设在泉州（今福建省泉州市）。他自今春进京应试以来，因等待分配，已在临安滞留了一百多天。正待准备回婺州待职，忽闻朝廷复召汪玉山先生为敷文阁待制，已于七月初一日至京，并立即上状荐举朱子，请以自代。东莱当即登门拜见汪先生。师生久别相聚，免不得要讲论一些学问。汪玉山又谈起自己推荐朱子以自代之事，东莱自然极力赞成。他辞别汪先生，即于七月间回家待职。

三、师友切磋

吕东莱从临安回来的途中，即就近径到会稽外祖父家中住了好几个月。但是他仍然时刻关心着边防的战事和朝廷的动静，随时留心探听京中的消息。就在七月间，他就从会稽给先生汪玉山写信道：

> 窃惟侍郎丈名德之重，宜在本朝力扶正论。……边遽未宁，入秋已十日，尚不闻大有设施，可为寒心。……某以引见候告，濡滞留临安百余日，近方还会稽。初欲就桐庐旧阙，既而思之，恐不察者谓邀求近次，遂一听之。今所待阙，虽四年有余，然专意为学之日甚长，政所欲得也。第违远诲席，所当致力先后之序，茫然不知端倪。若蒙因时赐书，曲赐开谕，幸甚！①

在这封信中，既表达了对汪先生在朝应“力扶正论”的期望，又表达了对于边防未备的担忧，而且还表示离开汪先生后在学问上无所适从的景况。

东莱回到婺州家中后，为龙川陈亮的书室作了一篇《厉斋铭》。本来，参知政事周葵为龙川取室名为“中”，而龙川又改称为“厉”，所以东莱的《厉斋铭》云：

> 参政周公名陈亮同甫之室曰“中”。陈子事斯语而知其难，更榜以

---

①《吕东莱先生文集》卷三《与汪端明》。

“厉”。“厉”也者，所以用力而择乎“中”也。其友吕某为之铭：

> 泝流之舟，挽之犹迟；下坂之车，柅之犹驰。木火金水，燥湿不齐。有习有积，有居有移。亦能用力，蕲适厥宜。凡此数者，盖阴乘之。潜有所赘，默有所亏。是过不及，察之甚微。凛乎其严，岌乎其危。匪曰设诫，理则如斯。不将不迎，不留不处。敬而无失，大中之矩。[①]

在这篇铭文中，东莱发挥了立身处世应力求合乎中庸之道的道理，以体现朋友之间互相勉励切磋之义。

这时，东莱闻知朝廷已在催促朱子进京，他心知朱子进京后必将有所作为，所以他就给在京中做官的岳父韩公元吉写了一封信。信中请韩公转告即将来京的朱子，说明自己对朱子进京奏事表示支持，并请韩公代加鼓励。

朝廷是在八月间下旨趋促朱子入都的。当时，正是朝中主战派失势遭压、宋金双方暗中往返开始议和之际，这是一个众人畏祸皆退的时期。朱子在北伐前一片借高唱“用兵”以博取高位的主战呼声中不肯入朝，偏在符离溃败后举朝一片主和喧嚣声中，明知大厦将倾已非一木能支，他却毅然入都，准备向孝宗以及主和派大臣抗争一番。朱子于九月十八日从崇安启程，大约在十月中旬到达临安，十月二十四日有旨引见。十一月初，朱子乃趁在京等候奏事之机，拜访了契友亦即东莱的岳父韩公元吉。韩公把东莱的家信给朱子看，朱子才知道东莱已在这年高中进士科和博学宏词科，差除南外敦宗院宗学教授，已于七月回婺州在家待次。东莱在信中还勉励朱子的入都奏事之举。朱子当即给东莱写了回信：

> 三山之别，阔焉累年，跧伏穷山，不复得通左右之问。而亲友自北来者，无人不能道盛德，足以慰瞻仰也。……熹不自知其学之未能自信，冒昧此来，宜为有识者鄙弃，而老兄不忘一日之雅，念之过厚。昨日韩丈出示家信，见及枉诲甚勤，不知所以得此，顾无以堪之，三复愧汗无所容措。

① 《东莱吕太史文集》卷六。

区区已审察，一两日当得对，恐未能无负所以见期之意。而心欲一见，面谕肺腑，不知如何可得？自度恐非能久于此者，故专裁此以谢盛意，并致下怀。……

信中首先回顾了自三山初会以来音问不通之情，其次对于东莱对自己的鼓励表示感谢，最后又表示要同他相见讲论的愿望。朱子这封信中提到“一两日当得对”，就是指即将来临的初六日的奏事。故知这书大概作于十一月初四日前后。

及至十一月初六日登对，朱子面奏三札。第一札讲正心诚意格物致知的圣学，意在反对老佛的虚无之谈；第二札论外攘夷狄的复仇之义，意在反对和议；第三札言内修政事之道，意在反对孝宗的宠信佞幸。这三札的内容与上次所上封事的三层意思大致相同，然而分析时局更为深刻透彻，措辞亦更为慷慨激烈。朱子进第一札时，孝宗尚与之雍容对答；至进后两札时，终于愠怒不言了。数日后除朱子武学博士待次。

此时，张浚远在扬州都督江淮军马，风闻将要被召入朝为相，便遣其子南轩张栻入都面奏卢仲贤辱国乞和之罪。张南轩大约在十一月十八日到达临安，朱子同他生平第一次见面相识。

张栻（1133—1180），字敬夫，一字乐斋，号南轩，魏国公张浚长子，广汉人，迁于衡阳。颖悟夙成，于绍兴三十一年（1161）在长沙师事湖湘派学者五峰胡宏，胡宏一见，知为大器，即以所闻孔门论仁亲切之旨告之。南轩思而有得，益自奋励，以古圣贤自期，作《希颜录》以见志。被推为独得湖湘派真传的理学新秀。

在当时，东莱与朱子、南轩三人有“东南三贤”之称；而东莱的“婺学”与朱子的“闽学”、南轩的“湖湘学”，实成学界鼎足之局，在当时都有其相当巨大的影响；他们三人，后来又成为互相切磋学问、交流理学观点的志同道合的莫逆之交。朱子同南轩的初识，自然会引起他对湖湘学派思想的兴趣和注意，但这时他最关心的还是主战反和的现实大事，预感到他所寄予重望的张浚如果入朝同主和派的汤思退并列为相，必将受到掣肘而一事无成。因此他一见到南轩，就反复告以“汤进之不去，事不可为”之意。并决定留临安再等张浚进都后向他面陈己意。不料朝廷在张浚入都之前，即于十二月初八日派出了小使胡昉、杨由义往金议和，等初九日张浚到达临安，他面对朝中议和的既成事实，已经回天无力了。朱子却还抱着希望要他想法摈除汤思退，特地当面向张浚进献了分兵进取中原的大计。但张浚却淡然回答道：“某只受一方之命，此事恐不能主之。”[①]其实，张浚也不过是朝廷呼之则来、挥之即去的傀儡统帅。这使朱子感到完全失望，再留临安已没有必要。正好其师延平李侗去世的凶讯传来，即于十二月十二日，就在张浚到都后三天，踏着漫天风雪离开了临安。东莱的岳父著名诗人南涧韩公元吉作诗相送云：

前年恨君不肯来，今年惜君不肯住。
朝廷多事四十年，愚智由来各千虑。
君来正值求言日，三策直前真谏疏。
诋诃百事推圣学，请复国仇施一怒。
天高听远语不酬，袖手翩然寻故步。
我知君是谏诤才，主上聪明得无误。
一纸底用教鹖冠，百战应当启戎辂。
江山千里正风雪，岁月峥嵘倏将暮。
有田可耕屋盖头，君计未疏吾亦去。
君归为谢武夷君，白马摇鞭定何处。[②]

“诋诃百事推圣学，请复国仇施一怒”，对朱子这次入都两个月的抗争作了最好的总结。后来汪玉山也在给喻居中信中称赞说：“朱元晦以召命再下、诸公迫之方行。既对，力排和议。其他皆人所难言者。”[③]但这个“谏诤之才”，终究怀着一腔忠鲠不被孝宗皇帝所赏识的悲愤之情，毅然南归了。

① 《朱子语类》卷一百十。
② 韩元吉《南涧甲乙稿》卷二。
③ 汪应辰《文定集》卷十六。

朱子在十二月中旬南归途经婺州，恰好给了同东莱再次相见的机会，从此恢复了断绝多年的通问，开始了对于理学的重要讨论和交流。两人倾心讲论学问之余，又同游了金华名山。朱子还为孝友二申君墓题了字。对此，《金华县志》卷十一载："隆兴元年十月，熹由监潭州南岳庙复召入对。祖谦以是年登第，会于临安。十一月，熹除武学博士，与洪适论不合而归。祖谦与偕至婺，讲论问答不绝，与游南北诸山，题孝友二申君墓。"实则此说有误。据《吕东莱先生文集》卷三《与汪端明圣锡》书一，东莱于隆兴元年（1163）七月已除宗学教授，由临安归婺，居家待四年阙，故谓朱吕在临安会晤乃误[①]，然谓朱吕相见于婺则是对的。

三个月后朱子到延平哭祭李侗寓居南剑时，还抄寄了一首杜诗《送路六侍御入朝》给东莱，道出了两人早年的一段见面相识之情，后署"仲春后三日寓剑川，书寄伯恭友丈，朱某载拜"[②]。

童稚情亲四十年，中间消息两茫然。
更为后会知何地？忽漫相逢是别筵。
不分桃花红胜锦，生憎柳絮白于绵。
剑南春色还无赖，触忤愁人到酒边。

这是绝妙地借老杜之口自咏自叹："童稚情亲四十年"，是说两人因上辈朱韦斋与仓部公的"契旧"之好，还在童子时已相互仰慕；"中间消息两茫然"，是说绍兴二十六年（1156）相见后，长达七年之久的音讯相隔；"忽漫相逢是别筵"，便是指本年十二月两人在婺州的匆匆相晤又别离。

由于胡昉、杨由义使金困辱而归，首鼠两端的孝宗又倾向主战。十二月，除汤思退为左相，张浚为右相，位在汤思退之下。孝宗支持张浚备战，而汤思退依仗太上皇的支持，鼓吹以议和求自治的投降之说，朝中形成了朱子所说的

---

① 此由朱子《文集》卷三十三《答吕伯恭》书一亦可见。
② 《西陂类稿》卷二十八《跋朱文公书杜诗》。

“和战殊途，两宫异论”的局面。隆兴二年（1164），孝宗终于下诏罢江淮都督府，张浚于四月二十四日罢相去朝，主战派遭到了彻底的失败。据《张浚行状》载，张浚在罢相归长沙道经余干病重临死前，唯有悲愤自怨地对张栻、张杓二子说：“吾尝相国家，不能恢复中原，尽雪祖宗之耻，不欲归葬先人墓左，即死葬我衡山足矣。”到八月二十八日，竟饮恨而卒。

这时，朱子在学术方面，为了批判当时的援佛入儒之风而写有《杂学辨》一书。《杂学辨》由辨苏轼《易解》、苏辙《老子解》、张九成《中庸解》、吕本中《大学解》四篇组成。四人著作都杂引老、佛之说以解儒，故称为“杂学”。[①]

就在隆兴二年七月，朱子与汪玉山在崇安相会时，他已不客气地指名批判了汪玉山的两位老师吕本中和张九成的援佛入儒，接着他便写出《辨吕氏大学解》，寄给汪玉山。他在信中用二程的格物说批评了张九成、吕本中的顿悟说。

张九成（1092—1159），字子韶，自号横浦居士，又号无垢居士，是宗杲的世俗弟子。青年游学京都师事杨龟山时已特别嗜好禅学，后登径山从游宗杲，彻悟了佛日“物格”的心学。对此，陈龙川亦曾禁不住慨叹：“近世张给事（九成）学佛有见，晚从杨龟山学，自谓能悟其非，驾其说，以鼓天下学者靡然从之，家置其书，人习其法，几缠缚胶固，虽世之所谓高明之士，往往溺于其中而不能以自出，其为人心之害，何止于战国之杨墨也！”[②]汪玉山早年从游紫微吕本中和横浦张九成之门。张九成谪居邵州无人敢登门，独有汪玉山书札时时通问，所以张九成称他是“同心友”[③]。

东莱的伯祖紫微公吕本中，是一个最好以“悟”说诗的诗人和以“悟”说

① 后人多把《杂学辨》中所辨的《大学解》误认为吕大临的《大学解》，其实，朱子所辨的当是吕本中的《大学解》而非吕大临的《大学解》。据朱子《辨张无垢中庸解》中有云：“吕舍人《大学解》所论格物，正与此同，愚亦已为之辨矣。”又《答汪应辰》书三亦云：“吕舍人书，别纸录呈。”均指《辨吕氏大学解》。吕本中官至中书舍人，故世皆称“吕舍人”；吕大临官至正字，故世称“吕正字”，本自分明。吕本中著有《大学解》虽史无言及，然《朱子语类》卷一百三十二有云：“说吕居仁解《大学》。”是吕本中作有《大学解》之证。

② 《陈亮集》卷十五《与应仲实》。

③ 张九成《横浦诗抄·癸亥初到岭下寄汪圣锡》。

理的理学家。他在《大学解》中提出了顿悟的“格物、物格”说：“草木之微，器用之别，皆物之理也。求其所以为草木器用之理，则为格物；草木器用之理吾心存焉，忽然识之，此为物格。”朱子则指出“吕舍人《大学解》所论格物”正同无垢（张九成）一样也是“释氏看活之法”，是“释氏闻声悟道、见色明心之说”。吕本中根据这种看话禅甚至认为“悟”为认识的极则，“悟”即格物致知。

朱子根据程伊川理事相即、道器相即和即物致知、应事穷理的思想批评这种空悟，认为：“以悟为则，乃释氏法，而吾儒所无有，……若由吾儒之说，则读书而原其得失，应事而察其是非，乃所以为致知格物之事，盖无适而非此理者。今乃去文字，而专体究，犹患杂事纷扰，不能专一，则是理与事为二。”

对于朱子的《杂学辨》，汪玉山和东莱都有不同的意见。汪玉山表示“道不同，不相知”①。东莱也认为朱子论辩态度“因激增怒”，不该在自己注解书中把“东坡”都改成“苏轼”，使两人论辩无从进行下去。他说：

> 吾道本无对，非下与世俗较胜负者也。……详观来谕，激扬振厉，颇乏广大温润气象，若立敌较胜负者，颇似未弘。如注中“东坡”字，改为“苏轼”，不知以诸公例书名而厘正之耶？或者因辨论有所激而加峻耶？出于前说，固无害；出于后说，则因激增怒，于治心似不可不省察也。

关于儒释之辨，东莱和朱子在排佛的大方向上基本上是一致的，然而在如何排佛的方法上则并不完全相同。对此，他们在书信中曾经有过多次交流。朱子在信中说：

> 向见吾兄于儒释之辨不甚痛说，以固有深厚，然不知者便谓高明有意阴主之，此利害不小。熹近日见得学者若于此处见得不分明，正当共推血

① 《吕东莱文集》卷三《答朱侍讲》书三。

诚，力救此弊，乃是吾党之责耳。[①]

对于朱子的责难，东莱回信发表了自己的观点：

邪说诐行辞而辟之，诚今日任此道者之责。窃尝谓异端之不息，由正学之不明，此盛彼衰，互相消长，莫若尽力于此，此道光明盛大，则彼之消铄无日矣。孟子所谓"吾为此惧，闲先圣之道"，旧说以"闲"为闲习，意味甚长。杨墨肆行，政以吾道之衰耳。孟子所以不求之他而以闲习吾先圣之道为急先务，而淫辞诐行之放，则固自有次第也。不知吾丈以为如何？所以为此说者，非欲含糊纵释，黑白不辨，但恐专意外攘，而内修处工夫或少耳。[②]

接着，朱子在第二封信中又重申了自己的意见：

儒释之辨，诚如所喻。盖正所当极论明辨处，若小有依违，便是阴有党助之意，使人不能不致疑，而不知者遂以迷于向背，非小病也。自今切望留意于此，岂可退托以废任道之实，幸其衰熄而忽防微之戒哉！[③]

很明显，朱、吕在排佛的基本立场上是完全一致的，分歧仅在于方式上的侧重点不同而已。东莱主张以扶正为主，正气盛则邪气自然不能入侵；朱子则主张扶正和祛邪必须同时进行，不能坐以等待异端的自动衰熄。比较而言，应该承认朱子的看法更为全面一些。

从此开始，东莱的学术思想就在与师友们的广泛讲论交流中逐步展开。

隆兴二年甲申（1164）四月，东莱到黄州省侍父亲。八月，东莱侍奉仓部公赴阙奏事。九月，东莱到绍兴看望外祖父母。十一月，又赴浙西。闰十一月，

---

① 《朱文公文集》卷二十五《答吕伯恭》书一。

② 《吕东莱文集》卷三《答朱侍讲》。

③ 《朱文公文集》卷三十三《答吕伯恭》书四十九。

返归婺州。是年，汪玉山以敷光阁直学士充四川制置使、知成都府，多有善政。同知枢密院事刘珙进言："应辰与陈良翰、张栻，臣所不及。"有旨召还。乾道元年（1165）正月，东莱闻知先生汪玉山自蜀进京，立即给他写了一信：

某区区之迹，昨侍行归自黄冈，留会稽外祖处数月，仲冬复过浙西，挈提干家叔一房归婺，今还舍余六旬矣。侍下无它事，得以专意书册。但冥顽之质，独学寡陋，殊无所发明。瞻望函丈，在天一涯，无从侧听謦欬，下情但深企仰。和议甫定，目前遂可奠枕，然所当虑者，政在此而不在彼也。开府方初窃想威惠并举，以大填拊一方之民，惟念蜀远在万里，外有邻敌，旁有师屯，下有五十四郡之众，屈伸呼吸，安危系焉。敢祈覃精筹度，博稽众谋，以宽西顾之虑。幸甚！……今兹洊膺召命，闻既至都下，计已有除擢矣。

这封信仍然诉说了远离先生，学问上无从请教的苦闷；也谈到了和议虽然"目前遂可奠枕，然所当虑者，政在此也"，深深担忧着和议之不足恃。

汪玉山入对，即以畏天爱民为言。并为上言蜀地弊政之未尽去者，请并除之。除吏部尚书兼翰林学士并侍读。玉山敷陈六事，庙堂议者多与之不合，皆忌之。

乾道元年（1165）八月，仓部公调任池州（今安徽省池州市）。本来，早在绍兴十六年（1146）仓部公任江东提举司干官时，曾在池州为官，因其父驾部公吕弸中病卒，乃去职回家丁忧。至今不觉过了二十年，再次到池州赴任。东莱代父作《知池州谢表》云：

矧池阳之奥区，乃江表之重地。干戈载戢，则必佩服包桑之戒；兵农杂居，则必洽比细柳之屯。……臣敢不悉循侯度，祗若政经？辑宁凋瘵之余，咨度弛张之要。道上德意，如瞻咫尺之光；同众戚休，敢顾斗升之禄？

此表指出，池州乃沿江一带的战略重地，且在战乱之余，必须弛张得宜，方能治理。到了十二月，东莱又侍奉母亲曾夫人到池州父亲任所。

东莱自绍兴三十二年（1162）二十六岁时韩夫人去世，至今已三年有余，一直是单身度日。本来，早在韩夫人去世后不久，就有亲友劝他续弦，并有不少人为他说亲，东莱的父母对此也很关心。只因东莱与韩夫人感情甚笃，而韩夫人所生二子又不幸都已夭折，现在只留下一女华年，东莱一方面因为未能忘记韩夫人的感情而不忍心立即他娶，另一方面又顾虑继娶的后母或有可能对女儿华年带来不利，所以，他并不想马上续弦，而将说亲的人都以婉言谢绝了。后来，父母和亲友们终于想到了一个较好的主意。原来东莱的岳父韩元吉还有一女，也就是韩夫人的亲妹，闺名韩螺，生来非常娴淑贤慧，而且韩夫人姊妹两人的感情又很好，现在正待字闺中。如果将她娶来接替韩夫人的位置，使之抚养和管教华年，当然是最合适的了。于是向东莱说明此意，东莱也就同意了。父母乃即委托合适的亲友前去韩家说亲。韩、吕两家本系世交，门当户对，互相都很了解，加上东莱的道德文章又已为时所称，因而韩元吉夫妇也无不乐从。于是行过聘礼，只等择定吉日迎娶成婚了。

第四章　居丧讲学

一、明招守墓

乾道二年丙戌（1166），吕东莱虽已年交而立，却尚在待次期间。因父亲仓部公这时在池州为官，所以东莱就侍奉母亲曾夫人到池州父亲任所。当他还在池州逗留之际，忽报外祖父曾茶山先生因病去世。一家得此噩耗，未免惊慌。东莱又忙着侍奉父母一同赴外祖家送葬。

原来茶山曾公自绍兴八年（1138）因忤秦桧而去官，一直归隐于家。及秦桧既死，高宗复下旨令公进京召对，授秘书少监。本来，曾公早年曾为馆职，离开后，至今已达三十八年。现在重新到此，不觉已经鬓须皓白，衣冠伟然。每与同舍相会，多谈前辈言行、台阁典章，故为荐绅所推重。继又权礼部侍郎。孝宗立，以通奉大夫致仕。于是居家休养，自以诗文为乐。去世时，年八十二，谥文清。曾公一生著有《经说》二十卷，《周易释象》五卷，《茶山文集》三十卷。长子曾逢，字原伯，官至司农卿，承父家传，亦以学称。次子曾逮，字仲躬，学者称为刁庵先生，尝从王苹受业，累官户部侍郎，有《刁庵集》十二卷。曾氏兄弟见东莱奉着双亲到来，连忙接待。东莱立即为父亲代写了一篇《祭曾文清公文》，全家就一同在灵前哭祭了一番。仓部公手捧东莱代写的祭文，只听他痛哭着读道：

呜呼！邈丘壑之韵者，身清而命未必厚；鸿鼎彝之勋者，命厚而身未必清。判两途而分骛，犹参商与渭泾。……盖挹其至清，则厚福不得而多取；居其至厚，则清趣不可以力争。惟丈人之所享，合内外而俱亨。还紫橐而却蒲轮，颓然天放者，既专物外之乐；道板舆而奉鸠杖，欢然色养者，又擅区中之荣。……全古人之未全，旷千载其难并。乘至全而反真，夫何憾于泉扃！然而坠一世之师表，夺四朝之典型。涸洙泗之渊源，绝风骚之统盟。朋榘人与墨客，胥霣涕而失声。眇孤生之孱陋，夙受室于门庭。辈子侄以拊育，迨衰发之星星。归印绶以尽哀，迫科法之见绳。传壶觞而往酹，泪随河之东倾！

这篇用赋体写成的祭文，首先歌颂岳父一生既极高官之厚禄，又得林泉之清幽；既得高寿，又有文名，可谓是全福之人，虽殁当无遗憾。其次悲伤岳父之殁，无论于道于文，都是一大损失。最后追怀翁婿之情，而致以沉痛的悼念。全文颂悼得体，既代诉了父亲对于岳父的悲怀，也寄托了自己对于外祖父的一片真切之情。大家听了，更加悲痛起来，尤其是母亲曾夫人听了，愈加悲伤不已。及至送葬毕，又住了几天，然后辞别曾氏兄弟而归。

到了十月，仓部公自池州召归，任为尚书仓部郎，先到临安。东莱又侍奉曾夫人归至建康。不料曾夫人已因丧父过度悲伤而致病，长期不愈，竟于十一月一日卒于舟中。东莱这时对于外祖父的去世，余哀尚未完全消除，加上丧母之变，更处在万分悲痛之中，又只得含悲稍作料理，然后护丧返归婺州。乾道三年（1167）正月二十二日，葬曾氏夫人于武义明招山祖茔，仓部公亦谒请告归婺州会葬。葬毕，仓部复回临安。东莱与弟祖俭就住在明招山侧筑庐守墓，以致与韩家的亲事也就此耽搁了。

居丧守墓本来就是一件悲伤、苦闷而又无聊的事，幸亏有弟祖俭在一起，而且这时东莱的女儿华年已经九岁，东莱也把她时常带在身边一同守墓，几个人在一起，倒也不觉得很寂寞。

吕祖俭（1140—1198），字子约，号大愚，受业于兄东莱。两人虽是兄弟，但在学业上却是师生。东莱自然悉心教导，而大愚待兄亦俨然如师长之礼。平时，兄弟俩很少能在一起，而现在兄弟两人日夜守在母亲曾氏夫人的坟墓旁边，安心读书，专心于学问，虽然都因母亲去世而分外哀伤悲痛，但在兄弟之间却也怀有一片纯真而亲切的怡怡之乐。居丧期间，东莱与弟大愚就利用这一清闲的时间和幽静的环境认真读书，同时也教导女儿华年读书。这样每天都以读书为业，时间也就觉得过去得较快。四月，东莱曾一度赴临安省侍父亲。五月，复归明招山守墓。

明招山本是吕氏世代祖茔所在，自曾祖尚书公吕好问、伯祖紫微公吕本中、祖父驾部公吕弸中乃至夫人韩氏的坟墓都在这里。其地在武义县城之东十五里，虽然离城并不很远，却也是僻静的山区。正如东莱在《左氏博议自序》中所说的“仰林俯壑，出户而望，目尽无来人”，可见其地林壑幽深之至。东莱曾有《明招杂诗》四首云：

其　一

鸟声报僧眠，钟声报僧起。静中轻白日，邈视东流水。

风月有逢迎，出门聊徙倚。传遍南北村，松间横屐齿。

其　二

前山雨退花，馀芳栖老木。卷藏万古春，归此一窗竹。

浮光泛轩槛，秀色若可掬。丰腴当夕餐，大胜五鼎肉。

其　三

墙竹生夏阴，风荷留宿露。解衣一盘礴，此岂不足付？

其　四

风檐袅茶烟，铜瓶语相泣。清阴一疏箔，不碍飞花入。

既然是“仰林俯壑，出户而望，目尽无来人”的幽僻之境，又为什么会听到“鸟声报僧眠，钟声报僧起”呢？原来就在吕氏坟地不远处的明招山麓，有座明招寺。东莱在其《洪无竞字序》中写道：

武川佛庙，领于祠官者四十有二，曰明招，则予松楸所托也。率三岁科诏下，邑士相与为曹，依僧房以专肄习。明招林麓闷邃，栖研席其间者，视旁寺为多。鸡一鸣，弦诵之声与钟梵交于户庭。日旰休帙，岸巾曳屦，相追于松阴，予时往参焉。

由于其地环境幽深，林泉秀美，所以常有士人来此读书。现在东莱既在山上居丧守墓，故也经常到寺内及其周围散步解闷。而在寺里读书的士人，在与东莱熟悉之后，都经常向他问学请教。东莱碍于大家一片求学的热情，不便过于拒绝，只得略加接待，给予指导。

还有一些学界朋友，如永康陈龙川、金华潘德鄜等，也趁此机会前来拜访东莱，一则对东莱丧母表示吊唁慰问，二则顺便谈论学问。潘德鄜，名畤，金华人。父潘良佐，始以儒学教授，诸弟皆从其受学，而其弟潘良贵（约1086—1142）官至中书舍人，遂以清直致大名。德鄜生即颖悟，少长庄重如成人。早年从叔父潘良贵受学；中年与吕东莱、张南轩为友，切劘不倦，厉志弥笃。雅不信浮屠诡异之说，尝著《石桥录》，以斥其妄。今见东莱居丧有暇，故常来讲论切磋。因此，东莱虽然在山中居丧守墓，却常常有朋自远方来，座无虚席。

二、制定学规

附近的一些士人闻知东莱长期在明招山居丧守墓，慕名前来向他求学。开始时主要是金华人和明招山所在地的武义人。其中最多的当是金华人，如：王瀚字伯海，王洽字伯礼，兄弟俩为龟山弟子王师愈之子；汪大亨字时升，汪大明字时晦，汪大度字时法，汪大章号约叟，兄弟四人皆来从学；又有叶邽字子应，叶秀发字茂叔，杜旟字伯高，夏明诚字敬仲，郑宗强字南夫，宋甡字茂叔等等。武义人则有巩岘，与弟巩丰字仲至，巩嵘字仲问等。

后来，婺州本郡弟子皆闻风而来。有来自东阳的，如：葛洪字容父，乔行简字寿朋，李诚之字茂钦，乔梦符字世用，陈黼字斯士，赵彦秬字周锡，李大同字从仲等；有来自义乌的，如：楼孟恺、仲恺、叔恺、季恺兄弟四人，徐侃、徐倬兄弟二人等，并从东莱游；有来自浦江的，如石范，字宗卿；有来自兰溪的，如：时澜字子澜，叶诞字必大等等。这些都是来自本郡的弟子。

不料时间一长，来学的人越来越多，连远地的人也纷纷闻风赶来，“四方之士争趋之”[①]。来自他州远地的则如：邹补之字公衮，开化人；黄谦字德柄，弟黄涣字德亨，光泽人；邢世材字邦用，会稽人；郭颐字养正，号固斋，严州寿昌人；周介字叔谨，括苍人；彭仲刚字子复，平阳人；赵焯字景昭，开封人；辅广字汉卿，号潜庵，崇德人；刘爚字晦伯，与弟刘炳字韬仲，号睦堂，建阳人；陈孔硕字肤仲，侯官人；王遇字子合，龙溪人；吴必大字伯丰，兴国人；胡子廉，卢汝琰、汝琯兄弟，皆淳安人；羊永德，缙云人；徐文虎，分水人；郭粹中、敏中、允中、时中兄弟四人，武夷人。又有潘景夔、潘景尹，本是松阳人，其父朝散好谦，笃于教子，遣子越数百里从东莱游，且谋徙家于婺，以便其学。王介，字元石，自号浑尺居士，本为苏州人，因初学于东莱，徙居金华。东莱见这么多的弟子远道而来，实在推辞不了，只得安排他们就近住下。于是，索性就在明招寺内设坛讲学了。

其实，东莱不是一个擅长辞令的人。他自称：“某天资涩讷，交际酬酢，心所欲言口或不能发明。”[②]加上家乡方言口音很重，故而说话常常不能为别人听懂。朱子曾说：“近世所见会说话，说得响，令人感动者无如陆子静，可惜如伯恭都不会说话，更不可晓，只通寒暄也听不得，自是他声音难晓；大愚（祖俭）尤甚。”[③]可见东莱在讲学时的语言表达能力并不很强，但是由于他学问渊博，讲解认真，加之气度恢宏，平易随和，待人诚恳，所以远近士人都愿意前来拜他为师。

及至乾道四年（1168）秋天，父亲仓部公由京中郎官改知江州，回到婺州家中待次。于是，东莱带着女儿华年自明招归城侍奉父亲。不久，仓部公又改知吉州（今江西省吉安市）。东莱为父代写了《知吉州谢表》，然后又同华年回到明招，继续讲学。

既然已经正式设帐讲学，又从平时讲学的实践中已经总结出了一些教学经

---

① 《宋史》卷四百三十四本传。

② 《东莱吕太史文集》卷八《祭张荆州文》。

③ 《朱子语类》卷九十六。

验。于是，东莱就先后制订了一些学规，以使教学事业逐步正规起来。他在乾道四年（1168）九月所订的《规约》中，明确规定有如下内容：

第一条：“凡预此集者，以孝、悌、忠、信为本。其不顺于父母，不友于兄弟，不睦于宗族，不诚于朋友，言行相反，文过遂非者，不在此位。”这是入学的根本条件，也是教学的宗旨。

第二条：“凡预此集者，闻善相告，闻过相警，患难相恤，游居必以齿，相呼不以丈，不以爵，不以尔汝。”此条规定同学之间的关系。

第三条：“会讲之容端而肃，群居之容和而庄。”并注明“箕踞、跛倚、喧哗、拥并谓之不肃；狎侮、戏谑，谓之不庄”。这是强调在仪态上应做到端庄温和。

第四条：“旧所从师，岁时往来，道路相遇，无废旧礼。”这是倡导师生关系理应永久保持，不能因为撤学或转学而改变。

第五条：“毋得品藻长上优劣，訾毁外人文字。”这是倡导对长辈或外人都必须互相尊重，保持和谐的关系。

第六条：“郡邑政事，乡闾人物，称善不称恶。”这是教导学生应发扬隐恶扬善的美德，与政府、乡里处理好关系。

第七条：“毋得干谒、投献、请托。”严禁学生办事拉关系、走后门等歪门邪道。这条是对上条的制约，说明处理好关系并非无原则的。

第八条：“毋得互相品题，高自标置，妄分清浊。”这是严禁学生互相吹捧，拉帮分派。

第九条：“语毋亵，毋谀，毋妄，毋杂。”并注明“妄语非特以虚为实，如期约不信，出言不情，增加、张大之类皆是；杂语凡无益之谈皆是”。这是强调说话必须正派、自尊、诚信、有益。

第十条：“毋狎非类。”并注明“亲戚故旧或非士类，情礼自不可废，但不当狎昵”。这是告诫学生不宜亲近邪恶小人。

第十一条：“毋亲鄙事。”并注明“如赌博、斗殴、蹴鞠、笼养、扑鹑、酣饮酒肆、赴试代笔，及自投两副卷、阅非僻文字之类，其余自可类推”。这是严禁学生去做有害、损人、不正当、不道德的各种行为。

以上规约，确实是很有针对性的，即使在今天看来，仍不失其现实意义。到了乾道五年（1169），他在《规约》中又增加了几条内容：

其一是："凡与此学者，以讲求经旨、明理躬行为本。"这条分明是对旧《规约》第一条教育宗旨的补充。确定"讲求经旨"为学习的内容，而其目的则在于"明理"以及"躬行""孝、悌、忠、信"等实践，强调了理论与实践的结合。教学宗旨显得更为明确而全面。

其二是："肄业当有常，日记所习于簿，多寡随意，如遇有干辍业，亦书于簿。"这是鼓励读书必须持之以恒。东莱曾在《杂说》中指出："看书须存长久心。"就是此意。

其三是："凡有所疑，专置册记录，同志异时相会，各出所习及所疑，互相商榷。"东莱很重视同学之间"反复论难"对于破疑的作用，认为这样可以集思广益，相互取长补短。这确实是有效的治学之道。

其四是："怠惰苟且，虽漫应课程，而全疏略无叙者，同志共摈之。"怠惰是读书人的大敌，所谓"书山有路勤为径"是也。

其五是："不修士检，乡论不齿者，同志共摈之。"这是勉励学生应做一个品行高尚的人。

其六是："同志迁居，移书相报。"这是为同学之间便于长期联系着想，可谓考虑得非常周到。

一年多来，明招山上早已聚集了上百学生。他们都严格遵守《规约》条款，以之作为自己读书求学和立身处世的准则。东莱在明招山居丧讲学的生活，一直到乾道五年母丧服满时才告结束。

东莱自从到明招山居丧守墓以来，除了与弟大愚、女儿华年经常到母亲坟前扫墓以及每逢母亲忌日和年节敬行祭奠而外，其余时间不是给学生们讲课就是课余忙于编写教材。其弟大愚看到兄长实在忙不过来，就主动帮忙，诸如整理资料、抄写文稿之类。后来，一些初来水平尚低的学生也先由大愚给他们讲课；而管教女儿华年的任务，也大半由大愚承担了。

三、编写范文

尽管在《规约》中规定教学的宗旨是“讲求经旨、明理躬行”，而且在前来求学的学生中也确实有一部分是抱定这一宗旨而来的，但是也不容讳言，其中大部分人是为了科举应试、求取功名而前来求学的。其实，即使从有志于“躬行”圣人的治国、平天下之大道而言，在当时的形势下，也不得不先从科举应试起步。所以，东莱虽然反对科举中的一些弊端，但并不从根本上反对科举，而且在其教学中对于科举应试还是非常重视的。然而，科举应试的关键在于能写好应试的文章，所以，东莱也不得不考虑这方面的讲授问题。本来，专供学习作文的现成教材也有的是，诸如《昭明文选》《古文苑》和《文苑英华》之类，都是当时士人所熟习的诗文选集。而问题在于，这些文章虽然都是古人的名篇，但是并非专为应试而作；即使其注释，也是多从训诂的角度出发，无非注一些音义、名物、典故之类，而对于文章本身的作法却缺少揭示。然而，写应试文章最重要的就是文章的写法。为了弥补教学需要中的这一不足，东莱乃开始亲自动手编写这方面的教材。编写教材主要有两种形式，一是编辑古人的现成内容，二是自己撰写新的内容。前者主要有《古文关键》和《诗律武库》等，后者主要有《东莱左氏博议》之作。

东莱先从编辑古文开始。他在唐宋名家中精心加以选择，选定韩愈文十三篇，柳宗元文八篇，欧阳修文十一篇，苏洵文六篇，苏轼文十四篇，苏辙文二篇，曾巩文四篇，张耒文二篇，凡六十篇，编为二卷，取名《古文关键》。各篇标举其命意、布局之处，指示学者以欣赏文章和写作文章的门径，故谓之“关键”。因为此书的选批议论，系专为门生学文而编，故卷首冠以《总论》，通论“看文”和“作文”等关键问题。

在《总论》中，首先在《看文字法》中提出了欣赏文章的方法。他说：“学文须熟看韩、柳、欧、苏。先见文字体式，然后遍考古人用意下句处。”东莱认为，欣赏文章必须抓住大纲，分清层次。他说：“第一看大概主张，第二看气势规模，第三看纲目关键，第四看警策句法。”

东莱还进而提出，各家文章都有其不同的特色，故读者也应从不同角度加以欣赏。因而提出了欣赏和学习各家文章的不同方法。他认为，韩文源本于经，故其特色为“简古”，而学韩文之“简古”，不可不学他的法度，“徒简古而乏法度，则朴而不华”。柳文出于《国语》，故其特色在于能掌握“关键”，议论文字亦能“反复”，学柳文“要学他好处，要戒他雄辩”。欧文祖述韩子，而其特色则为“平淡”，议论文字最能“反复”，学欧文之“平淡”，不可不学他的渊源（韩文），“徒平淡而无渊源，则枯而不振”。苏文出于《战国策》《史记》，故其特色为有“波澜”，亦得“关键”之法，学苏文“当戒他不纯处”，而且，“苏文当用其意；若用其文，恐易厌，盖近世多读”。此外，东莱又认为，曾文专学欧，但比欧文“露筋骨”；苏辙之文则太“拘执”；王安石文的特色为“纯洁”，但“学王不成，遂无气焰”；李廌之文太“烦”，亦“粗”；秦观之文，“知常而不知变”；张耒之文，“知变而不知常”；晁补之之文则太“粗率”。而秦、张、晁三人都是学苏的。

其次，他在《论作文法》提出了作文的方法：“文字，一篇之中须有数行齐整处，须有数行不齐整处；或缓或急，或显或晦，缓急、显晦相间，使人不知其为缓急、显晦；常使经纬相通，有一脉过接乎其间也，盖有形者纲目，无形者血脉也。”作文还必须达到如下的要求：“笔健而不麄，意深而不晦；句新而不怪，语新而不狂；常中有变，正中有奇；题常则意新，意常则语新；结前生后，曲折斡旋；转换有力，反复操纵；有用文字，议论文字，为文之妙，在叙事状情；辞源浩渺，不失之冗；意思新转处，多则不缓。”所以，作文必须善于处理诸如“上下，离合，聚散，前后，迟速，左右，远近，彼我，一二，次第，本末”等相反相成的关系。文章还应分别具有“明白，整齐，紧切，得当，流转，丰润，精妙，端洁，清新，简肃，清快，雅健，立意，简短，闳大，雄壮，清劲，华丽，缜密，典严”等各种不同特色和风格。

最后，东莱还在《论文字病》中强调作文必须避免各种弊病，诸如“深，晦，怪，冗，弱，涩，虚，直，疏，碎，缓，暗；尘俗，熟烂，轻易，排事；说不透，意未尽，泛而不切”等等。

然后，他把《总论》中提出的这些作文方法，分别标注于所选的各篇文章的必要之处，随时加以指点，以便读者有效地进行欣赏与学习。《古文关键》编成之后，在作文教学中确实收到了很好的效果。因为这确实是一部很好的学文教材，所以不仅当时深受弟子们的欢迎，而且还广为流传。

纵观东莱在《古文关键》中所提出的论文观点，虽然也有个别地方杂有理学家的偏见，如他提出学柳文“要戒他雄辩”，学苏文“当戒他不纯处”之类，但绝大部分都是非常精辟的见解，很值得深思与学习。

此外，东莱还编有《诗律武库》前、后集共三十卷。其书征引故实，分类辑录，凡二十八门。大抵习见之事，为供家塾课徒学诗而作。余起霞《序》谓：“此书之便于后学也有二：一便于务博者，一便于守约者。盖经史子集盈箱积案，犹之珠玉锦绮，纷杂并陈，一时难以检阅，而是书则其钥也。操钥以启箧，一举手之劳耳，此务博者之便也。况卷帙不多，而条分缕析，较若列眉，吟坛唱和，欲究其事物之所从出，展卷即得。不必别求异书，此守约者之便也。夫神明变化，存乎其人。读是集者，苟能推陈出新，化腐为奇，即古文词赋皆可取材于是而用之不竭矣。”郑尚忠《跋》亦云：“其书酌乎繁简之中，所集之事皆适于用。世所易知，初无隐僻，而自天官地舆以至人事吉凶，下逮鸟兽虫鱼之类，其为吟咏者所取资而必不可已者，又莫不备具。”可见此书实不失为学诗赋之津梁。

教材中最重要的，当推东莱亲自撰写的《东莱左氏博议》一书。因为《古文关键》虽然解决了起、承、转、合之类的文章作法问题，但作为学习应试文章的范文而言，仍有其严重的不足之处。这是因为，科举应试之文主要是以儒家经典命题的，文章必须以阐发经旨为任务；即使是“策问”“应对”之类，也是根据当时的政治需要而命题，故必须讲究文章如何切合题旨的方法。而《古文关键》所选虽系唐宋名篇，在文章的行文结构上确有其典型性，但因并非专为应试而作，所以在阐发经义和切合题旨上，未免有所不足。因此，东莱认为有必要再写一部将阐发经义与文章作法融为一体的教材。于是，东莱决定以《春秋左传》的内容命题来撰写文章，写一部适合于学习应试文章的教材。他乃充分利用讲课之余的时间认真撰写，终于写成了一百六十八篇，编为二十五卷，取名《东莱左氏博议》，亦名《东莱博议》。其中每篇文章都以《左传》所载史实为题，发挥其政治、哲学、伦理之观点，以作为诸生课试学习之范文。其《自序》云：

> 《左氏博议》者，为诸生课试之作也。予始屏处东阳之武川，仰林俯壑，出户而望，目尽无来人。居半岁，里中稍稍披蓬藋从予游，谈余语隙，波及课试之文。予思有以佐其笔端，乃取《左氏书》理乱得失之迹，疏其说于下。旬储月积，浸就篇帙。诸生岁时休沐，必抄置褚中，解其归装无虚者。……予离群而索居有年矣，过而莫予辅也，跌而莫予挽也，心术之差、见闻之误而莫予正也。幸因是书而胸中所存、所操、所识、所习，毫毯发谬随笔呈露，举无留藏。……凡《春秋》经旨概不敢僭论，而枝辞赘喻，则举予所以资课试者也。

《金华丛书》本序末署名前有“乾道五年九月初四日”之署时，这是写序的时间，故此书写成当在此时以前。这里值得一提的是，关于东莱撰写《东莱博议》一书，历来有一种很浪漫的传说。据说东莱是在新婚期间，于一月之内就写成了此书，故而历来被传为文人之雅事，学林之美谈。然而此说实不足为据。今考《年谱》，东莱初娶韩元吉女，乃绍兴二十七年（1157）在信州，不在东阳；后乾道三年五月持母丧，居明招山，学子有来讲习者，乾道四年（1168）写成《左氏博议》，乾道五年二月除母服，五月乃继娶韩氏女弟，则此书之成，实在丧制之中；又《序》称“仰林俯壑，出户而望，目尽无来人……予离群而索居有年矣”云云，正是在山守墓的情景。而所谓“屏处东阳之武川”，因婺州古时曾称“东阳郡”，明招山所在的武义亦在郡境之内；“武川”则是武义之别名，因武义境内有武义江而称，前引《洪无竞字序》即以“武川”称武义，可以为证。又据《年谱》明载乾道四年写成《左氏博议》，这年东莱全年在明招山居丧讲学则是确凿无疑的。可见新婚成书之说，实系流俗所误传。

《左氏博议》之文，本系为诸生应试锻炼作文技巧而写的范本，其格式于时文为近，所以广泛地运用了立意、布局、修辞、炼句等各方面的艺术技巧。兹特选录第一篇《郑伯克段于鄢》全文为例，以供读者欣赏，使读者可从鼎鼐之中试尝一脔，得以领略吕氏的行文风格：

钓者负鱼，鱼何负于钓？猎者负兽，兽何负于猎？庄公负叔段，叔段何负于庄公？且为钩饵以诱鱼者，钓也；为陷阱以诱兽者，猎也。不责钓者，而责鱼之吞饵；不责猎者，而责兽之投阱，天下宁有是耶？

庄公雄猜阴狠，视同气如寇仇，而欲必致之死，故匿其机而使之狎，纵其欲而使之放，养其恶而使之成。甲兵之强，卒乘之富，庄公之钓饵也；百雉之城，两鄙之地，庄公之陷阱也。彼叔段之冥顽不灵，鱼尔，兽尔，岂有见钩饵而不吞，过陷阱而不投者哉！导之以逆，而反诛其逆；教之以叛，而反讨其叛。庄公之用心亦险矣！

庄公之心，以谓亟治之，则其恶未显，人心不服；缓治之，则其恶已暴，人必无辞。其始不问者，盖将多叔段之罪而毙之也。殊不知叔段之恶日长，而庄公之恶与之俱长；叔段之罪日深，而庄公之罪与之俱深。人徒见庄公欲杀一叔段而已，吾独以为封京之后，伐鄢之前，其处心积虑，曷尝须臾而忘叔段哉？苟兴一念，是杀一弟也；苟兴百念，是杀百弟也。庄公之罪，顾不大于叔段耶？

吾尝反复考之，然后知庄公之心，天下之至险也。祭仲之徒不识其机，反谏其都城过制，不知庄公正欲其过制；谏其厚将得众，不知庄公正欲其得众。是举朝之卿大夫皆堕其计中矣。郑之诗人不识其机，反刺其不胜其母以害其弟，不知庄公正欲得不胜其母之名；刺其小不忍以致大乱，不知庄公正欲得小不忍之名。是举国之人皆堕其计中矣。

庄公之机心犹未已也。鲁隐之十一年，庄公封许叔，而曰："寡人有弟，不能和协，而使糊其口于四方，其况能久有许乎！"其为此言，是庄公欲以欺天下也。鲁庄之十六年，郑公父定叔出奔卫，三年而复之，曰："不可使共叔无后于郑。"则共叔有后于郑旧矣，段之有后，是庄公欲以欺后世也。既欺其朝，又欺其国，又欺其天下，又欺后世。噫嘻！岌岌乎险哉，庄公之心欤！

将欲欺人，必先欺其心。庄公徒喜人之受吾欺者多，而不知吾自欺其

> 心者亦多。受欺之害，身害也；欺人之害，心害也。哀莫大于心死，而身死次之。受欺者，身虽害，于心自若；彼欺人者，身虽得志，其心固已斫丧无余矣。在彼者所丧甚轻，在此者所丧甚重，是钓者之自吞钩饵，猎者之自投陷阱也。非天下之至拙者，讵至此乎？故吾始以庄公为天下之至险，终以庄公为天下之至拙！

据《左传》所载，庄公蓄意养成其弟叔段之恶，然后以罪诛之。故这篇文章，起手即用比喻排列三语，然后用喻意、正意夹行，逼出庄公是一险人。继而推开四层，用四“正欲”字，两“庄公欲”三字，应前三“使之”字，起伏收放，各极其法。至尾取喻意作收，断出庄公至拙，屹然而止，有山回海立之势。然以平心而论，叔段恃宠骄横，擅取国邑，兴兵作乱，欲夺君位，亦未尝无罪。全文不责叔段而重责庄公，若从义理上说，似乎未为公允；然而出于行文所需，层层驳入，使得庄公无可逃罪，方见运思之妙。全文极力运用了比喻、排比和层递等多种修辞方法，引人入胜，曲尽其妙。意虽未必尽当，而文章机轴，卓然一家。不过，证之圣人严责贤者之意，乃以叔段冥顽不灵而不足深责，仍然深合《春秋》诛心之法。

当然，东莱作为一代理学大家，其《博议》之文，并非完全是从切合题旨和行文技巧方面下功夫，而是贯穿着自己一定的思想。东莱之学，素以重理亦重心为其基本特色。所以在东莱看来，“理”是不容泯灭，也是泯灭不了的。在其《梁亡》一篇中有云：

> 天下之不容泯者，天理也。登唐虞之朝者，举目皆德政；陪洙泗之席者，入耳皆德音。纵横交错，无非此理，左顾右盼，应接不暇，其何自而窥天理之真在哉？至于居横逆淫诐之中，天理间发，岂非是理之真在欤？“我生不有命在天”，人皆知纣之托辞也，然天之一言，胡为而忽出于纣之口哉？“何适而无道”，人皆知跖之托辞也，然道之一言，胡为而忽出于跖之口哉？纣身与天违，而口忽言天；跖身与道违，而口忽言道。噫！不如是，何以知是理之果不可亡欤？

唐尧虞舜之世，德政流行；孔孟之旁，德音充耳。当时天理流行，谁也不会去怀疑天理的泯灭。而在商纣主政、盗跖横行之时，天下“横逆淫诐”，天理似乎荡然无存。但事实上天理还是仍旧存在着。如其不然，“身与天违”的纣就不会说出“我生不有命在天”这样充满天理的话了，而“身与道违”的跖也不会说“何适而无道”了。因此，天理是不容泯灭的。其《颍考叔争车》亦云：“理之在天下，犹元气之在万物也。一气之春，播于品物，根茎枝叶，……名虽千万而理未尝不一也。”这实际上就是程、朱理学所提出的“理一分殊”的理论。

《颍考叔争车》又云：“理在天下，遇亲则为孝，遇君则为忠，遇兄弟则为友，遇朋友则为义，遇宗庙则为敬，遇军旅则为肃，随一事而得一名。”其《长狄》云：“鲲鹏不以大自夸，蜩鷃不以小自慊，冥灵不以久自喜，蟪蛄不以短自忧。”东莱认为“各得其所”与“兼容”都是天理的重要原则。因为要使天地万物“各得其所”，所以规定人住在城邑市井，虎狼居于山林薮泽，鱼龙安游于江海沮洳之中；鲲鹏体格长大，蜩鷃身体微小；灵龟长寿，蟪蛄短夭。唯有这样，天地万物才能相安无事，共居于同一世界之中。如其不然，而让人与虎狼、鱼龙居所颠倒或混杂而居等等，那世界就会引起紊乱而不成其为世界了。因为“兼容”，所以不必将虎狼、鱼龙这些异类消灭殆尽，可以保留其在自然界的一席之地。因此“各得其所”是“兼容”的前提，“兼容”是“各得其所”的延伸。

东莱的天理本体论虽有唯心的倾向，但也含有较多的唯物的因素。如《祭仲杀雍纠楚杀子南》云：“有是事则有是理，无是事则无是理。”以“事”为“理”的基础。又如《颍考叔争车》云：“然物得气之偏，故其理亦偏；人得气之全，故其理亦全。”认为“理”之“偏”与“全”乃是由“气”决定的。这显然与叶水心关于“万物皆气之所役”的观点相接近。

东莱之学虽然以“理”为本体，而没有系统地建立起心学体系，但其哲学思想中的心学倾向却是非常明显的。这是由于他崇尚程明道之为人和学识，受其思想熏陶有关。他在将“理”作为哲学最高范畴的同时，又将“心”上升为世界的本原，从而使其本体论呈现“理”“心”并重观点。

在中国哲学史上，孟子率先提出了“万物皆备于我”的观点。当然，这并不是说“我”真能把世界的一切集于一己之身，也不是说天地万物以及人类社会的一切都是由于“我”的作用而派生出来的，而是主张取消主观和客观的界限，融客观于主观之中。东莱在《齐桓公辞太子华》中对孟子的这一命题发挥说：“圣人之心，万物皆备，不见其外。史，心史也；记，心记也。”在这里，东莱虽然以“心”代替了“我”，但并没有改变孟子的原意，其所强调的仍是取消主客观界限，融客观于主观之中，断定“圣人之心”与宇宙万物包括人类社会在内浑然一体。世界上没有任何事物存在于“圣人之心”之外，故而人类社会的历史以及对人类社会历史的记载均可视为是“心史”“心记”。在前引《郑伯克段于鄢》一文末段“哀莫大于心死，而身死次之”之说，显然已含有心学的倾向。而在同书《卜筮》中，东莱又从“圣人之心，万物皆备”的命题出发作了推衍：

> 圣人备万物于一身。上下四方之宇，古往今来之宙，聚散惨舒、吉凶哀乐，犹疾痛苛痒之于我身，触之即觉，干之即知，清明在躬，志气如神，嗜欲将至，有开必先。仰而观之，荧惑德星，欃枪枉矢，皆吾心之发见也；俯而察之，醴泉瑞石，川沸山鸣，亦吾心之发见也。

他认为“圣人之心”具有通天彻地之能。自然界的一切变化都掌握在圣人之心中。对于圣人来说，客观世界的“聚散惨舒，吉凶哀乐”，犹如自己身上的“疾痛苛痒”一样，“触之即觉，干之即知”。天象的变异，地下的运动，都不过是圣人之心的“发见”。不唯自然界时刻与“圣人之心”相关，而且人类社会的治乱祸福亦与“圣人之心”息息相关。故《卜筮》又云：

> 未占之先，自断于心，而后命之元龟。我志既先定矣，以次而谋之人，谋之鬼，谋之卜筮。圣人占卜，非泛然无主于中，委占卜以为定论也。……其所以谋之幽明者，参之以为证论也。

东莱认为圣人在占卜之前，对所要占卜之事，则已“自断于心”了，而且形成了一定的见解，然后再进行龟卜、蓍筮的。这只不过是为了坚定“自断于心”的一种手段。由此，东莱对“泛然无主于中”的卜筮进行了抨击：

> 后世求吉凶于心外，心愈疑而说愈凿，说愈凿而验愈疏。传之以瞽史之习，杂之以巫觋之妄，……失之于心，而求之于事，殆见心劳而日拙矣。

东莱之所谓“自断于心”，当然是预先从对于事物的发展规律之分析洞察而来，绝不是盲目妄断。有人看到“自断于心”之语，即据以论证东莱的哲学思想是主观唯心主义的，则未免流于断章取义之病。其实，东莱的这一观点，显然具有反对卜筮迷信的意义。

东莱认为对立的双方不是固定不变的，而是在一定条件下发生转化。其在《宋穆公立殇公》中论述“常”与“奇”的关系云：“殊不知道无不常，亦无不中。传贤之事，自众人视之则以为奇，以为高，自尧、舜视之则见其常，不见其奇也，见其中，不见其高也。扛万钧之鼎，乌获以为常，而他人以为勇；游千仞之渊，没人以为常，而他人以为神。未至尧、舜而窃效焉，是懦夫而举乌获之鼎，稚子而入没人之渊也，何往而不败哉！”乌获、没人分别是古代传说中的大力士与善泅者。这是说尧、舜实行禅让制，传贤不传子，也像乌获举万钧之鼎，没人游千仞之渊一样，在一般人眼中这是“奇”不是“常”，但在尧、舜和乌获、没人看来这是“常”不是“奇”。“常”与“奇”因人之异而发生了转化。而在《郑伯侵陈》中又进而论证了对立面互相转化的观点：

> 天下之事胜于惧而败于忽。惧者福之源，忽者祸之门也。陈侯以宋、卫之强而惧之，以郑之弱而忽之，遂以“郑何能为”而不许其成。及兵连祸结，不发于所惧之宋、卫，而发于所忽之郑，则忽者岂非祸之门邪？然则推“郑何能为”之一语，实国败家亡之本。……“何能为”者，万恶之所从生也。苟不探其本，则“何能为”之一言，虽有致乱之端，而未有致

乱之形；虽有可畏之实，而未有可畏之迹。非知几之君子，孰能遏滔天之浪于涓涓之始乎！

既然对立面经常发生转化，因此在观察问题时，不仅要从事物之“顺”的方面看，还要从事物之“逆”的方面看。其《楚斗椒》一文有云：

物以顺至者，必以逆观。天下之祸，不生于逆而生于顺。剑楯戈戟未必能败敌，而金缯玉帛每足以灭人之国；霜雪霾雾未必能生疾，而声色畋游每足以殒人之躯。久矣夫！顺之生祸也。物方顺吾意，而吾又以顺观之，则见其吉而不见其凶，溺心纵欲，盖有陷于死亡而不悟者矣。至于拔足纷华，寓目昭旷，彼以顺至，我以逆观。停箸于大食之时，覆觞于剧饮之际，惟天下至明者能之。

东莱认为，国家处于武装威胁之际，则能唤起国人，自强不息，从而可以抵御敌人的进攻；假若敌国奉献“金缯玉帛”以示卑顺，则容易使人放松戒备。人们在气候恶劣的条件下，时时注意对身体的养护调理，故而未必会生病；但当处于顺境之中，人们往往会忘乎所以，而不注意对身体的养护调理，以至于弄垮了身体而不自觉。从这个意义上说，身处逆境未必是坏事，而身处顺境未必就是好事。故在《管仲言晏安》中意味深长地说：

地之于车，莫仁于羊肠而莫不仁于康衢；水之于舟，莫仁于瞿塘而莫不仁于溪涧。盖戒险则全，平则覆也。

车行于羊肠小道，因其坎坷险峻，车夫不敢有半点疏忽大意；船驶于水湍流急之瞿塘，船夫则会全神贯注，故而能避免倾覆之患，而能顺利地通过；但往往也有这样的情况：因为车行平坦大道，船驶水流平稳之河面而漫不经心，落得车翻船覆的悲惨结局。他的这段话绝非危言耸听，而是以众多而确凿的历史事实为依据提炼出来的警世之言。故在《楚莫敖屈瑕》中以楚人习操舟之术为喻来说明这一道理：一楚人向舟师学习操舟之术，不久即能在舟师的指导下，于风平浪静的河面上，“投止所向，无不如意”，因而楚人“傲然自得”，以为自己完全掌握了“操舟之术”，可以不必再向舟师请教。于是辞退舟师，独自到“有吞天浴日之涛，排山倒海之风”的海洋中操舟，“乃彷徨四顾，胆落神泣，堕桨失柁，身膏鱼鳖之腹”。东莱指出，楚人“今日之危”，实是一开始“无不如意”所致。认为楚人以前“小试于洲渚之间”太顺利了，因而使他产生错觉，以为操舟之术不过尔尔，不肯再向舟师学习；而且对于汹涌澎湃的江海也掉以轻心，贸然去“椎鼓径进，亟犯大险”，终于使自己舟覆身亡。假若楚人在“小试于洲渚之间”，就遇到风涛之变，则会知难而退，“终身不敢言舟楫矣”，当然也不会“身膏鱼鳖之腹”了。

操舟如此，治国又何尝不是如此。其《楚子问鼎》篇所论，鲁宣公三年（前606），楚人见周室德衰势穷，“观兵于周疆”，“问鼎之大小轻重”，大有取周以代之意。后来由于周使者王孙满善于辞令，楚师为其所动，放弃了原来的企图。这件事从表面上看是极为难得的好事，但东莱却认为这是“喜在今日，忧在他日”。他分析道：

> 一夫而抗强敌，一言而排大难，此众人之所喜，而识者之所忧也。楚为封豕长蛇，荐食上国，陈师鞠旅，观兵周郊，问九鼎之轻重，其势岌岌若岱华嵩岳将覆而未压。王孙满独善为说辞，引天援神，折其狂僭，使楚人卷甲韬戈，逡巡自却。文昭武穆，钟簴不移；瀍水雒都，城阙靡改。其再造周室之功，实在社稷，是固众人之所同喜也，夫何忧？忧之云者，非忧其一时之功也。喜在今日，而忧在他日也。天下之祸不可狃，而幸不可恃。问鼎，大变也，国几亡而祀几绝。王孙满持辩口以御之，所以楚子退听者，亦幸焉耳。周人遂以为强楚之凶焰如是，尚畏吾文，告而不敢前，异日复有跳梁畿甸者，政烦一辩士足矣。是狃寇难为常，而其以三寸舌为可恃也。

王孙满以辞令退楚师，纯属侥幸，实不可恃。但它却造成了周之君臣侥幸投机的心理，认为只要凭“一辩士”的“三寸舌”就可以退却强敌了，而“君臣上恬下嬉，奄奄略无立志，……玩于宴安，寝以偷惰”，再也不“忧惕祇畏，怀覆之之虞”，国势日趋衰颓。一旦秦兵东出，周“辩不能屈，说不能下”，终于“无所可施”，只好“稽首归罪，甘为俘虏”。东莱由此得出了一条发人深省的结论。其《楚莫敖屈暇》云：

> 遇事之易者未足喜，遇事之难者未足忧。盖先遇其易则以易为常，是祸之源也；先遇其难则以难为常，是福之基也。世固有一胜累一国，以一能败一身者，岂不甚可畏耶！

“难”与“易”是相对的，“以难为常”，自强不息，“难”则为“易”；“以易为常”，掉以轻心，“易”则变“难”。这就是历史的辩证法。故东莱指出，作为国家的统治者，应该居安思危。

《东莱左氏博议》的内容非常丰富，其中还贯穿有东莱的关于伦理、政治、经济、史学等各方面的思想。是一部融合阐发经义、通贯理学、切合题旨、文章作法等多种功能于一炉的论文专集。故作为学生习作时的范文而广为流传。

四、弟子记言

东莱教学的内容主要还是儒家经典“五经”、《论语》和《孟子》，以及《史记》《资治通鉴》等各种史籍。这些经、史虽然都有现成书籍可资讲解，但东莱讲学并不受书籍所囿，常常提出自己独到的见解而随时加以引申和发挥。往往能引人入胜，吸引住学生们的兴趣，使之听而不厌。关于这些内容，在东莱讲课时，弟子们都作了记录。到东莱去世之后，经其弟大愚广为搜录，又经大愚之子乔年补缀编次，乃成《丽泽论说集录》十卷。其中包括《易说》二卷，《诗说拾遗》一卷，《周礼说》一卷，《礼记说》一卷，《论语说》一卷，《孟子说》一卷，《史说》一卷，《杂说》二卷。各卷皆冠以“门人集录”或“门人所记”

等字，表明并非东莱亲手所著。书末有吕乔年《跋》云：

> 伯父太史说经，唯《读诗记》为成书，后再刊定，迄于《公刘》之首章。《尚书》自《秦誓》上至《洛诰》，口授为讲义，其他则皆讲说所及，而门人记录之者也。伯父无恙时，固尝以其多舛，戒勿传习，而终不能止。伯父殁，流散益广，无所是正。然其大义奥旨，盖犹赖是以存。而此编则先君子尝所裒辑，不可以不传也。故今仍据旧录，颇附益次比之，不敢辄为删改。若夫听者之浅深，记者之工拙，则览者当自得之。

从这则题跋可知，其中《诗说》之所以独称“拾遗”，是因为东莱另外著有专著《吕氏家塾读诗记》；而此书在“五经”中缺少《尚书》和《春秋》，则是因为《书说》早已另成专书独立行世，《春秋讲义》亦另有专辑，故不再收入此编。即此又可推知，《书说》《吕氏家塾读诗记》和《春秋讲义》，都是东莱为教学而编写的教材，只因东莱过早去世，故未能写成全书；而《丽泽论说集录》所收，都是“门人杂录其师之说”①，而且是东莱生前“尝以其多舛，戒勿传习”的未经审定的讲课记录。假若天假其年，东莱必将所讲内容分别写成各种完整的专著传世了。

从《丽泽论说集录》所收的内容看，东莱讲学的内容，除了全部儒家经典而外，还包括各种史籍和子书。其中《史说》是讲史的记录，而《杂说》则是关于各家之说的见解。这些内容当然包括有东莱一生中各个时期所讲的记录，不过现在已经很难区分哪些内容是何时何地所讲的了。为了行文方便，故而集中在这里略作介绍。

《门人集录易说》二卷，是东莱在继承程子《易传》所阐释的义理的基础之上，进一步发挥易理的讲学记录。所论见解精辟而多卓识，且能时出新意，堪称《易》学义理派的上乘之作。

东莱认为“理”是超时空的绝对。世界上其他事物都有始有终，有生有灭，

① 《四库全书提要·丽泽论说集录》。

唯有理是永恒的存在。他在《离》中说：“大抵天下道理本自相继以明，……事虽不见，而理常在。”《复》中说：“天地生生之理，元不曾消灭得尽。”很显然，东莱的这个观点，与朱子所谓“万一山河天地都陷了，毕竟理却在这里”[①]的理论如出一辙。《无妄》中说：“至极之理，不可加一毫人伪。……天理所在，损一毫则亏，增一毫则赘，无妄之极，天理纯全，虽加一毫不可矣。”这就是说，“理”原来是什么样就是什么样，任何时候都容不得人为地对之“增”或“损”，否则非“赘”则“亏”。

东莱指出“天下只有一个道理”，而由“一个道理”产生出来的事物虽然从现象上看有千差万别，形性各异，但其本质则完全是一致的。其《睽》云：“天下事有万不同，然以理观之，则未尝异。君子须当于异中而求同，则见天下之事本未尝异。”

东莱关于程子“理一分殊”的命题，在《乾》中作了具体论证：“乾道变化，各正性命，保合太和，乃利贞。易有太极，是生两仪，非谓两仪既生之后无太极也，卦卦皆有太极；非特卦卦，事事物物皆有太极。乾元者，乾之太极也；坤元者，坤之太极也。一言一动，莫不有之。”何谓“太极”？朱子曾说：“太极只是天地万物之理。”[②]东莱同意这样说。他认为在“太极”或曰“天理”的作用下，产生了阴阳“两仪”，但不是说产生阴阳之后“太极”就不复存在了，它永远高悬在天地万物之上。因为事事物物都是从“太极”这里出去的，所以事事物物都有属于自己的“太极”。比如乾有“乾之太极”，坤有“坤之太极”，推而言之，卦卦有卦卦的“太极”。易之太极是事事物物太极的总名，而事事物物的太极则是易之太极的体现。这就是对于伊川所谓“一理摄万理”，“万理归于一理”之理论的进一步发挥。

东莱在论述了自然界的“各得其所”之后，进而论述了人类社会的“各得其分”。其《贲》云：“日月、星辰、云汉之章，天之文也；父子、兄弟、君臣、朋友，人之文也。此理之在天人，常昭然未尝灭没。人惟不加考究，则不见其

---

① 《朱子语类》卷一。

② 《朱子语类》卷一。

为文耳。……唯能观察此理，则在天者可以知时变，在人者可以化成天下也。”天因为有日月、星辰、云汉的区别，不仅显得绚丽多彩，而且还可以从其运行变化中，知道时令气候的变化，这就是“天之文”；人因为有父子、兄弟、君臣、朋友之分，而使得社会昌盛和谐，人人各守其分，就可以达到天下之大治，这就是“人之文”。他以为天理昭示于人之处即此，必须精加考察，洞悉底蕴。故《同人》云：“如天同一天，而日月、星辰自了然不可乱；地同一地，而山川、原隰自秩然不可乱；道同一道，而君臣、父子自了然不可乱。”日月、星辰同处中天而有其固定的空间位置和运行轨道，山川、原隰共居大地而各自占据属于自己的地盘，它们之间是不能相互更换或改变的。同样，在同一天理的支配下，君臣、父子亦各有其分，也“了然不可乱”。自然界和人类社会虽然不能截然分开，但是二者之间是有严格区别的。

关于对立面相反相成的作用，东莱也作了较为系统的讲论。其《坤》云：“理一而已矣。理虽一，然有乾即有坤，未尝无对也。犹有形则有影，有声则有响，一而二，二而一者也。”“一”指事物对立面的统一，“二”指事物对立的两个方面。《恒》云：“天下之理，未尝无对也。”《晋》云：“大抵天下之理，有进则有退，有荣必有辱。不待进极而后有退，当进之初已有退之理；不待荣极而后有辱，当荣之初已有辱之理。”《大壮》云：“天下事必有对。盛者衰之对，强者弱之对。”《蛊》云：“天下之事常有对，有一病则有一治法。”又云：“天下事有终则有始，乃天道。”

东莱还认为对立的双方是相互渗透的，不可以将它们截然分开。其《观》云：“治中有乱，乱中有治。”正如《东莱博议·妖祥》所云：“阳之发见，阴之伏匿。阳明阴幽若不通，及二气和而为雨，则阳中有阴，阴中有阳，孰见其异哉！”也是同样的意思。

东莱在承认了矛盾的普遍性的基础上，还进而提出了“相反处乃是相治”的可贵命题。其《蹇》云：“大抵天下之理，相反处乃是相治。水火相反也，而救火者必以水；冰炭相反也，而御冰者必以炭；险与平相反，而治险必以平。”《睽》云：“世之所谓相反者，无如水火，而其理初未尝有异。故一动一静互为其根，一阴一阳互为其用。君子须是得同而异之理，方可以尽睽之义。然《象》

言‘天地睽而其事同，男女睽而其志通，万物睽而其事类’。……盖圣人使人于同之中观其异，异之中观其同，非知道者不足识此。”在《蛊》中还提出“盖易盈虚消长成败常相倚伏”的观点，正如《豫》所谓“人多在顺中坏了”。故其《泰》云：“大抵人当否之时，自然忧深思远。至泰时，人民安富，国家闲暇，所失多由虑之不远。殊不知乱每基于治，危每基于安，讵可遐遗乎。”这是说，统治者在国家多事之秋，天下动荡不定（否）之时，一般能够“忧深思远”，而在“人民安富，国家闲暇（泰）之际，也必须虑之甚远。只有这样，才能使国家始终保持强盛，立于不败之地。

在道德修养方面，东莱强调克己功夫。如《乾》云：“‘圣人作而万物睹’，……学者须详体此意，广而推之。吾胸中自有圣人境界，吾能反而求之，则当有应之者，如‘克己复礼，天下归仁’之意是也。”又强调不可纵性。如《坤》云：“‘履霜坚冰，盖言顺也’，此句尤可警。非心邪念，不可顺养将去，顺养去时，直至弑父与君。饮酒顺而不止，必至沉湎杀身；斗狠顺而不止，必至杀人。世俗所谓纵性，即顺之谓。惩忿窒欲，不顺之也。”

《门人所记诗说拾遗》一卷，虽然是门生的一些零碎记录，但其中也有很多精辟的见解。如云：“诗者，人之性情而已，必先得诗人之心，然后玩之易入”；“《诗》三百篇，大要近人情而已”；“看《诗》且须咏讽，此最治心之法”；“看《诗》者，欲惩穿凿之弊，只以平易观之，若有意要平易，便不平易”等等。如论《关雎》云：“看《诗》须是以情体之，如看《关雎》诗，须识得正心，一毫过之，便是私心。如‘窈窕淑女，寤寐求之’，此乐也，过之则为淫；‘求之不得，辗转反侧’，此哀也，过之则为伤。天生蒸民，有物必有则，自有准则在人心，不可过也。”其中当然也贯穿有浓厚的理学家思想，如《衡门》篇云：“天下之理随处皆足。僖公之国虽小，然其中至理本无欠缺，若能取足于其中，亦自有余。”

《门人集录周礼说》一卷，对于《周礼》所载的周代官制，有其独到的见解。如论“师氏”与“保氏”二官云：“伊川先生曰：‘后世知求治而不知正君，知规过而不知养德。’盖后世谏诤之官，其所以匡君之恶者未尝不至，若夫从容和缓以养君之德者则缺焉。……师、保二官……一则优游容与以养君之善，不使有一毫矫拂；一则秉义守正以止君之邪，不肯有一事放过。故人君既有所养，又有所畏，所谓礼乐不可斯须去身。一于从容和缓，则是有乐而无礼；一于矫拂正救，则是有礼而无乐。此二官所以不可偏废。学者须知此二官实不相关，而实相资；又须看得二官不相参杂，则古人之意可见矣。”他把师氏、保氏二官与礼、乐联系起来，以资相济相成之用，可谓独到的见解。

《门人集录礼记说》一卷，东莱认为：“《曲礼》《少仪》，皆是逊志道理。步趋进退，左右周旋，若件件要理会，必有不到处。如学者常存此心，则自然不违乎理；心有时而不存，则礼有时而或失。内有毫厘之碍，则外有毫厘之差。”这显然含有重“心”的倾向。然而东莱也与其他理学家一样，善于把“礼”与“理”联系起来。如云：“夫礼者，理也。理无物不备，故礼亦无时而不足。……在山则礼足于山，在泽则礼足于泽，在贫贱则礼足于贫贱，在富贵则礼足于富贵，随处皆足而无待处。此理虽新新不息，然不曾离原来去处一步，所谓立不易方。”“礼”就是“理”，这是所有理学家所共同持有的观点。东莱无非是要从“理无物不备”这个前提中引申出“理”所体现的“礼”亦无处而不备、“无时而不足”的结论。尽管“在山”“在泽”“贫贱者”“富贵者”之礼各不相同，但它们都是同一“理”的体现，因此说“不曾离原来去处一步”。即所谓“随处皆足而无待处”，只要“取足于其中，亦自有余”。

《门人集录论语说》一卷，其中虽大都是关于日常言行的论述，但也有很深刻的哲理探索。如云：“一元之气，该乎万物，无非所以生育长养。使天地之于物，有以生育长养之，而无肃杀以终之，则万物亦不能成就。是犹道之有仁与义也。圣人与天地相似，本心初无恶，正缘好恶对立，亦如天地之有春秋，此自然之理。……圣人如太和之气，浑然初无所恶，人以乖戾干之，故不能入圣人炉冶中，盖自取其恶也。”他认为事物对立面的相互依存关系是天地之间的普遍法则，正是由于“生育长养”与“肃杀”的统一，才成就了天地万物。圣人之好恶正与天地同，以见天人合一之道。

《门人集录孟子说》一卷，其论“义利”云：“人皆说仁义便是利，然不必如此说。只看孟子言‘未有仁而遗其亲者也，未有义而后其君者也’，以仁义为天下，何利之足言？当时举天下皆没于利，看孟子此章，剖判如此明白，指示如此端的，扫荡如此洁净，警策如此亲切。当时之病固大，孟子之药，剂量亦大矣。”其论“道”云：“道初不分有无，时自有污隆。天下有道时，不说道方才有，盖元初自有道，天下治时，道便在天下；天下无道时，不说道真可绝。盖道元初不曾无，天下不治，道不见于天下尔。”认为政治清明，天下有道，天理固然存在；而政治混乱，天下无道时，天理亦照样存在。

《门人集录史说》一卷，其论史体云：“大抵史有二体，编年之体始于左氏，纪传之体始于司马迁。……然编年与纪传互有得失。论一时之事，纪传不如编年；论一人之得失，编年不如纪传。要之，二者皆不可废。”其论文武之道云：“自古文武只一道。尧、舜、三代之时，公卿大夫在内则理政事，在外则当征伐。孔子之时此理尚明，冉有用矛，有若与勇士，孔子亦自当夹谷之会，未尝以武士为粗。西京之时，亦知此理，故宣帝诏黄霸曰：‘边境有急，则左右大臣皆将帅也。’至于韩安国之徒，亦皆出征守边。及东京末，士君子高自标榜，妄分清浊，善恶太明，流品太分，遂成党锢之祸。故刘巴之轻张飞，宜其见弃于刘备也。”

《门人所记杂说》二卷，是杂辑东莱讲论各方面见解的记录。其论性与情的关系云：“情便是性，波便是水，李翱却分作两段看了。宜乎当时释氏之盛，只缘吾党无人，反为释氏所谩。”其论学云：“学者不进则已，欲进之则不可有成心，有成心则不可与进乎道矣。故成心存，则自处以不宜；成心亡，然后知所疑矣。小疑必小进，大疑必大进。盖疑者，不安于故而进于新者也。”又云：“善学者之于心，治其乱，收其放，明其蔽，安其危；守之必严，执之必定。少怠而纵之，则存者亡矣。”这一理论，显然是对孟子所谓“学问之道无他，求放心而已矣”的进一步发挥。

上述八种著作，是东莱讲课时，由众门人所记的讲学内容。今天，我们从《丽泽论说集录》之中，犹可窥见东莱讲学时的大致内容和风格。

《礼记·学记》云：“学然后知不足，教然后知困。知不足，然后能自反也；知困，然后能自强也。故曰：教学相长也。”的确，东莱在明招山两年以来的讲学生活，不仅给前来从学的弟子们输送了广博的知识，而且也使自己由此增长了不少见解。尤其是在教学方面，既从实践中积累了许多宝贵的经验，又从理论上得到了充分的升华，从而形成了自己较为成熟的教育思想。

东莱在明招山母墓之侧居丧讲学，一晃已过三年。到了乾道五年二月，丧满除服。于是，辞退学生，自己与弟大愚、女儿华年，重新到母亲坟前祭扫一番，然后依依不舍地拜别母亲，回到婺州家中，准备再赴前程了。

第五章　出仕从政

一、除服待阙

吕东莱还在明招山居丧守墓之时，虽因丁忧没有了具体官职，但他并没有放弃对朝廷政事的关注。当时宋孝宗对理学不甚感兴趣，对此，东莱深为焦虑。想起先生汪玉山尚在朝中为官，就在乾道三年九月十四日给他写了一信，内云：

> 侍郎丈……出处进退之际，实消长否泰之端。傥诚意交孚，元气可复，则固当身任天下之重，先后本末，自有次第，不必徇匹夫之小谅，避世俗之小嫌。苟或未然，则道不可轻用，物不可苟合，谓宜明去就之义，以感悟上心，风示天下。使后进有所矜式，于吾道固非小补也。……抑又有一说：人情物态，向背离合，古今所同。惟冀函蒙包纳，不见畦畛，以潜消彼此异同之端，众正之福也。[①]

东莱这封信是建议汪玉山在朝既不宜立异，亦不宜苟同，在维护国家大局的基础上，应做到“函蒙包纳”“以潜消彼此异同之端”。也就是说，在共同遵守一定原则的前提下，提倡“函蒙包纳”，求同存异，以利于团结同僚共济时

---

① 《吕东莱先生文集》卷三。

艰。这其实是东莱一生处世的宗旨。无论在官场交往，抑或在学术论争上，都抱定这一宗旨。东莱的这一思想，深合孔门“和而不同”之旨。对于形成自己兼容并蓄的学派特色，具有指导性意义。

汪玉山自入朝以来，确实也施行了不少善政。但由于多革夙弊，常为同列所忌，尤为中贵人所侧目。遂以端明殿学士知平江府。中贵韩玉以拣马经过平江，汪玉山不甚为礼，不料韩玉归后即进谮言，遂以平江米纲有歉贬秩。于是，汪玉山乃竭力请祠，以期闲居治学。

乾道五年己丑（1169）二月，东莱母丧期满，除服从吉。初二日，即往宣城外氏家省亲。因为自从外祖曾茶山去世之后，又逢母亲去世连年守丧，一直没有到过外家。这时既已除服，而外氏家此时寓居于宣城，所以就连忙赶往宣城看望外祖母。在宣城住了两个多月，直到四月，才回到婺州。

早在东莱母亲尚未去世之前，本已聘定原韩夫人的女弟韩螺为婚，正待准备迎娶，不料母亲去世，在明招山居丧守墓三年，故而长期耽搁下来。直到今年二月除服之初，亲友们就劝东莱准备迎娶事宜。但因东莱感到对母亲的余哀未尽，不宜急于迎娶。后来在亲属的再三催促之下，才择定五月二十日为迎娶佳期。这时，因为韩公元吉一家已寓居在德清，所以东莱也同初婚迎娶韩夫人时一样，约提前半月就告迎于吕氏家庙，然后自己乘马，带着迎接新娘的车子以及几位随行人等，一同前往德清恭行“亲迎”之礼。不过这次已是故亲，不必像初次那样拘束了。所以到了德清韩府，东莱参见岳父、岳母之后，暂住于书房。韩公元吉与东莱谈了一些学业之事，见东莱的学问比前更加宏博精深，对答如流，自然满心欢喜。东莱因久闻德清灵洞之胜，乃与李仲南、戴衍等老少共八九位亲戚朋友，一同泛舟游览灵洞，并将同游者的乡里、姓氏，按年龄为序录于壁间。在此期间，还为戴衍作了一篇《字序》，其中简略地记述了游览灵洞的情况：

己丑之夏，予将有余不之役。舟既戒，谋休樯息缆之地，篙师举手东其指曰：“道双溪三十里，灵洞在焉。盍趣棹以逋午暑？”予款其名久，适与心会。戚友尊稚，蕲共载者八九人。舟尾炊未熟，已就岸，相与屐巇嶬暗。目随步改，大巧巨丽，皆前人之所未品。竣事，念胜游之不可虚也，属昭武李仲南大疏偕来者，里系、次其齿，识壁间。

东莱在德清逗留了几日，韩家又率韩女在韩氏家庙恭行辞庙之礼，然后由东莱导引登车，亲迎韩女归于婺州。五月二十日，在吕氏家庙中恭行婚礼之后，再同到自己家中。韩氏再次拜见了公公，东莱又使女儿华年也拜见了新娶的妻子。韩女本来就对她亲姊的不幸一生以及过早去世而深感悲伤；而今又看见其唯一留下的幼年丧母的亲生女儿华年，更感到格外可怜，视若己出，倍加疼爱。而长期失去了母爱的华年，现在已经十一岁，早已很懂事，也就把本来就有亲缘关系的姨母当作自己亲生的母亲一样看待了。这时，东莱已经三十三岁，一个残缺了八年之久的家庭，终于又基本上达到了完整。当然，母亲曾夫人的去世，仍然是整个家庭的不圆满处，不过这已是无可奈何，须知完全圆满之事世上是少有的。

东莱既已丧满除服，朝廷也就诏令他重行出仕。东莱进京就职，但职务有所变动。乾道五年（1169）六月初六日，由“南外宗学教授”改任，除太学博士，待阙。制词中有谓东莱“连中两科，声华籍甚，士论称之”之语。宋时，经筵讲官往往由此中选，而且还有直接和皇帝见面的机会，故而对于这一新的任命，东莱由衷地欣慰。他在《除太学博士谢陈丞相启》中说：

里闬湮沉，久安分守；胶庠清邃，骤被诏除。夫何遐远之踪，犹在选抡之数！窃以合烝髦于万寓，课以度程；嗣绝学于六经，司其训故。名挂成均之属，号为儒者之先。于秩虽微，所系实大。……[1]

所以，东莱表示自己原来只指望：“徒欲初试于州县薄领之间，曷敢自通于廊庙钧陶之上？”[2]这次升迁，使他感念不已。他认为自己长期服丧于家乡，朝

① 《东莱吕太史文集》卷四。

② 《东莱吕太史文集》卷四。

廷并没有因此而将他遗忘。故而他表示决心："某敢不䌷绎旧闻，研思微旨！千年蠹简，倘输毫发之劳；一世龙门，庶得丘山之施。过此以往，未知所裁。"[①]以尽己之努力，来报答朝廷的知遇之恩。于是，东莱又回婺州家中"待阙"。

七月，东莱偕韩夫人从德清归宁省亲，夫妇双双拜见了岳父、岳母，翁婿、母女相聚，自然有一番亲热。东莱又与韩公谈了一些学问之事。住了几日，东莱即与韩夫人同回婺州。八月十一日，东莱又率韩夫人到吕氏家庙恭行庙见之礼。

二、严陵惠政

八月二十五日，诏令改东莱为添差严州州学教授。这是因为最近有旨，凡中都官待次者，皆应补外之故。这时，东莱闻知先生汪玉山现在正寓居在衢州，乃于八月二十七日迳赴衢州拜见汪玉山。东莱见汪先生年迈多病，为之感叹不已。师生久别相聚，每天都谈论一些政治、学问之事。一直住到十月七日，才依依不舍地拜别汪玉山，离开衢州，回到婺州。

十月十八日，东莱动身赴严州上任。二十一日，与前任教授办理了职务上的移交手续，于是就正式开始工作。不到几日，适值南轩张栻前来就任严州太守。东莱久闻南轩之名，但在这以前却一直无缘与之谋面。这次机会来了，一等南轩到任，他就迫不及待地写信给南轩，诉说自己对于南轩的企望：

> 闻道达者，积有岁时。身历世变，而独贯盈虚消息之几；心玩至理，而处清旷幽闲之地。所蓄既厚，所养既深，海内之士，共徯应聘而起，以观儒者之效。今兹旌纛之来，万目共视，一举一措，盖将占吾道之盛衰。虽小国寡民，不劳余刃；然儆戒祗惧，固自昔圣贤不已之诚也。[②]

① 《东莱吕太史文集》卷四。

② 《吕东莱先生文集》卷三《与张荆州》书一。

这封信，显然是希望南轩前来严州为官，能一试其“儒者之效”而对国计民生有所作为。南轩亦对东莱心仪日久，收到东莱信后，立即回信约请东莱见面。东莱又立即写信表达自己对南轩的思慕之情：

> 某质鲁才下，虽窃有意于学，而颛蒙蔀塞，莫知入德之门。愿承下风而请余教，为日久矣。乃者，免于忧患，适有校官之除，近复例受分教之命。到官甫数日，而恭闻麾幢。既有近问，遂获进预指呼之末。积年所愿，一旦获伸。尚容俯伏坐隅侧，聆謦欬以酬夙志。若乃道谀不情之言，盖非晚辈事君子以诚之义，有所不敢也。[①]

东莱和南轩，从学术渊源上看，两人有同门之谊。南轩曾师从五峰胡宏，而东莱之师籍溪胡宪则是胡宏的堂弟。尽管胡宪和胡宏所治之学不尽相同，但主旨则是一致的。这就为他们的门人东莱与南轩的交往提供了相同的学术旨趣。所以，两人一见如故，双方坦诚相待，各陈所学，随时交流，结下了深厚的友谊。

在南轩的有力支持下，东莱大力整顿严州州学，并将在明招山讲学时所制定的《规约》拿到州学中正式施行。严州州学的整顿和革新，显示了东莱作为儒家教育家的才能，同时他所制定的这套学规，亦成为其教育思想的重要组成部分。

是时，刘子澄为建德县簿任满，特来拜访东莱。刘子澄，名清之，学者称静春先生，庐陵人。为人孝友诚笃，质直好义，意广而心和，强敏而有立。四五岁时读《蒙求》，至“龚遂劝农”“文翁兴学”，讽诵久之，其父因语之曰：“此二君子教人之要务也，人亦不过耕与学耳！”子澄闻之欣然，自是读书愈益勤奋。初受业于其兄子和，登绍兴进士。本欲应博学宏辞科，及往见朱子后，即尽取所习辞业焚之，慨然有志于义理之学，以力行切己者省察性情为务，认为有志者必如曾子用力于容貌、辞气，颜子用力于视、听、言、动，方为善学。当世巨儒，如玉山汪公、巽岩李公，皆敬慕之。孝宗召对，首论民困兵骄，大

---

① 《吕东莱先生文集》卷三《与张荆州》书二。

臣退托，小臣苟偷。又言用人四事：一辨贤否，二正名实，三使才能，四听换授。所著有《曾子内外杂著篇》《训蒙新书》《外书》《戒子通录》《墨庄总录》等书。父忧服除，调建德县簿，任满，适闻东莱到严州任州学教授，于是即到东莱书院，讲论经义。东莱又将子澄引见南轩，三人乃成为道义之交，互相探讨学问。子澄留住数月乃去。

刘子澄之兄子和，名靖之，学者称为孝敬先生。为人廉静寡欲，敦重少言，而和易端粹，不为崖异之行，孝友尤笃。平日闭户读书，不甚与人接，虽名士亦不强附。自少即以经学文行知名。登进士第，再调赣州教授。还家待次，益以诸经自课，日求其所未至者，盖自音读、训诂以及近世诸儒论说，无不该贯。其教大抵以读书穷理为先，持敬修身为主。至于学官程课，有不可废者，其命题发端，必依此旨而出，于是学者益知所向。课试之文，以老佛论道，以管商议政，忘仇耻，徇时俗者，皆弃不录，于是学者又知所惩。能待诸生以恩，至于进退取舍之间，则必考行能，视次第，稽诸公论，而未尝出于私意。因此，诸生事之如事父兄，服习其教而守行之，风俗为之一变。子澄自严州归后，从中介绍，后来也成为东莱的同调之友。子和与子澄兄弟，率多忠厚雍穆之风，东莱与之交往甚深。

这年，东莱在州学的公务之余，还撰写有《己丑课程》《己丑所编》两种著作，并开始撰写《春秋讲义》。《己丑课程》是平时读书的笔记，共有一百十六条，记录了读书时的心得体会，从中可以领悟到东莱读书时的认真态度及其具有独创性的读书方法。

东莱在严州时的另一种著作是编次《阃范》，编成后，南轩为之作序。这时，南轩使其爱女来向东莱受学，东莱即以《阃范》相授。他在给潘叔度的信中说："此间应接之不暇，乃缘编《阃范》。……《阃范》张守小女皆诵。旦夕当据已刊者印数十板去，恐令女、令嗣亦要诵也。"

南轩在出任严州太守期间，以"简省宴会，裁减用度"的方法，实行部分减轻赋税。对此，东莱表示充分肯定，认为这是"极难得也"[①]。他本人在严州

① 《东莱吕太史文集》卷十《与学者及诸弟》。

当学官时，目睹统治者强加于严州人民头上的丁盐钱绢所造成的社会恶果，深有感受。乾道六年庚寅（1170），东莱毅然接受南轩的要求，以严州太守张栻的名义写了一份乞免严州丁钱的奏状上呈朝廷，请求朝廷免去丁盐钱绢的数额，减轻人民的负担，让老百姓有一个“息肩之日”。他在《为张严州作乞免丁钱奏状》中说：

> 严之为郡，地瘠人贫，丁盐钱绢，额数繁重，民不聊生，此赋不除，永无息肩之日。……臣自到任，延问耆老，谘诹僚吏，参稽案籍，始知本州丁盐钱绢为民大害。

南宋时期，由于统治集团既要满足自己的穷奢极欲，又要不断地向金国贡奉大批财物，故对境内广大人民实行敲骨榨髓的苛政。苛捐杂税，名目繁多，必欲将劳动人民的血汗吮吸殆尽而后止，导致境内民力凋残，经济萧条，整个社会满目疮痍。平民百姓终年挣扎在饥寒交迫的泥潭之中。所以，东莱接下去就陈述了丁钱税演变的过程，并以大量的具体数据论证和分析了“丁盐钱绢为民大害”的原因，流露了对严州人民的深切同情。于是，他以一片精诚之心表示“臣请为陛下详言之”：

> 两浙东西路共管十五州军，户口物力，无若本州之贫；丁盐钱税，亦无若本州之重。本州地形阻隘，绝少旷土，山居其八，田居其二，涧曲岭隈，浅畦狭陇，苗稼疏薄，殆如牛毛。细民崎岖，力耕劳瘁，虽遇丰稔，犹不足食，惟恃商旅，般贩斗斛为命。旬日不雨，溪流已涸，客船断绝，米价腾涌，大小嗷嗷，便同凶年。每岁合六县所纳苗米，除折纳糯米外，粳米止管八千七百五十一硕，犹不及湖、秀富民一户所收之数。……其为困乏，不言可见。重以坊郭乡村，边溪去处，每经巨浸，垣墙颓仆，庐舍倾摧，资用散失，生计萧然。若遇寇盗，整葺未全，复遭漂荡。民素穷乏，又加此厄，虽使止存两税，犹惧输纳不前；今乃经赋之外，每丁使之重纳丁钱盐绢……凋瘵之民，其何以堪？

东莱还以具体的数据对各州的情况试作比较，得出了政府加在严州百姓头上的苛税较之他州更为严重的结论。故至于凶荒之年，其境遇之悲惨，可以想见。所以东莱接下去又说：

> 且以两浙诸郡论之：……本州民力，在两浙十五军州之下，而赋敛反在十五军州之上，以至贫之民，纳至重之赋，人情物理，恐不应尔。

“以至贫之民，纳至重之赋”，所造成的社会后果是极为严重的。他说：

> 臣谨按本州丁籍……是十分之中，九分以上尫瘠困迫，无所从出。从前官吏，明知其害，迫于上司督责之严，汗颜落笔，蹙额用刑，笞箠缧系，殆无虚日，愁叹之声，闾里相接。强悍者，穷塞无聊，散为攘窃，四方遂指严州为多盗之区。非犷俗独钟于此土，盖丁钱偏重于他邦。原其情状，实可怜悯！

在这里，东莱勾画了一幅令人毛骨悚然的社会画面。民脂民膏已被搜括殆尽，官府还要不断地以严刑黑狱为手段催逼，使得“凋瘵之民，其何以堪”？百姓在无法生存的情况之下才“散为攘窃”，以致严州成为“多盗之区”。这并非严州的民俗使然，而是“丁钱偏重”所造成的。处于水火倒悬之中的人民，为了生存，被迫铤而走险才成为“盗贼”。面对这种情况，东莱痛切地感到统治者过于无道，才给其自身统治造成了很大威胁。他认为人民本无贪乱之心，但是统治者一味地放纵骄佚而无所顾忌，“取民无所止”，使他们陷于“无处可逃”“荼毒而死”的绝境，这时人民只好“不爱其身”，冲破统治者的羁绊，无所顾忌地起而反抗了。此外，他还描述了另一种惨景：

> 臣体访得：深山穷谷，至有年三十余颜状老苍，不敢裹头，县吏恐丁数亏折，时复搜括相验，纠令输纳，谓之“貌丁”。民间既无避免之路，生子往往不举，规脱丁口，一岁之间，婴孺夭阏，不知其几！小民虽愚，岂

无父子之爱？徒以厄于重赋，忍灭天性，亲相贼杀，伤动和气，悖逆人理，莫斯为甚！臣闻之，不觉涕下。……

“深山穷谷，至有年三十余，颜状老苍”，生命之源过早地枯竭了。甚至于“生子往往不举”，导致“婴孺夭阏，不知其几”的惨状。作为州官，对于造成这种状况自然负有不可推卸的责任：

斯民颠顿愁悴，父子不能相保。意者，未有以实上闻者。臣职在拊摩，尚复便文，自营不言，死有余罪。用敢竭诚悉意，上彻旒扆。……欲望圣慈，特降睿旨，将严州丁盐钱绢……尽行蠲除。使一方仰父俯子，吏不至门，复有生民之乐。……惟愿睿断不疑，俯赐开允，俾一邦亟解倒垂之急！

东莱坚持认为减免严州丁盐钱绢不是一件“细事”。而是关系到能否使“一方民力甚宽”的问题。诚然，即使减免了严州的丁盐钱绢，也未必能使“民力甚宽”，但是减免一点，总要比一点也不减免要好。朝廷在审查了奏状之后，终于准予减免一部分丁钱。但是东莱对此并未满足，他在代南轩所作的谢表中说：“孰知凋瘵之余，尚困赋租之重。畴先民瘼，最甚丁徭。……制赋欲均，期复大禹九州之正；施仁有渐，姑从文王四者之先。雨露旁流，槁干胥浃。臣敬撢厚泽，下逮穷民。观其拜赐之时，犹有乞怜之意。既勤深恤，得少愒于今年；终觊大恩，俾尽夷于旁郡。”[①]这是说，希望来年能“终觊大恩”而给予全免，以期与旁郡相同。东莱这一留意民间疾苦的胸襟，具有很强的历史进步性，这也是他提出“取民有制”的思想基础。

东莱在《易说·损益》中早就提出了“取民有制”的思想：

损之卦，损下益上故为损。盖上虽受其益，殊不知既损下，则上亦损矣。然其下为兑，兑，悦也。……是下乐输以奉上，人君固可以安受之，

① 《东莱吕太史文集》卷二《为张严州作谢免丁钱表》。

何名为损乎？盖损下益上，人君之失也；乐输于上，人臣之义也。两者自不相妨。……凡上有取于民皆为之损，合上下二体而观之，下当乐输而不怨，上当取于民有制，不可无所止也。

他主张“上”接受“民输”过程中，要有一定的分寸，有所节制。假如无止境地强迫“民输”，重敛不已，超出民众最大负荷的限度，这就变为“人君之失”了。所以又说：“损下益上为损，损上益下为益。”这里所谓“损上”，是指损去一些过度的骄佚奢侈，变横征暴敛为薄赋轻徭。这在客观上减轻了人民的负担，也有利于国家的长治久安。他在《诗说拾遗》中也说：“民之服田力穑，岂不其劳？君若以为宝，民则以为好。谓其甘心代人君之力而奉养也。”[①]指出统治者只有珍惜劳动群众的辛勤劳动，才能换取他们的“甘心奉养”。

这篇《为张严州作乞免丁钱奏状》颇为深刻地揭露了当世社会弊政给广大劳动群众所造成的严重不幸。《奏状》虽然出自东莱手笔，但它表达的是东莱与南轩两人共同的政治、经济观点，并显示了吕、张两贤在严州任上互相合作的成功。

三、太学轮对

乾道六年（1170）五月初七日，朝廷重新任命东莱为太学博士。其制词中有“尔学优多士，名擢两科。准易草经，独守扬雄之志；下帷授业，共尊董相之风。兹召自于泮宫，俾入跻于学省。以慰诸儒之望，庶几师道之明”云云。

东莱奉诏后，即于闰五月初四日，自严陵归还婺州。初八日，亲自到丽泽书院察看创办书院的情况。原来东莱自母丧服满之后，与弟大愚一同离开了明招。但他们考虑明招寺僻处山区，各地诸生相聚不便，为了能使明招开创的教学事业不致中断，乃计划于婺城住舍附近创办学塾，以便诸生继续受学，也便于东莱回婺州时前来讲学指导。他们就以父辈曾经讲学的豹隐堂为基础进行扩

① 《吕东莱先生文集》卷十五。

展，又因其地面临二湖，乃从《周易》“兑”卦之卦义，取名为“丽泽书堂”（后人改称“丽泽书院”）。“兑”卦是专为阐明朋友讲习之义的卦。《说卦》曰：“兑，说（悦）也。”又曰：“兑为泽。”又曰：“说万物者，莫说乎泽。”因“兑”卦系由上下两“兑”构成，故曰“丽泽”，亦即两泽相连之意。故其《大象》曰：“丽泽，兑，君子以朋友讲习。”这是说，“丽泽”者，两泽并连而交相浸润之象，以象征欣悦也；而君子取以效法，作为良朋益友之间相互讲解义理、研习学业，从而获得欣悦之意。故孔颖达《疏》曰：“君子以朋友讲习者，同门曰朋，同志曰友，朋友聚居，讲习道义，相说（悦）之盛，莫过于此也。故君子象之以朋友讲习也。”故其卦辞所谓“兑：亨，利，贞”者，意谓朋友之际以义理“欣悦”之时，必可“亨通”畅达而“有利”于共同提高；但不能“悦”于为邪，应以守持“贞正”为本。此以治学为喻，与《论语》“时习”而“悦”、“有朋”而“乐”之意相合。《孟子·告子上》曰：“理义之悦我心，犹刍豢之悦我口。”亦与本卦“欣悦”之义若合符节。学塾之取名“丽泽”，既与学塾面临二湖相关，又合《周易》所谓“朋友讲习”的“丽泽”之义，即此可见其取义之深邃。而创办学塾的具体事务，则由其弟大愚全力主持，仍然遵照以前在明招所定的《规约》执行。于是，以前在武义偏僻山区的明招寺从学的诸生，都全部转移到了婺州城内的丽泽学塾继续学习了。

东莱来到丽泽学塾，看到大愚把学塾办得井井有条，学生们也在认真学习，互相讲论道义，自然满心欢喜。他在与诸生叙会一番之后，又讲了一堂课。然后，又在以前所制的《规约》的基础之上，再增加了七条关于“除籍”的规定，即《规矩七事》：凡是“亲在别居”，“亲没不葬”，“因丧昏娶”，“宗族讼财”，“侵扰公私”，“喧噪场屋”，“游荡不检”者，即行开除，并通报在籍之学生。于是，才告辞诸生而归。初九日，复还严陵，遂如临安就职为太学博士。在太学中，吴兴芮烨为国子祭酒，刘焞为国子司业，与东莱共修学政。这时，父亲仓部公自从乾道四年（1168）秋改知吉州以来，一直在家待次。到是月，才得以赴吉州就任。

在东莱入朝为太学博士的同月，张南轩亦从严州被召还，任为尚书吏部员外郎，兼讲官，两人再度共事。而且，两人一同居住在旧王承宣园（后号东百官宅）内，“寓舍相望，于讲论甚便”[①]，因而往来更为密切。用东莱自己的话说就是“张丈邻墙，日夕相过讲论”[②]。讲论的内容极其广泛，几乎无所不包。当朱子给东莱送来《太极图解》文稿时，东莱立即请南轩一道斟酌研究。“《太极图解》昨与张丈商量未定，而匆匆分散，少暇当理前说也。”[③]密切的学术交流切磋，使两人的学术思想相互渗透，相互影响。在修养论上，南轩向东莱灌输“收敛操存，公平体察”的观点。对此东莱表示欣然接受。他在给南轩的信中说：

平时徒恃资质，工夫悠悠，殊不精切，两年承教，可谓浃洽。然于要的处，或卤莽领略；于凝滞处，或遮护覆藏。为学不直，咎实由此。[④]

而对于南轩的不足之处，东莱亦诚心给予指出并尽情给予劝勉。他在信中说：

吾丈者，世道所系，居之实难。谓宜深体“志未平”之戒，朝夕省察：所存者果常不违乎？所感者果皆正乎？日用饮食之间果皆不逾节乎？疏密生熟历历可见，于此实用力焉，工夫自无不进之理。[⑤]

很明显，这完全是出于朋友之间忠告善道之义。尤其是在史学上，东莱对南轩帮助亦多。南轩曾向东莱请教治史，东莱竭诚答之：

观史先自《书》始，然后次及《左氏》《通鉴》，欲其体统源流相承接耳。国朝典故亦先考治体本末及前辈出处。……所谓丧志毫厘之间，不敢

---

① 《东莱吕太史别集》卷十《与戴在伯》。
② 《吕东莱先生文集》卷三《与朱元晦》。
③ 《吕东莱先生文集》卷三《与朱元晦》。
④ 《吕东莱先生文集》卷三《与张荆州》。
⑤ 《吕东莱先生文集》卷三《与张荆州》。

不致察也。但恐择善未精，非特自误，又复误人。①

很明显，这是东莱的治史经验之谈，其中没有丝毫搪塞敷衍之成分。

东莱在出任太学博士期间，与当时众多著名学者交往密切频繁。“始予官太学，日从四方之士游”。其中最主要的当数龙川陈亮、止斋陈傅良和宗卿邱密。

这时，龙川亦在太学。他刚在正月间著有《孟子提要》一书。今闻东莱进京就职，当即使人将《孟子提要》送到东莱处，请他审阅指正。东莱收到后，即答书云：“今日早，在学中奉候，政剧延伫，伏蒙封示《孟子提要》，当细观深考，却得一二请教。年来甚苦共为此学者廖落，索居蔽蒙，日以自惧。今得兄坐进于此，遂有咨访切磨之益，喜不自胜。苟心有所未安未达，当往复论辩。盖彼此皆己事，不敢为膈上语也。”②

陈傅良（1137—1203），字君举，号止斋，温州瑞安人。少有重名，授徒僧舍，士子莫不归敬。薛艮斋（季宣）过访，启以其端。继而束书屏居，艮斋又过访，问治何业，君举陈其所得。艮斋曰：“吾惧子之累于得也。”于是往依艮斋受业，茅茨一间，聚书千余卷，每日考古咨今于其中，从游艮斋凡七八年。是时告别艮斋进京，特来拜访东莱和南轩，结交为友。至秋，又入太学读书，为国子祭酒芮烨所赏识，故与龙川同为芮祭酒的门人，而与东莱、南轩经常讲论经义学问。东莱《与朱侍讲》书中说：“君举近来议论简径，无向来崎岖周遮气象，甚可喜也。”又《答潘叔度》书中说：“陈君举最长处，是一切放下如初学人，正未易量。”可见东莱对于陈君举的赏识之意。清全祖望也说：“陈止斋入太学，所得于东莱、南轩为多，然两先生皆莫能以止斋为及门。”③

邱密，字宗卿，江阴军人。仪状魁杰，机神英悟，器识宏远。尝慷慨谓人曰：“生无以报国，死愿为猛将以灭敌。”隆兴元年（1163）进士，除国子博士。故与东莱既为同事，又为讲论学问的文字之交。

古时太学，要定期给在读的太学生进行考试，一般是以经义或政事等设问，

① 《吕东莱先生文集》卷三《与张荆州》。

② 《吕东莱先生文集》卷五《答陈同甫书》。

③ 《宋元学案·艮斋学案》。

令诸生解答，谓之“策问”。东莱既就任太学博士，就写了一道《太学策问》，向诸生这样提问道：

宪虞、夏、商、周之典而建学，合朔、越、楚、蜀之士而群居，上非特为饰治之具，下非借为干泽之地也。所以讲实理、育实材而求实用也。

盖尝论：立心不实，为学者百病之源。操管而试，负墙而问，布席而议；学则宗孔孟，治则主尧舜；论入德，则曰致知格物；论保民，则曰发政施仁；论律身，则曰孝弟忠信；论范防，则曰礼义廉耻。笔于书、发于口，非不郁郁乎可观矣。迫而索之，则或冥然而昧也；叩而穷之，则或枵然而虚也。意者，骛于言而未尝从事所以言者耶？……今日所与诸君共订者，将各发身之所实然者，以求实理之所在，夫岂角词章、博诵说、事无用之文哉！

孰不言圣学之当明也，其各指实见，志何所期，力何所用，毋徒袭先儒之遗言；孰不言王道之当修也，其各条实事，何者为纲，何者为目，毋徒作书生之陈语。佛、老，乱真者也，勿徒曰“清虚寂灭”，盍的言其乱真者，畴深畴浅；申、韩，害正者也，勿徒曰“刑名术数”，盍确论其害正者，畴亡畴存。……为学者之通病，论治者之通弊，安得不同去而共察之耶？孟子、告子之不动心，自今观之，固异也，使未闻所以异之答，能辨其异乎？禹、稷、颜子之事业，自今观之，固同也，使未闻“易地皆然”之语，能识其同乎？荀况、扬雄、王通、韩愈皆尝言学矣，试实剖其是非；贾谊、董仲舒、崔寔、仲长统皆尝言治矣，试实评其中否。

凡此数端，具以质言实相讲磨，以仰称夫明天子教养之实德。乃若意尚奇而不求其安，辩尚胜而不求其是，论尚新而不求其常，辞尚异而不求其达，则非有司之所敢闻。

东莱这道《策问》，他首先提出了“讲实理、育实材而求实用”的教育方针。“讲实理”是其教育指导思想，“育实材”是其培养目标，“求实用”是其治学态度和目的，而其基本精神就在于“务实”。继而提出“立心不实，为学者百病之源”的观点，从反面说明“务实”之重要；并强调不仅要“骛于言”而且更应“从事所以言”，要求诸生必须“各发身之所实然者，以求实理之所在”，而不要用“角词章、博诵说、事无用之文”来应付了事。然后提出了一连串的问题以供诸生之解答，其问题的涉及面非常广泛而深刻。诸如：如何明圣学，如何修王道；在异端方面，有佛、老、申、韩之异同；在修养上，孟子与告子何以形似而实异；在事业上，禹、稷、颜子何以迹异而道同；在论学上，则有荀、扬、王、韩之别；在言治上，则有贾、董、崔、仲之殊。所有这些问题，都要求诸生“具以质言实相讲磨”，于以合乎“明天子教养之实德”。最后还特别告诫诸生，切忌用“意尚奇而不求其安，辩尚胜而不求其是，论尚新而不求其常，辞尚异而不求其达”等只求标新立异、猎胜求奇而无所取义的文章来希冀侥幸之成。作为太学教官的东莱，这道《策问》非常明确地贯串了他一生所坚持的教育思想，并成为其所开创的以“求真务实”为特色之“婺学”的重要组成部分。

按照宋代的制度，每五日要有一位官员轮值上殿向皇帝对策，回答皇帝所提出的关于时政利弊之类问题，并应奏呈所对的札子，谓之“轮当面对”，亦省称“轮对”。是年，东莱在任太学博士期间，就轮到了两次“轮对”。这使得东莱真正有了接近孝宗以面陈政治建议的机会，对此，他当然要抓住这一难得的机会以展示自己的政治抱负了。所以，他在第一次轮对时所上的《札子》，内容主要是明“圣道”。他说：

> 夫不为俗学所汩者，必能求实学；不为腐儒所眩者，必能用真儒。圣道之兴，指日可俟。臣所私忧过计者，独恐希进之人，不足测知圣意之缊，妄意揣摩，抵排儒学。谓智力足以控制海宇，不必道德；权利足以奔走群众，不必诚信；材能足以兴起事功，不必经术。……姑以目前事言之，……智力有时而不能运，权利有时而不可驱，材能有时而不足恃，臣所以拳拳愿陛下深求于三者之外，而留意于圣学也。
>
> 陛下所当留意者，夫岂铅椠传注之间哉？宅心制事，祗畏兢业，顺帝之则，是圣学也；亲贤远佞，陟降废置，好恶不偏，是圣学也；规模审定，

图始虑终，不躁不挠，是圣学也。陛下诚留意此学，日就月将，缉熙光明，实理所在，陛下当自知之而自信之矣。

本原既得，万事有统，若网在纲，若农有畔，非若乍作乍辍，漫无操约者之为也。

这个札子的主要精神是希望孝宗能从思想上恢明“圣学”，亦即理学；而“圣学”乃是“宅心制事”“亲贤远佞”“规模审定”之类“实理所在”之学。

在第二次轮对时所上的《札子》，内容主要是论“恢复”。他说：

恢复，大事也。规模当定，方略当审；始终本末当具举，缓急难易当预谋。……

大抵欲实任此事，必不轻受此责。盖成败利钝，其责将皆归于一身，故先尽其所疑，极其所难，再三商榷，胸中了然无惑，然后敢以身任之，虽死不悼。……

陛下方广揽豪杰，共集事功，政患协心者之不多。……唯愿陛下精加考察，使之确指经画之实，以何事为先，以何事为次，意外之祸若之何而应，未至之患若之何而防，周密详审，一无所遗，始加采用，则尝试侥幸之说，不敢复陈于前矣。然后与一二大臣合群策，定成算，次第行之，无愆其素，大义之不伸，大业之未复，臣弗信也。

这个札子的主要精神是主张通盘筹划“恢复大事”，强调“规模当定，方略当审”，“确指经画之实”，而反对“尝试侥幸之说”，表明他是一个稳健的抗金论者。这两个札子，实际上是东莱政治主张的公开宣言书。

纵观东莱的一道《太学策问》和两篇《轮对札子》，无论从思想上、政治上抑或教育上，莫不贯串着“务实”这一条基本精神。即此可见，他所开创的以经世致用为宗旨的“婺学”，其学派特色这时业已基本上形成。

是岁，东莱在太学时，还为门人修定《丧葬礼》一书。至十二月十九日，进而兼任国史院编修官、实录院检讨官。

乾道七年辛卯（1171），正月二十八日，尚书汪公应辰得请次对奉祠，饯行者十有四人，分韵赋诗，东莱分得“敢”字为韵，赋诗云：

鼎食味苦浓，藿食味苦淡。同生不同嗜，羊枣与昌歜。
孰能游其间，进退两无憾。尚书古仙伯，难尚本真淡。
禁途履星辰，讲厦席毡毯。将升闲槐棘，忽去乱葭菼。
太清奉虚皇，奎壁手可揽。举以华其归，光耀极铅椠。
向来功名人，勇进忘坎窞。听诵归来辞，掩耳谢不敢。
宁知达士胸，万牛盻难撼。清风满后车，一洗世氛黕。
祖帐将军园，寒枝红缀糁。公归宁久阔？别意不成惨。
金华访旧学，和羹待醯醢。政恐牧笛清，终换街鼓紞。

汪玉山辞别众友，离开京城而归，自是长期寓居衢州，卧家不起。

同月，又因同事邱宗卿博士出守嘉禾，东莱即以“视民如伤”为韵，作诗四首以送之，诗云：

檇李国西门，道里去天咫。讼庭人摩肩，客馆舟衔尾。
凉燠变须臾，怵听复骇视。心平理自见，周道本如砥。

堂上万休戚，堂下一笑嚬。是心苟不存，对面越与秦。
豚鱼尚可孚，况此能言民。君看津头柳，叶叶皆相亲。

奋髯疾抵几，解衣徐探雏。古来多快士，气吞两轮朱。
簿书高没人，迎笔风摧枯。自许岂不豪？岁晏终何如！

折肱称良医，识病由身伤。开府事如麻，岂尽昔所尝！
平生老农语，易置复难忘。麦黄要经雪，桔黄要经霜。

“麦黄要经雪，桔黄要经霜”，这是老农从长期的实践中总结出来的经验之谈，虽属“街谈巷语”，但这是符合客观事物发展的正确认识，故而“易置复难忘”。此诗的旨意，一方面是告诫宗卿到嘉禾任上不宜轻视老农的经验之谈，另方面又以之鼓励宗卿必须经得起困难的磨炼，可谓意在双关。

东莱在乾道六至七年（1170—1171）任职太学博士期间，还代为诸多达官撰写了不少表文，其中也纳入了自己的政治思想和学术思想。

四月二十二日，韩夫人生下一女，因夫人名韩螺，小名即以“螺女”呼之。这本来是一件喜事，可是韩夫人因产后出血过多，一病不起，百般医治无效，竟于五月十三日不幸去世。东莱看到韩夫人又与乃姐一样，年纪轻轻地于产后身亡，不禁悲痛欲绝，在精神上受到了莫大的打击。六月，告假归婺。十七日，葬韩夫人于明招山祖茔。

是月，父亲仓部公自吉州奉祠。七月初六日，东莱前往龙游迎接仓部公。初八日，侍仓部公回到婺州。东莱见父亲年老体衰，不忍远离膝下再去为官，于是上书宰相虞允文，请求奉祠以侍亲，书云：

> 某亲年浸高，而诸弟皆未更事，左右就养不可远违。前此固尝控闻钧听，今兹冒暑远归，百绪皆未有条理，尤重轻去膝下，而以其劳遗老者。恳恳之诚，在所悯察。倘蒙俾以祠禄，以为甘旨之奉，于其余暇，温习旧学，二三年间，稍稍就绪，自当袖书光范，求备大厦一木之用。悃愊披露，惟乎其实，而怜其情，不胜幸愿！

此书呈上之后，结果未获批准。由于未能实现在家侍奉年迈父亲的素志，东莱觉得异常懊丧。

四、南宫取士

东莱正在为未能获准奉祠而纳闷，谁知于七月二十四日诏命又下，以通历任四考，改左宣教郎，召试馆职。本来，召试者都提早从学士院求得所问之题目，以作预先准备，独有东莱并不预先求题，到召试时，临时应对，不假思索，一气写成，其文反而特别典美。其所写《馆职策》一文，提出了“治道有大原”的观点。全文洋洋数千言，其要点有云：

> 治道有大原。不本其原，徒欲以力救斯世，君子许其志，不许其学。天下之事，要不可以力为也。忧世之士、喜功名之人，慷慨磨砺，将欲挽一世而回之，其意气岂不甚壮矣哉？激之欲其急，而听者愈缓；邀之欲其坚，而守者终渝。未逢其原，而倚办于区区之力，固不可耶！……
>
> 天下之患，懦者常欲一切不为，锐者常欲一切亟为。甲兵朽，鈇钺钝，养痈护疽，偷取爵秩，各饱其欲，而日朘月削之患，独归国家。……号为有意斯世者，又复不审前后、不量彼己而轻发之；终无于是两者之间参订审裁，立其本，循其序，摩之于前而收之于后者。……明天子方屈群策以图大业，……大经画、大黜陟、大因革，历数其目，既以兼前代之长；徐计其成，尚未能半前代之效。仇耻未复，版图未归，风俗未正，国用未充，民力未厚，军政未核。……意者，统宗会元，尚有可思者耶？……今日大政数十皆绝出汉唐之表，惟其统宗会元者尚有可思，故除一弊事是一事而已，见去一小人是一人而已也。……向若淳固专一无间杂之病，则所谓大政数十者，出其一二，已足以鼓舞群动，而立丕丕之基，宁至宵旰十年，尚勤愿治之叹乎！此愚所以冒昧而献统宗会元之说也。
>
> 诚储神为治之大原，提其统，据其会，则出治者无一出一入之累，而观治者无一喜一惧之移矣。

全文列举汉唐史实以论证其“统宗会元之说”，所谓“为治之大原”，就是“提其统，据其会”。也就是说，只要掌握其为治之原则，提纲挈领，然后纲举目张，万事并举。文中着重批评了在抗金问题上存在的“一切不为”与“一切亟为”的两种倾向。指出“天下之患，懦者常欲一切不为，锐者常欲一切亟为”。呼吁宋孝宗广开言路，以杜绝“群情众论，隐匿壅遏，而不得上闻”的现象发生。但这篇文章，后来朱子曾有所批评。他认为：“《馆职策》亦说得慢，不分晓，后面又全无紧要。”①

在这段时间内，东莱和各地学者进行了广泛的接触，经常以书信形式与不同学派的代表人物进行学术讨论和交流。

九月十六日，除秘书省正字，兼职如故。

是岁，祭酒芮烨、太史刘焞、夙詹事王十朋皆相继病卒。这几位都是东莱平生所钦慕的前辈，他们的去世，东莱深为痛惜。他的《祭芮祭酒文》有云：

> 呜呼！……独公之丧，交吊聚泣。公微权势，人栽户培。彼拳拳者，果何为哉？升屋三号，万事冰泮。谁絷维之，至此不畔。矧维某等，事公泽宫。临风一恸，吾道其穷。前日之祖，今日之酹，觞酒未酸，俯仰千载！

王十朋在孝宗朝，历知饶、夔、湖、泉诸州，布上恩，恤民隐，所到之处，民皆绘像而祠之。历官至太子詹事，累章告老，以龙图阁学士致仕。卒，谥文忠。著有《春秋解》、《尚书解》、《论语解》、《会稽》三赋、《东坡诗集注》，以及《梅溪集》三十二卷，续集五卷等。王十朋的道德文章深为东莱所推重。于其去世，东莱作有《王龟龄詹事挽章》五律二首云：

> 诸老收声尽，佳城又到公。苍天那可问，吾道竟成穷。
> 旌卷莆田雨，箫横雪浦风。今年襟上泪，三哭万夫雄。
>
> 大使交旃日，元戎解甲秋。先鸣惊众寐，孤愤压群咻。
> 羽翼新鸿鹄，声华旧斗牛。断桥亡恙否？落月照寒流。

诗中所谓“三哭万夫雄”，就是指王詹事与芮祭酒、刘太史三人皆以今岁下世，故云。

乾道八年壬辰（1172）春，东莱在试院，为省试考官，参与了主持礼部考

① 《朱子语类》卷一百二十二。

试工作。在点检试卷时，忽发现其中有一卷文义并胜。其《易》卷中有一段写得异常精彩：

狎海上之鸥，游吕梁之水，可以谓之无心，不可以谓之道心，以是而洗心退藏，吾见其过焉而溺矣；济溱洧之车，移河内之粟，可以谓之仁术，不可以谓之仁道，以是而同乎物、交乎物，吾见其浅焉而胶矣。

东莱诵读再三，不觉击节叹赏。又觉得此文与以前曾经读到过的陆象山的文章无论在见识上抑或在风格上都非常相似，只可惜未有机会与之见面，今读此文，很可能就是陆象山所作。于是又读其《天地之性人为贵论》，其中有云：

呜呼！循顶至踵，皆父母之遗体，俯仰乎天地之间，惕然朝夕，求寡乎愧怍而惧弗能，傥可以庶几于孟子之“塞乎天地”，而与闻夫子“人为贵”之说乎！

东莱读之，愈加叹赏不止，深信自己所猜不差。再读其对策之文，更觉文意俱高。乃立即将试卷递与知举尤袤与考官赵汝愚，顾谓二人说道：“此卷学问深邃，超绝群伦，必是江西陆子静之文，此人断不可失也。”尤、赵二公读之，亦赞赏不已。及揭榜，果然是陆象山的试卷，大家都深服东莱之精鉴。

陆象山，名九渊（1139—1193），字子静，学者称为象山先生，金溪人。兄弟六人皆负盛名，象山最幼而又最称颖悟，与其四兄九韶、五兄九龄并称“三陆”。据说当他四岁还只不过是一个牙牙学语的孩子时，就曾向他父亲提出了这样一个问题：“天地何所穷际？”当时他的父亲只是笑了一笑，没有回答。不料象山从此就陷入废寝忘食的沉思，一直到十三岁那年，看到古人对“宇宙”二字的解释：“四方上下曰宇，往古来今曰宙。”这时他才忽然省悟：“原来无穷，人与天地万物，皆在无穷之中者也！”于是认识到“宇宙内事乃已分内事，已分内事乃宇宙内事”，进而得出了“宇宙便是吾心，吾心便是宇宙”的结论。十六岁时，听到老年人讲论靖康间事，乃剪去指爪，学弓马，慨然说道：“吾人读

《春秋》，知中国、夷狄之辨。二圣之仇，岂可不复？所欲有甚于生，所恶有甚于死。今吾人高居优游，亦可为耻。乃怀安，非怀义也。此皆是实理实说。”二十四岁，秋试以《周礼》乡举。乾道七年（1171）三十三岁秋试，以《易经》再乡举。是年冬，他入都应试曾投谒考官吕东莱。按：《陆九渊集》卷二十六《祭吕伯恭文》云：“辛卯之冬，行都幸会，仅一往复，揖让而退。”故知陆象山在春试前曾经一谒东莱，年谱不载，盖讳言之。至今年春试南宫，即获得东莱的赏识。关于此事，除了《陆九渊年谱》有详细记载外，《宋史·儒林传》亦有明确的记载：

（吕祖谦）尝读陆九渊文，喜之，而未识其人。考试礼部，得一卷，曰：“此必江西小陆之文也。”揭示，果九渊。[①]

两书所载的详略虽然不同，但所述的基本事实则是相同的，可以确认无误。据此看来，在乾道七年（1171）冬初谒东莱以前，东莱尚未曾与象山见过面，然而作为有意综合诸家学说的东莱，对于象山的文章却不陌生，可以说，他对象山的学术思想、文章风格已经相当熟悉。如其不然，根本不可能从众多的考卷中一眼就看出象山的那份试卷。东莱对象山之所以如此欣赏，主要是象山文中所阐明的心学观点引起了东莱的共鸣，所以东莱一收到象山之试卷，便断定是“江西小陆之文也”。后来象山来拜谒东莱，东莱还是赞不绝口地说：“未尝款承足下之教，一见高文，心开目朗，知其为江西陆子静文也。”[②]由于东莱的大力引荐，而使象山顺利地通过了考试，得以参加廷对，并赐同进士出身。象山对此也非常感激，从此把东莱视为终身知己，认为“所闻于朋友间，乃辱知为最深”[③]。

礼部考试尚在进行，东莱正在忙于阅卷之际，忽然接到家报，说是父亲仓部公病危。东莱闻报大惊，急忙告假出院，仓皇而归。

---

① 《宋史》卷四百三十四。

② 《陆九渊年谱》。

③ 《陆九渊集·与吕伯恭》。

第六章　研经论史

一、遣散诸生

乾道八年（1172）二月初四日，礼部考试尚未完全结束，吕东莱突然接到其父仓部公病危的家报，于是他“仓皇奔归”。路上耗时三天，当他二月七日抵家时，仓部公已撒手西去，对此东莱痛悔不已。为服父丧，东莱再次离职丁忧。永康陈龙川、永嘉陈君举等，闻知东莱丧父，都先后特赴婺城灵前哭祭。龙川《祭吕治先郎中文》云：

> 呜呼！公以东北世家之贤，来寓吾邦，是生贤子以淑一邦之人。位不究其所蕴，而奄焉以没，使其贤子号天叫地，如不欲生。西向稽颡，以受一邦之吊，其为可哀，盖不论乎知公之与否也。亮以晚生，不及拜公于堂，间获从公之子以游，诱之掖之，盖公之教。则今日之俯伏道旁，举觞一恸者，诚未敢径自附于知生之义也。孰信而来，孰屈而往？此心昭然，庶几其飨。

在这篇《祭文》中，龙川明确表示自己“不及拜公于堂”，而“今日之俯伏道旁，举觞一恸者”，乃是因为“间获从公之子以游”。可见龙川之所以哭祭东莱之父，完全是出于对东莱的莫逆之交。他在《祭文》中确实表达了对于东莱的一片真切的感情。事后，东莱有《与陈同甫》书云：

> 日者襄奉远勤慰奠，重以妙语贲饰泉壤，此意厚矣。荒顿迷错，悼心失图，匆匆竟不得款语，追今歉然也。……某负土塚次，日与死邻。追念去岁今日，方迎见亲舆衢婺之间，未及一年，目前境界如此。忧极成醉，忽若向来无恙时，犹欲修温清事，引衣顾见粗绖，乃知身是罪逆，失声长号，往往一恸欲绝也。……某更十数日，工役断手，却复还城中。九月末复来课督种殖，是时书院中或有暇，能拨置过访为十日款否？君举诸公春夏间皆先后来唁，但哀苦中不暇晤语。君举亦有乘兴命驾之约，但迟速未可前期也。

这封信当系一年后所写，故对朋友们前来祭奠吊唁之情作了回忆，既抒发了居丧期间的思亲悲苦之情，又表达了朋友之间的深切想望之谊。而是年秋天，龙川始立保社，下帷授业，作《六经发题》和《论孟发题》以教学者。东莱《答陈同甫书》云："秋有余暑，伏惟下帷授业，尊候万福。……吾兄'保社'，今莫已就条理否？后生可畏，就中收拾得一二人，殊非小补。要须帅之以正，开之以渐，先惇厚笃实而后辩慧敏锐，则岁晏刈获，必有倍收。然此固自吾兄所自了，固亦不待多言也。……"[①]即此可见东莱与龙川之间互相关心，交往甚密。

东莱在守灵期间，遵照先儒"未葬学葬礼，既葬学祭礼"的古训，就在父亲灵堂旁边的小室内潜心地学习丧葬之礼。但他觉得，由于时移世变，现在通行的礼俗与儒家经典《仪礼》中"丧服"和"士丧礼"等篇所记的丧葬之礼已有很大不同，而且，有很多古礼到现在已经很难实行，早已失去了其意义。于是，东莱就依据《礼记·礼运》所说的"礼也者，义之实也，协诸义而协，则礼虽先王未之有，可以义起也"的精神，将古今之礼加以参校，从而将在太学期间为门人修定的《丧葬礼》一书重加修订，继又写定《祭礼》一书。使之既

① 《吕东莱先生文集》卷五。

符合圣人的制礼之义，又便于今人能依礼而行。

十一月初三日，葬父亲尚书仓部郎中吕大器于武义明招山祖茔。东莱与弟大愚复又结庐于明招山侧，兄弟俩为父居丧守墓，早晚以读书为业。其情景虽与母亲去世时一样，但现在更是父母双亡，无怙无恃，昊天罔极，倍觉凄凉。这时，长女华年已经十四岁，幼女螺女还只二岁。由于她们又失去了母亲，所以东莱也把她们带在身边一同守墓。华年则在读书之外，也常抱着螺女玩耍。然而祸不单行，不料小小螺女竟又不幸因病而夭亡了。这对于东莱来说，无异于雪上加霜，在丧父的悲伤之中，又增加了一段丧女的悲痛。

这时，以前从学的诸生，闻知东莱又在明招居丧守墓，于是又先后前来问学。由于时值隆冬，将近过年，所以来学的人还不多。但是过了年之后，到了乾道九年（1173）春天，诸生又重新集结于门下，而且越来越多，规模比以前守母丧时更大，前后达三百余人之多。于是，明招寺又成为东莱的讲学之所。对于前来问学的诸生，东莱罄陈所学，悉心教导。这时讲学的主要内容是《尚书》，并写有《癸巳手笔》。

这时远在武夷山讲学的朱子，得知这一消息，也命长子朱塾前来婺州受教于东莱。朱塾，字受之，本在其父朱子身边读书，因朱子深知东莱学问广博，讲学严谨，为了能使其子进一步开阔眼界，所以特命他来向东莱从学。事先，朱子来书云：

> 熹昨已作书，欲遣儿子诣席下，会连雨，未果行，俟梅断看如何也。但此儿懒惰之甚，在家读书，绝不成伦理，到彼冀亲警诲，或肯向前。万一只如在家时，即乞飞书一报，当呼之使归，不令久奉累也。①

看来，朱塾读书并不很勤奋，朱子出于孟子所谓“父子之间不责善”之意，所以遣他到东莱处就读，以便严加督促。东莱得知朱子有意使儿子到自己处从学，自然愿意，并立即告知最可靠的学生潘景宪兄弟。潘景宪，字叔度，金华

---

①《朱文公文集》卷三十三《与吕伯恭》。

人。九岁以童子贡于京师，后来又被选入太学，于是更加刻苦自励。学官汪应辰、芮烨、王十朋皆甚推重。隆兴元年（1163）考取进士，请为南岳祠官，秩满，力请太平教授，待次以归。他在早年颇耽释氏之说，后因听东莱讲学，闻其论说立身探道之意，慨然感悟，遂尽弃以前所学而受学于东莱。年龄与东莱同年而比东莱稍长。父丧服除后，不复出仕，每日从游吕氏之门。诵诗读书，旁贯史氏，尤尽心于程氏《易传》。其弟潘景愈，字叔昌。尝为太学解魁。年三十余，甚有志趣，东莱称其“有意务实”。兄弟久闻朱子之名，正欲致函求教，又恐过于冒昧。今闻知朱子遣子来婺求学，正好借此机会加以结纳，所以立即表示愿意承担朱塾来婺就学期间的住宿、饮食等生活责任。于是东莱立即给朱子写了回信：

令嗣欲见过，甚幸！久不得亲炙，若得亲炙，因扣过庭所闻，其益良多。但裹十日粮，其它皆不须办。盖此间有同年潘景宪教授者，笃信力学，用工著实，两弟意向亦皆不凡。近渠兄弟素拳拳归心于墙仞，前此累欲通书而未敢，闻令嗣欲来，欣然欲任馆舍、饮食种种之责。渠所居相去甚近，往来为便，而其家自有余，亦非勉强。且为人介甚，与之处者，只有责善迫切之过，而无宽纵容养之病。潘顷岁执父丧，极毁瘠如礼，今免丧两年，以母老不复往调官。所以详及之者，盖欲吾丈知其实有慕用之诚，而初非内交要誉之徒耳，不然不敢以拜闻也。[①]

东莱对于朱子遣子来婺从学，不仅表示欢迎，而且在其尚未来到之前，即将其居住和生活等都作了妥善的安排，把他落实在自己最可靠的弟子潘景宪家中，并作了详细介绍。对此，朱子深为感激，但又担心宾主长期相处，容易生厌，反为不美，故希望东莱作出两全其美的安排。故又致书云：

儿女寓食之计，似终未稳，岂可终岁扰人耶？幸更为处之，使宾主之

① 《东莱吕太史别集》卷七《与朱侍讲》。

间可久处而不厌，乃佳耳。与叔度书，不欲深言此，但老兄以意裁之，则善矣。叔度惠书，观其论说，气质良厚，不易得也。[1]

东莱当然理解朱子之意，故在朱塾来到婺州之后，就使潘叔度在舍旁另外安排一套书室给朱塾居住。这样，既便于互相照顾，又可避免久而生厌之弊。生活上和学业上都安排妥当之后，东莱即遵照因材施教的原则对朱塾进行严格的教育，并随时写信将朱塾的学习情况告诉朱子：

令嗣气质甚淳，已令就潘叔度舍旁书室寝处，不在其家。同窗者乃叔度之弟景愈，字叔昌，年三十余，甚有志趣，有意务实，相处当有益。叔昌亦自工于程式，足可商量。五六年前尝为太学解魁，近三两岁来却都放下举业，专意为学。已立定课程，令嗣当自寄呈。唯每日到某处，则与叔度兄弟偕来，不许过它斋舍。虽到某处，亦不许独来，盖城市间不得不如此过防。又众中人亦多端，恐志未定，或易迁耳。自余虑之所及，不敢不尽，幸少宽念也。

令嗣到此半月，诸事已定叠，朝夕潘叔度相与切磨，势不容懒，某亦数数提督之。现令编《书疏》训诂、名数，盖既治此经，须先从此历过。饭后令看《左传》，举业已供两课，亦非全无蹊径，但不曾入众，故文字间步骤规矩未如律令，久久自熟矣。

受之课程不辍，亦每督趣之，不敢自外也。

受之近一两次作义，方有意思，更整顿数月，须见次第矣。[2]

从上引几封信中可知，东莱对于朱塾无论在生活上抑或在学业上都关心备至，使之在学业上也有一定的进步。朱子对此，亦多次致函表示感谢：

---

① 《朱文公文集》卷三十三《与吕伯恭》。

② 以上所引均见《东莱吕太史别集》卷七《与朱侍讲》。

小儿无知，仰累鞭策，感愧深矣。在家百计提督，但无奈其懒何。今得严师畏友先与击去此病，庶或可望其及人也。

儿子蒙教督甚至，举家感激不可言。[①]

由于朱塾的从学，东莱同朱子之间的关系和学术交往也更加密切起来。后来，经东莱从中撮合，潘叔度还将其女许配朱塾为婚，与朱子也就成为姻亲关系。

是年春天，永嘉学派的薛士龙从湖州任所回来，途经婺州，前来东莱处相访，东莱给予热情款待，并与之尽情讲论学问。薛士龙，名季宣（1125—1173），号艮斋，永嘉人。少时从伯父薛弼宦游。后来遍访南渡诸老，历闻中兴经理大略，而且喜从老校退卒共语，故得岳飞、韩世忠等诸将的抗金事迹甚悉。十七岁，从岳父荆南帅孙汝翼辟书写机宜文字，得以从袁溉受学。袁溉曾从程伊川学，士龙尽得其传。历官大理寺主簿，除大理正，出知湖州，改任常州。士龙对于古代的封建、井田、乡遂以及司马法等制度无不精心加以考证研究，使之可行于时。他首创永嘉学派的功利之风。全祖望云："永嘉之学统远矣。其以程门袁氏（溉）之传为别派者，自艮斋薛文宪公（士龙）始。艮斋之父学于武夷（胡安国），而艮斋又自成一家，亦人门之盛也。其学主礼乐制度，以求见之事功。"[②]全氏这一说法就是针对士龙逐渐摆脱理学藩篱，而使永嘉学派演变为事功之学而言的。士龙著有《浪语集》三十五卷，又有《书古文训》《诗性情说》《春秋经解指要》《大学说》《论语小学约说》等行世。士龙是东莱的莫逆好友，东莱在和别人的通信中，亦曾提及他与士龙相与讲学之事，认为自己从士龙处得益匪浅。他对潘叔度说："如（周）子充、（薛）士龙亦十数日乃一相见也。比来诸友讲论，当日有益。每得来书，书辞皆有蹴然不自安之意，学者诚不可自足。"如果说东莱每次与士龙见面都平添喜悦的话，那么与士龙的每次分别，总不免有一丝惆怅落寞之感。当士龙被派往边境去招集游民而与东莱分手

① 以上所引均见《朱文公文集》卷三十三《与吕伯恭》。

② 《宋元学案·艮斋学案》。

时，东莱伤感地说："士龙方此讲论，又将遣往淮上招集流移，自此益索寞矣。"[①]所以这次士龙来访，两人还讨论了今后如何互相交流、共同合作的计划，留住了十五天才行告别。后来东莱在给朱子的信中说："薛士龙归途道此，留半月。向来喜事功之意颇锐，今经历一番，却知甚难。虽尚多当讲画处，然胸中坦易无机械，勇于为善，于田赋、兵制、地形、水利，甚下功夫，眼前殊少见其比。"[②]

薛士龙回去不久，士龙的门人徐居厚亦来拜访。徐居厚，名元德，瑞安人。其学与乃师同，"精于考索"，曾和陈君举（傅良）合著《周官制度精华》二十卷。《宋元学案·艮斋学案》说："《周官制度精华》前半乃止斋（陈君举），后半皆先生（徐居厚）之笔也。"陈龙川曾说："徐居厚卓然自要立脚，亦与其他士人不同。"故引居厚为同调。居厚曾多次拜访过东莱，其学识得到东莱的赞赏。东莱在给龙川的信中说："徐居厚极有立作，士人中殊难得。"东莱也常去浙东居厚家中讲论，交谊颇深。后来东莱在给龙川的信中说："薛士龙过此留半月，徐居厚来此留十日，皆极款。"[③]

不料到了七月，忽报薛士龙病卒。原来这时士龙突然暴病而亡，年方四十岁（《直斋书录解题》作四十九岁）。东莱听到这一突如其来的消息，不觉失声悲号："可痛！可痛！"本想亲自前往哭祭，但因此时正值父丧忧苦过度，身体虚弱，行动不便，故而只好派人前往吊唁。当吊唁人回来说士龙之子"卧病孱弱，未能支持葬地"时，心中焦虑，连说："可念！可念！"他在给陈龙川的信中说：

> 永嘉复报士龙之讣，海内遂失此人，可痛！可痛！春间犹幸相聚半月，语连日夜。所欲相与肄习者，布置甚长，渠亦不谓遽至此也。[④]

---

① 以上所引均见《吕东莱先生文集》卷五《答潘叔度》。

② 《东莱吕太史别集》卷七《与朱侍讲》。

③ 以上所引均见《吕东莱先生文集》卷四《与陈同甫》。

④ 以上所引均见《吕东莱先生文集》卷五《与陈同甫》。

又给朱子的信中也说："士龙坦平坚决，所学确实有用，甚虚心。方欲广咨博访，不谓止此！"[①]尔后，东莱又承诺为士龙撰写墓志铭，于次年〔淳熙元年（1174）〕写成。在《墓志铭》中，东莱高度赞扬了士龙招集流民、编制保甲、实行屯田、抗击金兵的业绩，并对其学术成就亦作了较为中肯的评价：

> 自周季绝学，古先制作之原晦而不章……国朝程颢氏、程颐氏、张载氏相与发挥之，于是本原精粗统纪大备，门人高弟既尽，晚出者或骛于空无，不足以涉事耦变，识者忧之。公之学既有所授，博览精思几二十年，百氏群籍、山经地志、断章阙简，研索不遗。过故墟废垅，环步移日，以验其迹，参绎融液，左右逢源。凡疆里卒乘、封国行河，久远难分明，一经公讲画，枝叶扶疏，缕贯脉连，于经无不合，于事无不可行。莅官随广狭默寓之于簿领期会之间。……言兵变化若神，而在朝每以不可轻试为主。……其为人平实质确，本于简易，行于敬恕，而坚志强力又足以充践之。[②]

东莱在《墓志铭》中盛赞薛士龙的务实精神，并称其学"博览精思"，其实此亦是吕学的特点之一。这也许正是他们相互推崇的原因之一吧。

八月，刘子澄（清之）及陆子寿（九龄）一同前来登门相访。他们的来意主要是因为东莱居丧而给予慰问，以及互相讨论学问。刘子澄还带来汪玉山专给东莱的信，信的内容是希望他不要在哀苦过度之际，再为讲学耗费精力，免得弄垮身体。东莱心知汪先生这样说不过是一种委婉的措辞而已，真意其实是认为居丧讲学有违孝道，故以婉辞劝告东莱遣散诸生，以遵古礼。东莱当然承认先生的教诲是有道理的，立即表示应该听从。乃与二人共同研讨文章义理，相处甚欢。两人回去后，陆子寿将他们相叙的情况一一告诉其弟象山。当象山得知东莱丧中讲学时，也深不以为然，以为这将损害"纯孝之心"，理应及时劝

---

① 《东莱吕太史别集》卷七《与朱侍讲》。
② 《吕东莱先生文集》卷七《薛常州墓志铭》。

其遣散学生。于是，他就立即给东莱写信。陆象山的措辞却并不像汪先生那样含蓄委婉，而是开门见山地直指其过。他说：

往岁先判府窀穸，愿比于执事，而卒不果。既欲展慰，又不果。……天下事理，固有愚夫愚妇之所与知，而大贤君子不能无蔽者。……窃闻执事者俨然在忧服之中，而户外之屦亦满。……至其居忧教授，岂大贤君子之所蔽乎？执事之所为标的者，宜不在此。执事天资之美，学问之博，此事之不安于心，未契于理，要不待烦说博引而后喻。窃闻凡在交游者，皆不为执事安，谅执事之心亦必不自安也。夫苟不安，何惮而不幡然改之乎？于此而改，其所以感发诸生，亦不细矣。……君子之过，及其更也，人皆仰之。伏愿不惮改过，以全纯孝之心。不胜至愿！[①]

东莱对于师友们所提的意见，自然虚心接受。但又感到“四方士子业已会聚，难以遽已”[②]。因此不得不将讲学活动持续到年底。十月，陆子寿复来相访，东莱与之同观《实录》，有《实录节》。到了十二月底，东莱果然遵从师友的告诫，遣散了全部学生，停止讲学，与弟大愚一同专心守墓，致志于读书。

二、潜心经史

淳熙元年（1174）正月，岳父韩公元吉来任婺州太守，故东莱带着女儿华年回婺城拜见，重叙翁婿之情。因想起韩老不惜将两个女儿先后配给自己为婚，不幸都过早暴亡，现在只留下唯一的女儿华年，思之未免潸然泪下。翁婿两人慨叹久之，然后东莱与华年告别韩老，顺便回到家中住了一段时间，以便随时可去看望韩老。东莱在婺城家中，准备开始编写《吕氏家塾读诗记》，此外，又重阅《春秋左氏传》。适值刘子澄又来相访，相与讲论学问，颇能消除悲苦。子

① 《陆九渊集》卷五《与吕伯恭》。

② 《吕东莱先生文集》卷三《与汪端明》。

澄辞去后，东莱忽又想起去年刘子澄带来的汪先生的信尚未答复，于是就给先生写了一信，信中说：

向见刘子澄传道尊意，是时以四方士子业已会聚，难于遽已。自今岁悉谢遣令归，萧然遂无一事，却得专意为学。违去函丈之久，惓惓驰乡形于梦寐，免丧决当登门求旬月之款，但迟速未可预计，要不出夏秋之间耳。①

东莱在婺城一直住到三月，才重回明招山静居守墓。由于东莱业已遣散所有问学诸生，“萧然遂无一事，却得专意为学”，潜心于经史的研究。研究经史是东莱一生治学的主要内容，这不仅在于自己的学习与思考，也包括朋友间的讲论交流。

在经学方面，早在乾道五年（1169）以前，东莱已对群经之首的《周易》的义理作了深入的探索，并随时写成读书笔记。今本《东莱吕太史别集》中收有《读易记闻》六十六条，就是东莱早年研读《周易》时所写的心得体会，其中发表了不少独到的见解。例如对于乾卦“九三”爻，他提出了如下见解：

《乾》“九三”，在下体之上，未离乎下而尊显，最是危惧难处之地。故以乾乾兢惕始能无咎。且就学者分上言之，在流俗之中，德行学业在众人之上，则忌疾者多，非十分戒惧，岂能免祸？只为未离得流俗，而名出流俗之上，所以招忌疾也。若是道尊德重，已离流俗，则流俗自不敢忌疾，亦不须戒惧。若已离得下体，则为“九四”，其繇云：“或跃在渊，无咎。”盖此爻已出下体之外，亦如学者跃出流俗之外，与流俗不相关，无缘忌疾，自然安稳，不须戒惧，渊龙之所安也。

东莱认为，凡是一个人，其本身尚处在下层社会之中，而其德行学业之名

① 《吕东莱先生文集》卷三《与汪端明》。

已经高出乎下层社会之上，这种情况是最受人谤议和妒忌的时候，必须特别加以小心谨慎。又如对于坤卦“初六”爻，他提出了这样的见解：

> “履霜坚冰至，盖言顺也。”大抵恶念恶事，最不可顺他。譬如忿怒，若顺将去，必至于杀人；饮酒若顺将去，必至于沉湎。

他所提出的这种看法是否正确姑且不论，但他能把深奥的易理与社会现实中的立身处世之道联系起来加以考虑，即此可见其治学务实的精神。

乾道五年（1169）夏，东莱向朱子借用程氏《易传》校本，朱子有回信称《易传》“今数处有本，但皆不甚精，此本雠正稍精矣”①。东莱在《书校本伊川先生易传后》也称赞“新安朱熹元晦所订，雠校精甚”。从此就开始进一步研究程氏《易传》。在《易》学上，东莱和朱子、张南轩都俨然是推崇程氏《易传》的义理派《易》学大师，不以图书象数派《易》说为正统。东莱和南轩就只令学子们专习程《传》，东莱更认为“《易传》理到语精，平易得当，立言无毫发遗恨”②。他们两人甚至深有憾于程伊川的《易传》没有为《系辞》作解，故东莱集众家之说作《系辞精义》，南轩也作《系辞说》，都有上继伊川、续补程《传》的用意。朱子早年也曾仿伊川据王弼本写了一本同名的《易传》，后来陈振孙在《直斋书录解题》中著录有朱子《易传》十一卷，说：“（晦庵）初为《易传》，用王弼本；复以吕氏《古易传》为《本义》，其大旨略同而加详焉。”可见朱子早年也曾用王弼本的“今易”编次撰写《易传》，直到后期才用东莱所考定的“古易”编次而作《周易本义》。

在《尚书》学上，东莱也曾下功夫做了探索。即如乾道八年在明招居丧讲学期间，就是以讲解《尚书》为主，并写有《癸巳手笔》，现在重加整理，成为后来撰写《书说》的基础。

在《礼》学上，东莱早在乾道六年任严州州学教授时，即编有《阃范》一

---

①《朱文公文集》卷三十三《答吕伯恭》书二。

②《文公易说》卷十八。

书，并由张南轩为之作序。在乾道八年父丧丁忧期间，在家考订《丧葬礼》和《祭礼》。现在，他在与朱子同张南轩往返讨论交流之后，又一次修订了自己的《祭礼》。《丧葬礼》和《祭礼》后来都已收入《吕氏家范》之中。其后朱子撰写《家礼》一书，就是以《吕氏家范》为基础的。到淳熙二年（1175）十二月三十日，朱子曾在信中告诉东莱说："熹……又欲修《吕氏乡约》《乡仪》及冠、昏、丧、祭之仪，削去书过、刑罚之类，为贫富可通行者，若多出入，不能就；又恨地远，无从质正。然旦夕草定，亦当寄呈，俟可否然后改行也。"[①]可见东莱在《礼》学研究方面早已有其可观的成就。

在《春秋》学上，东莱在严州任上就写有《春秋讲义》，其《序》有云：

> 学欲切而思欲近。吾夫子作《春秋》，盖以深切自命，而传经者，亦谓拨乱世反之正，莫近《春秋》。君子将用力于切近之地，置是经其何从？……意者，夫子之褒贬，借古而警今邪？……然则《春秋》所谓切近者，岂无所在邪？通古今为一时，合彼己为一体，前和后应，彼动此随，然后知吾夫子之笔削，本非为他人设，苟尚有丝发之蔽，判然已为二物矣。

显然，东莱写这篇《序》的宗旨，全在于"用力于切近之地"，他的务实精神是非常明显的。所谓"切近"，就是主张把《春秋》之微言大义与人伦日用密切联系起来。例如他对"郑伯克段于鄢"的《春秋》笔法是这样理解的：

> 兄弟，天伦也。管叔之诛，周公之不幸也。史序其事曰"乃致辟管叔于商"一语而三致意焉。"辟"之为言，法也，王法之所当加也。周公以王法讨叛臣，周公不幸适尸其责，本非兄弟之相戕者也。而其辞犹始以"乃"而继以"致"，重之、惜之、忧之、难之，徘徊犹豫不忍之意恻然见于言外，此固天理人情之极也。郑伯养成叔段之恶，纳之于诛，芟锄剪伐，略无一毫顾惜。《春秋》因其情而书之曰"郑伯克段于鄢"。得儁则谓之

---

① 《朱文公文集》卷三十三《答吕伯恭》书三十九。

> “克”，胜敌则谓之“克”，兄弟干戈相寻，人伦之大恶，国家之大辱，此何事而言“克”乎！郑伯泯灭民彝，视其弟如戎狄寇仇，剿除荡覆不遗余力，此《春秋》所以因其情而命之以“克”也。

周公诛管叔与郑伯克段，从表面上看，似乎都是兄弟相戕之事，然而“周公以王法讨叛臣”，故史家以“乃致”二字来体现其出于不得已之情；“郑伯养成叔段之恶，纳之于诛”，故《春秋》以“克”字来体现其兄弟相戕之大恶。所以，东莱认为《春秋》的褒贬笔削，都是切近人情的。现在，东莱又利用居丧之机重阅《春秋左氏传》，并进而对《左传》作了探讨，写成了《甲午左传手记》，以及编有《左传类编》《左氏传说》等，其中仍然贯串了切近人情的务实之旨。

关于《中庸》，东莱与朱子之间曾经展开过一次讨论。早在乾道六年（1170），朱子告诉东莱说：“比因讲究《中庸》首章之指，乃知所谓‘涵养须用敬，进学则在致知’者，两言虽约，其实入德之门无逾于此。”①朱子把敬知双修确立为《中庸》学的主旨。就在这一年春间，朱子根据这一主旨全面修订了以前所写的《中庸集说》的旧稿，定名为《中庸集解》（又名《中庸详说》），寄给东莱进行商讨。东莱就写了《中庸集解质疑》，与之进行反复论辩。朱子认为：“伊川先生云：‘大本言其体，达道言其用。’体用自殊，安得不为二乎？学者须是于未发、已发之际，识得一一分明，然后可以言体用一源处。”然而东莱不同意这一解释，他说：

> 自其天地之位，而以中言之；自其万物之育，而以和言之。区别固未有害也。深观其所从来，则天地之所以位，万物之所以育，盖有不可析者。子思曰：“致中和，天地位焉，万物育焉。”龟山曰：“中，故天地位焉；和，故万物育焉。参观二者之论，则气象自可见矣。与孟子论始终条理似

① 《朱文公文集》卷三十三《答吕伯恭》书三。

不类。知之在先，然后行其所知以终之，此自当剖判。[①]

其实，“中”与“和”分别作为“大本”与“达道”，其间既有区别，又有联系。朱子偏重于两者之间的区别方面立论，而东莱则偏重于两者之间的联系方面立论，两说都有道理，但又都有不足；若将两说加以综合，方为全面。此外，朱子还提出不少问题向东莱请教，例如朱子问：“‘修道之谓教’，‘自明诚谓之教’，两‘教’字同否？其说如何？明道、伊川说‘修道’自不同，吕、杨、游氏皆附明道说，古注亦然。但下文不相属，又与‘明诚’处不相贯，不知如何?”对此，东莱回答道：

“修道之谓教”，设教者也；“自明诚谓之教”，由教以成者也。“教”字本同，但所从言之异耳。天下皆不失其性，则教不必设，道不必修；惟自诚明者不能人人而然，故为此修道、设教，然后人始得由此教故，自明而至于诚也。使道之不修，设教有所偏，则由教者亦必有所差，安能自明而至于诚乎？二程诸家修道之说，或主乎设教，或主乎为此而设教（如言“已失其本性，故修而求复之”，此言为此而设教），其归趣则一而已。

又如朱子还问：“‘中和’之‘中’与‘中庸’之‘中’有同异否?《遗书》十八卷所谓‘中之道’与‘在中’之义何别?”东莱答道：

“中和”之“中”，以人言也（“喜怒哀乐之未发”就人上说)；“中庸”之“中”，以理言也（统论中之道)。《遗书》所论“在中”之义，盖当“喜怒哀乐之未发”，此时则“在中”也。[②]

东莱还针对朱子的《中庸集解》提了不少中肯的意见。朱子这本书因同东

① 《东莱吕太史别集》卷十六《中庸集解质疑》。

② 《东莱吕太史别集·答朱侍讲所问》。

莱论说不合，故没有立即刻板传世。乾道八年（1172）秋，朱子写出了《中庸章句》的初稿。在乾道九年，朱子把重定的《中庸》新本章次，同东莱和南轩进行过讨论，争论的焦点在第二十章上。朱子根据《孔子家语》把前人分为六章的一大段合并为一章，补了“公曰”以下几句，遭到南轩的反对，却得到了东莱的赞同。朱子就在改定印刻《大学》《中庸》的同时，已经用新定本来重新改写《大学章句》和《中庸章句》。到淳熙元年（1174）九月，他便把新修定的《大学章句》和《中庸章句》寄给了东莱和南轩。他在给东莱信中说：“《中庸章句》一本上纳，此是草本，幸勿示人。更有《详说》一书（按：应即《中庸集解》），字多未暇，余俟后便寄去，有未安者一一条示为幸。《大学章句》并往，亦有《详说》（按：应即《大学集解》），后便寄也。”[①]在给东莱的同一封信中，他特地提到了自己补写的《大学》格物致知一章，说：“‘此为知之至也’一句，为五章阙文之余简无疑，更告详之，系于经文之下，却无说也。”由于新定的《大学章句》和《中庸章句》采纳了东莱的不少意见，所以较之早年所写的《大学集解》和《中庸集解》更为全面而精当，因而也获得了东莱的认同。

关于《论语》，东莱与朱子、南轩之间作了较多的探讨与交流。例如对于“子在川上”章，朱子颇有疑义，问东莱道：“‘子在川上’，范内翰记程子之言，指此逝者为道体，龟山以不逝者为道体，同异如何？”东莱答道：

> 龟山之论，疑未完粹。“维天之命，於穆不已”，贞也，所谓道体也。若曰知逝者如斯，则知有不逝者异乎此，是犹曰不已者如斯，则知有贞者异乎此，其可乎？[②]

东莱认为，事物的运动变化本身就是道体，而世上本来就没有绝对不动的事物。这一理解是非常正确而深刻的。又如对于“朝闻道”章，南轩认为：“闻

① 《朱文公文集》卷三十三《答吕伯恭》书三十六。

② 《东莱吕太史别集》卷十六《答朱侍讲所问》。

道则不忍斯须而离于道，安常顺理，虽夕死可矣。”而东莱则提出了不同的见解：

伊川曰：“人不可以不知道，苟得闻道，虽死可也。”辞义最完。若谓“安常顺理，虽夕死可矣”，闻道者固如此，但于文义为不协，似是“惩艾异端，了此一大事”之说，故发此义。然深味伊川之语，自与异端惊怪超悟之论判然不同，自不必惩艾也。

又如对于“夫子之言性与天道”章，南轩认为：“曰性又曰天道者，兼体用、合天人而明之也。”而东莱则认为：

自人言之则曰性，自理言之则曰天道，天人本无二，然有鼓万物而不与圣人同忧者焉，所以合天人两明之也。谓之兼体用，则未安。以性为体，而以天道为用，可乎？①

即此可见，东莱与朋友之间关于经义的探讨，可谓缜密精细，一字不肯放过。乾道七年（1171），朱子又吸取同东莱、南轩等人反复讨论的成果，将以前所写的《论语要义》作了一次全面修订。

在《孟子》学上，东莱与南轩作了较多的讨论。如对于“大人不失赤子之心”章，南轩认为：“‘大人’，能反之者也，所谓自明而诚者也；若夫上智生知之‘圣’，则赤子之心元不丧失，所谓自诚而明者也。”而东莱则提出了不同的看法：

“大”与“圣”对言之，则有等级。若曰“大人与天地合其德，与日月合其明”，则非圣人莫能与此。盖自充实、辉光以上，皆可通谓之“大人”也。谓之“不失赤子之心”，则“反之而不失者”与“元不丧失者”皆可包

① 上引均见《东莱吕太史别集》卷十六《与张荆州问论语孟子说所疑》。

矣，恐不必区别。[①]

东莱和南轩还都曾帮助朱子全面修订《孟子集解》。乾道八年正月，朱子把业已修订的《孟子集解》与《论语要义》合并为一书，取名《论孟精义》，在建阳刻板行世。朱子的《大学集解》《中庸集解》和《论孟精义》三书的修订成功，为他后来进一步撰写《四书集注》打下了坚实的基础，而其中也包含有东莱和南轩等朋友的不少贡献。

以上这些关于经学方面的探索，固然是多年以来的成绩，而在此基本上与世隔离的居丧期间，又作了更为深刻的反思，获得了更为全面而系统的理解。

在这段居丧期间最下功夫的，则是开始撰写《吕氏家塾读诗记》。此书是东莱最具代表性的经学著作之一。全书共三十二卷，卷一为总论，分《纲领》《诗乐》《删次》《大小序》《六义》《风雅颂》《章句音韵》《卷帙》《训诂传授》《条例》等项，卷二以下释《诗经》本文及《大小序》。其书博采诸家，存其名氏，先列训诂，后陈诗义；剪截贯穿，如出一手；己意有所发明，则别出之。东莱撰写此书的目的，正如尤袤在此书《跋》所说："后世求诗人之意于千百载之下，异论纷纭，莫知折衷。东莱吕伯恭病之，因取诸儒之说，择其善者，萃为一书，间或断以己意，于是学者始知所归一。"后来朱子为此书作序，也给予了很高的评价：

> 今观《吕氏家塾》之书，兼总众说，巨细不遗，挈领提纲，首尾该贯。既足以息夫同异之争，而其述作之体，则虽融会通彻浑然若出于一家之言；而一字之训、一事之义，亦未尝不谨其说之所自；及其断以己意，虽或超然出于前人意虑之表，而谦让退托，未尝敢有轻议前人之心也。呜呼！如伯恭父者，真可谓有意乎温柔敦厚之教矣。学者以是读之，则于可群、可怨之旨，其庶几乎！

① 《东莱吕太史别集》卷十六《与张荆州问论语孟子说所疑》。

是书大体上持论公允、通达，择善而从，并不碍于成说或偏见，总的特点是“兼总众说，巨细不遗，挈领提纲，首尾该贯”，这也突出地反映出东莱学术上博采兼综、不存门户之见的风格。正如陈振孙《直斋书录解题》所谓“诗学之详正，未有逾于此书者”。东莱此书还在一定程度上纠正了宋人力诋《毛传》《郑笺》，以己意解经之弊，这是应该肯定的；但他坚守毛、郑，信从《小序》，以为得其真，则又未免成为此书的局限。此书大致在淳熙元年（1174）居丧期间写成初稿，又于淳熙三年、六年复加修订，以期修成正稿。东莱一生，“六经皆有论著，未就，独此书粗备”①。

注重读经，是东莱与所有理学家一致的看法，不同之处在于他并不像其他理学家那样重经轻史，而是经史并重的。所以他在研经之外，亦兼治史。他专门写有一篇《读史纲目》，作为自己治史的纲领和方法。起首即论读史的方法道：

> 读史先看“统体”，合一代纲纪、风俗、消长、治乱观之。如秦之暴虐，汉之宽大，皆其统体也，其偏胜及流弊处皆当深考。复须识一君之统体，如文帝之宽，宣帝之严之类。统体盖谓大纲，如一代统体在宽，虽有一两君稍严，不害其为宽；一君统体在严，虽有一两事稍宽，不害其为严，读史自以意会之可也。至于战国、三分之时，既有天下之统体，复有一国之统体，观之亦如前例。大要先识天下统体，然后就其中看一国之统体；先识一代统体，然后就其中看一君之统体，二者常相关也。
>
> 既识“统体”，须看“机括”。国之所以兴、所以衰，事之所以成、所以败，人之所以邪、所以正，于几微萌芽时察其所以然，是谓“机括”。
>
> 读史既不可随其成败以为是非，又不可轻立意见，易出议论，须揆之以理，体之以身，平心熟看，参会积累，经历谙练，然后时势、事情渐可识别。

① 尤袤《吕氏家塾读诗记跋》。

这一读史的总方法，确实是东莱的治史经验之谈。然后他又分列《官制》《兵制》《财赋》《刑法》《政事》《君德》《相业》《国势》《风俗》等子目，分别论述其所应掌握的要领。兹试举其《财赋》一项如下，以窥一斑：

历代财赋本末源流。统一代论之，其初何故赢余，其后何故匮乏，比较出入多寡，求其所以然。仍考出入都数，察其所偏在上在下，考其所滞在彼在此，明有所增而暗有所损，小有所弃而大有所得。凡兴废、因革，皆兼考其义之当否，时之升降，事之利害。又如财赋中条目，大者如租税、盐铁、钱币、田制之类，皆当别考其损益盈虚之大端。①

由此可见，东莱治史的内容既非常广泛，又极其精细；其目的则决非为读史而读史，而全在于学以致用。其中明显贯穿着求真务实的精神。所以，他无论在平时抑或在居丧期间都没有放弃读史，而且还把所得的体会随时记录下来。其《读汉史手笔》就是这方面的代表作品。《读汉史手笔》共六十四条，都是读《史记》和《汉书》而写下的创见。例如他在读了《王莽传》后，写道：

世谓莽始矫伪而终改节，是不然。利在孝友则孝友，利在悖虐则悖虐，莽终始为利而已，奚改节之有哉！②

一般史论都认为王莽前期虚伪为善，后期改节，前后不同，判若两人。而东莱则认为，王莽的一贯宗旨是为了“利”，前期的虚伪孝友是为“利”，后期的悖虐也是为“利”，现象虽异而本质实同，所以不存在所谓“改节”的问题。东莱的这一理解，显然已透过现象而直指本质，可谓深刻犀利之至！又如在读了《货殖传》后写道：

① 上引均见《东莱吕太史别集》卷十四《读史纲目》。

② 《东莱吕太史别集》卷十五。

名氏见于《传》者四十人：力田务本，以其道而富者，宣曲任氏而已；其余唯李克务尽地力，秦杨以田农甲一州，犹知不忘本业；自三人之外，皆鼓铸、鱼盐、转贩、奸轨、犯法者也。本业如此之少，末作如彼之多，民安得不困乎！[①]

这里，东莱从根本上提出了当时百姓所以贫困的原因。即此可见东莱治史之旨趣。

我们从东莱治学的宗旨可以看出，他无论是研经抑或治史，目的都是学以致用，明显地贯串着求真务实的精神。

在史学著作方面，东莱与朱子、张南轩也有较多的交流。东莱著有《左传类编》《左氏传说》《通鉴节要》，朱子著有《通鉴纲目》，南轩著有《通鉴论笃》，三人在史学上也形成鼎立之势。朱子在序定《通鉴纲目》初稿时，十分简略，所以就在他写出书序后，已开始了全面重修，并向东莱提出共同编史的设想。东莱起初表示同意，在这一年夏秋间甚至还寄去了《条例》。他在给刘子澄信中提到这件事说："元晦近日亦得书，欲同作编史工夫，比亦寄《条例》去。"[②]但终究因两人史学观点相距太大没有能合作成。朱子便请了蔡元定、李伯谏、詹体仁分撰各卷。后来朱子有信告诉东莱说："《纲目》草稿略具，俟写校净本毕，即且休息数月。"[③]此后，朱子毕生对《纲目》及其《凡例》都几乎没有中断过修改。其中一次较大的修订从淳熙四年（1177）开始，主要有取于致堂胡寅的《读史管见》，但断断续续还是无法定稿。东莱一再向他催要《纲目》，他都含糊其辞，故东莱作序也没有能实现。他们在史学上的分歧主要在于：朱、张着重于从发明微言大义的书法方面下功夫，而东莱则着重于国计民生的社会现实方面作考虑，其间分歧较大，故而很难合作。

东莱与朱子、南轩在经史方面的诸多探讨，为进一步讨论理学问题并创建自己兼容宏大的理学体系打下了坚实的基础。

---

① 《东莱吕太史别集》卷十五。

② 《东莱吕太史别集》卷九《与刘衡州》书二。

③ 《朱文公文集》卷三十三《答吕伯恭》书四十。

三、越中纪游

淳熙元年（1174）四月，东莱父丧已满，于是，与弟大愚又到父亲坟前哭奠一番，然后拜别父母的坟墓，依依不舍地离开明招山返回婺城。除服，从吉，结束了三年以来的居丧生活。此后，由于明招山是先祖和父母的坟墓所在，故东莱常常往来于丽泽书院和明招寺两地从事讲学。

东莱为了实现自己在信中答应汪先生“夏秋之间”“登门求旬月之款”的诺言，即于五月十三日前往三衢拜见先生汪应辰，并暂行住下，以便朝夕讨论学问。汪先生对于东莱能及时遣散学生、勇于改过的品质深加赞叹。直到六月初一日，东莱才拜辞汪先生，回到婺州。原来这时陆象山从临安专程来到婺州登门拜访东莱，于五月二十六日到达婺州时，不巧东莱已往衢州，一直等了多日，到东莱回来后，才得以相见。关于这次吕、陆会面的具体内容现已无从得知。不过有一点可以肯定，象山的学术观点及其为人得到了东莱的进一步肯定。这可以从东莱回到婺州后之当月写给汪先生的信中有推荐象山之语得到证实。这封信中说道：

> 近造函丈，非惟积年依向之诚得以开释，而旬日获听教诲，警省启发，周浃笃至，敢当服膺佩戴，不敢废忘。还舍幸无他，不足勤尊念。……今因陆九渊主簿行谨此附起居。陆君相聚五六日，淳笃劲直，辈流中少见其比，恐不可不收拾，惟开怀成就之为望。[①]

又在给陈龙川信中提道：“此月旦日自三衢归，陆子静已相待累日。又留七八日，昨日始行。笃实淳直，朋友间未易多得。”[②]对于东莱的赏识，象山亦感激不已。他说：“窃惟执事聪明笃厚，人人自以为不及。乐教导人，乐成人之

① 《吕东莱先生文集》卷三《与汪端明》。

② 同书卷五《答陈同甫》书十二。

美，近世鲜见。如某疏愚，所闻于朋友间，乃辱知为最深。”①

六月二十三日，诏命东莱主管台州崇道观。正在待次之际，忽报老辈学者魏元履病卒，乃于七月二十日作《魏元履国录挽章》二首。诗云：

麻衣见天子，拜疏不知休。落落山林气，拳拳畎亩忧。
极知千载遇，政用一身酬。绕舍闽溪水，朝宗日夜流。

群公祖疏傅，多士送阳城。短棹非前约，长亭及此行。
深留移白日，共语只苍生。会续山阳赋，邻人笛未横。

东莱又闻友人朱叔赐即将赴任闽中，乃作《送朱叔赐赴闽中幕府》二首以送之。诗云：

止戈堂上屐声闲，飞盖相追杳霭间。
君到定知难入眼，倚天灊霍是家山。

路逢十客九衿青，半是同窗旧弟兄。
最忆市桥灯火静，巷南巷北读书声。

东莱忽又想起素所敬仰的前辈学者祭酒芮烨，去世至今业已四年，感叹之余，乃作《哭芮祭酒》十首云：

少年把笔便班扬，咳唾珠玑落四方。
岁晚寒窗浑忘却，瓦炉香细雨声长。

际野尘埃扑面来，万人蚁聚拨难开。

① 《陆九渊集》卷五《与吕伯恭》。

手中杓柄长多少？蛰尽饥肠十月雷。

小醉初醒日半昏，森森赤棒绕篱门。
慨然投袂无难色，不识从来狱吏尊！

交广归来里巷迎，破囊又比去时轻。
何须更酌廉泉水？夫子胸中万斛清！

殿前拜疏阅群公，献替从违各异同。
陛楯诸郎自相语：白头祭酒最由衷。

出祖津头六馆空，帽檐齐侧挂帆风。
吴兴盛事人能数，直自胡公到芮公。

闻人有善已伸眉，倒廪倾囷更不疑。
莑莑萋萋竟何许？卷阿空老凤凰枝。

胸怀北海与南溟，却要涓涓一勺清。
相对蹴然如重客，无人信道是门生。

壁水经年奉宴居，天和袭物自舒徐。
凭谁寄谢朱公掞？才向春风坐月余。

先生墓木绿成围，弟子摧颓昼掩扉。
大雪繁霜心已死，有时清梦尚抠衣。

诗的第二首是写芮公为仁和尉时，适逢荒岁，饿殍满野，芮公区处赈恤，各有条理。第三首是写芮公曾为某道坐诏狱时的景况。第九首则是借用朱公掞见程明道于汝州，归语人曰“光庭在春风中坐一月”的典故，来比拟芮公对于自己有如春风化雨的教诲。整组诗既赞颂了芮公的道德文章，又抒发了师友之间的真切感情。

这时，东莱父服虽除，但余哀未尽，加之研经治史乃是费心耗神之事，所以，正在潜心致力于经史之际，也觉得自己有必要轻松一下了。他自衢州回来之后，居然准备要到会稽一游。其目的有二：一则游览山川名胜，以期从丧父之忧苦中解脱出来；二则顺便到会稽探视健在的外祖母。于是约定潘叔度为伴，同“为会稽之游”。关于这次会稽之游，东莱曾以日记记其游程，题名为《入越录》，这是一篇非常简洁而精彩的游记。这次，既然东莱先生难得有此游兴，那我们也不妨跟踪先生的笔端，与之一道游览几个南宋时的景点，拜访几个古人，考察一下当时的某些民风民俗。

淳熙元年（1174）八月二十八日上午，东莱相约潘叔度从金华出发。因为吕家住舍在婺城西南隅的长仙门内，所以他们穿城而过，从东北隅的旌孝门而出，一直向会稽方向进发。由于是个阴天，只见四周山间云气滃然，岗峦时出时没，秋风袭人，渐有凉意。两人一路谈论学问，颇可解除疲乏。傍晚微雨，至夜渐大。一天共走了七十里，夜宿杭慈潘氏庄。

次日一早，两人冒雨而行，小径泥泞，颇难行走。中午到达下稠岩景德寺，林壑幽邃。寺中壁画约已百年，皆很质朴。“饭于小轩，方池丛竹，皆有趣，然稍芜矣”。下午方走完小径，复行驿路，“老梧离立道旁，濯濯如青玉干”。直到傍晚，雨渐停止。由于这天下雨，加之路小难走，一共只走了五十九里。

三十日一早出发，行二里许，到石斛桥，“溪流潺潺，岸旁大石如屋”。过桥向北行十里，到石牛。“所谓石牛者，道下塘卧石若牛，水满不可见”。可喜逐渐“云薄见日，已而大霁”。再行十里，到了新界。他写道：

自石斛桥道出两山间，少旷土，至此山围始宽。秋稼极目，黄云蔚然。过义乌、东阳、浦江、永康四县巡检寨，婺、越界焉。五里邵家湾，观五指山，其巅石如骈拇，然近视不若远望。饭民家，舍后水竹可步。逢驱羊行贾者，数百蹄散漫山谷，风毛沙肋，顿有汧陇秋色。五里涉枫江，土俗谚云：“第一扬子江，第二钱塘江，第三枫江。”盖甚言其水波恶，实小溪耳。闻春夏颇湍悍，今仅至胫而已。南岸有覆斗山，山形正方若斗覆。五里兴乐，槿花夹道，室庐篱落皆整。五里界牌陇，平坡浅草，隐隐起伏，环山城立，真监牧地也。

两人穿越牌头市，到了东、北两道分途的三岔路口：向北一道，出渔浦，渡钱塘江而达临安；向东一道，就是通往会稽的大路。旁有狮子山，“首昂背偃，略类狻猊”。

九月初一日早起，可喜是个好晴天。“雾上横陇，东嶂出日，金晕吞吐。少焉，全璧径升，晃耀不可正视。升数尺，韬于云，绚采光丽，因蔽益奇，非浮翳所能掩。露道风叶，皆鲜鲜有生意”。二人行二十里，到诸暨县。他们从北门而入，经县治前，转东门而出。“县东陶朱山颇雄，自入新界，已岿然见之。出县东门，山益远，川原益旷，田莱多荒，盖沮洳不宜稼而然”。一路游览，颇多胜景。登栗岭，“望东岭神祠，缥缈云间。下坂稻穗垂黄，际山数十里，平铺如拭。洋洋乎富哉！丰年之象，道中所未见也”。一天共走了七十里，到枫桥镇而止。不料傍晚又下起小雨来了。

初二日，天刚蒙蒙亮，就从枫桥镇出发。两人在“阴风薄雾”中怡然而行，沿途还顺便游览了不少人文古迹和山水名胜：

自枫桥而上，美竹佳树相望。近洪口，曲折循小溪，水声虢虢，风物渐佳。十里含晖桥亭，天章寺路口也，遂穿松径至寺。寺盖晋王羲之兰亭，山林秀润，气象开敞。寺右臂长岗达桥亭，植以松桧，疑人力所成者。法堂后砌筒引水，激高数尺。堂后登阶四五十级，有照堂，两旁修竹木樨盛开，轩槛明洁。又登二十余级，至方丈，眼界颇阔。寺右，王右军书堂，庭下皆杉竹，观右军遗像。出书堂，径田间百余步，至曲水亭，对凿两小池，云是羲之鹅池、墨池。曲水乃污渠，蜿蜒若蚓，必非流觞之旧，斟酌当是寺前溪，但岁久失其处耳。由曲水亭穿小径涉溪，复出官道。

数里，买舟泛鉴湖。湖多湮为田，所存仅如溪港。然秋水平岸，菰蒲青苍，会稽、秦望、云门诸山，互相映发；城堞楼观，跨空入云，耳目应接不暇。入水门，过南堰，历府学、天庆观至禹迹寺门，舍舟。外氏寓舍此寺。

原来东莱的外祖母家就寓居在禹迹寺内。他们到了外祖母家中，先拜见了外祖母温国钱夫人。钱夫人虽已八十一岁高龄，但她的气貌视听，都差不多还像五六十岁的人。依次又拜见了伯舅父曾逢、叔舅父曾逮，然后与潘叔度同住于书房。

初三日上午，舅父带领东莱、叔度共游自家的花园。园中有梅坡、月台、菊潭、杞菊堂、竹隐、蒲涧、桔洲等佳景。“最胜者梅坡，绕亭皆梅，前对蒲涧、桔洲，野水湾环，岛溆掩映，如在江湖；而竹隐一径深幽，阶庭清闷，亦其次也”。又游览了寺中的义恩师院。院中的义恩师则是东莱十年前的相识。下午，自花园后门穿僧庵，度小桥，再转两三个弯，直到“面势端直，殿庑华敞”的圆通寺畅游一番。回到花园后门，只见绕园一道小河，河岸秀木成荫。舅父指着说道：“此即蜀桤木也，植之方数年。往时表里无障蔽，今不复见道上车马矣。杜子美所谓‘饱闻桤木三年大’，信然。”

初四日，东莱陪同伯舅父，与潘叔度、詹季章（徽之）特地拜访名儒苏仁仲。他们泛小舟出南堰，绕城、缘鉴湖直达偏门外，就是苏仁仲的住处。其地宽敞幽雅，墙边两株瑞香皆已丈余。他们通报入门，一同拜见了苏仁仲。苏先生乃北宋名相苏颂之孙，致仕闲居，年已八十。相叙之际，苏先生讲论前辈掌故，滔滔不绝。又出示许多古书，多系苏氏世代珍藏的善本，有的还题有苏颂的铭文手迹。东莱对此大喜过望，或翻阅，或抄录，所获甚丰。他们辞别苏先生后，在“烟雨晻霭”之中，泛舟而游大能仁寺。其寺“闳壮光丽，甲于会稽。重殿复阁，金碧相照”。大能仁寺本为吴越王钱氏所建，颓废已久。而目前的规模，乃是现任主持禅师常坦所重新修建。东莱回忆起二十年前，父亲在越中就任浙东提刑司干官时，自己曾随侍于越，常来这个废寺中游玩。那时自己正当青年时代，而现在的主持禅师常坦，也还是一名板下小僧。两人相与散步于败檐毁垣之间，常坦慨然表示怀有振兴此寺之志，而且具道规模次第，俨然胸有成竹，而今果然实现了他的素志。想到这里，东莱不觉感叹道：“‘有志者事竟成’如此！然益知民力之困也！”显然对佛教广敛民财以修建富丽之寺庙置有微词。

初五日，由义恩师相约聚餐，赴约者有老儒苏仁仲、伯舅父曾逢、叔舅父曾逮、潘叔度、詹季章、丁茂才（松年）以及七六表弟。到中餐时，可喜天气豁然开朗，“晴光发窗，心目颇快”。餐后，一同过桥散步，历游沈氏、李氏园，可惜皆已荒芜，唯有修竹依旧森然而已。

初六日，与潘叔度同游会稽郡庠。“道傍多流水乔木，殊不类鄽市。教授厅后环碧亭小愒，环亭皆水，败荷折苇，秋思甚浓”。继而好友石应之（宗昭）、高应朝（宗商）亦先后来到。遂一同自直舍而入学宫。“夫子殿居中，修廊广庭，长松错列，讲堂榜以‘明伦’。后有稽古阁，制作皆雄伟，而阁下尤胜，疏达开豁，拥墙密竹如云”。畅游至晚，冒雨而归。

初七日，因雨不可出游，乃登门拜访詹季章。詹氏所居的小阁非常别致：“重屋楼板，其间纵三弓，横半之，南北取屋山为明，远山竹树，历历如画。芦簟仰承，穹窿若船背，幽洁极可爱，名以‘越舲’，其状真类小舟也。”

初八日，游王羲之故宅所在的戒珠寺。“门有两池，亦称右军鹅池、墨池，略无意趣，政如天章者，皆后人强名之耳”。殿后就是好友石应之的寓所，遂与应之同登雪轩。“轩占卧佛殿右偏，湖山聚落，皆来献状，以宜于观雪得名。今虽不与雪值，然雾雨空蒙，亦奇观也。寺后即蕺山，蕺，菜名。《图经》云：‘越王嗜蕺，尝采于此。’”

初九日早晨，雨少止。因苏仁仲相邀聚餐，乃陪同伯舅父曾逢，与潘叔度、詹季章泛舟赴约。“舟经卧龙山下，竹洲柳岸，略如苕霅，卧枝拂水，尤奇。”饭后登舟而归，中途小泊而游西园：

> 西园，郡圃也。其北飞盖堂，下临大池。其中集春堂，四隅各一亭：东春荣，西秋芳，南夏阴，北冬瑞。其南阳波堂，面城，水木幽茂，两小亭对峙，东曰逍遥，西曰裴回。园之西，即曲水，先入敷荣门，右转至右军祠，穿修竹坞，遂登山。

山盖版筑所成，缭绕深蘧，曲径回复，迷藏亭观，乍入者，惶惑不知南北。山背有流杯岩，凿城引鉴湖为小溪，穿岩下，键以横闸，激浪怒鸣，过闸遂为曲水。长庑华敞，梁栋椽柱，皆涂斫象竹，绕以清流，甃以苍石，犬牙参错，殆若天成。俯砌水中为墩，流杯至墩旁，辄自近岸。盖庑中为三井，吸水势使然。曲水之上激湍亭、惠风阁，规橅若都下王公家。

山顶崇峻庵，其胁骋怀亭，面亭依山为岩壑，然皆涂塈不可支久。下山右绕至清真轩，刻桷象栟榈，平阶荼蘼架甚茂，但为蔓草萦乱刺眼耳。

曲水乃前守史丞相（浩）所凿。往年见其新成，今竹树皆成阴，而亭榭稍稍圮剥矣。

他们把整个西园畅游已遍，然后登舟而还。

初十日下午，东莱与潘叔度同赴坚密庵拜外祖父墓。他们泛舟穿过鉴湖支港，“斜雨入篷，衣袂沾濡”。行经独山野桥，“烟树可画”。舍舟登岸，步行田间，“泥潦没屐”，一里许，即到坚密庵，就是外祖父曾茶山先生的墓地。祭奠之后，已近黄昏，当晚即宿于庵中。“夜分，四山风雨翛然，如闻秋声。”

十一日早起，冒雨登舟入城。因能仁寺主持禅师常坦相邀聚餐，即行赴约。饭后遂游光孝寺。“寺后飞来山，即《图经》所谓怪山也，《传》云‘自瑯琊飞至’，其说不经。其巅有塔，采绚甚华。塔下有鳗井，乃小石窍，自唐以来神之，谓鳗能时出妖祥，近世不复见矣。井故依山坳坡，陁有古意，近僧甃使就整，遂无可观。”寺中主持禅师明哲，也是东莱的旧交，“设密术汤甚精美”。至晚乃归。

十二日，因雨不可出游，乃借《图经》查找近城名山，以便雨霁遍游胜境。

十三日下午，雨止，有诸葛寿之（千龄）、高应朝、石应之、孙季和（应时）相约往游丁氏园。遂一同泛舟至新河，步行入园。“园多海桧，但绾结阏其天性。后墙皆密竹，轩楹太敞，宜夏不宜冬。”晚即宿于东偏小室之中。

十四日，众人自丁氏园登舟，出五云门而入鉴湖，湖面独此为阔：

隆兴初，吴给事芾浚湖，未一二尺，多得古棺，皆刳木为之，盖汉未凿湖前古墓也。然后知古人为湖，特因地势筑堤，堤立而湖成，不待深疏凿也。今自五云门重堤隐然达于曹娥五六十里，民间谓之省塘，此乃故湖堤。湖田之民每毁堤以决积水，故堤缺而湖废。异时有意复湖者，第修完省塘，则盗湖之田不待废而自为陂泺矣。

自湖尾入若耶溪，过后汉郑弘庙，《传》所记“樵风蚤暮，迎送舟楫”，采薪者云“至今犹然”。半里石帆山，山横若张帆。又数十步秦始皇酒瓮，乃山脚两石，粗类瓮盎。又一二里，舣舟游龙瑞宫，方士谓之阳明洞天。穿松径数百步至宫，宫后三峰翔舞飞动，势若覆压，大略如栖贤望五老，特欠其二耳。中峰乃会稽山，祠官春秋用事焉。

由西庑循山径观龙见坛，其旁即禹穴，乃大石中断成罅，殊不古，殆非司马子长所探也。又数步飞来石，老木槎丫，石壁如削。缘磴道至钱秀才庵，遂自东庑出院。……复登舟，径鉴湖，湖天夕照，水村渔屋，皆被光景。日所入，诸山如在金雾中，天下绝境也。

是夜泊舟告成观，众人寄宿于明远堂下的小室之中。

十五日早晨，东莱怀着一片诚敬之心，谒大禹祠。……可惜的是，今存东莱所记的游记《入越录》到此为止，此后全付阙如，致使我们无法跟踪继续游览下去。不知以后的十多日中，东莱还游览了哪些名山胜境？只知道东莱在会稽外祖母处“留二十余日”，一直玩到九月二十七日，才告辞外祖母、两位舅父以及越中的各位朋友，仍与潘叔度一同离开会稽回到婺州。

东莱这次会稽之游，沿途或坐船，或步行，遍游名山古寺。不仅会见了外祖母家的众多亲人，而且还参观了晋代书法家王羲之的故宅和有名的兰亭，拜谒了当代老儒苏仁仲，并与越中诸友在同游名胜古迹之际交流了不少学问，真可谓不虚此行。他所写的游记《入越录》，文笔生动，叙述逼真。既有对沿途秀丽风光的赞赏，亦有对“民力之困”的忧虑，以及随时发挥自己一些独到的见解，读来令人如亲临其境。可惜现在尚存的这篇游记只记到九月十四日，后面一部分业已散佚，也未尝不是一件憾事。

四、探讨义理

东莱回到金华后，又起游兴，打算去一趟天台雁荡山："初欲迤逦为天台、雁荡之行"。正待成行，忽然收到朱子来信。朱子说他准备来年春天将至金华看望东莱，还想与东莱同游天台、雁荡。鉴于此，东莱取消独自游天台、雁荡之计划，在家等待朱子，拟两人相聚后一起旅行。

是年冬天，东莱以闭门读书为趣。"今冬遂不复出，闭门却扫，乃无一事，读书亦稍有趣"[①]。而也在这时，东莱与朱子、张南轩之间，正在热烈地进行着一场关于理学方面的讨论。

关于理学方面的讨论本已进行了多年。早在乾道六年（1170），朱子写成第一部理学著作《太极图说解》初稿。最初寄给东莱、张南轩和蔡元定三人，根据三人的意见不断修改。朱、吕、张三人对《太极图说》的基本看法，诸如无极即太极、太极即理、"无极而太极"不是无生有等是一致的；但在具体解说上存在较大的分歧。东莱专门写了一篇《太极图义质疑》，对朱子的解说提出了详细的批评。主要认为朱子以太极为道、以阴阳为器的说法"似有形容太过之病"；而所谓"太极立则阳动阴静而两仪分"，实则"太极无未立之时"，故"立之一字，语恐未莹"；不同意将"五行各一性"解为"各具一太极"；只把"中正仁义"中的"中"和"仁"解为"静"不妥；以理一分殊解说无极二五"恐不当"等。南轩的看法与东莱大体一致。

朱子另一部也是在此年完成的理学著作《西铭解》，同《太极图说解》一起共同完成了他的太极理本论的建构，并把太极理本论连同理一分殊的最高哲学原则推广到了性论、道德论、认识论直至社会政治观上，从而把周濂溪（敦颐）和张横渠（载）一起作为"圣人"纳入了道统之中。夏秋间，朱子将所作《西铭解》分别寄给了东莱和南轩征求意见。对于朱子来说，《西铭解》具有哲学本

① 《吕东莱先生文集》卷五《与周子充》。

体论的意义，是理一分殊的具体运用，就这意义上说，《太极图说解》要有《西铭解》才珠联璧合。当他的《西铭解》写成后，很快在理一分殊上形成了朱子、张南轩同东莱、汪玉山两方的分歧。张南轩同意朱子的看法，甚至进一步批评杨龟山接受程伊川理一分殊思想的不彻底，认为他至死都没有放弃《西铭》中有体无用的看法，在给朱子信中他还进一步补充朱子的看法说："《西铭》因其分之立，而明其理之本一，所谓以止私胜之流，仁之方也；虽推其之一，而其分森然者，自不可乱，义盖所以存也。"[①]乾道七年（1171）他特地作《跋西铭》一文，就是发挥这封信的观点。而东莱和汪玉山却坚持杨龟山早年提出的《西铭》有体无用、有理一无分殊的看法。汪玉山甚至认为《西铭》必须有《东铭》补充，才体用一源，体用兼备。朱子反驳他这种说法云："若俟《东铭》而后足，则是体用显微判然二物。"[②]

自乾道六年开始，东莱与南轩又参与了以朱子为首的批判湖湘派的论战。湖湘派本是由五峰胡宏所开创的一个学派。胡宏（？—1155），字仁仲，胡安国之季子，学者称五峰先生，崇安人。自幼有志于大道，早年师事杨龟山、侯师圣，终而能传其父之家学。优游衡山二十余年，开创了湖湘学派，在学术界形成巨大的影响。著有《知言》一书，即为湖湘派的代表著作。绍兴二十五年（1155）胡宏病卒，入室弟子张南轩和其他众多弟子继承了他的学说。乾道三年（1167）秋，朱子在事先同东莱作过商量之后，始作衡岳之行，特赴湖湘访问张南轩，以期探索湖湘派的学说并从中吸取精华。南轩家居长沙，主要在城南书院吟咏读书，授徒讲学，又常往岳麓书院讲学。故朱子在长沙也主要在城南书院和南轩论学。有时也与之往返于岳麓书院和城南书院之间，常从古渡（后改名朱张渡）过江登岸到岳麓书院的时新斋、时习斋讲学，那里的百泉轩也成了两人"昼而燕坐，夜而栖宿"的相聚之地。朱子在长沙住了数月，主要是探讨湖湘学说，对它有了较为深刻的了解。到十一月二十四日，朱子与南轩在槠州分手，于十二月二十四日到家。此后，朱子在对湖湘派的学说经过进一步的研

① 《张南轩集》卷二十二《答朱元晦》书八。

② 《朱文公文集》卷三十《答汪尚书》书七。

究之后，发现了其中不少问题。于是，就与东莱、南轩互相探讨起来。由于讨论的进一步深入，乃发展成为一场批判湖湘学的论战。朱子批判湖湘派的论战是从批评总结胡宏的《知言》开始的。朱子首先把五峰的《知言》归结为八条加以批判，他说："《知言》疑义，大端有八：性无善恶，心为已发，仁以用言，心以用尽，不事涵养，先务知识，气象迫狭，语论过高。"[①]实际上八条主要概括了湖湘学派的三个基本思想：一是性无善恶，天理人欲同体异用；二是性为未发，心为已发，性为体，心为用；三是先察识，后涵养。

东莱对《知言》的看法一贯坚持比较公允的态度，认为其中既有胜于他人的长处，也未免有其较多的局限和缺点。若论其优胜之处，则可以说"《知言》胜《正蒙》"；然而毕竟长处少而缺点多，所以东莱又认为其中"只有两段好，其余都不好"。有人认为东莱对《知言》的态度有些模棱两可，这一说法并不正确。因为许多学说本来就是优缺点杂糅的，弃其短而取其长，正是东莱治学的特色。其实，东莱正是站在婺学的立场，按照自己的原则对《知言》有所取舍的。不过在湖湘学与朱子学之间，东莱更多地认同于朱子之说。而且，朱子所批判的也确实正是湖湘学的缺陷所在，所以在批判湖湘学的论战中，东莱和朱子的观点基本上取得了一致。

张南轩本为胡宏的入室弟子，实为湖湘派中的主要骨干，故而一直到乾道五年（1169）七月以前，还不曾对《知言》有所非议，也并不以"先察识、后涵养"和"未发为性、已发为心"之说为非。然而也就在这一年，他逐渐接受了朱子的看法。这意味着唯一独得湖湘学真传的五峰弟子也放弃了湖湘学派的基本思想，使朱子同南轩有了共同语言来一起总结《知言》的是非得失。

朱、吕、张三人之间主要是进行平等的学问交流，观点终于达成一致，成为批判湖湘学的主将。此外，还有朱子的道友与弟子蔡元定、何镐、林用中、杨方、吴宜、范念德、刘清之、游九言以及东莱之弟大愚等，他们也先后参加了这场批判湖湘学的论战，从中起有推动和辅助的作用。

这场论战的另一方则是湖湘学者彪居正（德美）、吴翌（晦叔）、胡实（广

① 《朱子语类》卷一百零一。

仲）、胡大原（伯逢）等，他们作为五峰的嫡传入门弟子和胡氏家学传人，代表了湖湘学派的思想，成为朱、吕、张所共同批评的主要对象。这场批判湖湘派的论战先后形成讨论性说、仁说和心说的三个高峰，直到淳熙元年（1174）余波才渐趋沉寂。

乾道六年（1170），朱、吕、张三人对于《知言》的看法已基本上达成一致，于是开始撰写《知言疑义》一书。此书的写作采取了三人共同商讨、求同存异的方法，目的在于自求理解，同析疑义。先是朱、吕、张三人各就《知言》写出疑义，经过往返讨论交流，由朱子在乾道七年汰除重复，删繁就简编定成书。所以，这本《知言疑义》乃是朱子同东莱、南轩三人反复讨论而成的共同产物。

在《知言疑义》中，集中批评了湖湘学的五个主要思想：

第一是“性心体用，心以成性”说。五峰以性为万物本体，继承上蔡之说认为性与心的关系是体与用的关系，“圣人指明其体曰性，指明其用曰心”。性的发动便是心，因此“性为未发，心为已发”。心是认识的主体，它的作用就在于通过认识天地万物的客体以体现、实现性，故称“心以成性”。朱、吕、张三人虽然不反对性（理）为万物本体的说法，但他们否定性心是体用的关系，反对从功用上说心。他们认为未发为性，已发为情，心则是统摄性、情的，因此“论性必兼性情，然后语意完备”。他们主张把《知言》的“心以成性”改为“心统性情”。

第二是“性无善恶，性有好恶”说。五峰认为人性本中，无所谓善恶。因为性是万物本体，万物皆有对，而性作为产生万物的本体则是无对的；如果说性有善恶，那么性便是有对，不能称其为本体了。但性虽无善恶，却有好恶，因此他认为“好恶为性”，“好恶即性”。朱、吕、张三人从二程、横渠之说出发，认为性即理，因此性无不善；但性有天命之性与气质之性的区别，天命之性是善的，气质之性则有善有恶。他们也承认性有好恶，但认为好恶并不是性；“好恶固性之所有，然直谓之性，则不可”。

第三是“天理人欲同体异用”说。五峰认为：“天理人欲同体而异用，同行而异情”，把天理人欲看成是你中有我、我中有你的同一体，两者没有主次先后之别。这种说法其实在湖湘派的理学体系中造成了不能自圆其说的自我矛盾：这首先同五峰的性本论尖锐矛盾。在五峰那里“性”即“道”，都是指宇宙的本体，“性”具万理，而“道”也即普遍之理，即“万理之全体者”。但如果说天理中有人欲，人欲中有天理，这无异于承认人欲也是宇宙本体了。天理先天地而在，而人欲是人产生后才有，从时间上说也不是同时并行，同体异用。其次这又同五峰的存天理灭人欲说尖锐矛盾。五峰也主张存理灭欲，不把人欲看成是一种自然人性，但如果天理人欲生来就是同体合一，互相包容，又怎么能复天理去人欲呢？此外，这种天理人欲同体异用的说法，同五峰的其他观点如尽心说、仁义说等等也都不能相容。所以朱、吕、张三人从二程立场批评他是：“以天理人欲混为一区”，“盖欲人于天理中拣别得人欲，又于人欲中便见得天理”。

第四是“心无死生”说。五峰认为心无生死，说得含混玄虚，他要人“无以形观心，而以心观心”，就能领会心无死生的奥秘。朱、吕、张三人批评心无死生“几于释氏轮回之说矣”，认为天地之心“通古今而无成坏”，人心则“随形气而有始终”。

第五是“先察识，后涵养”说。五峰提出了为仁先识仁体的说法，认为先须有察识，“一有见焉，操而存之，存而养之，养而充之”。这乃是一个先察识后涵养还是先涵养后察识的老问题。朱、吕、张三人认为先识仁体后为仁的说法缺少平日涵养之功，故从敬知双修的学问大旨出发，认为察识涵养两者不可偏废，但“圣门之教，详于持养，而略于体察”。

显然，《知言疑义》表明了朱、吕、张三人同湖湘学派思想的分歧已经扩大到整个理学体系，成为他们同湖湘学者进行论战的总纲。这场论战便以《疑义》为起点沿着性说、仁说和心说三条线展开了。

乾道七年（1171），张南轩曾根据伊川“类聚孔孟言仁处”的说法编成《洙泗言仁录》一书，暴露出他同朱子在对仁的具体理解和注说上存在的分歧，促使朱子去思考和建立自己的仁说体系。然而在乾道八年之前，朱子一直没有能形成自己的仁说体系来同湖湘派相抗衡，而东莱和南轩则一时都还相信以“觉”说仁的新说，而不以用“爱”说仁的传统旧说为是。

乾道八年，朱子正式写出《仁说》，创建了一个精密完善的仁学体系。这一仁学体系是以天人合一为基础，以心统性情为构架，认为心之德即仁，人之心有仁义礼智四德；心统摄性情，未发为性，故性具仁义礼智四德，而仁包四德；已发为情，故情具恻隐、羞恶、辞让、是非四端，而不忍人之心包四端；性之未发为仁之体，情之已发为仁之用；性、情相通，爱之理为仁，爱之发为情，故以“爱”名仁虽非，但以“爱之理”名仁则是，不能离开爱去说仁；求仁也就是存心，也就是克己复礼，灭人欲存天理。这一仁学体系的建立，标志着程朱派思辨的仁学体系的诞生。开始时，东莱和南轩对于朱子的《仁说》以“爱”释“仁”颇多疑问。但朱子认为自己不是以“爱”名仁，而是以“爱之理”名仁，并向东莱、南轩进行反复解释。直到乾道九年夏间，东莱和南轩才逐渐接受了朱子《仁说》的看法。东莱在给朱子的信中说：

> 《仁说》及往来议论屡尝玩绎。所谓“爱之理”，盖犹曰“动之端”“生之道”云耳，固非直以“爱”命仁也，然学者随语生解，却恐意思多侵过用上，举其用而遗其体。立言者虽未有此病，而异时学者或不免此病矣。再答长沙书“因性有仁，故情能爱”一段，剖判明白，而命辞却无病。

朱子得书后，即回书解释云：“所谕‘爱之理’犹曰‘动之端’‘生之道’云尔者，似颇未亲。盖仁者‘爱之理’，此‘理’字重；‘动之端’，‘端’字却轻。试更以此意秤停之，即无侵过用处之嫌矣。如何?”东莱认为朱子的分析是有道理的，所以就接受了朱子对于“仁”的解释。其回书云：

> 示谕“爱之理”“动之端”两字轻重不同，细思诚然。盖爱者，仁之发；仁者，爱之理。体用未尝相离，而亦未尝相侵。所私窃虑者，此本讲论形容之语，故欲指得分明，却恐缘指出分明，学者便有容易领略之病，而少涵泳玩索之工，其原殆不可不谨也。

显然，东莱对于朱子以“爱之理”释“仁”的观点业已认同。这时，南轩也已向朱子表示，对于他的《仁说》“已无疑矣”。就在这年秋间，南轩也写成一篇《仁说》寄给朱子，除了在讲性不讲情和性心对言上同朱子说的心统性情还有差距外，两人的仁说思想已大致相合。于是到了冬间，南轩再根据朱子的意见改定了《仁说》和《言仁录》，而朱子也采纳了东莱和南轩的一些意见，进一步修改了自己的《仁说》定稿，共同宣告了三人对于仁说论辩的结束。朱子和东莱、南轩之间所以能够从较大的分歧而终于达成基本上一致，正可见出他们不固执己见而能从善如流的治学风格。

然而，朱子《仁说》的发表和东莱、南轩在仁说上又步步向朱子靠拢，更进一步激化了他们同湖湘学者的论辩。乾道九年（1173）以后，论战的重心又从仁说转到了心说。东莱基本上没有参与心说的论战，然而东莱之弟大愚却成为心学论战中的主要成员。这场论战主要在朱子同张南轩、吴翌、吕大愚、何镐、游九言、方士繇、林用中等之间进行，到淳熙元年（1174）形成一个高峰。论辩的焦点在于：湖湘派主张“以心观心”，而朱子则主张“以心观物”。因为“以心观心”的说法实际上承认了心有二心，把天理的“道心”与人欲的“人心”看成对立的二物，可以用此心观彼心；而朱子则认为“道心”与“人心”实为一心，所以主张“即人心而识道心”，“人心”能常操存，“惟精惟一”（主敬），便是“道心”。在操存之前并不存在以彼一心察识此一心。然而，察识本心的说法吕大愚主张最力，实际上是从五峰那里而来，故在淳熙元年他就成了朱子批判的对象。朱子认为大愚有“存之未熟而遽欲察识之过”[①]。在朱子看来，所谓先察识仁体、察识端倪、察识本心等，都是剽窃了以心观心的释氏之说，所以他对五峰“以心观心”的批评特别不遗余力，成为他心说论战的主调。他在同吕大愚、何镐等讨论操存、尽心、养心、存心问题时，又进一步否定了以心使心、以心存心、以心尽心的说法，认为：“存者，此心之存也；亡者，此心之亡也。非操舍存亡之外，别有心之本体也。”[②]

关于《西铭》的分歧，也是朱子与东莱、南轩之间必须解决的问题。朱子

① 《朱文公文集》卷四十二《答石子重》书三。

② 《朱文公文集》卷四十七《答吕子约》书九。

于乾道八年（1172）十月正式修定《西铭解》，并写了一篇《西铭后记》。这篇后记实际也是对他同张、吕、汪等人讨论理一分殊的总结。他引用了《龟山语录》中的一则材料：“《西铭》理一而分殊。知其理一，所以为仁；知其分殊，所以为义。所谓分殊，犹孟子言‘亲亲而仁民，仁民而爱物’，其分不同，故所施不能无差等耳。或曰：如是，则体用果离而为二矣。曰：用未尝离体也。以人观之，四肢百骸具于一身者，体也；至其用处，则首不可以加履，足不可以纳冠，盖即体而言，而分已在其中矣。”朱子就用龟山这一婉转的说法，在《西铭》理一分殊上弥缝了伊川与龟山理解的差异；南轩从左的方面对龟山的批评和吕、汪从右的方面对《西铭》的责难也得到了统一。于是，伊川所谓“《西铭》明理一分殊”的理学命题，经朱子的解说成了千古定案。

乾道九年（1173），朱、吕、张三人对于《太极图说》的论辩扩大到仁说和《西铭》。对此，吕、张两人的观点基本一致，而他们同朱子的分歧集中表现为三个方面：其一是认为用伊川的“体用一源，显微无间”解说《太极图说》缺少说服力；其二是认为将“中正仁义”分动静不合濂溪本义；其三是字字句句的训诂，解剥图义过于牵强。朱子把《太极图说解》又寄给了汪应辰、胡实、林用中、陈明仲等人讨论。汪应辰也大致持同吕、张一样的看法。朱子依然坚持自己的观点，就在这一年他序定了《太极图说解》，而在书后的《论》中他一一批驳了七种说法，竟全是吕、张、汪三人的观点，显然要用这篇《论》作为他同吕、张三年多往返讨论的总结。于是，南轩便也在这一年另写了一本《太极图说》刻板于高安。为了不至把三人的分歧公开化，同时双方都觉得观点还不成熟，最后朱子决定不将《太极图说解》公开印行，南轩也将高安的《太极图说》收版。三名理学大师在《太极图说》解说上的分歧未能最终达成一致，表明他们在道器观、体用观、动静观、仁义观等上仍然存在着差异。朱子的《太极图说解》尽管直到淳熙十五年（1188）出于回击反道学的需要才正式公开传世，但他的太极思想却没有任何改变。

是年夏天，朱子写信告诉东莱说：“欲作《渊源录》一书，尽载周、程以来诸君子行实文字。”托东莱寻访永嘉诸子的事迹。[1]东莱告诉他“永嘉诸公事，当属薛士龙访求”[2]。但七月薛士龙不幸去世，故东莱又转托陈君举访求。朱子却在十一月已编出《伊洛渊源录》的初稿，连同《外书》一起寄给了东莱。最初东莱表示要为这本书作序，但序却终于没有作，到淳熙元年秋间，他反而对《渊源录》写了详细的不同意见，同《渊源录》原稿和自己收集到的数十条材料一起寄还给了朱子。他在信中说：“《渊源录》其间鄙意有欲商榷者，谨以求教。大抵此书其出最不可早，与其速成而阔略，不若少待数年而粗完备也。”[3]这时朱子从汪玉山那里又得到一部分材料，同蔡元定、李伯谏、刘清之进行了修订，他对东莱的商榷一一作了辩驳，但在信中也同意《渊源录》暂不传世。自此以后，两人对《渊源录》没有再进行过讨论，这本书到朱子去世也没有修订完稿。东莱所以不肯作序和不同意将书传世，一部分原因是两人对材料的去取不一致，一部分原因是涉及吕氏先祖的材料他认为失实。而且，双方意见的不同也反映了两人道统意识上的具体差异。全书记周敦颐以下及二程交游门弟子的行事，共四十四人，采编各种行状、年谱、墓铭、祭文、奏状、遗事而成。朱子完全按照他自己对道统的观点来编排人物，以周敦颐为开山，以明道程颢为“孟子而后，传圣人之道者，一人而已”。确定了程氏上继孟子道统的历史地位。在《渊源录》中，朱子主程学而排斥王学、苏学的学派立场是十分明朗的，甚至在同东莱辩论范祖禹是不是程氏门人上也强烈表现了这种态度。他认为：“范公虽不纯师程氏，而实仰尊取法焉。其于东坡，则但以乡党游从之好，素相亲厚，而立朝议论趣向略同，至其制行之殊，则迥然水火之不相入……大抵程、苏学邪正不同，势不两立。”[4]

朱子、东莱、南轩三人同湖湘学者的论战从乾道六年（1170）到淳熙元年（1174）延续了整整四年。在此期间，既有共同应付湖湘学者的论辩，也有三人内部消解分歧的交流。到论战结束时，三人之间除了在《太极图说》和《伊洛

---

① 《朱文公文集》卷三十三《答吕伯恭》书十八。

② 《吕东莱先生文集》卷三《与朱侍讲》书二十一。

③ 《吕东莱先生文集》卷四《与朱侍讲》书六。

④ 《朱文公文集》卷三十五《答吕伯恭论渊源录》。

渊源录》中的一些具体分歧上未能取得一致而外，对于理学的基本问题上业已取得了共识。经过对湖湘学的批判，朱、吕、张三人终于建立起了基本一致的较为完整而系统的理学体系。而他们所批判的湖湘学派，在未论战之前还是一个足以同吕氏婺学、朱氏闽学鼎足抗衡的一大学派，然而在这场论战中由于他们的学派领袖张南轩自己先倒向了朱、吕一边，促使了湖湘学走向衰落。自此以后，湖湘学已经不再是他们三人批判的主要对象，而“临川之说方炽”，江西陆氏兄弟的心学又成了他们共同关注的目标。

是年十一月，陈君举前来金华相访，实现了自己前次给东莱信中的诺言。东莱首先对君举去年春天前来祭奠先父的友情表示感谢，然后与之谈论学问，也谈及近年与湖湘学者辩论的情况。后来，双方又把话题转向江西陆氏兄弟身上。他们认为陆氏心学与朱子的理学之间较之湖湘学存在着更大的分歧，所以难免会引起一场更大的论辩。其实东莱早已为此而担忧，因为他觉得朱、陆之间如果引起学术争论，必将对弘扬圣学带来不利，而朱、陆二人又都是自己的至交，自己有责任协调双方的关系。所以，他在送别陈君举之后，就一直在考虑如何引导朱、陆之间进行正常的学术交流的问题了。

第七章　论学三会

一、寒泉之会

吕东莱的婺学，标举由经入史、经史致用的学术思想，从而形成兼容理学、心学和事功之学等各种思想于一炉的理学体系。他所居的婺州地处江西、福建和两浙的要冲，屏居金华丽泽和武义明招山如北斗处中，问学弟子如云，在浙、闽、赣三地拥有坚实的学派影响。他与朱子、张南轩本来就被学界并称为“东南三贤”，而他的婺学与朱子的闽学、南轩的湖湘学亦成学界鼎足之势。然而湖湘学既经批判之后业已一蹶不振，乾道以来在浙东兴起的永嘉之学、永康之学和在江西兴起的金溪之学已渐成压倒湖湘学之势，东莱同他们都保持着密切的联系。但是他同朱子对待这些学派的态度却截然不同：东莱欲求其同而会归于一，朱子却要别其异而同化于己。朱子认识永嘉薛艮斋、永康陈龙川以及金溪陆象山兄弟等人都是通过东莱的介绍，他对永嘉之学、永康之学、金溪之学一开始就持批判否定的态度，而不满于东莱对他们的兼取包容的立场。这时，因为开创永康之学的陈龙川还掩盖在东莱这面婺学大旗之下，尚未为世所注目；而后来才成为永嘉学大家的陈君举、叶水心这时都还声名未显，永嘉学派还是一股潜在的力量。却是江西金溪新起的陆氏兄弟的心学一下子盖过了源远流长的永嘉学派的影响，成为一股强劲的飓风扫过士林，使朱子、东莱、张南轩都感到不同程度的忧虑。

金溪陆氏兄弟六人，尤以老四九韶、老五九龄、老六九渊声名最著，兄弟三人号称“三陆”。陆九韶，字子美，号梭山；陆九龄，字子寿，号复斋；陆九渊，字子静，号象山。陆象山早有文名，在乾道八年南宫春试中，他便以《易》卷和《天地之性人为贵论》得到考官东莱的击节叹赏，一举中进士，在都下一下子声名大振。回金溪后自号“存斋”，在槐堂书屋招收四方学子讲学，陈刚、傅梦泉、邓文苑、朱济道、朱亨道、周伯熊、颜子坚、舒西美等都纷纷前来求学，形成了最早一批“槐堂诸儒”的陆学中坚。陆象山的心学很快由江西扩大到两浙，连永嘉徐谊、蔡幼学也来问学，杨简、石崇昭、诸葛诚之、胡拱、高宗商、孙应时一批浙中士子都成了他的虔诚弟子。到淳熙元年，陆学在江西和两浙一带的影响已经十分引人注目。这些都发生在朱子和东莱也在著书讲学建立自己的学派的时候，所以朱、吕都面临着一个如何对待这些江西、两浙新出现的学派的尖锐问题。对朱子来说，为建立自己学派同其他学派竞争，明晰阐述二程的理学体系已经成为必要。他一方面需要有一本概括二程理学体系的著作作为学习二程理学的简便阶梯，以吸引士子来共求圣道；另一方面需要各学派的首领坦率地到一起相谈面论，交流统一思想。东莱在同样怀有这种想法之外，更有一重折中众家、会归众说于一的打算。而这一切又必须以朱子和东莱两个理学大师首先统一思想、认识一致为前提。这时，他们两人都已写出了一些经学和史学著作，双方存在的分歧和要讨论的问题已经不是书札往返所能解决了。所有这些，都成为促使他们相见和共同作书的深刻的原因和目的。于是，讲论学术的寒泉之会和鹅湖之会就成为两人共同的迫切需要。

淳熙二年乙未（1175），朱子因故爽约，不能前来金华。东莱乃决定“入闽访之”[①]。三月二十一日，东莱约同潘叔昌（景愈）从婺州起程，前往福建访问朱子，沿途顺便游览风景。二人行五十五里而入衢州龙游县境界，前行十五里，晚宿于小龙游。二十二日，行四十里就到龙游县城，下午行三十五里而宿于安仁。二十三日，行三十五里而到达衢州，谒见先生汪应辰，遂住于超化寺。二十四日，因雨留住衢州超化寺，寺中有云山阁和怡颜亭，颇为壮观。

---

① 《吕东莱先生文集》卷三《与汪端明》。

二十五日，两人从衢州通道门出发，约三里许，经过晋代名将殷浩之庙，东莱进庙拜谒，只见“塑像犹作书空之状，但被服乃用今制”。再行六里，道旁有殷浩坟墓，坟边并无林木，只见上面有小石屋，相传为殷浩故宅，尚存有古时墙垣，故其乡原名“殷墙”，后因避讳改名“庆墙”。再行三十余里而入江山县界。“土俗获稻留秆尺余，束为把藏之，饭甚有味，有以养之故也。自此至福建皆然。”行二十余里而夜宿白肚店，屋前有“溪渚甚胜”。

二十六日是个阴天，行五里就到江山县城，过县城五里到烟萝洞，这是一个游览景点。“洞穴颇隘，乱石如羊马”。烟萝洞的东面是座岳庙，庙后是突星山，其南为骑石山，两山“相望，皆奇峭”。过山一里转而向东入仙霞路，就是通往浦城的大路。前往十里，地名清河渡，渡旁原有丽坦徐诚叟书院，而今已为周氏所居。“渡溪即山观，略有水石”。再行四十里，就到了著名的江郎山。仰望江郎山，“三峰拔起数百丈，中断如划，天下奇观也”。山下为灵石庙，庭中有老樟树枝干屈曲，度其围约有二丈八尺，系数百年前的古木。经过江下市，游祝氏园。前行四里，宿于麦岭。自婺州到此都是平路，“过此以往，重山复岭，风物渐类闽中”。

二十七日，沿途经过铁炉岗、红桥渡等地，共走了二十余里就是枫岭，再行十里就是仙霞岭，这里乃是浙、闽、赣三省的交界之处。仙霞岭“磴道屈折数里，甚峻，左右皆童山，榛茅极目，无树林”。再翻过桑园岭、梅岭，“二岭之间，林壑颇胜”。又翻过大干岭，晚宿于柳树，碰上福州士人潘子嘉，东莱即与之谈论了一晚。

二十八日是个晴天，行五里到相亭，“自此路皆并溪，时有佳处”。翻过小干岭，下岭至一半处，即入福建省建宁府浦城县地界。过小枫岭，“望浮盖山，甚雄秀，石笋、石人、石钟、石牛罗列其巅”。过茗坑后，方才走完山路，复行驿路。路过汉代的冯唐之庙，因无牌记可考，故不知其所以在此立庙之故。又过梨岭、鱼梁岭，至晚宿于少溪。其地“面山临流，水木清华，终夜闻溪声”。晚上有进士徐良肱前来谒见，与之共谈。徐良肱乃鱼梁徐骧之子，出示艾轩林光朝挽其父诗二首。东莱见是好友林艾轩的诗，乃欣然吟道：

修文巷里暮春前，欲上旗亭送客船。
忽有短笺无寄处，鱼梁却在泪痕边。

忽然白昼自生哀，立马桥东唤不回。
惊起何波理残梦，十年灯火上心来。

诗注："次章述梦中所见。何使君文举为同舍生，蜀人以'波'呼之，犹言丈人也。"是时，林艾轩方按刑广东，东莱已多年不与见面，感叹之余，乃作《有怀次韵》二首。诗云：

五年不说空山雨，今夜鱼梁着钓船。
为问故人今健否，桄榔叶暗瘴江边。

两章宛转复清哀，读到鱼梁首重回。
便使短笺无姓字，也应知自艾轩来。

两首和诗，既抒发了对于徐骧的悼念之意，又寄托了对于林艾轩的怀念之情。随即挥笔录之以赠徐良肱。二十九日，两人一早辞别徐良肱上路，到达浦城。

四月初一日是一个好晴天，东莱与潘叔昌二人经转山头而入五夫路。前行十里而到竹源，"山径萦纡，涧水交流，声如怒雷"。行一里而至梨岭，"缭绕五六里，所历诸岭此为最高"。岭脊即为浦城与崇安两县的分界处。"下岭过双松，一两曲，涧石如磴，数十级，悬溪甚奇"，长达十里，方到岭足。"民家编杉皮障日，朴质可喜"。过上岚，"林峦秀润，小山石濑，点缀曲有思致"。翻过上岚岭和会仙岭，距离朱子所居的五夫里大约还有十里之遥，早就望见朱子带着儿子朱塾和几个门人，在偏西的日光之下前来相迎。双方相见之后，一路寒暄，就到了朱子的紫阳书堂。

朱子所居的"紫阳书堂"，本是当地刘氏的一幢旧楼。崇安刘氏是世代簪缨的著姓大族，其派自五代时避乱入闽，卜居五夫里纱帽山之下，潭溪之上，世代繁衍，成为一方豪富显贵的仕宦之家。今有子羽、子翼、子翚兄弟三人，皆有学行。刘子羽，字彦修，以处事刚毅决断，尤长用兵，深得张浚重用，在西蜀屡建奇功，因反对秦桧议和而罢归。其弟子翚，字彦冲，因庄后的纱帽山三峰森然耸立有如巨屏，便取名“屏山”，并用以自号。刘屏山长期居家讲学，与籍溪胡宪、白水刘勉之时称武夷三先生。刘氏兄弟以及胡籍溪、刘白水都与朱子之父韦斋朱松交游相知，绍兴十三年（1143）朱韦斋去世后，刘氏兄弟即收容朱子母子，在刘氏庄园前修葺了一座五开间的旧楼供他们居住。朱子即在刘氏家塾中与刘子羽的三子刘珙、刘瑺、刘玶等一同受读。而刘氏又经常延请胡籍溪、刘白水二先生前来家塾教授乡中子弟，故朱子早年亦常往来受学于三先生之间。而其中刘白水和胡籍溪又都是东莱的受业之师，故朱、吕两贤又具有一层同学之谊。到乾道七年（1171），朱子因一直怀念祖上故居和父亲朱韦斋，以韦斋曾在徽州紫阳山游览读书并刻有“紫阳书堂”印章，便将旧楼听事之堂刻榜“紫阳书堂”，并以父号“韦斋”名东偏室，定燕居之堂为“晦堂”，东斋名“敬斋”，西斋名“义斋”。这座五间旧楼便称为“紫阳楼”，朱子也就以“紫阳”自号。今因东莱从婺州不远千里之遥专程前来相访，见面之际，自然感觉到别有一层深谊。于是，朱、吕二人当晚就作了倾腹相谈，直到深夜，遂下榻于书室。

由于东莱初到，所以朱子安排先在五夫附近游览几天，然后再请东莱一同到自己的寒泉精舍去商谈正事和讲论学问。初二日，东莱与监庙刘玧、抚属刘玶以及范瑄、徐大老、魏恪诸人相见。刘玶字平甫，即刘子羽幼子；刘玧字充甫，范瑄字仲宣，徐大老字周宾，魏恪字思作，这几位都是早已互相慕名之士，既经相见，即成朋友。

初三日，东莱、潘叔昌在朱子、二刘、范仲宣的陪同下，一同游览了刘氏园。刘氏庄园坐落在屏山（纱帽山）之下，潭溪碧水从庄前琤琮流过，枕山带水，高下布置着悠然堂、海棠洲、醒心泉、怀新亭、宴坐岩、山馆、凉阴轩、桔林、莲池、南溪、早赋堂、横秋阁、万石亭、桂岩、百花台、荼蘼洞、意远亭十七景，显示出这个世代不衰的官宦大家表面的富贵儒雅气派。东莱《入闽录》谓刘氏园“前枕溪，后即屏山，亭榭高下十余处，而悠然堂最胜”。一行人游毕刘氏园后，又到报本庵，“庵旁两崖束溪如峡”，别是一种胜境。

初四日，徐周宾亦来，众人同游密庵。密庵坐落在五夫里仙洲山的尖山与方山对峙的云谷中，距五夫里镇七里。此庵本是高僧道谦为东莱的曾祖尚书右丞吕好问所筑的庄屋，故庵中至今还供奉着尚书公的遗像，而其庵榜即为两年前东莱所书。道谦俗姓游，崇安五夫里人，家世业儒，在崇安开善寺削发出家，后来师事禅宗的宗杲，为宗杲的高徒。武夷三先生都是道谦的诗友兼禅友。就在绍兴八年（1148）道谦告别宗杲归崇安开善寺时，善以禅喻诗的著名诗人、亦即东莱的伯祖紫微公吕本中，在其《送谦上人回建州三首》中就提到了三先生中的胡籍溪和刘白水。其第二首云：“平生苦节胡原仲，老大多才刘致中。为我殷勤问消息，十年坚坐想高风。”而胡、刘二先生后来又都是东莱的受业之师。朱子后来作《刘勉之墓表》，提到紫微公“有‘老大多才，十年坚坐’之句，世传以为实录”。道谦归五夫里后，在结庵前曾先构清湍亭，刘屏山、胡籍溪等都赋诗纪胜。紫微公还从都下遥寄一首《谦上人清湍亭》，其中吟道：“道人结庵殊未就，先起小亭山左右。不将溪水濯尘埃，且以清湍为客寿。”接着道谦乃结密庵于清湍亭附近。乾道九年（1173），不仅道谦已死多年，而且下一代主僧从穆亦死，朱子还曾特地写信托东莱为这个道谦居住过的密庵写庵榜。信中说：“密庵主僧从穆近已死，其徒法舟见权管干。此庵元只作右丞庄屋，如可，且令看守，即求一榜并帖付之。恐或别有可令住者遣来尤佳，但此庵所入亦薄，非复谦老之时矣。只令法舟守之亦便也。”[①]“右丞”即指东莱的曾祖父尚书右丞吕好问。现在道谦虽已殁二十余年，但庵中依旧还供奉着尚书公的遗像。东莱见此，不由得为之肃然起敬。“庵前数十步清湍亭，古木四合，泉石甚胜；绕涧百余步昼寒亭，面瀑布，庵亦幽静。”是晚遂与朱、潘同宿庵中，而刘、范、徐皆先归家。

初五日，三人自密庵同归五夫，与王春卿（光朝）相见叙谈。五夫附近既已游览一过，于是，朱子就请东莱和潘叔昌前往寒泉精舍。

寒泉精舍本是朱子为母守墓之所。乾道五年（1169）九月，朱子之母祝氏

---

① 《朱文公文集》卷三十三《答吕伯恭》书十七。

亡故，于次年正月卜葬于建阳崇泰里后山天湖之阳的寒泉坞。其地距离五夫有一百余里，因要居丧守墓，不能常在五夫旧地授徒讲学，所以又在寒泉坞建成寒泉精舍，接纳来学士子。于是，寒泉精舍便成为他朋来讲学和著书立说的主要地方。他往返于寒泉与五夫之间，终丧以后也就常居在寒泉精舍。

东莱应朱子之邀来到寒泉精舍之后，两人共同阅读并研究了北宋理学家周濂溪、张横渠、程明道、程伊川等人的著作。一致感到周、张、二程四人的理学著作“广大闳博，若无津涯”。这对于初学者来说，不容易在短时期内掌握其精髓，因而必须要有一部简明而又系统的书作为入门的阶梯。为此，二人共同从四子的十四种书中辑出六百二十二条，分为十四类，汇编而成《近思录》一书，以作为初学者的入门教材。两人从选录、诠释和编撰一共只用了二十余天时间，至五月五日告竣。共编《近思录》是这次寒泉相会的主要目的和成果，大致实现了两人统一认识的目标。朱子在《近思录序》中说：

> 淳熙乙未之夏，东莱吕伯恭来自东阳，过予寒泉精舍，留止旬日。相与读周子、程子、张子之书，叹其广大闳博，若无津涯，而惧夫初学者不知所入也。因共掇取其关于大体而切于日用者以为此编，总六百二十二条，分十四卷。盖凡学者所以求端用力、处己治人之要，与夫辨异端、观圣贤之大略，皆粗见其梗概。以为穷乡晚进有志于学而无明师良友以先后之者，诚得此而玩心焉，亦足以得其门而入矣。

《近思录》全书十四卷：一道体，二为学大要，三格物穷理，四存养，五改过迁善克己复礼，六齐家之道，七出处进退辞受之义，八治国天下之道，九制度，十君子处事之方，十一教学之道，十二改过及人心疵病，十三异端之学，十四圣贤气象，构成了一个完整的理学体系。十四卷又可总会为四大部分：第一卷论太极道体的本体论与性论，是按照《太极图说》和《西铭》的思想编排的；第二卷到第四卷论格物穷理的认识论与操存涵养的修养论，是按照敬知双修的学问大旨组织的；第五至第八卷论大学之道；第九至第十四卷杂论儒家之学。全书概括了四子的政治观、人生观、教育思想、反老佛异端思想等，具体而微地构造出了以实用伦理、人生哲学为核心的二程理学体系。后来朱子对弟子陈淳说："《四子》，《六经》之阶梯；《近思录》，《四子》之阶梯。"①其实《近思录》应该是二程理学的阶梯和入门书，也就是他和东莱共同的理学思想的阶梯和入门书。朱子明确说："《近思录》本为学者不能遍观诸先生之书，故掇其要切者，使有入道之渐。"②故其序云："诚得此而玩心焉，亦足以得其门而入矣。"因而无怪被后世奉为"性理之祖"，"自孔曾思孟而后仅见此书"，"直亚于《论》《孟》《学》《庸》"③。同《训蒙绝句》一样，《近思录》是袖珍的二程理学体系，是袖珍版的《性理群书》。

朱子和东莱编定此书，是用他们自己的理学眼光来理解四子学说并编辑这本书的。他们借用周、张、二程的语言建立了自己简明精巧的理学体系。因此，《近思录》可以说是他们共同的学术思想确立的标志，为他们宣传二程理学和接续儒家道统都起了重要作用。东莱同朱子虽然在经学和史学上存在具体分歧，但是在理学上他们都信奉二程，加上东莱折中众家的态度，使他能够在求同存异下同朱子合作，故东莱的参与并不妨碍《近思录》是一部典型的程朱学派的代表作。后来这本书在淳熙三年（1176）印刻于婺州和建阳时，朱子作了较大的修改补充，特请东莱作一篇后序来发明读《近思录》是循序渐进、由近及远入于周、程理学之门的深旨。东莱的《序》云：

> 《近思录》既成，或疑首卷阴阳变化性命之说，大抵非始学者之事。祖谦窃尝与闻次辑之意，后出晚进，于义理之本原，虽未容骤语，苟茫然不识其梗概，则亦何所底止？列之篇端，特使知其名义有所向望而已。至于余卷所载讲学之方，日用躬行之实，具有科级，循是而进，自卑升高，自近及远，庶几不失纂集之指。若乃厌卑近而骛高远，躐等凌节，流于空虚，迄无所依据，则岂所谓近思者耶？览者宜详之！

① 《朱子语类》卷一百零五。

② 《朱子语类・答或人》。

③ 江永《近思录集注序》。

朱、吕共订的《近思录》，便成了二人寒泉之会的思想交流的丰硕成果。

在寒泉之会中，两人还一起商定删节程氏《遗书》，约取精要编成《程子格言》一书。这显然也是为了更便于学子快速学习掌握二程的理学思想。这本书两人在寒泉时已经删定，并定下书名，然后由朱子在秋间写出。他有信详细告诉东莱说："《遗书》节本已写出。愚意所删去者，亦须用草纸抄出，逐段略注删去之意，方见不草草处，若只暗地删却，久远却惑人也。……往时商量，欲以《程子格言》为名，不如只作《微言》，如何？"[①]这本《程子微言》后来没有刻印，但后来传为龟山订定、南轩编次的《程氏粹言》，却有可能从这部书演变而来。

《近思录》和《程子微言》标志着朱、吕两位理学大师在寒泉之会的思想交流和合作著书的圆满成功。除此之外，他们也就各人的经学史学著作进行了面论，自然不可能完全一致。但两位理学大师的相见却成了婺学士子与闽学士子的一次很好的讲道聚会。东莱在闽中也有他的弟子朱塾、王遇、陈孔硕和刘爚、刘炳兄弟等人。这次除有崇安与建阳的士人蔡元定、徐宋臣、刘琉、刘玶、范仲宣、徐周宾、魏恪、刘爚、刘炳等外，邵武的何镐、范念德、连崧，建安的王光朝，浦城的詹体仁等，也都赶来相聚讲学。屏山、密庵、云谷、百丈山、芦峰等地成了他们游览唱酬、讨论学问的地方。

东莱和朱子在远隔尘氛的寒泉期间，讨论的不只是性理玄说，而且还有经济方略；足迹所到的不只是游览山水，而且还作了社会考察。当时正是发社仓的粮米贷给民户的季节，朱子陪同东莱一起到崇安开耀乡参观了社仓和赈贷。东莱不禁赞叹说："此周官委积之法，隋唐义廪之制也。然予之谷取之有司，而诸公之贤不易遭也。吾将归而属诸乡人士友，相与纠合而经营之，使闾里有赈恤之储，而公家无龠合之费，不又愈乎！"[②]崇安社仓是朱子仿魏掞之的长滩仓而建。还在乾道四年（1168）春夏，建宁遭到特大饥荒，建宁府拨到常平米六百石，委派朱子和刘如愚发放赈贷饥民。朱子先是感到山谷每年青黄不接之时，

---

① 《朱文公文集》卷三十三《答吕伯恭》书四十一。

② 《朱文公文集》卷七十九《婺州金华县社仓记》。

小民被迫以成倍之息向豪右借贷米谷，而同时官积米谷却听任在仓中腐烂无人过问，因而他便向建宁府提出把这些谷米“岁一散敛，既以纾民之急，又得易新以藏”。所以这批米谷在冬间收回后，分贮在乡里民家，每岁以百分之二十的米息出贷给穷民，小饥蠲半息，大饥蠲全息，以抑制强宗豪右的高利盘剥。后来又感到这些米谷分贮在民家管理不便，故又向建宁府提出建立社仓专门贮藏这些米谷，于是在乾道七年（1171）八月在开耀乡建造了三间社仓。据朱子自己说，从此“一乡四五十里之间，虽遇凶年，人不缺食”[①]。朱子这种社仓敛散赈贷之法官私有利，也算是一种纾民力、解民困的仁政。用这样实际的办法解决小民的生计问题，绝不是那班救灾无能贪敛有方、在其位不谋其政的昏官庸吏所敢想所能道，无怪东莱当场由衷表示要回去仿效推广了。

一个半月的寒泉之会，是朱、吕两人生平最长的一次相会，讨论的问题非常广泛，在很多方面取得了一致，对他们后来各自的理学与经学的发展都产生了直接的影响。按照两人既定的相见计划，接下来要解决的第二个目标，便是他们同陆氏兄弟之间的学术思想的交流了。

二、鹅湖之会

东莱为了调和朱子“理学”与陆象山“心学”之间的理论分歧，企图使二人的哲学观点“会归于一”，于是事先出面邀请复斋陆九龄、象山陆九渊兄弟，约定在信州（今江西省上饶市西北）铅山鹅湖寺与朱子相会。

五月十六日，东莱、潘叔昌和朱子，以及应邀而来的蔡季通（元定）、何叔京（镐）、詹元善（体仁，曾随舅姓张）、范伯崇（念德）、徐宋臣、连嵩卿（崧）等一行师友弟子从建阳寒泉出发，前往铅山鹅湖寺。途中一同游览了芦峰和云谷山。经过崇安时，他们尽情地在奇绝的武夷山中游览了几天。五月二十一日，在畅游九曲溪时，朱子在五曲的响声岩上欣然挥毫留题作为纪念。这一摩崖石刻至今尚存：

① 《朱文公文集·辛丑延和奏答》。

何叔京、朱仲晦、连嵩卿、蔡季通、徐宋臣、吕伯恭、潘叔昌、范伯崇、张元善，淳熙乙未五月廿一日。晦翁。[①]

这一行近千年未被磨蚀的刻石题字，清楚地记录了鹅湖之会前夕的时间和朱吕一方的与会人员。

离开武夷山，东莱与朱子在众人的陪同下，一直向江西铅山县进发。崇安与铅山接壤的地方，到处是连绵耸峙的高山峻岭，分水岭屹立在闽赣古道的要冲。这条古道是闽之西北通往中原和临安皇城的门户。穿过分水岭，直往西北方向行走约四十里，便到了坐落在铅山县城郊的名刹——鹅湖寺。

鹅湖寺在铅山县东北十五里的鹅湖山麓。其山三峰挺秀，山中碧湖荷叶田田。传说东晋时有双鹅自空来降，育成数百小鹅飞去，故名鹅湖，亦以名山。鹅湖寺创建于唐代大历年间（766—779），首创者为大义禅师。旧寺本在鹅湖山的峰顶，北宋初，移至山麓驿道旁，朝廷先后赐名“慈济”“仁寺”，但俗称仍为鹅湖寺。寺院前临方圆数里的鹅湖，背倚巍峨壮观的鹅湖山。鹅湖东畔是一片田畦平畴，寺的左边是狮山，山中有禅林塔，右边有瀑布泉，风景如画。

大约在五月二十八、二十九日，当东莱一行风尘仆仆地来到鹅湖寺时，复斋陆九龄、象山陆九渊兄弟也带领朱济道（桴）、朱亨道（泰卿）、邹俊甫（斌）、傅伯济（一飞）一班弟子应约前来；临川守赵景明亦邀约刘子澄（清之）、赵景昭（焯）一起来会，而景昭本为东莱弟子。东莱、朱子与陆、刘、赵诸人相互行过见面礼后，遂进入客厅座谈寒暄。从次日开始，就进行正式的学术辩论。

鹅湖之会的规模不算很小。虽然在这次会上直接参加辩论的是朱子和陆象山兄弟，但列席旁听者不少，除上述诸人而外，因鹅湖寺地处闽、浙、赣交界，有关学者闻风而至者，亦有若干人。东莱是这次朱、陆相会的发起人，所以也

① 参见《闽中金石志》卷九，《崇安县志》卷十。

就自然地成了朱陆论辩的主持人。

鹅湖之会的直接动机是东莱“盖虑朱与陆议论犹有异同，欲会归于一而定其所适从”①。这也代表了朱子与张南轩的看法，但因为陆象山不好立文字，人们对他的心学一时还多如雾里看花，总隔一层，以至张南轩不得不派弟子曾节夫（撙）到陆氏兄弟那里打听他们的议论看法，回来汇报。所以严格说这时朱、吕、张对象山的思想还没有深刻全面的了解，才会有“会归于一”的不切实际的想法。实际上，象山的理学思想一开始就是自觉作为朱子理学思想的对立体系出现的。后来人们常把鹅湖之会看成单纯是两人方法论的争论，是低估了两人在鹅湖之会上的矛盾分歧。朱、陆方法论的矛盾来自本体论、认识论上的矛盾。在相见之前，两人从本体论、认识论到方法论已形成初步的对立，焦点在“心”上。朱子以心与理为二，理是本体，心是认识的主体；象山以心与理为一，以心统贯主体与客体。朱子以为理生万物，心具众理而应万物，故主张即事物穷理；象山认为心涵万物，心即众理而成宇宙，故主张离事自悟。朱子认为理在物（气）中，一理散为万殊，物物各具其理，所以主张即事即物一一穷究实理，注重讲学读书，泛观博览；象山认为理在吾心，吾心即理，吾心便是宇宙，良知良心人所固有，所以主张发明本心，注重反身而求的“养心”而反对一味讲学读书，认为讲学是向外驰骛，戕害本心，流于支离，只有存心养心的内心自我悟求，才能见心明理，达于易简。象山自命这是得曾子不传之学。乾道八年（1172）他在刚中进士归经富阳时，后来成为“甬上四先生”之一的富阳主簿杨敬仲（简）问他：“如何是本心？”象山回答说：“恻隐，仁之端也；羞恶，义之端也；辞让，礼之端也；是非，智之端也。此即是本心。”敬仲困惑不解，一再问什么是“本心”，还是不能有悟。正好这时有卖扇的小贩来打官司，象山便现身说法道：“闻适来断扇讼，是者知其为是，非者知其为非，此即敬仲本心。”敬仲忽然有悟，立即北面行弟子礼②。就在这一年，他在给舒西美的信中第一次详细阐述了他的发明本心的心学，其中一再攻击的“艰难其途径，

① 《陆九渊年谱》。

② 《陆九渊年谱》。

支离其门户”的“艰难支离”之学，显然就是隐指朱子一派。针对朱子理学的“支离”，象山在给高应朝信中提出了自己心学的“易简”：“《易》赞乾坤之简易，曰：‘易知易从，有亲有功，可久可大。’然则学无二事，无二道，根本苟立，保养不替，自然日新。所谓可久可大者，不出简易而已。”到淳熙元年（1174），他更在给徐子宜书中不点名地批评朱子学派的注重讲学读书说：“最大害事，名为讲学，其实乃物欲之大者，所谓邪说诬民，充塞仁义。质之懿者，乃使之困心疲力，而小人乃以济恶行私。”象山一开始就把批评的矛头对向了朱子的理学。

对于象山的心学，朱、吕、张的态度并不相同。张南轩把象山的心学直接看成是一种如佛说一样的邪说，是同李周翰、李伯谏公开杂糅儒佛的浅陋之说不同的比较精致隐蔽的杂糅儒佛之说，淳熙元年他在给朱子信中第一次明确表示了这种看法：“蕲州之说（按：指李周翰的佛说）浅陋不足动人，自是伯谏天资低所致；若临川其说方炽，此可虑者。”[①]他把象山之学看作是最可担忧的学说。

东莱的态度比较折中，他因为也曾向无垢问学而同陆氏兄弟有一种精神上的共鸣。乾道九年（1173）秋间，陆复斋来婺州访东莱，东莱把印象告诉朱子说：“抚州士人陆九龄子寿，笃实孝友，兄弟皆有立，旧所学稍偏。近过此相聚累日，亦甚有问道四方之意，每思学者所以徇于偏见，安于小成，皆是用工有不实……”[②]同时也告诉陈龙川说：“陆子寿前次数日已行，极务实有工夫，可敬也。”[③]淳熙元年六月象山也往婺州访东莱，东莱在给汪应辰信中称赞说：“陆君相聚五六日，淳笃劲直，流辈中少见其比。恐不可不收拾，惟开怀成就之为望。”[④]又在给陈龙川信中提到：“此月旦日自三衢归，陆子静已相待累日。又留七八日，昨日始行。笃实淳直，朋友间未易多得。”[⑤]可见东莱并不以为陆氏兄

① 《南轩先生文集》卷二十一《答朱元晦》书十七。

② 《吕东莱先生文集》卷三《与朱侍讲》书二十四。

③ 《吕东莱先生文集》卷五《答陈同甫》书十二。

④ 《吕东莱先生文集》卷三《与汪应辰》书十四。

⑤ 《吕东莱先生文集》卷五《答陈同甫》书十二。

弟之学是异端邪说，反一再称赞“务实”“笃实”，所欠的只是“收拾”“成就之”而已。

朱子的看法同张南轩比较接近。最初在乾道九年，他针对东莱的说法答复道：“陆子寿闻其名甚久，恨未识之。子澄云，其议论颇宗无垢，不知今竟如何也?”[1]到淳熙元年，他对陆氏兄弟的看法明确起来，他在同张南轩、吕大愚论心说的通信中两次提到陆象山，直以象山的心学为禅学：“陆子静之贤，闻之盖久。然似闻有脱略文字、直趋本根之意。”[2]又云：“近闻陆子静言论风旨之一二，全是禅学，但亦其名号耳。”[3]无疑，在鹅湖之会以前，象山以朱学为支离、朱子以陆学为禅学的对立已经形成。

朱子和张南轩都说陆学与禅学有关，东莱又回护陆学与禅学的相通，都是有原因的。刘清之是临江人，问学于陆氏兄弟，他说象山颇宗无垢张九成是确实可信的。张九成因反对秦桧被谪邵阳，以后又在南安谪居十四年，他的杂糅儒佛的理学在江西根深蒂固，流传最广。而陆复斋早年正游学邵阳，以后又在江西境内四处问学讲道，自能结交张九成向他问禅。东莱说他“旧所学稍偏”，应就是指他早年向无垢学佛。象山的禅学思想也来自主悟的宗杲至无垢一系的新派禅宗，草窗周密在《齐东野语·道学》中说：“有横浦氏子韶，象山陆氏子静亦皆以其学传授，而张尝参宗杲禅，陆又尝参杲之徒德光，故其学往往流于异端而不自知。”后来北溪陈淳在《赵季仁书》中也说：“象山本得自光老（即佛照德光）。”象山有一首《与僧静璋》咏道：“自从相见白云间，离别常多会聚难。两度逢迎当汝水，数年隔阔是曹山。客来濯足傍僧怪，病不烹茶侍者闲。不是故人寻旧隐，只应终日闭禅关。”[4]透露了他早年游学访禅的消息。可见陆氏兄弟和朱子一样也有一段早年出入佛老的历史。无垢张九成的理学作为上蔡谢良佐的理学到陆象山的心学的中间过渡环节，从这里才找到了师承渊源的线

---

① 《朱文公文集》卷三十三《答吕伯恭》书二十六。

② 《朱文公文集》卷四十七《答吕子约》书十四。

③ 《朱文公文集》卷四十七《答吕子约》书十六。

④ 《瀛奎律髓》卷四十七。

索。所以朱子后来说："上蔡之说一变而为张子韶，子韶一变而为陆子静。"[①]东莱所以回护陆氏兄弟的禅学根柢，正因为自己也恰恰是无垢张九成的弟子。这一秘密向来不被人知，但陈君举却在《跋陈求仁所藏张无垢帖》中道出了这一事实："余尝闻吕伯恭父云：'某从无垢学最久，见知爱最深，至今亡矣。念无以报，独时时戒学者无徒诵世所行《论语解》，以为无垢之学尽在是也。'……"[②]东莱的从学无垢应该在绍兴二十五年（1155）张九成从南安归后的一段时间，这时东莱同宗杲也保持着关系，所以后来朱子大声疾呼无垢经说的泛滥不亚于洪水猛兽时，东莱并不作出反应。

鹅湖之会就在朱、吕、二陆四人这种微妙交织的思想矛盾关系中开始了。极有意味的是当朱、吕两人在寒泉精舍统一思想时，陆氏兄弟在会前也同样预先做着统一思想的工作。兄弟两人本来思想也并不完全一致，在朱、吕来到鹅湖的前一天，陆复斋对象山说："伯恭约元晦为此集，正为学术异同，某兄弟先自不同，何以望鹅湖之同？"兄弟俩经过一天的论辩，最后复斋完全倾向了象山，表示"子静之说极是"。又经过一夜思索，复斋把两人的基本看法酝酿提炼成一首诗，第二天一早便吟给象山听：

孩提知爱长知钦，古圣相传只此心。
大抵有基方筑室，未闻无址忽成岑。
留情传注翻榛塞，着意精微转陆沉。
珍重友朋勤切琢，须知至乐在于今。

在会见前，复斋之被象山所尼，正如东莱之被朱子所尼一样。象山对复斋诗第二句犹不甚满意，认为"微有未安"。他一路上想好了一首和诗，准备到了鹅湖寺与朱、吕相会时吟咏。

会议一开始，气氛就显得比较紧张。朱子事后回忆说："始听莹于胸次，卒

---

① 《宋元学案·上蔡学案》。
② 《止斋集》卷四十二。

纷缴于谈端。”[①]会议辩论的中心议题是“教人之法”。所谓“教人”之法，也就是关于认识的问题。在这个问题上，朱子强调通过对外物的考察来启发人的内心潜在良知；陆氏兄弟则主张“先发明人之本心”，反对多做读书穷理之功夫，以为读书不是成为圣贤的必由之路。论辩从东莱先问起复斋别后学问新功开始，复斋当即赋诗以作答复，才念到一半，朱子就听出了意思，他对东莱耳语道：“子寿早已上子静船了也！”[②]认定复斋所持的乃是与其弟完全相同的观点。接着朱子同复斋展开了论辩，象山插上来说：“途中某和得家兄此诗。”他便诵读了自己的和诗：

墟墓兴衰宗庙钦，斯人千古不磨心。
涓流积至沧溟水，拳石崇成泰华岑。
易简工夫终久大，支离事业竟浮沉。
欲知自下升高处，真伪先须辨只今。

当读到“支离事业竟浮沉”时，朱子顿时脸上变色。诗读结束，朱子显得很不高兴，第一天的论辩也就到此暂告休会。

在第一天中，朱子和象山的矛盾已经全部摆出。陆氏兄弟的诗都是从道在吾心出发主张简易的发明本心，而反对朱子的格物致知、读书穷理。复斋说“孩提知爱长知钦”是本自《孟子》的“人之所不学而能者，其良能也；所不虑而知者，其良知也。孩提之童，无不知爱其亲也；及其长也，无不知敬其兄也”。是借孟子的良知良能论述象山的心即理、本心自善，同象山说的“孩提之童，无不知爱其亲；及其长也，无不知敬其兄。先王之时，庠序之教，抑申斯义以致其知，使不失其本心而已。尧舜之道不过如此”[③]如出一口。他认为人有天赋道德之心，强调自古圣贤相传的不过就是这种本心，所以诗第二句便落到“古圣相传只此心”。象山对这句诗“微有未安”，是因为他认为人人皆有此本

① 《朱文公文集》卷八十七《祭陆子寿文》。
② 《陆九渊集·语录上》。
③ 《贵溪重修县学记》。

心，不独“古圣”才有，所以他用“斯人千古不磨心”纠正了复斋的看法。同发明本心相反的是朱子的读书注经，复斋用“留情传注翻榛塞”微讽朱子的好作经注传疏反使本心芜塞。他认为人应该牢牢地掌握先天具有的良知良能，这是成贤入圣之根本，又何必将精力耗费于诠释古人经典之上呢？而以“着意精微转陆沉”慨叹尧舜孔孟发明本心的精微之学千年来的沉沦埋没，不被人知，隐然有以象山上接尧舜孔孟心学道统的用意。但他诗中并没有提到如何发明本心。象山的“涓流积至沧溟水，拳石崇成泰华岑”便道出了发明本心的方法，认为保此本心必须“日夕保养灌溉，使之畅茂条达”[①]。“根本苟立，保养不替，自然日新，所谓可久可大者，不出简易而已”[②]。这两句诗本自《中庸》，原是《中庸》用来论述天地之道的博厚高明悠久，象山借用来说明发明本心必须诚，保养以诚，至诚不息，便可久可大，成己成物。这就自然接上了《易・系辞》说的：“乾知大始，坤作成物；乾以易知，坤以简能；易则易知，简则易从；易知则有亲，易从则有功；有亲则可久，有功则可大；可久则贤人之德，可大则贤人之业。易简而天下之理得矣。”所以他以自己的发明本心为博大悠久的易简工夫，而以朱子的读书穷理为终究沉沦的支离事业，这就无怪朱子要“失色”了。

在陆氏兄弟两首诗中已亮出了朱、陆理学与心学的两个基本矛盾：心即理、吾心千古不磨与性即理、理一分殊的矛盾；发明本心与即物穷理的矛盾。

在第二天以后，两人主要就诗中提出的矛盾展开论辩。据参加鹅湖之会的陆学弟子朱亨道所记：“鹅湖之会，论及教人。元晦之意，欲令人泛观博览，而后归之约；二陆之意，欲先发明人之本心，而后使之博览。朱以陆之教人为太简，陆以朱之教人为支离，此颇不合。先生更欲与元晦辩，以为尧舜之前何书可读？复斋止之。赵、刘诸公拱听而已。先发明之说，未可厚诬，元晦见二诗不平，似不能无我。”[③]象山后来自己也回忆说：“翌日，二公（朱、吕）商量数十折议论来，莫不悉破其说。继日凡致辩，其说遂屈。伯恭甚有虚心相听之意，

① 《陆九渊集・与舒西美》。

② 《陆九渊集・与高应朝》。

③ 《陆九渊年谱》。

竟为元晦所尼。”[①]从“二公商量”一句可以看出，鹅湖之会实际形成朱、吕为一方与陆氏兄弟为一方的论辩。象山主张不立文字的顿悟本心，向来没有提出过“博览”，所谓“而后使人博览”不过是弟子后来回护老师添加的掩饰之笔，这从象山振振有词反问“尧舜之前何书可读”便可得到充分证明。朱子说象山“教人太简”，符合事实犹言之过轻；象山说朱子“教人支离”，却不合事实而已言之过重。象山自称“莫不悉破其说”，“其说遂屈”，也不过是老师在弟子面前自我炫耀的夸饰之词，这只从“竟为元晦所尼”一句便也得到充分证明。象山生性负气自傲，目空一切；而朱子也逞强好辩，谦和的吕东莱、张南轩都让他三分，碰到同样心高气傲的陆象山却是棋逢对手，水火难容了。

但是鹅湖之会上朱、陆两人也只是在理学的基本问题上发生争辩，后来因为朱、陆相攻不已和陆门弟子的渲染，给人造成了一种错觉，似乎鹅湖之会只是一次争吵不合的相会。实际上就象山本人的回忆，也只是说鹅湖之会主要在前三日就“教人”问题上引起了争辩，在以后长达五六天时间的切磋论学中，对一些具体的经学和理学问题还是多有一致。与会的陆学弟子邹斌提到一件事说：

> 朱、吕二公话及九卦之序，先生固亹亹言之。大略谓：“《复》是本心复处，如何列在第三卦，而先之以《履》与《谦》？盖《履》之为卦，上天下泽，人生斯世，须先辨得俯仰乎天地而有此一身，以达于所履。其所履有得有失，又系于谦与不谦之分。谦则精神浑收聚于内，不谦则精神浑流散于外。惟能辨得吾一身所以在天地间举措动作之由，而敛藏其精神，使之在内而不在外，则此心斯可得而复矣。次之以常固，又次之以《损》《益》，又次之以《困》。盖本心既复，谨始克终，曾不少废，以得其常，而至于坚固。私欲日以消磨而为损，天理日以澄莹而为益，虽涉危陷险，所遭多至于困，而此心卓然不动。然后于道有得，左右逢其原，如凿井取泉，处处皆足。盖至于此则顺理而行，无纤毫透漏，如巽风之散，无往不入，

① 《陆九渊集》卷三十四。

虽密房奥室，有一缝一罅，即能入之矣。”二公大服。[①]

这是典型的心学《易》学体系。从他以心说《易》，用复归本心解释《复》卦，从而把八卦体系也纳入他的发明本心的心学，是同朱子的《易》学相左；但从他以天理人欲说《易》，用私欲消损、天理澄益的克己复礼之说解说《复》卦，从而把八卦体系同传统孔孟儒学的修养学说联系起来，又同朱子的《易》学相合，因而这种标奇立异的《易》说还是得到了朱、吕的赞同。这表明朱、陆的思想本来同中有异，异中有同，鹅湖之会上的讨论也就有合有离。所以尽管陆氏兄弟请来了临川守赵景明，朱、吕一方也有信州守詹仪之当“朱熹、吕祖谦在鹅湖论学，仪之往复问辨无虚日”[②]。但从第四天以后，气氛已趋于缓和融洽，甚至双方相互介绍门下弟子，会间弟子也相互问学不受师阻。朱子在《曹立之墓表》中提到陆氏兄弟二人在鹅湖之会上向他介绍了一名弟子曹立之，说：“立之多得君所为书，甚欲一见君与张敬夫也。”铅山陆氏弟子傅一飞也跑到朱子那里受教，《铅山县志》上提到他说：“傅一飞，字伯济，傅长者孙。好古学，游象山陆氏门。尝晤朱子、吕东莱诸先生于鹅湖僧舍。惜不得寿，赍志没。后嗣子杰，为县簿，将赴顺昌，道建阳首谒朱子。问所从来，喜曰：‘伯济有子。’临别，犹励以官方焉。”[③]有一名宜黄士子刘迁，也在鹅湖之会上奔走于朱子和象山之间问作诗之法。尤有意思的一幕插曲是朱、吕、二陆还一起拜访了屏居上饶湖潭的名儒王德修（时敏）。王时敏是尹和靖（焞）的高足，《和靖语录》就是他所记。乾道中东阳郭氏慕他大名，特延请来婺授学，故同东莱交游相知。乾道八年象山中举归，王德修还向郭氏荐象山来执教。象山称赞他“倡道于彼，善类相应，便使慈祥恺悌和协辑睦之风，郁然兴于父子兄弟宗族乡党之间”[④]。朱子就是在这次鹅湖之会上经过吕、陆认识了王德修。二十年后王德修去世，朱子在《挽王德修》诗中还提到了他访湖潭同王德修的初识：

① 《陆九渊年谱》。

② 《万姓统谱》。

③ 《铅山县志》卷十五，又《广信府志》卷九之三。

④ 《陆九渊集》卷四《与王德修》。

不到湖潭二十年，湖潭依旧故山川。
聊将杯酒奠青草，风雨萧萧忆昔贤。[①]

鹅湖论辩讲学就在这种比较缓和的气氛中进行到六月八日，东莱才与朱子、二陆等众人告别，并与朱大愚定两人在秋间共游天台，再行相聚讲论学问。于是，大家同时离开鹅湖寺，到岔路口分手，各自分头归家。东莱自与潘叔昌向东取道返回浙江。

关于鹅湖之会的时间，朱、吕、陆三家年谱均定鹅湖之会在四月，各种朱、吕、陆专著均采此说，实误。考《吕东莱文集》卷四《与邢邦用》书一云："某自春来为建宁之行，与朱元晦相聚四十余日。复同出至鹅湖，二陆及子澄诸兄皆集。"据东莱《入闽录》，东莱于四月初一方至五夫里见朱子，相聚四十余日，则离闽赴鹅湖应在五月中旬。又据《吕东莱文集》卷五《答潘叔度》书十五云："某以五月半后，同朱丈出闽，下旬至鹅湖，诸公皆集，甚有讲论之益。更三四日，即各分手。"[②]故知朱、吕离寒泉在五月半后，即五月十六日或稍后，至鹅湖在五月底。由寒泉至鹅湖途经武夷，此题响石岩作五月廿一日，正与此合。东莱云"下旬"至鹅湖，按朱子《文集》卷四十九《答王子合》书一云："前月末送伯恭至鹅湖，陆子寿兄弟来会，讲论之间，深觉有益。此月八日方分手而归也。"可见朱、吕至鹅湖应在五月二十八、二十九日间，至六月八日分手，即陆《谱》所云"留止旬日"也。

十日鹅湖之会，并没有达到东莱"会归于一"的预期目标，反暴露了朱子理学与象山心学从本体论到方法论横亘的一条难以弥缝的鸿沟，给两人的关系留下了一道潜在的裂痕。但是在当时，一方面使他们各自对对方的思想及其分歧有了进一步的认识，另一方面也促使他们各人对自己的思想进行自我反省。鹅湖之会后朱子和象山都表示要考虑对方观点，克服一己之偏的意愿。因此，

① 《上饶县志》卷十九。

② 按：此书作在鹅湖之会时，故称"更三四日，即各分手"。

鹅湖之会虽然没有达到东莱“会归于一”的预期目标，但由此而拉开了学术界正常争鸣的序幕，促使朱、陆双方都作出了一些积极而有益的反省，促进了学术的正常发展；而且也由此进一步显示了东莱所创建的婺学善于兼容并协调众说的学派特色。

东莱和潘叔昌自六月初八日离开鹅湖寺踏上归途，因天气炎热，只得早晚趁凉而行。一路游览名胜风光，不觉已到衢州，乃顺路探望先生汪玉山。这时汪先生已卧病在床，东莱料知先生将不久于人世，所以又留住了十天。东莱一面亲侍汤药，一面将这次寒泉、鹅湖两会的情况一一告诉先生，又请教了一些学问方面的问题。然后辞别先生，与潘叔昌一同返回婺城。

东莱这次闽、赣之行，沿途逐日作记，写有《入闽录》一书。可惜业已散佚，仅残存三月下旬到四月初的十余天内容，保存在《文集》之内。此外，在江西鹅湖期间，还留下了《酬上饶徐季益学正》五言古风一首，兹录之姑作此行之尾声：

吾家紫微翁，独守固穷节。金銮罢直归，朝饭尚薇蕨。
峨峨李杜坛，总角便高蹑。暮年自警斋，铭几深刻责。
名章与俊语，扫去秋一叶。冷淡静工夫，槁干迂事业。
有来媚学子，随叩无不竭。辞受去就间，告戒意尤切。
典刑自耆老，护持何敢阙！嗟予生苦晚，名在诸孙列。
拊头虽逮事，提耳未亲接。徐侯南州秀，少也尝鼓箧。
示我百篇诗，照坐光玉雪。因之理前话，讲绎霏谈屑。
两都弟子员，家法严城堞。取善则未周，守旧犹有说。
同门风雨散，孤学丝桐绝。怀哉五马桥，寒径寻遗屧。

三、期年反思

东莱从衢州回到婺城家中，已是六月下旬。当天，即看到了陈龙川写于五月的来信以及《三国纪年》的初稿。第二天，龙川又派人前来听取东莱对其《三国纪年》的意见。因时值夏末，天气酷热难忍，加以一路辛苦疲惫，这对于身体一向羸弱的东莱来说，确有力不能支之感。但他还是坚持及时给龙川回信，对其《三国纪年》的体例提出自己的看法：

前日自建宁还舍，得五月间教赐，昨日又辱手字，殊以感慰。……《三国纪年》序引及诸赞，乍归冗甚，未暇深考，亦有两三处先欲商量。纪年冠以甲子，而并列三国之年，此例甚当；既是并列，则不必云“合而附之《魏书》，天下不可无正也”。《序引》下文亦云“魏终不足以正天下”，则其初亦不必与之也。“魏实代汉，以法纪之”；“蜀实有纪，不纪以法”。未知如何是以法纪，如何是不以法纪，更望详见谕。“魏诏疏有志”，不知其体制如何？“蜀条章不为书，诏疏不为志，未成其为天下”，亦恐未安。蜀固未尽备王者之制，而条章可见者，恐亦须书。自先主、孔明之心言之，固非以蜀为成；然自论次者言之，则其续汉之义亦不可不伸也。[①]

接着还表示“其余俟稍定详读，续得商榷”，并对龙川发出邀请，要他“秋深至明招，当图款教”。

七月，东莱因幼弟暴病而卒，自明招赴武义之上横会葬。出于幼弟之丧，故与朱大愚定的天台之游未能成行，只得另待机会了。东莱在上横期间，当地友人为了消解其丧弟之痛，邀他顺便游览了当地著名的刘氏山园，作有《题刘氏绿映亭》二首云：

凉夜翻翻不受尘，芒鞋藤杖及清晨。
开窗小放前溪入，澄绿光中独岸巾。

鹭浴鱼跳在镜屏，摇青浮碧太鲜明。

---

① 《吕东莱先生文集》卷五《与陈同甫》。

墙东种得阴成幄，隔叶看来却有情。

又有《题归庵》五言律诗一首云：

云壁开苍峡，风林卷翠涛。诸松皆老大，一嶂独孤高。
发兴虽公等，寻幽许我曹。秋光端可赋，不是楚人骚。

八月初一日，复归明招，重阅《通鉴》。各地学子又闻风纷纷前来受业，于是又在明招开始讲学。这时，温州的青年学者叶水心重游婺州，约同陈龙川前来拜访。叶水心（1150—1223），名适，字正则，永嘉人。因晚年居城外水心村，故学者称为水心先生。出身贫困，早年师事刘进之（愈）、郑景望（伯熊）。乾道四年春夏间，游学婺州，当时薛士龙为婺州司理参军，水心曾上书向薛求教问学。约在是年，与龙川相识。乾道五年至八年间，曾多次游学金华、义乌，并曾一度客居永康龙川家中。乾道九年至临安行在，淳熙元年，向签书枢密院事叶衡上书，纵论天下大势以及治乱、强弱、成败之道，不报，乃归家。水心早已仰慕东莱之名，但未有机会见面。这次重游婺州，特约龙川专程前来明招拜访问学。这时东莱三十九岁，龙川三十三岁，水心才二十六岁，三人畅谈学问，即成为学术上的莫逆之交。水心后来曾作有《月谷》一诗，回忆这次相会之情：

昔从东莱吕太史，秋夜共住明招山。
正见谷中孤月出，倒影挼碎长林间。
凭师记此无尽意，满扫一方相并闲。[①]

水心于是年冬天返回温州后，曾与东莱有书札来往。

闰九月初五日，东莱还归婺城家居。是时，太史赵汝愚镇守台州，率民修

① 《水心文集》卷六。

复已毁的城垣以御海盗，东莱应邀于十月初一日为之撰写《台州修城记》。十一月，闻知友人抚州太守赵景明率民重建被秋雨冲垮的浮桥以通行人，东莱为之撰写《抚州新作浮桥记》。在这两篇《记》中，东莱称颂了两位太守在当地的利民惠政。

是年冬天，东莱一直居家研经读史，并撰有《乙未手笔》。十二月下旬，忽报先生汪玉山于十二月十九日病卒于常山球川绍德庵。东莱悲痛万分，草草过了年，即于淳熙三年（1176）正月十二日，匆匆赶往三衢哭祭汪公，读祭文道：

> 呜呼！开之大者，若将有属；聚之粹者，其不徒生。……合诸老之规模，而融其异同；总一代之统纪，而揽其精粹。……学则正统，文则正宗。乐易平旷，前辈之风；崇深简重，前辈之容。……某佩韘趋隅，木行两周。录其世旧，教育绸缪。肝膈洞照，泯然相投。大，何理之不讲；细，何事之不诹？幸二邦之接畛，谓卒业之可酬。阔謦欬其未几，忽赴车之停辀。亟宿舂而听役，泪淋浪而莫收。炯话言之如在，策蹇步而敢偷？蠲此心而明荐，夫何有乎醪羞！

汪玉山是东莱一生中从学最长的一位先生。其学博综诸家，骨鲠极似横浦，多识前言往行以畜德似紫微，而未尝佞佛，粹然为醇儒。高、孝二宗皆知之，而卒不能竟其用为可惜。殁后七十三年，赐谥“文定”。有文集五十卷。后多散佚，《四库》重辑为二十四卷。

正月十八日，东莱从三衢返归婺城。二十五日，有朝廷诏命磨勘转奉议郎。

三月，陈龙川从温州访问陈君举、薛叔似等众友而归，派人专程送来书信及“温柑海物”。东莱回信道：“专人至，辱手字及温柑、海物之况，审闻行李至自永嘉。……诸公相聚，彼此想有发明。……正则且得有啖饭处，去岁相聚，觉得其慨然有意，若到雁山，必须过存之也。”[①]书中提到叶水心的生活问题，可见东莱对水心的关心。是年春夏间，水心亦曾两次致书东莱，一是春间交东

---

① 《东莱吕太史文集》卷十《与陈同甫》书十七。

莱的弟子章用中带来，一是夏天来信告诉东莱他已“授徒僧舍，凡百粗遣”，生活问题业已初步解决。并说：“去冬之书，辄自陈道。大抵以乍出坑谷，忽见天地日月，不觉欣跃惊诧，过于高快。自接报赦，益用力其间，乃知天地尽大，日月尽明，缉熙工夫无有穷已。其智愈崇，其礼愈卑，向时平实之语，乃今始知味矣。更惟有以进之，不胜颙俟。”①说明东莱曾指出水心有“高快”的缺点而勉以“平实”之义，故水心在此书中表示虚心接受。

是年，女儿华年已经十八岁，定于三月二十三日归于同郡士人潘景良为婚。几年以来，东莱由于两次丧妻，只剩下父女两人相依为命。华年的出嫁，自然觉得更加孤单寂寞，未免凄然悲感。不过女大当嫁乃是常情，也总算省了一桩心事。他在给周必大的信中说：

> 某屏居粗遣，数日前已了女子姻事，自此潇然真无一事矣。意欲及筋骸尚未衰惫，考治训诂，极意翻阅。至五十以后乃稍稍趋约，庶几不至躐等也。②

在这封信中，不仅表达了自己因华年出嫁而了却一段心事，而且还预定了自己今后的治学规划：他打算在五十岁之前以博学为主，到五十岁以后才从事由博返约的工夫。可惜的是，年龄没有给予东莱以由博返约的条件，实为可叹。

自去年的寒泉、鹅湖两会以来的将近一年之中，东莱除了讲学、著述而外，还对两会所讨论的问题进行了深刻的反思；此外，他与朱子和象山之间书信交往频繁，从中做了不少协调的工作。

在鹅湖之会上，东莱作为会议的主持者，在会上并没有作明确的表态，对于朱、陆双方的观点，“甚有虚心相听之意”。但是，内心还是倾向于朱子的“教人”之法，认为二陆的主张过于疏阔。对此，不仅可以从象山埋怨东莱“为元晦所尼”一语中得到证明，而且还可以从东莱对朱子与象山的不同评价中看

---

① 《水心文集·与吕丈书》。

② 《东莱吕太史文集》卷九《与周丞相》。

得很清楚。东莱在《与陈同甫》的书中是这样评价朱子和象山的："元晦英迈刚明，而工夫就实入细，殊未可量；子静亦坚实有力，但欠开阔耳。"[①]"欠开阔"，正是对象山认识论流于空疏的一种婉转批评。

正是基于这种认识，东莱在会后一直利用自己对二陆的影响，积极协助朱子做二陆的转化工作。他曾对邢邦用提及此事：

> 近已尝为子静详言之，讲贯诵绎乃百代为学通法，学者缘此支离泛滥，自是人病，非是法病，见此而欲尽废之，正是因噎废食。然学者苟徒能言其非，而未能反己就实，悠悠汩汩，无所底止，是又适所以坚彼之自信也。[②]

这里说的"讲贯通绎"，与朱子所主张的"泛观博览而后归之约"是同一个意思。东莱以为这是治学教人的根本法则，不可轻易予以否定。或许有人因此而"支离泛滥"，这也是他本人没有真正领悟"讲贯通绎"的精髓，而使用不当所致，不能由此归咎于"讲贯通绎"这一法则。东莱认为讲学读书是百代为学通法，是对象山的否定和对朱子的肯定。朱子一派顶多是"人"病而"法"无病，象山一派则是"法""人"俱病。他指出象山的错误在于因人废理。谓："大抵陆子静病在看人而不看理。"[③]对朱子本人他只在给张南轩信中认为"犹有伤急不容耐处"，不过是指他对异学的过于不能见容与操之过急的抗辩。南轩却同东莱相反，认为"某又恐伯恭却有太容耐处"[④]。"太容耐处"正好说中了东莱在一定的前提下能够兼容众说的雅量。功夫不负有心人。在东莱的耐心开导下，首先是陆复斋放弃了鹅湖会上所坚持的观点。后来东莱在《与朱元晦》书中说：

---

①《吕东莱先生文集》卷五。

②《吕东莱先生文集》卷四《与邢邦用》书一。

③《吕东莱先生文集》卷三《与朱侍讲》。

④上引均见《南轩文集》卷二十二《答朱元晦》书十二。

陆子寿前日经过，留此二十余日，幡然以鹅湖所见为非，甚欲著实看书讲论，心平气下，识中甚难得也。

至于陆象山却始终没有为东莱劝说所动。不过，象山也没有因此而和东莱产生龃龉。他从心底里对东莱为沟通他与朱子的学术分歧所做的一切还是赞同的。黄震说，东莱死后，象山在其祭文中，“亦自悔鹅湖之会集，粗心浮气。然则先生忠厚之至，一时调和其间，有功于斯道何如邪?”[①]

朱子承认自己确实存在东莱所指出的“伤急不容耐”之病，他说：“伤急不容耐之病，固亦自知其然，深以为苦，而未能革”[②]。因此，在鹅湖之会以后很快做出较多自我反省的，是朱子而不是象山。朱子一回家就在给王遇信中承认“讲论之间，深觉有益”[③]。同时主动写信给象山披露真情说：“某未闻道学之懿，兹幸获奉馀论。所恨匆匆别去，彼此之怀，皆若有未既者。然警切之诲，佩服不敢忘也。还家无便，写此少见拳拳。”[④]“警切之诲”显然是指象山指责他的“支离”之病。当十月张南轩来信问及鹅湖之会情况，朱子复信却第一次反躬自责确有屋下架屋的“支离”之病：“至于文字之间，亦觉向来病痛不少。盖平日解经，最为守章句者，然亦多是推衍文义，自做一片文字，非惟屋下架屋，说得意味淡薄，且是使人看者将注与经作两项工夫做了。下稍看得支离，至于本旨，全不相照，以此方知汉儒可谓善说经者。”[⑤]这无异是从方法论上多少承认了陆氏兄弟“留情传注翻榛塞”“支离事业竟浮沉”的批评。当然这绝不等于他赞同了象山发明本心的心学，但却显示了他经学思想上的又一重大飞跃。他用这一封信自我宣告了《四书集解》经学时期的结束；正是在鹅湖之会以后和写这一封信同时，他开始了全面重新改写、修订、整理自己的经学著作。鹅湖之会从反面促成了他经学思想发生新的变化发展的动力，一直导致他在淳熙

---

① 《宋元学案·东莱学案》附录。

② 《朱文公文集》卷三十一《答张敬夫》书十八。

③ 《朱文公文集》卷四十九《答王子合》书一。

④ 《陆九渊年谱》。

⑤ 《朱文公文集》卷三十一《答张敬夫》书十八。

四年（1177）完成了对自己生平经学四书学著作的第一次全面序定和总结。至于对陆学是否禅学，朱子在鹅湖之会以后也作了一点保留，在同一封信中他对陆氏兄弟作了有褒有贬的评价：

> 子寿兄弟气象甚好，其病却是尽废讲学，而专务践履，却于践履之中，要人提撕省察，悟得本心，此为病之大者。要其操持谨质，表里不二，实有以过人者。

以尽废讲学、直悟本心为陆学之病，以注重涵养、收敛本心为陆学之长，这种在鹅湖之会后形成的看法，使他后来在一个较长的时间内一直对陆学与己学采取兼取两家之长的态度。

陆氏兄弟的反躬自省却比较暧昧含混和晚一些。他们最初坚守己说不与朱子通信，象山还在这一年十二月精心写了一篇《敬斋记》，这是他生平最详尽发挥自己发明本心的心学的杰作，等于是他对鹅湖之会的总结和对朱子的侧面回答。但大概为了摆脱反对派指责陆学为禅学的困境，象山在淳熙三年也同佞佛的王顺伯展开了儒释之辨，以公私义利划判儒、释二道的根本不同，使他多少也感到了自己学说的偏颇。后来在淳熙五年春夏间，他和兄复斋忽然一连给朱子二封信，对在鹅湖之会盛气凌人的偏激态度表示了些许忏悔。朱子在给东莱的信中提到陆氏兄弟的这种态度变化说："两得子寿兄弟书，却自讼前日偏见之说，不知果如何？"[①]这就是后来朱子在《祭陆子寿教授文》中说的"别来几时，兄以书来，审前说之未定，曰子言之可怀"。到淳熙六年夏，复斋专程到铅山同朱子相见以后，毅然转向了朱子；而象山却始终心口不一，同朱子保持若即若离的关系，不肯放弃他在鹅湖之会上的立场。

东莱与朱子之间也在经常交换意见。盖自乾、淳以来，东莱和朱子、张南轩三人都已相继写出一批经学著作，各自的经学体系大致完成。是时，南轩业已调往桂林任广西帅，故东莱更多地同朱子进行交流讨论。但寒泉之会、鹅湖

---

① 《朱文公文集》卷三十四《答吕伯恭》书七。

之会上，许多经学的具体问题都还没有来得及交换看法。所以在鹅湖之会后，朱子最急要做的事却并不是同象山争较是非，而是同东莱、南轩在经学上继续展开交流讨论，总结自己的经学四书学著述。

朱子从鹅湖归后，移居于芦峰云谷新建的晦庵，自号晦翁，继续埋头著述。晦庵的三间草堂面对双峰，俯瞰石池，简陋的山舍书屋却得幽邃古朴的自然之趣，成为朱子新的徜徉山林著书讲道之所。他在《云谷记》中作了这样的打算："自今以往，十年之外，嫁娶亦当粗毕，即断家事，灭景此山。是时山之林薄当益深茂，水石当益幽胜，馆宇当益完善，耕山钓水，养性读书，弹琴鼓缶，以咏先王之风，亦足以乐而忘死矣。"朱子相信天道永恒运动不息，他命里也注定一辈子要不停息地讲道著述度日。这一段晦庵著述时期一直持续到淳熙六年赴南康任才告一段落，这是他总结自己前半生经学四书学著述的时期。而在鹅湖之会以来的大半年时间中，他在纷扰繁忙的家事漩涡中以惊人的精力和毅力苦读勤写，先后整顿《通鉴纲目》，修补《近思录》，编出《程子微言》，约冠昏丧祭之仪成《家礼》，定《吕氏乡约》，研读了《周易》《周礼》《大学》，以及吕、张寄来的著作和袁枢的《通鉴纪事本末》等，还写下大量记文、题跋、祭词、埋铭、碑文和论学书札。他的经学思想上的新认识就在这样紧张的读书、讲道和著述中酝酿着，为与东莱再次相会做好了各种准备。与此相应，东莱的经学和史学思想，在鹅湖归来之后，也在不断的自我反思中发生了新的变动和飞跃。因此，他们都感到又有再次见面讨论的必要了。

四、三衢之会

还在去年鹅湖之会时，东莱曾约定与朱子在当年秋间共游天台，后因七月幼弟病夭而罢。直到十二月十九日汪应辰卒于三衢，这时朱子正打算北归婺源故里省墓，途经三衢祭奠汪应辰，故而预先向东莱发出了邀请，趁此机会特邀东莱前来三衢相会。然而这次相会，他们事先作了秘密安排，两人都不想让人知道相见的地点，以免受到干扰。淳熙三年二月，朱子在给东莱的信中商量说："须一至衢，正以不欲多历郡县，故取道浦城以往，以拟夜入城寺，迟明即出，却自常山、开化过婺源，犹恐为人所知，招致悔咎。今承诲谕，欲为野次之款，此固所深愿。但须得一深僻去处，跧伏两三日乃佳。自金华不入衢，径趋常山，道间尤妙。石岩寺不知在何处，若在衢婺间官道之旁，即未为稳便。”[①]最后“野次之款”的地点定在开化县僻静之处。

三月中旬，朱子启程往婺源展墓，蔡元定因要往浙中吊兄之丧，一同随行。他们约在二十五日前后到达衢州，当夜入城哭祭了汪应辰，住在超化寺，然后直往常山。

三月二十八日，东莱也应朱子之约，由金华赴三衢相会，以讨论长期所积的学术问题。于是，东莱同朱子相会于开化县北的汪观国、汪杞兄弟的听雨轩。据《弘治衢州府志》所载：“听雨轩，在开化县北。汪观国，字廷元。于所居作逍遥堂，翼之以轩，匾曰‘听雨’。与其弟端斋燕息以终老。复遣其子浤从游东莱之门。晦庵自建安来过。”两人在听雨轩讲论了七八天。汪观国之子汪浤是东莱的弟子，听雨轩在开化县北，远离衢城而又通往婺源，是一个理想的相会之处。《开化县志》收有朱、吕《题汪端斋听雨轩》诗各一首，记下了这次秘密的三衢相会的行踪足迹。朱诗云：

试问池堂春草梦，何如风雨对床诗？
三薰三沐事斯语，难弟难兄此一时。
为母静弹琴几曲，遣怀同举酒千卮。
苏公感寓多游宦，岂不临风尚尔思！

吕诗云：

弟兄真乐有谁知？颇忆苏公听雨诗。
小院深沉人静后，虚檐潇瑟夜分时。
对床梦寐归灯火，浮世身名付酒卮。

① 《朱文公文集》卷三十三《答吕伯恭》书四十五。

书册一窗生计足，怡然戏彩慰亲思。

这两首诗，分明是两人互相唱和之作，但究竟哪首是原唱，哪首是和诗，已经很难分清了。

在三衢之会上，东莱和朱子在《诗经》学上第一次爆发了争论。朱子在乾道九年修订的《诗集解》还一主毛郑，笃信《毛序》无疑，但是在淳熙二年鹅湖之会后，却萌生了对《毛序》的怀疑，把乾道九年本《诗集解》视为“旧说”准备再加扬弃。东莱却是南渡以来专主毛郑的《诗经》学大家，淳熙元年他开始动笔作《吕氏家塾读诗记》，其中有一本重要的参考引用书就是朱子乾道九年删定本《诗集解》。淳熙二年冬，他在全部读完《诗集解》以后写信给朱子，对朱子的《诗集解》的一些具体注解表示了不同看法，但是对《诗集解》依旧多有所取。朱子复信说：“熹所集解，当时亦甚详备，后以意定，所余才此耳。然为旧说牵制，不满意处极多，比欲修正，又苦别无稽援，此事终累人也。不审所欲见教者何事，亟欲闻之。”[1]“为旧说牵制”就是指为《毛序》旧说所囿。东莱在回信中第一次告诉他已在作《读诗记》，朱子要他把“《诗外传》等节次见寄”[2]。《诗外传》就是《读诗记》的初名，当东莱在《读诗记》中大量引用朱子《诗集解》时，却不知道朱子因怀疑《毛序》，已经在开始修改《诗集解》的旧说了。

朱子对《毛序》说的怀疑是直接受郑樵《诗传辨妄》的启发。他后来提到自己《诗》学思想的最初变化说：“《诗序》实不足信。向见郑渔仲有《诗传辨妄》，力诋《诗序》，其间言语太甚，以为皆是村野妄人所作，始亦疑之。后来仔细看一两篇，因质之《史记》《国语》，然后知《诗序》之果不足信。”[3]宋代对《毛诗》《毛序》的怀疑，先有欧阳修作《毛诗本义》始辨毛、郑之失，接着苏辙作《诗集传》以《毛序》为不足信，存首句而删其余，于是各种以《诗序》非圣人作之说纷纷而起，到郑樵作《诗传辨妄》专攻毛、郑，力诋《小序》，才

---

① 《朱文公文集》卷三十三《答吕伯恭》书四十二。

② 《朱文公文集》卷三十三《答吕伯恭》书三十九。

③ 《朱子全书》卷三十五。

打破了《诗经》学上株守汉儒经说的局面。朱子二十岁上下读到他的《诗传辨妄》已留下深刻的印象，这个印象三十年后又把他引到了郑樵的道路，他后来回忆说：

某自二十岁时读《诗》，便觉《小序》无意义。及去了《小序》，只玩味诗词，却又觉得道理贯彻。当初亦尝质问诸乡先生，皆云：《序》不可废，而某之疑终不能释。后到三十岁（按：当作“后三十岁”，多一“到”字，当是听者误录），断然知《小序》之出于汉儒所作，其为谬戾，有不可胜言。①

这个“断然知《小序》为谬戾”就是在淳熙二、三年间，这时朱子已四十六七岁。到三衢之会时，两人自然就以《毛序》为焦点发生了热烈的争论。据朱子后来的回忆所记：

东莱《诗记》，却编得仔细，只是大本已失了，更说甚么！向尝与之论此，如《清人》《载驱》一二诗可信，渠却云：“安得许多文字证据？”某云：“无证而可疑者，只当阙之，不可据《序》作证。”渠又云：“只此《序》便是证。”某因云：“今人不以《诗》说《诗》，却以《序》解《诗》，是以委曲牵合，必欲如《序》者之意，宁失诗人之本意不恤也，此是《序》大害处。”②

如《将仲子》诗，只是淫奔，艾轩亦见得。向与伯恭论此：“如《桑中》等诗，若以为刺，则是抉人之阴私而形之于诗，贤者岂宜为此？”伯恭云：“只是直说。”答之云：“伯恭如见人有此事，肯作诗直说否？伯恭平日作诗亦不然。”伯恭曰：“圣人‘放郑声’，又却取之，如何？”曰：“放者，放其乐耳；取者，取其诗以为戒。今所谓郑卫乐，乃诗之所载。”伯恭云：

① 《朱子语类》卷八十。

② 《朱子语类》卷八十。

“此皆是《雅》乐。”曰：“《雅》则《大雅》《小雅》，《风》则《国风》，不可紊乱。言语之间，亦自可见。且如《清庙》等诗，是甚力量！《郑卫风》如今歌曲，此等诗，岂可陈于朝廷宗庙！”此皆司马迁之过，伯恭多引此为辨。尝语之云：“司马迁何足证！”[①]

这些出自朱子本人的回忆，足以证明白田王懋竑以来认为朱子到淳熙九年才始悟《毛序》之非的流行说法是错误的，而这种说法却掩盖了三衢之会对朱子经学思想发展的特殊意义。因三衢之会乃朱、吕生平最后一次会面，故《语类》所记两人面论《诗序》必在淳熙三年三衢之会无疑。盖东莱淳熙元年始作《读诗记》，见《吕东莱年谱》，至淳熙二年冬方告朱子在作《读诗记》，此前两人无论《诗序》之事；在三衢之会以后，朱、吕两人在《诗经》学上开始分道扬镳了。只是朱子这时对《毛序》的初步怀疑，还不足以摧破其早年以《毛序》解《诗》之“旧说”而已。

在《尚书》学上，东莱与朱子的分歧也初露端倪。东莱最早在鹅湖之会上向朱子表示要作一本《尚书解》。东莱在鹅湖归后的大半年时间中，潜心致力于撰写《书说》。淳熙二年十二月，他告诉朱子《书说》已颇有进展，朱子立即回信要他把《书说》寄来一阅。所以《尚书》学也就成了两人在三衢之会讨论的主要内容之一。东莱的《书说》是上继其师三山林少颖（之奇）的《尚书集解》而作，而林三山是《尚书》学大家，名著于世。王若虚在其《滹南遗老集·著述辨惑》中甚至说：“宋人解《书》者，惟林少颖眼目最高，既不若先儒之窒，又不为近代之凿，当为古今第一。”林三山解《尚书》信从《古文尚书》之说，尊《孔安国传序》，不以《孔传》为伪。故东莱解《书》上继师说，亦不以《古文尚书》和《孔传》为伪。林三山的《尚书集解》本只解到《洛诰》为止，故东莱的《书说》便从《洛诰》以下解起，一直解到《秦誓》，显然就是要续师说成为完书。[②]朱子云：“林《书》尽有好处，但自《洛诰》已后，非他所解。”又

① 《朱子语类》卷二十三。

② 谨按：《宋志》录林少颖《尚书集解》五十八卷，《洛诰》以下，其孙林耕所得，谓林三山全解，乃非。

云："吕伯恭解《书》自《洛诰》始。"则《洛诰》以下实东莱所续。《玉海》云："林少颖《书说》至《洛诰》而终，吕成公《书说》自《洛诰》而始。盖之奇受学于吕居仁，祖谦又受学于之奇，本以终始其师说，为一家之学也。"《直斋书录解题》称东莱《书说》"今世有别本全书者，其门人续成之，非东莱本书也"。这些都是东莱续成师说之证。因朱子不满于东莱在解《尚书》上强作全解和好作巧说，这成为两人当面直接交换的主要议题。朱子后来回忆称：

> 大抵《尚书》有不必解者，有须着意解者。不必解者，如《仲虺之诰》《太甲》诸篇，只是熟读，义理自分明，何俟于解？如《洪范》则须着意解。如《典》《谟》诸篇，辞稍雅奥，亦须略解。若如《盘庚》诸篇已难解，而《康诰》之属，则已不可解矣。昔日伯恭相见，语之以此。渠云："亦无可阙处。"因语之云："若如此，则是读之未熟。"后二年相见，云："诚如所见。"
>
> 吕伯恭解《书》，自《洛诰》始。某问之曰："有解不去处否？"曰："也无。"及数日后，谓某曰："《书》也是有难说处，今只是强解将去尔。"要之，伯恭却是伤于巧。①
>
> 予往年送伯恭父于鹅湖，知其有此书（指《书说》）而未及见也。因问："其间得无亦有阙文疑义者乎？"而伯恭父曰："无有。"予心固窃怪之。后数年再会于衢州，伯恭父始谓余曰："《书》之文诚有不可解者，甚悔前日之不能阙所疑也。"②

朱子反对巧说和全解，表现出他对前儒之说的怀疑精神和对经书本身的求实精神。在当面讨论《洛诰》时，两人就有这样一番对话：

> 昔伯恭解《书》，因问之云："《尚书》还有解不通处否？"曰："无

---

① 上引均见《朱子语类》卷七十八。

② 《朱文公文集》卷八十三《跋吕伯恭书说》。

有。”因举《洛诰》问之云：“据成王只使周公往营洛，故伻来献图及卜。成王未尝一日居洛，后面如何却与周公有许多答对？又云‘王在新邑’，此如何解？”伯恭遂无以答。后得书云：“诚有解不得处。”①

朱子之所以反对《尚书》全书作解，是因为《尚书》中有伪篇，他怀疑《古文尚书》和孔《传》孔《序》为伪，故反对给《尚书》作全解。后来他同余大雅的对话就说得更明确：“问：‘林少颖说，《盘》《诰》之类皆出伏生，如何？’曰：‘此亦可疑。盖《书》有古文，有今文。今文乃伏生口传，古文乃壁中之书。《禹谟》《说命》《高宗肜日》《西伯戡黎》《泰誓》等篇，凡易读者皆古文。况又是科斗书，以伏生《书》字文考之，方读得。岂有数百年壁中之物，安得不讹损一字？又却是伏生记得者难读，此尤可疑。今人作全书解，必不是。”②这就是他迟迟不肯为《尚书》作注的根本原因。应该说，朱子反对给《尚书》作巧解和全解，确实是他在注经上高于东莱和南轩的汉学精神。当然，吕、张在这方面之所以不及朱子，也与他们过早去世有关，因为朱子在继吴棫之后以《古文尚书》、孔《传》、孔《序》为伪的疑经思想，也是在三衢之会上才起步的。

在《易》学上，东莱与朱子也开始形成对立。东莱一贯坚守程氏《易》学的义理之说。而朱子则在鹅湖之会归后，发现《易经》原来是一部卜筮之书，这成了他由《易》学义理派进而转向象数派的起点。在淳熙三年二月赴三衢之会前夕，朱子把自己这一《易》学的新发现告诉东莱说：

读《易》之法，窃疑卦爻之词，本为卜筮者断吉凶而因以训诫；至《彖》《象》《文言》之作，始因其吉凶训诫之意，而推说其义理以明之。……故今欲凡读一卦一爻，便如占筮所得，虚心以求其词义之所指，以为吉凶可否之决，然后考其象之所已然者，求其理之所以然者，然后推

① 《朱子语类》卷七十九。

② 《朱子语类》卷七十八。

之于事，便上自王公下至民庶所以修身治国者，皆有可用。私窃以为如此求之，似得三圣之遗意。[①]

这段文字简直可以说是朱子的一篇象数《易》学的大纲。这就同依旧坚守程氏义理《易》学的东莱发生了矛盾。在三衢见面时两人不可避免地会对此展开讨论。从三衢会后两人通信中对《易》学问题都忽然不再道一字来看，显然表明他们在面论中没有取得一致。当然，朱子这时正同他的《诗》学一样，他在《易》学上的新发现，一时还没有使他有足够的勇气突破自己的《易》学旧说，但从此以后，他就开始走自己的《易》学之路了。

东莱同朱子在三衢会上争论得最热烈的是《春秋》学与史学。乾、淳以来在婺地兴起的学派中，东莱吕祖谦为性命之学，龙川陈亮为事功之学，悦斋唐仲友为经制之学。三家一个是“以性命绍道统”，一个是“以皇王帝霸之略志事功”，一个是“以经世立治术”[②]。但东莱的婺学却有兼包事功之学和经制之学的特点。朱子对他这一点特别不满，说：“伯恭之学合陈君举、陈同甫二人之学问而一之。永嘉之学理会制度，偏考其小者，……同甫则谈论古今，说王说霸。”[③]考论经制、崇尚事功、谈王说霸都必须借助于史，因而东莱同朱子在这方面的矛盾就具体表现在《春秋》学与史学上。朱子认为史应道义理而不应说事功，经高于史，圣人以六经垂训，而不以史传道，因而推崇孔子《春秋》，认为《春秋》是一部“明道正义”之书，而《左传》《史记》却专好讲权谋利害，不足为法；而东莱却推崇《左传》《史记》，以事功致用为治史的目的，因而他的名作《大事记》就用太史公笔法。果斋李方子比较朱、吕二家史学的不同说：“东莱先生《事记》之书，用马迁之法者也，故续获麟而无嫌；朱子《纲目》之书，本《春秋》之指者也，故续获麟而不可。”[④]朱子甚至说：“伯恭动劝人看左

① 《朱文公文集》卷三十三《答吕伯恭》书四十七。

② 杨维桢《宋文宪公集序》。

③ 《宋元学案》卷五十一。

④ 蔡模《文公朱先生感兴诗》引。

《传》迁《史》，令大愚诸人抬得司马迁不知大小，恰比孔子相似！”[①]在三衢之会上，两人《春秋》学与史学的论辩就是围绕这一基本分歧展开的。据朱子后来回忆所记：

> 某向尝见吕伯恭爱与学者说《左传》，某尝戒之曰：“《语》《孟》《六经》许多道理不说，恰限说这个，纵那上有些零碎道理，济得甚事！”伯恭不信。[②]
>
> 吕伯恭教人看《左传》，某谓：“不如教人看《论》《孟》。”伯恭云：“恐人去外面走。”某谓：“看《论》《孟》，未走得三步；看《左传》底，已走十百步了。人若读得《左传》熟，直是会趋利避害。然世间利害，如何被人趋避了！君子只看道理如何，可则行，不可则止。……仲舒云：‘仁人正其谊不谋其利，明其道不计其功。’一部《左传》无此一句。若人人择利害后，到得临死节底事，更有谁做？……”[③]
>
> 伯恭、大愚宗太史公之学，以为非汉儒所及，某尝痛与之辩。子由《古史》言马迁“浅陋而不学，疏略而轻信”。此二句最中马迁之失，伯恭极恶之。《古史序》云：“古之帝王，其必为善，如火之必热，水之必寒；其不为不善，如驺虞之不杀，窃脂之不谷。”此语最好。某尝问伯恭：“此岂马迁所能及？”[④]

朱子与东莱之间痛辩史学不见于两人的往返信札，故所谓“某尝痛与之辩”必定是指三衢之会上的面论。因为东莱第一次向朱子提出史学问题是在淳熙三年二月赴三衢会前夕，朱子复信表示不同意见说：“示喻学者兼看经史，甚善，甚善！……然恐亦当令多就经中留意为佳。盖史书闹热，经中冷淡，后生心志未定，少有不偏向外去者，此亦当预防也，如何？”由这封信可以看出朱子同东

① 《朱子语类》卷一百二十二。
② 《朱子语类》卷一百二十一。
③ 《朱子语类》卷八十三。
④ 《朱子语类》卷一百二十二。

莱刚开始讨论经史关系问题。正是这封信提出的问题在三衢之会上引起了当面的痛辩。

《礼》学方面两人在三衢之会上也有讨论。从乾道中两人各作了《祭仪》以来，《礼》学已成了两人讲论的重要内容。朱子为面论《礼》学做了充分准备，在鹅湖之会归后便写成《增损吕氏乡约》，刻印成《女诫》《弟子职》《司马氏书仪》，约取《祭仪》增为《家礼》一书。朱子致函东莱说：“《礼书》亦苦多事，未能就绪，书成，当不俟脱稿，首以寄呈，求是正也。”[①]他携《家礼》稿连同《高氏送终礼》《司马氏书仪》等一起往三衢讨论。但因他的《家礼》半路在萧寺被僧童窃逃，使他同东莱无法展开充分的商讨，亦未能最后定稿。

极有意味的是，同这种经学上的全面讨论相应，两人当面还进行了儒释之辩。朱子在赴三衢之会前，曾得到一本程伊川弟子的充满禅气的语录杂书。这部杂书记录师弟答问，完全模仿佛门禅师用玄秘“机锋”“话头”喝悟僧徒的口气，是一本理学家杂糅儒佛的典型著作。朱子在三月十日专门写了《杂书记疑》加以批判，但是他却有意隐去了这部《杂书》作者的大名。其实根据书中所记，这名作答的伊川弟子同杨龟山相知，后面提到发问的学子叫“饶君”，显然是指饶节。饶节叩问的伊川弟子必是东莱的高祖荥阳公吕希哲无疑，故《杂书》应是饶节记吕希哲的语录。饶节后来削发为僧，披缁遁入空门，“甚至贻吕居仁（本中）诗，劝以胡床趺坐，专意学道”[②]。朱子后来也为此事直言无忌地批评吕氏子弟说：“独饶节者，一旦毁削肤发，殄绝天伦，而诸公环视，无一人能止而救之者，或乃从更嗟叹，以是为不可及。”[③]他在《杂书记疑》中所以不直接点出吕希哲、饶节的名字，自然是碍于东莱的面子。东莱吕氏大族代出名公大儒，却是一个又有好佛传统的名族。东莱对吕氏先祖的好佛一向讳莫如深，又因为深好苏学，不主张排摈挞伐佛老。朱子说他“生怕人说异端俗学之非，护苏氏尤力”[④]。朱子同东莱这种涉及家学渊源的思想矛盾常常微妙地表现在对待

① 上引均见《朱文公文集》卷三十三《答吕伯恭》书四十七。

② 《宋元学案·荥阳学案》。

③ 《朱文公文集》卷八十三《跋吕舍人青溪类稿》。

④ 《朱文公文集》卷三十九《答范伯崇》书十一。

东莱好佛的高祖吕希哲身上。朱子对吕希哲有一个总的评价："论佛学尤可骇叹，程门千言万语，只要见儒者与释氏不同处；而吕公学于程氏，意欲直造圣人，尽其平生之力，乃反见得佛与圣人合，岂不背戾之甚哉！"[①]东莱对朱子的《八朝名臣言行录》《伊洛渊源录》表示异议，其中也有这方面的原因。朱子在写出《杂书记疑》后一定是带往三衢，引起了两人当面的儒佛论辩。两人在三衢的儒释之辩虽然没有取得完全的一致，然而朱子作《杂书记疑》却远远超过了批判吕氏家学的意义，而具有了批判陆氏心学的现实用心。朱子对《杂书》的批判，一是批判其中同心同理的心传说，二是批判其中禅家式的神悟说，三是批判其中的心即性说，四是批判其中的儒佛同道说。《杂书记疑》与其说是在批判吕希哲，毋宁说是在旁敲侧击地批判陆象山；而朱子批判吕氏家学与陆氏心学，又是在委婉批评东莱对陆学的回护折中。三衢之会的儒释之辩是鹅湖之会朱陆论辩的一脉余波。在鹅湖之会以后，朱子对象山心学的批判，可说是以《杂书记疑》为起点的。

三衢之会是东莱和朱子在经学与理学思想发展上的又一个重要里程碑。如果说寒泉之会表明了东莱同朱子两人理学思想的一致，那么三衢之会却表明了朱、吕两人经学思想的对立；如果说寒泉之会朱、吕共同以《近思录》对周、张、二程理学作了历史的概括总结，那么三衢之会朱子是以《杂书记疑》对吕、张（无垢）、二陆心学作了现实的批判清算。在三衢之会后，朱子开始一面批判婺学（直至永嘉学、永康学）的功利史学，一面批判陆学的禅悟心学，克服自己学问的"支离"，对自己的生平学问著述初步完成了一次由博返约的总结。

东莱与朱子大约于四月初六日前后分手，朱子北上婺源祭祖；东莱东还婺城，至四月初十日到家。忽闻契友邢邦用已于三月二十八日病卒，东莱为之悲痛不已。原来邢邦用曾为南康军司户参军，迁从政郎、金华县丞，未上而卒，仅三十七岁。后来东莱为之撰写《墓志》。两年后，又写了篇祭文亲往祭奠，可见互相交谊之深。

四月底，东莱即收到朱子于四月二十一日从婺源寄来的信，内说：

---

① 《宋元学案 · 荥阳学案》。

道间与季通（蔡元定）讲论，因悟向来涵养功夫全少，而讲说又多强探必取、寻流逐末之弊，推类以求，众病非一，而其源皆在此，怳然自失，似有顿进之功。若保持不懈，庶有望于将来，然非如近日诸贤所谓顿悟之机也。向来所闻诲谕诸说之未契者，今日细思吻合无疑。大抵前日之病，皆是气质躁忘之偏，不曾涵养克治任意直前之弊耳。自今改之，异时相见，幸老兄验其进否而警策之也。[①]

从信中看来，朱子在经过一番反省之后，承认自己所坚持的观点并非完全正确，而对于东莱的观点，已有不少从原来的“未契”而逐渐“无疑”了。三衢之会便成了他经学思想发展的转折点。

于是，东莱除了继续课徒讲学而外，一面对三衢之会的交流内容进行全面的反思，一面对自己以前的著述重新进行披阅和整理，以期在经学、史学和理学上都有更大的发展。五六月间，大致完成了除《读诗记》之外的整理工作。七月初十日，将书塾迁移到右司宅内后，就开始专心致力于《吕氏家塾读诗记》的重复修订工作。整个秋天，除了分别于八月十七日和九月十九日一游灵洞与赤松而外，就是专心致志地沉浸在讲学和著述之中。

十月初一日，东莱复到越中外家省亲。遇到朱子最器重的弟子李伯谏，与之谈话后，才知伯谏果然已经倒戈叛师而信佛说。原来蕲州好佛名士李周翰，以粗俗的以佛说儒鼓动世人，形成一股不小的影响，同金溪陆学桴鼓相应，以至李伯谏亦投其门下，公开攻击二程洛学。张南轩闻知此事亦曾函告朱子。现在东莱即把亲耳听闻告诉朱子说：“某近尝到会稽，李伯谏数次聚话，祖述李周翰之说，不敢复回。其所攻排伊洛诸说，亦皆初无可疑者，自是渠考之不详耳。”[②]即此可见，东莱在排佛的基本立场上是与朱、张完全一致的。

---

① 《朱文公文集》卷三十三《答吕伯恭》书四十八。

② 《吕东莱先生文集》卷三《答朱元晦》书十三。

第八章　史馆编述

一、修订徽录

淳熙三年（1176）十月二十六日，因礼部侍郎兼实录院修撰李焘之荐，诏令除吕东莱任秘书省秘书郎，兼国史院编修官、实录院检讨官，以重修《徽宗皇帝实录》。于是，东莱由明招归家，又到丽泽书堂作了一番安排。因朱塾现在又在东莱处受学，乃委托潘叔度给予照应，并留下一函，嘱其转达朱子。信中说："受之相处累年，深愧无所裨益。某既往临安，随分有职事，恐讲论疏阔，故不欲携行，只今迁过叔度书院。不知令且归侍旁，唯复尚留婺？一听裁处也。"诸事安排停当后，即于十月二十九日赴临安就任。十一月五日，到国史院和实录院报到供职。

东莱到职后，奉命重新修定《徽宗皇帝实录》。他发现旧稿中错误甚多，需要大力"整顿"，然而期限紧迫，故而不得不全力以赴。他在给朱子的信中说：

某到都辇已将两旬，一番酬酢初定，但《徽录》已逼进书，而其间当整顿处甚多，自此即屏置他事，专意料理。所幸院长及同僚皆无龃龉，但期限极迫，才能订正其是非不至倒置而已，其它繁芜舛误，皆力所不及也。诸公盖有区区之意，随事补益，亦时有之。第于清原正本处欠工夫，故每每倍费曲折而左枝右梧之不暇耳。[①]

在这封信中不难看出，其中还流露着一种处于官场的复杂性中的无奈情绪。不久即收到朱子的回信，其中谈到目前的一种风气：

近年一种议论，专务宛转回互，欲以潜回主意，阴转事机。此在古人固有以此而济事者，然皆居乱世、事昏主不得已而然者。窃谓今日主相乐闻忠言非不切至，特蔽于阴邪，不能决然信用，而或者乃欲以彼术施之，计虑益巧，诚意益衰，以上聪明，亦岂不悟其为此？此所以屡进而卒不效也。[②]

东莱也认为："示谕明白劲正，诚中近岁诸人之病。盖所谓委曲将护者，其实夹杂患失之病，岂能有所孚格？到此两月，此等议论盈耳塞胸，忽闻至论，心自洗然为之开明也。"并表示"鄙见偶与来教所虑政合，目前善类单寡，若又拣退，恐益孤危耳"。即此可见当时官场的复杂性。是年，东莱一直忙于修定《徽宗皇帝实录》，而很少有空暇时间做其他事情。"史事期限迫促，殊无少暇"。

东莱正在忙于撰述之际，忽闻好友何叔京因病去世。何叔京，名镐，学者称台溪先生，福建邵武人。与朱子为友，在寒泉、鹅湖两会期间，始终与朱子一同奉陪东莱，交谊颇深。不料仅过一年，竟已作古，思之未免悲从中来。乃作《挽章》二首，以资悼念云：

濮州以谏死，何氏得其真。天下中庸义，人间父子亲。
再传犹易简，小出复逡巡。埋骨虽南土，倾心尚北辰。

倾盖黄亭夜，翛然涧壑姿。倚天唯直干，到地绝傍枝。

① 《吕东莱先生文集》卷三《与朱元晦》。
② 《朱文公文集》卷三十四《答吕伯恭》书三。

亹亹今何许？悠悠只自知。寒碑卧风雨，千载有深期。

《徽宗皇帝实录》原稿一百卷，率多舛讹。东莱广泛收集资料，详加考订和整理，经过四个多月的努力，总算修订完毕，共成二百卷。乃于淳熙四年（1177）三月初九日，由实录院进呈宋孝宗御览，孝宗深为嘉奖。东莱乃趁孝宗召对之机，当面呈上两份《轮对札子》。第一份《札子》极陈"独运万机"之弊：

> 夫独运万机之说，其名甚美，其实则不可不察焉。……厥今虏势陆梁而国雠未雪，民力殚尽而邦本未宁。法度具存而穿穴蠹蚀，实百弊俱极之时；官寺充满而偷惰苟且，无庶绩咸熙之效。降附布于郡县，而未免于疑沮；帑藏耗于军屯，而未免于怨嗟。……治道体统，上下内外不相陵夺而后安。乡者，大臣往往不称倚任，陛下不得已而兼行其事，大臣亦皆亲细务而行有司之事，外至监司守令，职任率为其上所侵，而不能令其下，故豪滑玩官府，郡县忽省部，掾属凌长吏，贱人轻柄臣，平居患犹未尽见也，一旦有事，谁与指麾而伸缩之邪？……如曰臣下权任太隆，惧其不能无私，则有给舍以出纳焉，有台谏以纠正焉，有侍从以询访焉，诚得端方不倚之人分处之，自无专恣之虑，何必屈至尊以代其劳哉！……人之关鬲经络，少有壅滞，久则生疾，陛下之于左右，虽不劳操制，苟玩而弗虑，则声势浸长，趋附浸多，过咎浸积。内则惧为陛下所谴，而益思壅蔽；外则惧为公议所疾，而益肆抵排。……愿陛下虚心屈己以来天下之善，居尊执要以总万事之成。勿以图任或误，而谓人多可疑；勿以聪明独高，而谓智足遍察。勿详于小，而遗远大之计；勿忽于近，而忘壅蔽之萌。诚意笃而远迩各竭其忠，体统正而内外各得其职，则二帝、三王之治不能加毫末于此矣。

所谓"独运万机"，就是指孝宗的专断独裁而言。这确实是直言无讳地击中了孝宗的要害。第二份《札子》则进而力陈国家治体之根本：

> 臣窃惟国朝治体，有远过前代者，有视前代犹未备者。夫以宽大忠厚建立规模，以礼逊节义成就风俗。当俶扰艰虞之后，……驻跸东南以来逾五十年，无纤毫之虞，则根本至深可知矣。此所谓远过前代者也。然文治可观，而武绩未振；名胜相望，而干略未优。虽昌炽盛大之时，此病已见。如西夏元昊之难，汉唐谋臣从容可办，以范仲淹、韩琦之贤，皆极一时之选，曾莫能平殄，则事功不竞可知矣。此所谓视前代犹未备者也。……臣窃谓今日治体，其视前代未备者，固当激励而振起；其远过前代者，尤当爱护而扶持。

重文治而轻武绩，乃是赵宋一代最大的弱点。故东莱从根本上提出了文治与武绩必须并重的国策。显然，这是与他在学术上的性理与事功并重的务实之学完全一致的。两份奏表的宗旨，在于希望孝宗能认真总结北宋覆灭的惨痛教训，励精图治，不要再发生上下内外相侵夺的现象。恳请孝宗“虚心以来天下之善”，广泛听取各方面的意见，“视前代未备者”，“固当激励而振起”，以避免重蹈徽宗之覆辙。对于这些建议，孝宗虽然未能身体力行，但对于东莱的一片忠诚之心还是深为嘉许的。

朝廷基于东莱修《徽宗皇帝实录》有劳，于四月二十九日，诏命东莱由秘书郎转任承议郎，罢检讨，仍兼史职。其制词中有云：“昔唐《开元实录》厄于兴庆，殆无存者，其后搜得一二，虽相继有以家藏来上，亦岂无遗事邪？惟我徽祖，临御寓内二十有六载，礼乐庶事，罔不备具。记注所载，中更散逸，故绍兴间裒集成书，尚多阔略。朕下明诏，复加纂修。尔等皆以奥学良才，博闻强识，绪业其间，岂特文直事核，而比旧增多百卷，斯亦勤矣。”东莱在深感朝廷知遇之恩的同时，又觉得责任重大。他在给朱子的信中说：“某冗食三馆，比又冒著作之命，益重愧畏。铅椠事业，虽粗不废，但此外无一毫补益耳。”[①]其间亦多少流露了头衔虽多而无实权的感叹。

东莱自乾道七年五月韩夫人病亡至今，丧偶已达六年之久。同僚朋友素知

---

① 《吕东莱先生文集》卷三《与朱元晦》。

已故国子祭酒芮烨有一幼女很贤慧，乃为之作伐求为继室。僚友向芮家呈上东莱所写的定婚启云：

合父兄师友之契，畴若高门；联婚姻甥舅之亲，敢于他族？问名之始，在礼有初。某人绪论与闻，曾是渐摩之旧；令女素风不改，谅惟淡泊之安。永愧诸生，自老西河之上；尚蕲季女，肯来南涧之滨？

这时芮公虽已亡故，但芮、吕两家本有世谊，芮母王夫人自然无不乐从。乃定于十一月初二日迎娶进门。这时东莱四十一岁，芮女年方十六岁。东莱重协琴瑟之好，加之官场比较顺利，这是东莱一生中少有的一段颇为顺心的时期。

二、诚交名士

东莱的至交好友龙川陈亮，因他在乾道五年应试礼部不中，又上《中兴五论》未被朝廷所理，于是回家杜门读书者八年。到淳熙四年，再次来到临安，参加了一次由礼部举办的太学考试。由于他为人豪放不羁，写文章不屑于受程文的束缚，而是想用出奇制胜之法，借题发挥以大发宏论。可惜的是，龙川这次考试，没有能像陆象山那次碰上东莱那样独具慧眼的考官给予鉴赏，而这种绝世妙文，在那些墨守成规的考官的俗眼看来，则不过是一种不合规范的“狂论”而已，所以不但未能考中，而且还招致了舆论的不少非议。因而龙川心绪极其潦倒，又怀疑考官故意与他为难，只得快悒而归。为此，东莱遂致书安慰道：“试闱得失，本无足论，但深察得考官却是无意，其间犹有误认监魁卷子为吾兄者，亦可一笑也。”东莱在信中不仅大加劝慰，并且向他解释“深察得考官却是无意”。然而龙川的回信则深有感慨之意：“人生岂必其为秀才？亮平生本不种得秀才缘，而春首之事，自侍从之有声名者固已文致于列。亮亦岂恋恋于鸡肋者乎？亦恃有大著在故也。王道甫告以忌嫉之徒乘间毁谤之可畏。”于是，他决意“弃学校而决归耕之计矣”。

然而，龙川虽身处乡野而仍胸怀天下，他眼看着国耻未报，中原未复，不甘心于自己的报国才智就此湮没。于是到淳熙五年（1178）正月，龙川乃又诣阙向孝宗皇帝上书，列陈振兴恢复之大计，陈辞慷慨激烈，析理明白透彻。孝宗览奏，为之震动感涕，欲榜其书于朝堂以激励群臣，用种放故事以破格擢用。当时，权幸曾觌窥知孝宗之意，即来拜见龙川，“欲掠美市恩”来向龙川讨好。但龙川卑其为人，不屑与之交往，竟至“逾垣而逃”。曾觌碰了钉子，就在孝宗面前说了坏话，以致孝宗未能召见。书上后，整整等了八天，未有任何反响，龙川按捺不住，再次伏阙上书。书中有“安一隅之地则不足以承天命，忘君父之仇则不足以立人道”之语。孝宗览后，遂下旨命龙川在都堂（即尚书省的大厅）听候审察，再作处置。主持审察的是同知枢密院事赵雄，他拱手称旨以问，龙川即拣其大体可言者三条以答：其一，二帝北狩，乃国之大耻，天下之公愤，故必图恢复之策；其二，时政束缚重重，势必至于萎靡不振，故须宽文法，以求度外之功；其三，今天下之士烂熟萎靡，故须变通积习，去其萎靡之气，以培国家之本。不料就是这三点，竟使大臣们“相顾骇然”，因而只得惶恐而退。审察后又待命十天，依然没有动静，龙川忍无可忍，又伏阙上了第三书。龙川三次上书之后，孝宗欲授以一官，龙川慨然笑曰：“吾欲为社稷开数百年之基，宁用以博一官乎！”遂渡江南归。

从表面上看，龙川表现得颇为洒脱，而实际上则难免含有无穷的郁愤之情。东莱深深理解龙川的痛苦心情，旋即致函慰问，并云：“乍归田间，徜徉当有佳处，卷舒出处，盖自有所系在我者，政自绰绰有余裕也。”龙川一向把东莱视为至交，遂在回书中尽吐满腹牢骚，以发其不平之鸣。书云：

> 亮本欲从科举冒一官，既不可得，方欲放开营生，又恐他时收拾不上；方欲出耕于空旷之野，又恐无退后一着；方欲俯首书册以终余年，又自度不能为三日新妇矣；方欲杯酒叫呼以自别于士君子之外，又自觉老丑不应拍。每念及此，或推案大呼，或悲泪填臆，或发上冲冠，或拊掌大笑。今而后知克己之功、喜怒哀乐之中节，要非圣人不能为也。
>
> 海内知我者惟兄一人，自余尚无开口处。虽沉浮里间，而操舍不足以自救，安得有可乐之事乎！然一夫之忧欢悲乐，在天地间去蚊虻之声无几，

本无足云者，要不敢不自列于知我者之前耳。[①]

他把东莱当作“海内知我者惟兄一人”，才这样推心置腹地向他表达自己的心情。东莱得书，又写信尽力为之开导云：

专介伏奉诲示，引纸疾读，恍如握手，不知相去数百里之远也。……谕及近况之详，慨然浩叹者久之。百围之木，近在道隅，不收为明堂清庙之用，此自将作大匠之责耳。如彼木者，生意濯濯，未尝不自若也。“井渫不食，为我心恻”，盖非井爻之盛，而兄以此自处乎？惟冀益加宽裕，从容自颐，以慰见慕之徒之心，幸甚！[②]

龙川阅后，有书致东莱（已佚），东莱又复书云：

诲喻深悉。所谓“井渫”，盖政指汲汲于济世者，玩味爻策自可见。其曰“为我心恻”，忧思盖深长矣；又曰“王明并受其福”，盖言王者能识拔而用之，则臣主俱泰，此岂小知小才之谓哉！所以未为井之盛者，盖汲汲亟欲施之，与知命者殊科耳。孔子请讨见却，但云“以吾从大夫之后，不敢不告”；孟子虽有自任气象，亦云“吾何为不豫哉”，殆可深玩也。春初之举，虽是习常守故者自应怪骇，然反观在我，亦未得为尽无憾。借曰无憾，观《论语》既说“智及之”，上面更有所谓“守”，所谓“莅”，所谓“动”，节次阶级犹多也。

东莱所引《论语》，系指《卫灵公》篇中孔子说的一段话：

子曰：“知及之，仁不能守之，虽得之，必失之；知及之，仁能守之，

① 《陈亮集》卷二十七《与吕伯恭正字又书一》。
② 《东莱吕太史外集》卷五《与陈同甫》。

不庄以莅之，则民不敬；知及之，仁能守之，庄以莅之，动之不以礼，未善也。”

孔子的意思是说，凭聪明才智能得到的，如果没有仁，得到了也不能保有，还是要失去；用才智去取得，以仁德去保有，若不以严肃的态度去治理，百姓也不会认真；有才智、仁德和认真的态度，假如不按礼去行动，也还没有达到尽善尽美的程度。东莱引此语，当是婉言讽慰龙川才智有余，但仁、庄、礼诸节，则有未足处。东莱点到为止，并说：“此话甚长，何由握手讲论？要非纸上所能写耳。”东莱在书中既对龙川深致关切与同情，又对其屡次上书暗存讽喻，对此龙川盖亦深契于心，故其再致东莱之书，语气已显和平，殊少愤激之气（书已佚）。东莱对此大感欣慰，复勉励云：

垂谕备悉雅意。再三玩怿，辞气平和，殊少感慨悲壮之意，极以为喜！驱山塞海，未足为勇，惟敛收不可敛之气，伏槽安流，乃真有力者也。

龙川豪气横溢，愤世嫉俗，平时不拘细行，故也日益为人所愤与为俗所忌；而当他每有忧患，总能得到东莱的宽厚善待与多方排解，龙川对此是十分感动的。

龙川虽豪迈不羁，敢于放言横议一世人物，自谓“自少有驱驰四方之志，常欲求天下豪杰之士而与之论今日之大计。盖尝数至行都，而人物如林，其论皆不足以起人意”。但对东莱却极为敬重，既尊之为师长，复引之为契友。从绍兴三十二年与东莱同试漕台相识以来，其通信相当频繁，互相访问，过从甚密。龙川每为一文，每刻一书，往往先送东莱求正。如《孟子提要》（今佚）、《三国纪年》《书欧阳文粹后》《三先生论事录序》《伊洛正源书序》《类次文中子引》等等，都先寄送东莱审阅。东莱往往提出坦率而又诚恳的意见，龙川也往往能够接受，并按照其意见去修改自己的文字。如关于《三国纪年》，东莱云：

《三国纪年序引》及诸《赞》，累日已详看，用意高深处，亦或得其一二；但大纲体制，犹有未晓处。……《魏武赞》述来历甚当，魏文帝两《赞》，深味词意，予夺甚有味；《昭烈赞》论其君臣反复于天意人事之际，所谓妙体本心，但费诗之议，却似不达时变。……《武侯赞》论“以国政归丞相”，甚善。……篇末“王者之作，天犹以为未疏哉”，感慨之意甚长，但不若《后主赞》所谓“天命果可畏”辞严而义正也。《武烈赞》论汉末守文之弊，及启桓王之翱翔，甚妙，甚妙！

示及近作，展玩数过，不能释手。如邓、耿《赞》断句，抑扬有余味，盖得太史公笔法。《武侯赞》拈出许靖、康成事，尤有补于世教。独《陈思王赞》，旧于河汾（按：指王通）之论，每未敢以为安，当更思之。

关于《类次文中子引》，东莱云：

《文中子序引》，此意久无人知之，第其间颇有抑扬过当处。如云“荀、扬不足胜”，又云“孔孟之皇皇，盖迫于此矣”，又云“续经之作，孔氏之志也，世胡足以知之哉”，此类恐更须斟酌。

在《陈亮集》卷二十三《类次文中子引》中，“荀、扬不足胜”已改为“荀、扬非其伦也”，“孔孟之皇皇”一句已删去，而“续经之作”一句仍保留原样，由此而知龙川既能接受东莱的意见而作修改，也能坚持自己的某些观点。

东莱在与龙川的交往中，始终表现出一种宽厚和蔼的长者风度，他既十分能同情龙川之处境，又非常能理解其心情，故其书信的内容不仅在切磋学术，而且也充满抚慰、劝勉、开导与鼓励之词，以砥砺其德行。在乾道七年龙川一下大理时，东莱答书云：“比闻有意外少挠，要是自反进德之阶。来谕不忘惕厉，政所望者。更愿益加培养为幸！昔人谓天下之宝，当为天下爱之，此言至可念也。”[①]又龙川贫时，曾一度有弃文经商之意，东莱得悉后遂寄书云：“里居为况必甚适，闻便欲为陶朱公调度，此固足少舒逸气，但田间虽曰伸缩自如，

① 《吕东莱先生文集》卷五《与陈同甫》。

然治生之意太必，则与俗交涉，败人意处亦多，久当自知之。恃契爱之厚，不敢不尽诚也。”这种既存安慰，又存鼓励的出于至诚的语气，足使龙川为之倾心折服。

后来东莱在淳熙七年撰成《薛士龙墓志铭》，寄示龙川请正，龙川云：“示以《士龙墓铭》，反复观之，布置有统，纪载有法，精粗本末，一般说去。……顾使若亮者参论于其间，足见用心之广，不以人为可狭。……屹然横流之中而不立己者，所见唯正字（东莱）一人。”言下极感东莱之相知。龙川每推东莱为海内唯一知己，与人言及，多出此意，如云：“四海相知惟伯恭一人”，“丈夫出处自有深意，难为共儿曹语，亦难以避人毁谤也，此怀惟吕丈知之”。在东莱晚年，两人接触尤多，书信一封接着一封，往来一次连着一次。龙川说：“伯恭晚岁与亮尤好，盖亦无不尽，箴切诲戒，书尺具存。”[①]而对东莱的学问，也尝推为海内独步，“三四年来，伯恭规模宏阔，非复往时之比，钦夫、元晦已朗在下风矣，未可以寻常论也”。

龙川曾名自己的书斋为“恕斋”，东莱为之作《恕斋铭》云：

> 实理难精，实德难居。实责难副，实病难除。实知其难，于人则宽。惟实惟宽，惟恕之端。天地变化，草木蕃芜。赜厥实然，可求其故。陈子作斋，侑坐有勒。匪尚其通，亦尚其塞。[②]

东莱在这篇铭文中提出，要做到“恕”，必须先要做到“实”和“宽”两个方面。求“实”是东莱和龙川在学术思想上的共同基础；而“宽”则是东莱所具备的特色而为龙川所缺少者，故东莱以此为勉。正因为东莱同时具有“实”和“宽”两方面的品德，才成为龙川一生中的相契之友。

龙川为人豪迈不羁，卓然自立，勇于坚持自己的独立人格和学说。所以当朱子企图以理学思想改造龙川，要他放弃“义利双行，王霸并用”的功利学说

---

① 《陈亮集》卷二十八《又甲辰秋答朱元晦书》。

② 《东莱吕太史文集》卷六。

时，引起了龙川的极大不满，双方展开了长达数年之久的辩论。龙川明确宣称自己对做一个“醇儒”不感兴趣，而要做一个顶天立地的大丈夫。对于朱子这样一个知广识博、名高声远的理学宗师，龙川尚不肯有半点辱志背说，“阳相应和”，遑论其他？然而龙川和东莱却是一对莫逆之交。为什么东莱独能获得像龙川这样一代豪迈不羁之士的倾心服膺呢？其实不外乎两条：一是东莱具有足以使人信服的学识，二是东莱具有宽厚待人、兼容万物的雅量——只有这样，才能吸引各具才智、不同学派的人物都凝聚在其周围。

淳熙五年三月十三日，诏令东莱由磨勘转朝奉郎，并任命为殿试考官。东莱作考官，无疑是具有真才实学的考生之福音。

四月，各地举子入京参加殿试，东莱为殿试考官。本科殿试取道甫王自中为进士第一名（状元），授修职郎、舒州怀宁主簿；水心叶适为第二名（榜眼），授文林郎、镇江府观察推官；居厚徐元德为殿试第四名，授绍兴府推官。据叶绍翁《四朝见闻录·光皇策士》记载：“水心本为第一人，阜陵（孝宗）览其策，有‘圣君行弊政，庸君行善政’之说。上微笑曰：‘即是圣君行弊政耶！即是庸君行善政也。’有司遂以为亚。”可见东莱本来已取定水心为第一名，仅因孝宗对其文章偶有微词，才被有司改为第二。据说水心对这次殿试廷对的文章亦颇为自诩。他于所撰《周南仲〈丁卯召试馆职〉跋》中说：“东莱吕氏评余《廷对》，谓自有策以来，其不上印板即不可知，已上印板皆莫如也。”[①]从东莱对水心文章的评论看来，他取水心为第一当是可信的。

这几位具有真才实学的名士之所以都能同时高中，当然是与东莱赏识文章的独具慧眼分不开的。陈龙川在给东莱的信中说：“廷试揭榜，正则、居厚、道甫皆在前列。自闻差考官，固已知其如此。……正则才气俱不在人后，非公孰能挈而成之。”[②]可见在这次考试中，东莱对水心等诸人有所提携。

水心登进士第后，于六月回家省亲，携东莱的信与香茶等物，过永康访陈龙川。龙川《与吕伯恭正字》书三说：“正则来，又承专书，副以香茶之贶，甚

---

① 见周南仲《山房集》卷七。

② 《陈亮集》卷二七《与吕伯恭正字》书二。

珍。”可见东莱与龙川、水心之间的交谊确非一般，这也体现了东莱婺学与永康、永嘉事功学派之间的兼容之义。

东莱作为和朱子、张南轩志同道合的理学家，其在两次担任考官之际，一则选拔了标榜心学的陆象山，二则选拔了倡导事功的叶水心诸人。可见他在选拔人才上完全是唯才是视，毫无学术异同之偏见。假如说，龙川在太学应试时若能碰上类似东莱的主考官，也许他的命运就会改观了。

三、编纂文鉴

当时，临安书肆有一部《圣宋文海》，共二十册，乃时人江钿所编。孝宗看到后，命临安府校正刊行。学士周必大奏称《文海》去取差谬，恐难传后，宜委馆职铨择，以成一代之书。孝宗即于淳熙四年十一月初九日下旨，令东莱担任校正工作。东莱具札奏道：“《文海》原系书坊一时刊行之书，名贤高文尚多遗漏。请宜一就增损，仍断自中兴以前，重加铨次，庶几可以行远。”十六日，有旨从其议。于是，东莱尽取秘府及士大夫家所藏本朝诸家文集，旁采传记他书，虽不知名氏而其文可录用者悉行采集，然后详加审阅，细加考证，崇雅黜浮，精心进行分类编辑。这是一项极其巨大的工程，东莱不得不全力应付。

东莱首先拟定体例，并寄给朱子征求意见。朱子回函道：“《文海》条例甚当，今想已有次第。但一种文胜而义理乖僻者恐不可取；其只为虚文而不说义理者，却不妨耳。佛老文字，恐须如欧阳公《登真观记》、曾子固《仙都观菜园记》之属乃可入；其他赞邪害正者，文词虽工，恐皆不可取也。盖此书一成，便为永远传布，司去取之权者，其所担当亦不减纲目，非细事也。况在今日，将以为从容说议开发聪明之助，尤不可杂置异端邪说于其间也。”东莱也基本上认同这一建议。

东莱正在埋头编纂《文海》之际，忽报先生三山林少颖（之奇）因病去世。原来林三山自从乞祠家居后，长期患有风痹症，竟然一病不起，至是而卒。林三山一生所著甚丰，有《尚书全解》《周礼讲义》《论语讲义》《孟子讲义》《扬子讲义》等，又有《拙斋集》二十卷。今唯《尚书全解》与《拙斋集》存。《尚书全解》在当时是一部有巨大影响的书，但是《洛诰》以后尚未成书，故东莱的《书说》即从《洛诰》开始，分明是继承师说之意。其书《宋志》作五十八卷，内府藏本为四十卷。《宋元学案·紫微学案》云："三山之门，当时极盛，今其弟子多无可考，而吕成公其出蓝者也。"后来东莱在次年夏天写有《祭林宗丞文》，其文云：

> 昔我伯祖西垣公（吕本中），躬受中原文献之传，载而之南。徘徊顾瞻，未得所付。逾岭入闽，而先生与二李伯仲（指李楠、李樗）实来。一见意合，遂定师生之分。于是嵩洛、关辅诸儒之源流靡不讲，庆历、元祐群叟之本末靡不咨。以广大为心，而陋专门之暧昧；以践履为实，而刊繁文之枝叶。致严乎辞受出处，而欲其明白无玷；致察乎邪正是非，而欲其毫发不差。昕夕函丈，闻无不信，信无不行。前望圣贤大路九轨，自谓以必可至。三岁一诏，士子莫重焉。……呜呼！西垣公既不及公道之伸，而二李亦皆以布衣死，独先生甫入东观，若将有为，而病辄随之。中原诸老之规模，迄不得再白于世，其用舍必有所系矣！……
>
> 某未冠，缀弟子之末行，期待之厚，独出于千百人之右。顾谫薄安所取此？实惟我西垣公之故，施及其后人，培植湔祓，闵闵焉如农夫之望岁也。齿发日衰，业弗加修，愚不自惜；大惧先生之功力为虚施，每靦然惭、惕然恐也。……

文中既追溯到林三山继承了伯祖吕本中之学的师生之谊，又抒发了自己深受林氏之教的师生之谊。俨然是一篇出自肺腑的至诚之文。

是年，孝宗径以内批的方式，除近习曾觌的党羽谢廓然为殿中侍御史。东莱的好友中书舍人艾轩林光朝因不肯为此书黄而出知婺州。艾轩的这一举动，代表了当时道学家的舆论。东莱赞叹道："此举过江后未有也！"[①]这已是一次具有道学与反道学矛盾性质的斗争。从此，曾觌近习势力成了朝论攻击的主要

① 《吕东莱先生文集》卷五《与潘叔度》。

目标。

淳熙五年正月，东莱作有《端明汪公挽章》二首云：

异时忧世士，太息恨才难。每见公身健，犹令我意宽。
雕零竟何极？回复岂无端！此理终难解，天风大隧寒。

四海膺门峻，亲承二纪中。论交从父祖，受教自儿童。
山岳千寻上，江河万折东。微言藏肺腑，欲吐与谁同？

这时正是初春天气，瑞雪乍晴，寒梅含苞欲放。在此期间，东莱曾一度与馆内僚友同游著名的城北张氏园，兴之所至，大家分韵吟诗。东莱拈得“日”字为韵，作古风一首云：

出门厌嚣尘，入门倦占毕。驾言城北园，滞思顿觉失。
方池环修篁，广陌卫行栗。先雪梅已苞，后霜草犹茁。
上跻极高明，旁穿复深密。主人真喜事，秀句屡盈帙。
招呼文字饮，及此三余日。山林与钟鼎，零茂本非匹。
斯游岂偶然？书版记甲乙。

不久，馆中僚友胡子远为了便于侍奉年老双亲而请求出守汉州，馆中群僚设宴送行。宴上分韵吟诗，东莱分得“行”字为韵，作《送胡子远著作出守汉州》古风一首云：

定交不在早，意合盖已倾。胡侯西南来，两载同书檠。
与人徐有味，于世初无营。虚舟澹容与，未易宠辱惊。
鱼龙同一波，中有千丈清。道气自深稳，名言常简明。
南宫接东观，天衢势方亨。梦回得远信，窥檐渚鸿鸣。
开书见连环，归兴浩已盈。子政方校录，令伯俄陈情。

都门日毂击，杂袭炎凉并。谁知此麾盖，独为思亲行。
夹道皆叹息，始识真重轻。古来聚散地，雪野天峥嵘。
别袖不可挽，宿昔洲渚生。君臣有大义，忠孝相持衡。
勉哉楙明德，清庙须栋甍。

诗中抒发了两年以来的同案著书之谊。东莱以“龙”比胡，而以“鱼”喻己，两载同事，犹如“鱼龙”在“同一波”中共同生活一样，都与潭水一样清廉；还赞颂了胡子远为了奉亲而请求外调的纯孝品德，也像李密《陈情表》所表达的那样出于一片至诚之心，并进而以“忠孝”两全之意相勉；而且，诗中也禁不住流露了对于京中某些炎凉世态的感叹。

这时，史浩升任右相，立即荐引了吕东莱、张南轩、朱子、辛幼安（弃疾）、王仲衡（希吕）等一大批名流。故于三月十三日，诏令东莱由磨勘转朝奉郎，并任命为殿试考官。陈龙川在给东莱的信中问及有关情况说：“辛幼安、王仲衡俱召还，张静江无别命否？元晦亦有来理乎？”[①]其实，史浩的目的主要是为了显示其“求贤若渴”的名声，所以他一入朝便对东莱、石天民说：“某老矣，勉强再来，盖事有未尽者，第一欲起朱元晦，次荐引诸贤令。”并嘱东莱和石天民把他的意思告诉给了朱子。[②]但他又害怕朱子入都讥评朝政，犯颜直谏，给他带来不利。参政赵雄向他提出了两全其美之计：“不若姑以外郡处之，待之出于至诚，彼自无词。然其出必多言，姑安以待之可也。”[③]可见他们都无非是把朱子当作手头随意摆布、装点门面的名士傀儡。八月十七日，尚书省札下，除朱子知南康军，填张杅现阙。史浩还亲致手札勉谕。朱子在同月上辞免状，不允。十月，又命朱子径直赴南康任，不准他来临安奏事。朱子原来决定入都面奏、极论时事的打算落空，便上札乞请奉祠。宰辅诸公纷纷致书慰劝，东莱也认为他作为一代儒宗，是应该“使世少见儒者之效”的时候了。他在信中替朱子分析形势利弊说：“窃谓仲尼不为已甚，恐须勉为一起，以承领上意。况今

① 《龙川集》卷十九。
② 《真西山文集》卷四十一《刘爚神道碑》。
③ 《建炎以来朝野杂记》乙集卷八《晦庵先生非素隐》。

陈相（俊卿）为帅，丁子章、潘德夫皆素相慕用，王齐贤、颜鲁子亦士类也。到郡想别无龃龉，若随分可少苏疲瘵，使世见儒者之效，于斯文非小补也。”[①] 这样一来，已使朱子身不由己，不得不出仕一番了。于是，遂动身赴南康军就任。

殿试结束之后，东莱仍回秘书省编纂《文海》。四月二十三日，诏命除东莱为著作佐郎，兼史职。六月十三日，诏命兼权礼部郎官，参与编修《中兴馆阁书目》，书编成后，进呈孝宗御览，称旨，减二年磨勘。

九月十二日，东莱正在秘书省编纂《文海》，忽报皇帝车驾临幸秘书省观书，东莱和群臣慌忙接驾，并恭陪孝宗观书。随后，孝宗又在秘书省赐宴，东莱与僚友们一同参加宴会。翌日，孝宗把自己所做的一首《秋日临幸秘书省》的近体诗出赐丞相史浩及群臣。诗云：

玉轴牙签焕宝章，簪绅列侍映秋光。
宴开云阁儒风盛，坐对蓬山逸兴长。
稽古右文惭菲德，礼贤下士法前王。
欲臻至治观熙洽，更罄嘉猷为赞襄。

于是，丞相史浩率群臣皆进和诗。东莱亦作《恭和御制秋日幸秘书省近体诗》一首呈进。诗云：

麟阁龙旂日月章，中兴再见赭袍光。
仰观焜燿人文盛，始识扶持德意长。
功利从今卑管晏，浮华自昔陋卢王。
愿将实学酬天造，敢效明河织女襄。

作为奉和皇帝的诗而言，难免要写几句歌功颂德的话，然而东莱也并未放

① 《吕东莱先生文集》卷三《与朱侍讲》书四十四。

弃借此机会来发表自己旨在务实的政见和思想。在功业方面，主张卑视管（仲）、晏（婴）专务功利的霸道，而实行圣王义利并重以平治天下的王道；在学风方面，必须消除卢（照邻）、王（勃）那样的浮华之风，而推行有利于国计民生的求真务实之风。要之以讲求经世致用的“实学”为尚。此外，东莱又作《贺车驾幸秘书省》二首：

麟台高柳识雕舆，共记中兴幸省初。
黄道再传天子跸，青编重入史臣书。
需云下际君恩盛，晨露高张乐节舒。
若写鸿猷参大雅，定非周鼓颂田渔。

紫清丹极与天邻，阖辟乾坤系笑嚬。
独为斯文回一顾，坐令吾道重千钧。
先王旧物参差见，列圣明谟次第陈。
墨客区区感荣遇，岂知深意在彝伦！

诗中仍然表达了推崇“吾道”、重见“先王旧物”以明“彝伦”的理学宗旨。这次，东莱除了自己和诗而外，还代宰臣恭书御制下方，又代宰臣写作谢表。由于孝宗在这次“幸省”中对东莱颇有好感并加深了印象，故而又于二十七日下旨，恩赐东莱转任为朝散郎。十月十七日，又赐东莱等同僚共三人进秩一等，东莱被除著作郎，兼职如故。

近期以来这一连串的提升，说明东莱在官场中还算顺利。这大概是基于他的真才实学和待人宽厚所得来的效果。东莱有感于皇恩之隆，乃更加抓紧《文海》的编纂工作。至十二月中旬，基本上已经编次完成，共分六十一门类，正文为一百五十卷，目录四卷。只恐其中还有差错，所以准备再仔细审阅一遍，然后进呈。不料天有不测风云，人有旦夕祸福，情因劳累过度，东莱病倒了。十二月十四夜，东莱忽感风痹之症，行坐不便，馆中给假半月，准予居家治疗。到年底假期已满，过了年，已是淳熙六年（1179）正月，但症状仍未见减轻。

于是，东莱只得上札请祠。正月十一日，有诏拟授州郡之职。十六日，又诏与添差参议官，差遣免谢，东莱坚辞不受。二十四日，枢密使王淮前来宣旨，询问所编《文海》的次第及编纂进度。东莱遂以其书进呈，并呈上《进编次〈文海〉札子》云：

> 某窃伏自念本朝文字之盛，众作相望，诚宜采掇英华，仰副圣意。而某学问荒浅，知识卑陋，不足以知前辈作述之指。黾勉承命，今已经年，简牍浩繁，纂辑缪戾，加以缮写才毕，偶婴末疾，尚恐疏略抵牾，未敢遽以投进。今月二十四日，伏蒙辅臣具宣圣谕，缘某已除外任，俯询所编次第，自惟稽缓，不胜震惧。

原版本的《圣宋文海》共只二十册，规模较小，而且错误很多；东莱编修此书则极为认真，他遍采北宋诸家文集，旁采传记他书，即使是不知名氏而其文可录用者，亦按照《文选》“古诗十九首”之例悉行选辑无遗，共成一百五十四册。不仅规模宏大，而且“采摭精详”，成为一代巨著，故得到孝宗嘉许，特赐名为《皇朝文鉴》，又命翰林学士周必大为之序。二月初三日，得旨云：“吕某编类《文海》，采摭精详，与除直秘阁。”并令中书舍人陈骙执行此令。初四日，又遣中使李裕文登门宣谕圣旨，赐银三百两、绢三百匹。公具表谢恩道：“奏篇无取，锡命有加。既叨中秘清切之除，复拜内府便蕃之锡。人微恩厚，感极涕零。”由于当时方重职名，非有功不除，故执行授职之命的中书舍人陈骙据制驳之，以为推赏太优。孝宗批旨云：“馆阁之职，文史为先。今所编次采取精详，观其用意，有益治道，故以宠之，可即命词。”陈揆不得已，乃草制授职。而东莱坚辞直秘阁不受，虽经再三固辞，竟不允，乃拜命。

《皇朝文鉴》后人习称《宋文鉴》。东莱受命编辑此书，也曾受过不少曲折和非议。即使他的至交好友张南轩和朱子，也曾认为东莱编辑该书不妥。在东莱受命之初，南轩时在江陵，即与朱子书曰：“伯恭好敝精神于闲文字中，何补于治道，何补于后学？承当编此等文字，亦非所以成君德也。”与之相反，还有一种说法则从另一角度加以批评，认为东莱编《文鉴》，“有通经而不能文词者，亦表厕其间，以自矜党同伐异之功，缙绅公论皆嫉之”。对此，《四库提要》曾明确指出：“所谓通经而不能文章者，盖指伊川，然伊川亦非全不能文。”很明显，南轩是从理学家的重道轻文的角度进行批评的；而后说则全系出于当时反道学者之口，借崇文之名以攻击理学。朱子对《文鉴》则既有批评，也有肯定。《朱子语类》记朱子评《文鉴》的五例，亦微论其去取有未当之处；但陈振孙《直斋书录解题》记载朱子晚年曾对学者说道：“此书编次，篇篇有意，其所载奏议，亦系当时政治大节。祖宗二百年规模与后来中变之意，尽在其间，非选粹比也。”既议其短，亦颂其长，这是比较公允的评价。叶水心对《文鉴》则极为推崇，认为此书“尽取渡江前众作，备加搜择，成百五十卷，盖自古类书未有善于此”。不过，当时还有一种谣传，传说“东莱修《文鉴》成，独进一本，满朝皆未得见，惟大珰甘昺有之，公论颇不与”云云。此说倒并非出于对《文鉴》的褒贬，而是牵涉到东莱的人格问题。若从东莱平时的为人推想，他虽然为人宽厚，但决非无原则地暗谀宦竖小人之人；即使就其客观事实而言，也无此可能。因为东莱编定此书时，“缮写才毕”，还来不及重加审阅，就已病倒在床。进献孝宗的那本，还是由孝宗旨令枢密使王淮登门宣旨催促后，才在匆促间把那部因未经审阅而“未敢遽以投进”的书稿进献的。所以，东莱根本不可能预先再写一部书稿同时献给大宦官甘昺。对此，《四库提要》曾加以致疑：“录副本以献中官，祖谦似不至是。”对于《文鉴》本身的价值，《四库提要》也认为：“此书所载论政、论学之文，不一而足，安得尽谓之无补？……殆日久而后论定欤！”是的，不管时人如何出于私意加以评断乃至横加非议，但历史最终还是会作出公正评价的。

四、因疾奉祠

东莱的风痹症通过三个月的休养治疗，到春末症状有所减轻，终于可以扶持着上车了。三月二十四日，他就乘车出修门游览了一番，觉得精神有所改善。于是在四月初七日，买舟而归，至十三日到达婺城。东莱所住的旧舍，本是祖父驾部公吕弸中南渡转徙婺州时，租赁官中空屋为居。这时，东莱即以朝廷所赐的银两在婺城的西北隅购置新宅，迁入居住，而以旧屋归还官府。于是，他打算在新居中长期安静地从事著书立说的事业了。

朱子闻知东莱已回婺城家居，又遣其子朱塾前来受学。又收到朱子来信，方知朱子于三月三十日到达南康，一到任就在第一道榜文中宣布了宽民力、敦风俗、砥士风三条施政大纲。但在“宽民力”的各种措施上受到上上下下或明或暗的种种掣肘，使得朱子束手无策。故在来信中不禁长叹：“平生读书，要作如何利益的事，今到此，此等事便做不得。中夜以思，实不遑安处。”[①]东莱亦为之感叹不已。

到六月七日，忽又接旨，诏令东莱以直秘阁主管建宁府武夷山冲佑观。这是一种闲职，本是东莱以前曾经多次请求的职务，现在终于得以实现，就完全可以安心地在家从事著述了。于是，东莱就静下心来，开始安心地写作《尚书讲义》了。

然而不幸的是，迎娶进门还只一年半的芮夫人，又因日夜照料身患风痹症的丈夫劳累过度而突然病倒了。东莱本是经过两次丧妻之痛的惊弓之鸟，今见夫人患病，就感到忧心无主了。虽经百般医治，但仍无起色，反而眼见得病情逐渐加重，至七月二十八日，芮夫人终因医治无效而去世。东莱不得不以有病之身料理丧事。九月十五日，祔葬芮氏夫人于明招山祖墓。东莱亲自为之作《祔芮氏志》云：

> 夫人芮氏，吴兴先生之季女，东莱吕某之继室也。生十有一年而先生没。及长，澹静驯饬。母王夫人隆爱之，严于择对，不轻诺。某少获事诸公长者，而海内知心，则实维先生之门。夙夜念无以酬，适中馈乏主，闻夫人之贤，乃委币以请。既庙见，慨然曰：“吾他日有以拜先生墓矣。”归之明年，某病废，夫人护视劬瘁，得羸疾以卒。……祔于婺州武义县明招山先君兆域之左。

① 《朱文公文集》卷三十四《答吕伯恭》书二十。

芮夫人的病亡，确实是东莱一生中最为悲痛之事。他在给周必大的信中表达了这种极度悲痛的心情：

> 某积衅所钟，新妇竟至夭折，悲悼殊不能为怀。病中复遭此戚，极觉委顿，两三日来，始似粗可撑拄。恐远贻忧念，故力疾作此拜禀。[①]

东莱本来就是风痹症还未痊愈之人，由于芮夫人的病亡，长期悲痛过度，加之丧事劳累，身体更加不支，致使风痹旧症日益加重，芮夫人的丧事忙过之后，终于自己也病倒在床了。

十月，复斋陆九龄又一次特来金华相访。在东莱家中住了二十余日。此时，复斋已经完全放弃了原先在鹅湖会上所主张的教人之法，而倾向于朱子的观点。对此，东莱表示高兴，又写信告诉了远在南康的朱子。

朱子在南康任上宣布“宽民力、敦风俗、砥士风”三条施政大纲。虽然在“宽民力”的各种措施上受到种种掣肘而难以实行，幸而在“敦风俗、砥士风”两项上，他倒可以凭借一郡之长的权力放手在南康雷厉风行。他重建白鹿洞书院，为谢安、陶潜、周敦颐立祠等，几乎调动了南康一地全部前代有名的忠臣孝子、义夫节妇的遗迹，来力挽这衰世的颓风，弘扬光大儒家传统。并以“礼”来整顿维系涣散的三纲五常，礼、刑并施，调整家庭人伦和社会人际关系。他在给东莱的信中提到他这种礼刑恩威并用的效果说：“郡事比亦甚简静，秋间以两县破坏，不免暂易其人，即日词讼便减什七八，今或至当日而无讼者，亦缘略锄去一二乱政生讼者之故。戒令劝率，民间亦肯相信，如中间举行别籍异财之令，父子复合者数家。”[②]

朱子在南康整顿士风学风上的最大业绩是修复了白鹿洞书院。白鹿洞在庐山五老峰南二十余里，秀峰环抱，北有后屏山，西有左翼山，东有卓尔山，拱立侍卫着这一方群居讲学、隐遁著述的幽境。始有唐末李渤避兵来此隐居读书，

---

① 《东莱吕太史别集》卷九《与周丞相》。

② 《朱文公文集》卷三十四《答吕伯恭》书二十七。

养蓄白鹿相伴自娱。南唐升元中在这里建立学馆，号称庐山国学，任命国子监九经李善道为白鹿洞洞主。北宋时改称白鹿洞书院，到大中祥符间增建学馆，生员常有数十百人。同登封嵩阳书院、长沙岳麓书院、商丘应天书院并称为宋代四大书院。但南渡以来几经兵燹战乱，书院屋宇已经焚毁不存，基址埋没在荆榛莽丛。朱子一到任就四处寻访遗址，直到十月十五日下元节他在行视陂塘时，经樵夫指点才在李家山找到白鹿洞书院的废址。朱子在东莱的积极参与和协助下，当即筹备重加修复，并特请东莱作《记》以阐述书院创建变迁的历史始末以及重建书院的宗旨。十二月初，东莱撰成《白鹿洞书院记》寄给朱子。内云：

淳熙六年，南康军秋雨不时，高印之田告病。郡守新安朱侯熹行视陂塘，并庐山而东，得白鹿洞书院废址，慨然顾其僚曰："是盖唐李渤之隐居，而太宗皇帝驿送九经，俾生徒肄业之地也。书院创于南唐，其事至鲜浅；太宗于泛扫区宇、日不暇给之际，奖劝封殖，如恐弗及，规模远矣。中兴五十年，释老之宫圮于寇戎者，斧斤之声相闻，各复其初；独此地委于榛莽，过者叹息，庸非吾徒之耻哉！郡虽贫薄，顾不能筑屋数楹，上以宣布本朝崇建人文之大旨，下以续先贤之风声于方来乎！"乃属军学教授杨君大法、星子县令王君仲杰董其事，又以书命某记其成。

某窃尝闻之诸公长者：国初斯民新脱五季锋镝之阨，学者尚寡，海内向平，文风日起，儒先往往依山林、即闲旷以讲授，大师多至数十百人。嵩阳、岳麓、睢阳及是洞为尤著，天下所谓"四书院"者也。祖宗尊右儒术，分之官书，命之禄秩，锡之匾榜，所以宠绥之者甚备。当是时，士皆上质实，下新奇，敦行义而不偷，守训故而不凿。虽学问之渊源统纪或未深究，然甘受和，白受采，既有进德之地矣。庆历、嘉祐之间，豪杰并出，讲治益精。至于河南程氏、横渠张氏，相与倡明正学，然后三代孔孟之教，始终条理于是乎可考。熙宁初，明道先生在朝建白学制，教养考察宾兴之法，纲条甚悉。不幸王氏之学方兴，其议遂格，有志之士未尝不叹息于斯焉。建炎再造，典刑文宪浸还旧观，关洛绪言，稍出于毁弃翦灭之余。晚进小生骤闻其语，不知亲师取友，以讲求用力之实，躐等陵节，忽近慕远，未能窥程张之门庭，而先有王氏高自贤圣之病，如是洞之所传习道之者或鲜矣。然则书院之复，岂苟云哉！此邦之士，盍相与揖先儒淳固悫实之余风，服大学离经辨志之始教，由博而约，自下而高，以答扬熙陵开迪乐育之大德，则于贤侯之劝学，斯无负矣。……

白鹿洞书院到次年（淳熙七年）三月修复完工，共有学舍二十余间。朱子亲任洞主，自作《白鹿洞赋》《白鹿洞牍》，连同东莱所作的《记》刻石树碑。朱子重建白鹿洞书院的目的，就是要通过学校教育把后进士子从王学引向程学。

淳熙七年庚子（1180），东莱四十四岁。这年，东莱虽奉祠家居，身患重病，但仍然著述不息；而且还密切关注着朱子在南康的施政情况，并在朝中尽力为之周旋。

这时，正当朱子在南康致力于他的“见儒者之效”时，朝中反道学势力的矛头也在指向宰辅。在这种反道学下又掩盖着幸臣更肆无忌惮的结党弄权。三月间，孝宗下令地方监司郡守条具民间利病上闻，朱子即趁机于四月二十一日上了一道封事，故意把这次只许“条具民间利病”的上书写得“杀不住，不免索性说了，从头彻尾只是此一个病根也”，引到了直接批评孝宗头上。他也料定犯颜直谏会招致孝宗雷霆之怒，在上封事前打好了行李担，做好了“严谴”的准备。他写信告诉东莱说：“业已致身事主，死生祸福，唯其所制，非己所得专也。此间只有三五担行李，及儿甥一两人，去住亦不费力，但屏息以俟雷霆之威耳。”[①]同时，他还写信给朝中新任参知政事的周必大不能再“暗默”。因为周必大是由东莱力劝入任参政的，所以朱子同时写信给东莱道：“新参（周必大）近通问否？大承气证却下四君子汤，如何得相当？然幸其尚不发病耳。老兄与之分厚，须痛箴之。吾辈与百万生灵性命，尽在此漏船上，若唤得副手艄工，不至沉醉，缓急犹可恃也。”[②]当时，已有一批朝臣因论近习怙权，相继离朝，

① 上引均见《朱文公文集》卷三十四《答吕伯恭》书三十四。

② 《朱文公文集》卷三十四《答吕伯恭》书三十五。

台谏官们已经噤若寒蝉。周必大虽素称正直，但对恃宠骄横的权幸也无可奈何。朱子的上书果然使孝宗大为震怒。东莱致函周必大说："朱元晦条具民事而及其他，不为中节，独赖仁人君子共保持之耳。继此如复求祠，苟遂其请，乃所以全护之也。"[①]参政周必大在东莱的一再恳托下出面援救，吏部侍郎赵汝愚也在赵雄面前再三说情[②]，孝宗总算强压下了怒火。于是，朱子便不断地上章请祠罢归。

是年夏，南康大旱，朱子从减税和赈济两方面展开了救灾。此外，朱子又奏请拨下钱粮，用以征民夫修筑沿江石堤，将旧堤增高三尺，开浚淤塞，在闸内凿池引泉。这样，既可保证舟船停泊，也可防旱；但主要目的是要让受灾饥民就役，解决他们的缺粮缺钱。他在给东莱信中说："赈济当自元旦举行，民间岁前有阙食处，稍已赈济之。但闻颇苦乏钱，此则无如之何。然见修江堤，役工买木，亦足以散钱于民间，但不多耳。"[③]后来这道石堤称为紫阳堤，东莱还为这道作为朱子救灾赈荒业绩象征的石堤写了一篇碑记。

今年以来，东莱虽奉祠家居，但他的官职又有几次更动。四月十七日，磨勘转朝请郎。九月二十五日，诏除著作郎，兼国史院编修官，东莱因病坚辞不受。十月十二日，又诏命授予两浙东路安抚司参议官一职，东莱又坚辞不受。后来他在给朱子书中谓"但传闻犹有参议官指挥，病中亦何缘赴得？又须费一番书札也"。故而他以"久成病疾"为由，坚持不受此职，要求"依旧差注宫观"。在东莱本人的坚持下，朝廷才收回成命。十一月二十二日，有旨使他主管亳州明道宫。因为这与以前主管武夷山冲佑观一样，同是一种闲职，并不妨碍他在家中从事著述，所以也就接受了。

东莱自从隆兴元年（1163）二十七岁踏上宦途，至淳熙六年（1179）四十三岁奉祠归家，包括中间待次以及居丧丁忧等在内，先后共十六年，实际居官时间十年左右。在此期间，既没有飞黄腾达，手握重权；也没有饱受磨难，屡遭挫折，基本上是平坦而无起伏。其中原因除了他是世家子弟，朝中有不少世

---

① 《东莱吕太史别集》卷九《与周丞相》。

② 见《宋史·赵雄传》以及吕东莱《与周丞相》诸书。

③ 《朱文公文集》卷三十四《答吕伯恭》书四十一。

交故知相维护外，更主要的是他政治上安分守己，随和不争，遇到矛盾，多采取息事的态度所致。

东莱从孩提时起，就深知官场的险恶，故而在为官后处处注意保全自己。他时时翻阅《阃范》，其旨即从这本书中寻求保护自己的处世哲学和为官之道。“大抵《阃范》一书，须常置几案，时时观省，所补不小也。”[①]东莱认为要想立足于官场，首先要宽宏雅量，不宜露芒尖刻。他在给友人戴在伯的信中说：

某到官垂两月矣，其初殊有龃龉处，近日稍稍安堵。大抵坐谈常觉从容，临事常觉迫切，乃知学问工夫无穷，当益思所未至也。吾友初官，又非此比。切须柔巽和裕而不失正，乃善。尊长所命，非甚害义，皆当曲从，然先须委曲几谏，必不得已，然后斟酌曲从也。上官招饭，则不可拘旬假要之，但守非旬假不作会，则与世俗稍通也。……居官临事，外有龃龉，必内有窒碍，盖内外相应，毫发不差。只有“反己”两字，更无别法也。[②]

这虽然是对戴在伯初仕的忠告，但实际上则是他本人的经验之谈。概括起来有两点：其一，对同僚注意社交应酬，这样就不会孤立。其二，对上司的命令，在不“害义”的前提下，应该尽量顺从；如果碰上“害义”之事，则必须“委曲几谏”加以挽回。必须指出的是，他这种坚持以合乎“义”为原则的“斟酌曲从”的态度，与那种圆滑无原则的“乡愿”处世哲学，是有其本质的区别的。他在给潘叔度的信中，又把自己在官场上奉行的原则概括为“内不敢旷职，外不敢立异”，一切按制度办事。认为这样做既无风险，又简便省力。他说：

天宇间何所不有？无为强自苦也。某自入夏来，每至日落，乃出馆，终日潇然事外，不异山林。大抵不问在朝在野，职分之内不可惰媮，职分之外不可侵越，自然日用省力也。[③]

---

① 《吕东莱先生文集》卷五《与学者及诸弟书》。
② 《东莱吕太史文集》卷十《与戴在伯》。
③ 《东莱吕太史文集》卷十《与潘叔度》。

鉴于祸从口出的严酷现实，东莱反对超越职分范围对政事妄加评论，尤其不要指名道姓地议论别人的沉浮，以为这样做，很容易得罪权贵，非但于事无补，而且有可能因此而罹祸。他说：

> 大凡不在朝廷而论朝廷事，止可泛论大体，不当明言某人可用，某人不可用。……止可泛论，不可指名，对州县官亦然。[①]

概括而言，东莱的居官原则不外乎两条：一是对于上司的命令，在不违背一定原则的前提下，应该尽量顺从；二是对于自己的职务，既不宜懒惰旷职，也不宜侵权越职。应该说，他这两条居官原则，是合乎儒家的立身处世之道的，即使以现代的眼光视之，也基本上是正确的。

东莱这一谨慎小心，近于孔子所谓“狷者”的为官之道，使他在官场上平稳风顺。也正因为如此，他所做的也只能是一般的史官与学官，主要从事的政治活动亦限于为统治者寻找长治久安之策以及进行有补于世教的著述和讲学，却缺乏力挽狂澜的作为。

---

① 吕祖谦《史说》。

第九章　未竟之业

一、哀伤致疾

吕东莱的家庭生活，却与其平坦安稳的仕途形成鲜明的对照，是极其坎坷的。

首先，东莱两次出仕期间，先遭母亡，后逢父丧。乾道二年（1166）三十岁那年，东莱的母亲曾夫人病死任所，东莱归咎自己没有侍奉好，离职而去。六年之后，即乾道八年三十六岁时，其父病死家中，时值东莱在临安当礼部试官，参与主持院试。考试未毕，忽报父亲病危，急忙赶回家中时，其父已在半天之前咽气，东莱竟无缘再见一面以面受遗命。这对极为注重孝道的东莱而言，是一个至死也不能自我原谅的罪过。他悔恨自己为官事所拘，既没有在父亲病重时亲奉药饵，以尽子职；又没有在父亲弥留之际，伺候其终。故而长时间的自怨自艾："一官拘縻，病不奉药饵，没不闻理命，不孝之罪，上通于天！"[①]居丧期间，他想起一年之前父亲方从吉州任上奉祠归来，自己亲到龙游迎接父亲归家。而今仅过一年，父亲已经不在人世。触景生情，他颇为伤感地说："去岁今日，方迎见亲舆衢婺之间，未及一年，目前竟果如此。忧极成醉，忽若向来无恙时，犹欲修温清事；引衣顾见麄绖，乃知身是罪逆，失声长号，往往一恸

① 《吕东莱先生文集》卷三《与朱侍讲》。

欲绝也。”[1]过度的悲痛，加速了他在体内潜伏疾病的迸发。他多次自称：“病疾沉痛，已成废人。”在其父死后，“屏居五年，阖户温习故书”，无心在官场上奔走。

其次在婚姻问题上，“三娶皆先卒”，精神上受到的创伤不小。东莱于绍兴二十七年（1157）二十一岁时，娶尚书左司郎中韩元吉之长女韩复为妻。婚后五年，即绍兴三十二年二十六岁时，韩复因产后出血过多而去世。因为东莱和韩复感情甚笃，一直过了七年，到乾道五年（1169）三十三岁时才再娶韩元吉的幼女韩螺为继室。但两年后，即乾道七年三十五岁时，韩螺又暴病而卒。此后又遭父忧，三年之内不能婚娶。故到淳熙四年（1177）四十一岁时，方再娶国子祭酒芮烨之女为继室。芮女当时年方十六。仅过一年，东莱又患上风痹之症，全身“萎痹”，行动不便。芮氏极尽妇道，对东莱照顾甚周，使他宽慰不小。谁知过了不久，芮氏又先他而去。芮氏之死，使得东莱悲痛欲绝。他认为芮氏早卒，纯属是因为照顾自己，劳累过度所造成的。他在家人的帮助下，拖着病躯，亲自为芮氏之坟上土。芮氏之死，对于东莱而言，一方面在精神上受到莫大的刺激而加深了病情；另一方面又因病情的加深而又失去了亲人的照顾，其孤独悲凄之情可以想见。如此恶性循环，导致萎痹之症竟成不治。

其三在子女方面，原配的韩夫人曾生一女二子。长子岳孙，出生后仅两旬而夭亡，次子齐孙，出生后亦仅三月而夭亡。只留下女儿华年，到十八岁时嫁归本郡士人潘景良为婚。续娶的继室韩夫人，曾生有一女，取名螺女，可是到周岁上，又不幸暴病夭亡。所以继室韩夫人并没有留下子女。三娶的芮夫人生有一子，取名延年，而芮夫人病卒时，延年尚在襁褓之中。因此，东莱晚年，除了一女华年早已出嫁外，身边的亲人只留下了一个嗷嗷待哺的幼儿延年了。其极端悲苦之情可想而知。

其四，东莱是一个非常笃于兄弟之情的人。本来，他除了二弟大愚吕祖俭外，还有一个从小为父母和自己所特别钟爱的幼弟，却不幸于淳熙二年（1175）东莱三十九岁那年的七月暴病而亡。东莱曾在不少给朋友的信中诉说自己的丧

---

① 《吕东莱先生文集》卷五《与陈同甫》。

弟之痛。诸如他在给陈龙川的信中说："前月小舍弟不幸，特辱慰唁，不胜悲感。……前月相别后一日，小舍弟疾势顿变，遂以不救。此弟生而痼疾，先人尤怜念之，今竟不能全，追痛摧恸，生意殆尽，近方还舍，扰扰犹未定也。"[①]爱弟的髫年暴亡，在东莱一生的精神上无疑也是一个不小的创伤。

父母丧亡对于儒门而言虽然是昊天罔极之痛，但毕竟还属于每个人都必须面对的正常现象；然而多次的丧妻、丧弟、丧子、丧女的异常之痛，却更非一般人所能承受。东莱本来就不是一个体魄强健的人，家庭生活的屡遭不幸，使其身心一再受到重创，以致正当盛年就患了不治之症。

淳熙七年庚子（1180），东莱四十四岁。在这一年中，又连续传来好友丧亡的噩耗，这对特别看重友情的东莱而言，对其病体无疑是雪上加霜。

先是在二月间，平生最要好的朋友张南轩病逝。东莱与南轩的交谊非同一般。本来，从学术渊源上看，两人有同门之谊。而且，东莱与朱子、南轩齐名，时有"东南三贤"之称。东莱进入仕途后，又与南轩两度共事，有同僚之谊。两人首次共事于严州，南轩为太守，东莱为学官，彼此合作极其协调，相处非常融洽。东莱在一次给潘叔度的信中盛称南轩："张守举措详审，问学平正而又虚心从善，善类中甚难得也。如知言中有疑，往往适同，幸日夕相与讲论，甚可乐。"[②]东莱在给其他友人的信中，亦有同样的内容。一年之后，东莱先回朝任馆职，不久，南轩亦入朝为郎兼讲官，两人再度共事，加之同巷相居，往来更为密切。东莱在给朱子的信中说："张丈邻墙，日夕相过讲论"[③]。在《杂说》中，东莱再次推崇南轩教人之法志"敬"说：

> 张荆州之教人也，必使人体察良心，以圣贤语言而见之行事，因行事而复求圣贤之言语。
>
> 南轩曰："心在焉则谓之敬，且如方对宾客谈论而他有所思，虽思之善亦不敬也；才有间断，便是不敬。"

---

① 《吕东莱先生文集》卷五《与陈同甫》书十四。

② 《吕东莱先生文集》卷五《与潘叔度》。

③ 《吕东莱先生文集》卷三《与朱侍讲》。

南轩之死，所谓“东南三贤”也就成了“三缺一”，这对于东莱而言，自然极为悲痛。当他听到南轩的讣告时，“适方饭，惊愕气通手足厥冷，几至委顿”。在给朱子的信中，连呼：“张五十丈遂至于此！痛哉！痛哉！”[①]这时，东莱本人已身染恶疾，一度连生活都不能自理。“右肢风痹”，吃饭穿衣都要依赖家人的帮助。然而为了表达对南轩的悼念之情，他以极大的毅力支撑着虚弱风痹之病体，在病榻上痛哭着撰写了一篇情真意切的《祭张荆州文》。其文道：

> 昔者，某以郡文学事公于严陵，声同气合，莫逆无间。自是以来，一纪之间，面讲书请。区区一得之虑，有时自以为过公矣，有闻公之论，纲举领挈，明白严正，无缴绕回互、激发偏倚之病，然后释然心悦，爽然自失，邈然始知其不可及。此某所以愿终身事公而不去者也。某天资涩讷，交际酬酢，心所欲言，口或不能发明，独与公合堂同席之际，倾倒肺肝，无所留藏。意所未安，辞气劲切，反类世之强直者。亦不自知其所以然，夫岂士为知己尽，自应尔欤？……呜呼！公今其死矣，我无所复望矣！……不敏岂复能文？直写胸中之诚，以告公而已！

后来，他在给朱子的信中也说“平生师友间可以信口而发、不须拣择，只此一处尔”。并说自己写的祭文，“虽病中语言无次序，然却无一字妆点做造也”，完全是内心真实情感之流露。并为自己平时没有将南轩的文稿抄录留存而后悔不已。他嘱咐朱子说：“张五十丈遗文告趁郡中有笔力早写一本见示，极所渴见，不必待编定，亦不以示人。其方无恙时，谓相见之日长，都不曾抄录，今乃知其可贵重也。”[②]朱子曾对东莱这篇祭文有所批评，认为“伯恭祭南轩文，都就小狭处说来”[③]。然而正是这些“小狭处”，才真实地反映了东莱与南轩之间的真挚情谊。

---

① 上引均见《吕东莱先生文集》卷四《与朱侍讲》。

② 《吕东莱先生文集》卷四《与朱侍讲》。

③ 《四库全书总目提要》。

是年初冬，东莱对于张南轩去世的悲痛尚未平复，又忽报复斋陆九龄于九月二十九日病卒。在东莱一生的学术交往中，复斋是一位举足轻重的朋友。一方面，东莱与复斋本来就是莫逆之交，复斋曾多次专程前来婺城拜访东莱，两人交谈非常投机；另一方面，在协调朱子与陆象山的不同观点之间，复斋起着仅次于东莱的作用。在鹅湖之会上，朱、陆之间形成明显的分歧，后经东莱的耐心开导，复斋的观点逐渐倾向于朱子方面，并协助东莱做象山的思想工作，使得高傲自信的象山也终于有了“转步”的意向，促使他后来能够主动到南康与朱子进行学术交流。然而，正由于复斋的早亡，使象山的“转步”亦即此而止，未能由“转步”发展为“转身”，以致朱、陆之间的学术分歧也最终未能弭合。东莱想起复斋在四月间还曾来此相聚，且留住了二十多天，“幡然以鹅湖所见为非”，东莱正希望他能协助自己来解除朱、陆学术上的分歧，然而现在竟已作古，岂不可痛？所以东莱认为，复斋的过早去世，乃是学术界的一大损失，故而连呼“痛！痛！”。他在给朱子的信中说：“陆子寿不起，可痛！笃学力行，深知旧习之非，求益不已，乃止于此！于后学极有所关系也。痛！痛！”复斋殁后，谁来为其撰写墓志铭呢？胞弟象山首先就想到东莱是最为合适的人选。他写信给东莱请求说：“复斋之葬，不可无纪，幽镌之重，岂敢他委，道同志合，惟公不二。”[①]东莱接信后，二话没说，立即握管挥毫，命人送去。他在《陆先生墓志铭》的篇末，对南轩和复斋两位挚友同时作了悼念：

> 荆州牧广汉张公栻与先生不相识，晚岁还书，相与讲学问大端，期以世道之重。无几何而张公没，又半岁而先生下世矣。岂道之显晦，果有数存乎其间邪？

南轩和复斋的去世，东莱不仅为本人痛失知己而哀伤，而且还把两人的存没，提到了“道之显晦”的高度，可见他平生寄予两人的期望之高，从而表达了自己对于两人过早亡故的哀思之深。

① 《陆九渊文集·祭吕伯恭文》。

自从东莱以疾辞官、归居金华之后，当数与陈龙川的交往最为频繁。此后每寄书龙川，必致殷勤相邀之意，龙川盖亦随时过访。见面晤谈，气氛均极融洽，有时竟至夜分而仍无倦意。这也多少消解了东莱的一些痛苦，给予长期卧病的东莱送来了不少安慰。

从儒门所最为看重的“五伦”而言，东莱除了在君臣关系上还算比较顺利而外，无论在父子、夫妇、兄弟乃至朋友的关系上，都曾受到过莫大的伤痛和刺激。这些，都逐渐促成了正值中年时代的东莱的不治之症。

当然，东莱也曾多次向朋友表示，自己所患仅仅是肢体之病。他在给朱子的信中说：“某病体夏中粗无他，虽深风远痹，非药石所能料理，然神气渐似完固，杜门养静亦殊有味也。”在给龙川的信中也说：“某至今病状，除手足痿痹外，其它顽健如平时。”其实，正因为神志的清醒，更难以承受肉体和感情上的痛苦。

二、病榻著书

东莱虽已身患重病，行动不便，却仍然读书治学，著述不辍。当然，在这种孤独悲苦的处境中，东莱也只有凭借读书著述来支撑其精神支柱，以期聊度其酸楚的余年，除此之外，他还能做些什么呢？

首先，东莱从淳熙七年庚子（1180）正月初一日开始，坚持每日记录日记，一直记到他去世的前一天淳熙八年七月二十八日为止。其中除了记录每天所作的读书、著述等功课而外，还简明地记录了关于天气变化、物候更新等现象。在其《庚子辛丑日记》的起首即大书云：

> 淳熙七年庚子，正月戊寅，一日甲寅，初编《大事记》，起周敬王三十九年。晴。

其下随举数例以见一斑，例如：

十一日，十三年至十七年；欲晓雨止，紫荆盛开，鲜明；阴，晚风，遂入夜。

这里的“十三年至十七年”，是指编《大事记》的“周威烈王十三年至十七年”的内容。又如：

二十一日，五年至十年，雨后新绿可观，晴暖，二更后雷雨。

十日，《大田》一章，晴，瓦沟余白，腊梅盛开。

中伏，五日，《皇矣》三、四章，晴热，申风雷，微雨飘洒，秋虫鸣。

八日，元狩二年、三年，晴热，晚雨，檐溜有声，食顷止。

十一日，《行苇》一、二、三章，晴，时有云，步月墙东，水竹幽茂。

其中凡是“某年至某年”，都是记录本日编辑《大事记》的内容；“《大田》一章”之类，是记录本日修订《读诗记》的内容；而如“紫荆盛开，鲜明”，“雨后新绿可观”，“瓦沟余白，腊梅盛开”，“微雨飘洒，秋虫鸣”，“晚雨，檐溜有声”之类，则以极其简炼的笔调形象地描述了气象和物候的变化更新；又如“步月墙东，水竹幽茂”之类，更进而把自己的举止和客观的景物融为一体，达到了情景交融的境界。即此数例，已可窥见东莱在文学上的表现水平。朱子在淳熙九年，亦即东莱逝世之次年，给这部《日记》写了一篇《跋》，给予了很高的评价：

观伯恭病中《日记》，其翻阅论著，固不以一日懈。至于气候之暄凉，草木之荣悴，亦必谨焉，则其察物之省，盖有非血气所能移者矣。比来不得复见伯恭，固为深恨；然于此得窃窥其学力之所至，以自警省，则吾伯恭之不亡者，其诲我亦谆谆矣。三复流涕，敬书其后云。淳熙壬寅，新安朱熹。

东莱虽然身抱重病，仍然读书不辍。据《日记》所记的最后一年半中，还精心研读了《诗经》《书经》《周易》《礼记》《春秋左传》《论语》《史记》《汉书》《稽古录》《资治通鉴》《熙宁奏对》《欧阳公集》《皇极经世》《正蒙》《近思录》《知言》《医经》等书，还随时记下读书心得，以供著述之用。

东莱每日最重要的工作当然是著述。据《日记》所记，东莱在最后两年中下工夫最多的两部书是修订《吕氏家塾读诗记》和编写《大事记》，而且两部书是同时并进的。

《吕氏家塾读诗记》本来在淳熙元年就写有初稿。到淳熙三年的三衢之会上，曾与朱子有过关于《诗》学的辩论，回家后对《读诗记》作过一次修订。由于近年对于《诗》学的精心研究，在对《诗经》作品的理解上进一步加深，在《诗》旨的领会上已有显著的提高，所以觉得又有根据近年所得的体会重加修订的必要。传世的《吕氏家塾读诗记》，在其《大雅·公刘》首章有东莱之弟大愚的一条注释云："先兄己亥（淳熙六年）之秋复修是书，到此而终。自《公刘》之次章讫于终篇，则往岁所纂辑者，皆未及刊定。如《小序》之有所去取，诸家未次先后，与今编条例多未合。今不敢复有所损益，姑从其旧，以修是书之阙云。"从这条注释可知，第二次修订《读诗记》是从淳熙六年秋天开始的。到淳熙七年开始写《日记》后，每天还把修订《读诗记》的篇章作了记录。这年正月初四日的《日记》记有"修《读诗记·唐·无衣》"一条，说明本日修订了《唐风》中的《无衣》篇的内容。从这条记录可知，《唐风·无衣》以前的《国风》部分，是在淳熙六年的秋天到年底之前修订的。而从淳熙七年正月初四日修订《无衣》开始，则每天都有记录，一直记到淳熙八年七月二十七日，亦即东莱逝世的前两日"《公刘》一章"为止。这与大愚在《公刘》首章下的注释"到此而终"完全符合。所以，"自《公刘》之次章讫于终篇，则往岁所纂辑者，皆未及刊定"。即此可知，东莱第二次修订《读诗记》从淳熙六年秋天到淳熙八年秋天临终前一直未曾中断，然而仍未修订完成，《公刘》次章以后部分，犹是以前所编未经修订的初稿。故《圹记》所载"其后更加刊定，讫于《公刘》之首章"和《直斋书录解题》所谓"然自《公刘》以后，编纂已备，而条例未竟，学者惜之"的说法即由此而来。修订《吕氏家塾读诗记》就成为东莱一生中的一项未竟之业。

根据《日记》记录，东莱于本年的大年初一日就开始撰写《大事记》。今存《大事记》十二卷，内附《通释》三卷，《解题》十二卷，合二十七卷。卷首有东莱亲自撰写的《大事记序》云：

司马子长《年表》大事记，盖古策书遗法。获麟以上既见于《春秋经》，周敬王三十九年以下，今采《左氏传》、历代《史》、邵康节先生《皇极经世》、司马文正公《稽古录》《资治通鉴目录》，举要历辑而广之。意所未安，参稽百氏，颇为增损。书法视太史公所录，不尽用策书凡例云。起春秋后，讫于五代，分为□卷；《通释》□卷，《解题》□卷，合□卷。

从这篇《序》中可知，东莱此书系采用《左传》《皇极经世》《稽古录》《资治通鉴目录》等书编年系月的体例，本欲历辑自春秋至五代的重大历史事件，以供后人借鉴。当时，他曾计划每天编述一年的史事，故从周敬王到五代共一千四百余年，预计用四年时间完成。可是，当他带病撰写到淳熙八年（1181）七月初八日，亦即临去世前二十天的时候，突然病情恶化，再也无法继续写作了，于是不得不就此搁笔。所以，《大事记》只辑自周敬王三十九年至汉武帝征和三年（前481—前90）这段历史时期的一些历史事件，最后未能完成编辑计划，永远留下了一桩未竟的事业。

在当时的讲学家中，唯东莱博通史传，不专言性理，故朱子颇讥吕学为“杂”。然而独对于《大事记》，不得不叹服其编述之“精密”。他说：“其书甚妙，考订得仔细。”又说：“伯恭《大事记》辨司迁、班固异同处最好。……渠大抵谦退，不敢任作书之意，故《通鉴》《左传》已载者，皆不载；其载者皆《左传》《通鉴》所无者耳。”又谓其《解题》“煞有工夫，只一句要包括一段意”。诸如书中周慎靓王二年所载魏襄王问孟子事，取苏辙《古史》之论，后来朱子作《孟子集注》，即引用其说，可见朱子亦心服其淹通。《四库提要》评云：

（祖谦）所学终有根柢，此书亦具有体例。即如每条下各注“从某书修”云云，一一具载出典，固非臆为笔削者可及也。《通释》三卷，如说经家之有纲领，皆录经典中要义格言。《解题》十二卷，则如经之有传，略具本末而附以己见。凡《史》《汉》同异及《通鉴》得失，皆缕析而详辨之。又于名物象数旁见侧出者，并推阐贯通，夹注句下。……知非赵师渊辈所能望其项背也。

东莱在病中还著有《宗法》和《祭礼》二书。后人把这两种书连同东莱以前所撰的《婚礼》《葬仪》《学规》《官箴》《荥阳公家塾广记》《舍人官箴》《择善》等合编成《家范》一书。其中《宗法》是为整理春秋以前封侯建邦时代的封建宗法制度而作，具有考证古代社会制度的历史意义。《婚礼》《葬仪》《祭礼》是依据《礼记》的制礼原则并参考《仪礼》的条文，再结合当前的社会风俗，将古今之礼加以参校修订而成，使之既符合圣人的制礼之义，又便于今人能依礼而行。《祭礼》卷末有朱子所作《跋》云：

右吕氏《祭仪》一篇，吾友伯恭父晚所定也。闻之潘叔度，伯恭成此书时已属疾，自力起奉祭事惟谨，既又病其饮福受胙之礼犹有未备者，前附益之，而不幸遽不起矣。使其未死，意所厘正殆不止此。惜哉！淳熙壬寅二月既望，朱熹书。

从这篇《跋》中可知，东莱虽在身抱重病之际，仍然“力起奉祭事惟谨”，并考虑到当时尚缺乏一本既适用而又完备的祭礼之书可资遵循，故而抱病写成此书。《学规》则是辑录东莱历年在明招、丽泽等书院讲学时所制定的规约，包含有一定的教育思想。《官箴》是记录为官时必须警戒之事。《荥阳公家塾广记》是东莱追记高祖吕希哲的遗言。《舍人官箴》是东莱追记伯祖吕本中的为官语录。《择善》是东莱平时从《左传》《战国策》《史记》《汉书》《后汉书》《三国志》《南北史》《唐史》中所录出的可资择善而从的典故，以供立身处世的借鉴之用。整部《家范》收录了东莱关于社会实用方面的著作，集中体现了他的经世致用的务实思想。

淳熙八年（1181）五月，亦即东莱生命的最后一年的夏天，东莱又为家族修定家规而成《宗法条目》。规定了家族内部必须遵守的一些礼仪和规则。其中还规定：

> 子弟不奉家庙、未冠执事很慢、已冠颓废先业，并行榎楚。“执事很慢”，谓祭祀时醉酒高声、喧笑斗争、久待不至之类；“颓废先业”，谓不孝、不忠、不廉、不洁之类。凡可以破坏门户者，皆为不孝；凡出仕，不问官职大小，蠹国害民者，皆为不忠；凡法令所载赃罪，皆为不廉；凡法令所载滥罪，皆为不洁。

这部《宗法条目》虽系旧时代的家族规则，但其中的一些具体内容，诸如惩罚“不孝、不忠、不廉、不洁”之类所包含的败坏道德、违犯法纪等恶习，即使从今天看来，也并未过时。

是年五月，东莱病中还著有一部很重要的著作《古周易》。《古周易》共一卷，计十二篇。其所以题名“古周易”，系相对于编次混乱的通行本“今易”而言。因为《周易》在编次上有所谓“分经合传”的“今易”和“分经异传”的“古易”两种不同的系统。古时《周易》经、传各自独立成篇，汉初传《易》者六家，编次略同。故《汉书・艺文志》谓“《易经》十二篇”，颜师古注谓“上下经及十翼，故十二篇”。自汉末郑玄据费氏《易》作《周易注》，为了使学者寻省易了，以免两读之烦，故把《彖》《象》两传分属各卦经文之后，并各冠以“彖曰”“象曰”以别之。魏王弼作《周易注》，又进而把《彖传》《大象》移置卦辞之下，六爻之前，而把《小象》逐条分附各爻之下，唯《乾》因《小象》内容难于分割，所以仍存郑氏之旧；再把《文言》分置《乾》《坤》二卦；为了经、传不相混合，又各条冠以“彖曰”“象曰”“文言曰”以示区别。于是乃成为“今易”的基本体例。唐孔颖达奉命修《周易正义》，独取王弼《注》而为之《疏》，宋程颐亦据以作《易传》，故王弼所改乃成为后世最通行的编次，而《周易》古时的原貌反致失传。然而，以“分经合传”为特色的“今易”虽然便于诵习，但经、传各篇的完整性受到破坏，导致支离破碎的流弊。于是宋、元以降诸儒力求恢复《周易》的原貌，乃形成以“分经异传”为特色的“古易”系统。众多的“古易”本子，由于各出已见，故在经文格式以及传文的篇名、篇数和篇序等方面各不相同。其中以东莱所定的《古周易》编次最为合理。他以上、下经、十翼各为一篇，得十二篇，乃复古本之旧。尤其是他力破“费直为乱经之始”的成说，而提出了“费氏《易》在汉诸家中最近古，自康成、辅嗣合《彖》《象》《文言》于经，学者遂不见古本”的新观点，纠正了《易》学史上的误会。此书很得朱子的推崇，故朱子撰写《周易本义》，即用东莱所定《古周易》的编次。于是，东莱的《古周易》的编次乃成为“古易”系统中影响最大的一个本子。

东莱病中还著有《周易系辞精义》二卷。这是东莱有鉴于伊川所作《周易程氏传》只解六十四卦经文而不解《大传》，故广集周、张、二程诸家经说、语录以及二程门人共十四家之说，编为此书以补其阙。对于本书，陈振孙《直斋书录解题》曾引《馆阁书目》以为是一部假托东莱之名的伪书，以致后人多沿其说。其实，当时朱子即对此书有所评论，认为此书“编得亦杂，只是前辈说话有一二句与《系辞》相杂者皆载”，“这文字虽然是裒集得做一处，其实于本文经旨多有难通者”云云。尽管朱子认为此书在取舍上未臻乎精当，但也即此可见本书在收集资料方面确乎丰富而全面，更可藉以证明此书确为东莱所编殆无疑义。本书内容虽然比较庞杂，但能广集诸家之说于一书，确实给研究《周易》提供了方便；其中尤其对于《周易程氏传》曾取尹氏本和朱子本参定其异同，又从小学家辨正其文字，用力至深；又其中所载如《龟山易说》等书久已失传，藉此书为之保存了不少翔实的资料。因而此书仍不失为一本有重大价值的书。

东莱最后的一部著作是《古易音训》，又名《周易音训》，共二卷。据载，东莱在撰写此书时业已全身痿痹，肢体已经不能动弹，故由东莱口述，而由门人金华王莘叟所笔录，刚录完毕而东莱病殁。可见这是东莱临终前的一部著作。《古易音训》是东莱在考正《周易》的编次而作《古周易》的基础上，又进而考正《周易》的文字音义的著作。他汇纂唐陆德明《经典释文》和宋晁说之《古周易》而成此书，内容可谓详实丰富。今传世的诸本《周易释文》多有舛误，唯此编所载与宋抄本合。晁说之生于北宋，犹见郑玄《周易注》四篇以及唐代诸家之说，其书吸收了许多今已失传的宋代以前的资料。然而晁氏的《古周易》今亦失传，全赖东莱此书以存其梗概。即此可见本书之价值。朱子注释群经，悉有音训，唯作《周易本义》，因有东莱此书而音训独阙，故其子朱鉴取东莱《古易音训》与朱子《周易本义》合刊行世。

《古周易》《古易音训》《周易系辞精义》以及由门人辑录东莱历年讲学论说而成的《易说》等四部书，同为东莱的重要《易》学著作。《古周易》在于考正恢复《周易》古本的编次，《古易音训》即根据《古周易》的编次而进行文字考正，《易说》和《周易系辞精义》则在前两书的基础上分别发挥《周易》经、传的义理。四书共同组成东莱自成体系的《易》学系统。

此外，东莱病中还著有《欧公本末》《坐右录》《卧游录》等，兹不赘述。

三、学歧难弭

东莱一生的最高愿望是协调各学派之间的关系，希望各派之间能够求同存异进行正常交流，从而达到在基本观点上“会归于一”。诚然，这不过是一种出于天真而难以实现的美好愿望，尽管东莱以最大的宽宏雅量来兼容和协调各学派之间的分歧，但是这种学术观点上的分歧最终仍然难以弭合。不过，通过东莱毕生的努力，确实推动了当时各学派之间进行正常交流的活动，这对繁荣当时的学术争鸣和促进学术的发展，无疑作出了积极而巨大的贡献。

首先，东莱与朱子之间，在淳熙二年的寒泉之会上，两人通过共同编辑《近思录》，在理学的宗旨上基本上达到了一致。然而，到淳熙三年的三衢之会上，由于学术探讨的进一步深入，在不少具体问题上又出现了分歧。这种分歧突出地表现在《诗经》学上。

《诗经》从唐孔颖达作《正义》以来，《诗》主毛郑，论归一尊。但入宋以来，一面有梅尧臣、周尧卿、苏子才、刘宇、胡旦、宋咸等大家继续恪守毛郑诗训，一面却有欧阳修、苏辙、晁说之、王质诸家起而专攻《毛序》之失，形成了一股弃传解经、变古标新的怀疑派思潮，给沉寂了数百年的陈陈相因的经学圣地以有力冲击。南渡以来，有范处义最称推尊《毛序》，但也有史学巨擘郑樵作《诗传辨妄》猛攻《毛序》，被目为毛郑罪人。朱子于绍兴中据《毛序》之说作《诗集解》，后来不断修改，由繁趋简，但本于《毛序》解说却始终不变。乾道三年前后作过一次全面修订，到乾道九年又一次大修大删《诗集解》，开始暴露了他同张南轩、吕东莱在《诗》学上的分歧。南轩在乾道九年作《诗说》，东莱在淳熙元年作《吕氏家塾读诗记》。他们三人虽然在主《毛序》说上仍然一致，但是东莱依然遵循汉儒毛郑的训诂之学，南轩则推重宋儒二程、张、杨等理学家的义理之说，而朱子却好就经文探求本意，自创新解，并大量删去了理学前辈的义理之说。朱子的解《诗》方法招致了南轩的不满，他致书东莱说："元晦向来《诗集解》必已曾见，某意谓不当删去前辈之说，今重编过。"[①]他的《诗说》正同朱子相反，"诸先生之说尽编入"[②]。后来朱子告诉东莱："熹所《集解》，当时亦甚详备；后以意定，所余才此耳。"[③]正是这种舍传就经、据经解经的新的解经方法才很快把他引向对《毛序》的怀疑和否定，建立起自己的《诗经》学体系。

朱子在三衢之会后，淳熙四年再次修订《诗集解》。但这本《诗集解》并没有寄给东莱。他在淳熙五年间给东莱的信中提到这次修订说："大抵《小序》尽出后人臆度，若不脱此窠臼，终无缘得正当也。去年略修旧说，订正为多，向恨未能尽去，得失相半，不成完书耳。"[④]随后又告诉东莱要对《诗集解》"比亦得间刊定"。到淳熙六年冬，他把完全突破《毛序》藩篱的《诗集传》初稿寄给东莱。于是，废《毛序》还是主《毛序》成了朱、吕《诗》学争论的焦点。东莱收到朱子的《诗集传》已在淳熙七年春间，而他的《读诗记》在淳熙六年业已截稿，所以《读诗记》中所引朱子《诗》说都是采自早在乾道九年修订的《诗集解》，不肯引用《诗集传》的新解。淳熙七年，朱子又进而悟出雅郑之辨，开始再次修订《诗集传》。三月他有信告诉东莱说："雅郑二字，恐雅便是大、小《雅》，郑恐便是《郑风》，不应概以《风》为雅，又于《郑风》之外别求郑

① 《张南轩文集》卷二十五《寄吕伯恭》书三。

② 《张南轩文集》卷二十二《答朱元晦》书十三。

③ 《朱文公文集》卷三十三《答吕伯恭》书四十二。

④ 《朱文公文集》卷三十四《答吕伯恭》书七。

声也。圣人删录，取其善者以为法，存其恶者以为戒，无非教者，岂必灭其籍哉！看此意思，甚觉通达，无所滞碍，气象亦自公平正大，无许多回护费力处，不审高明竟以为如何也?”[①]七月，他又在给东莱的信中批评自己《诗集传》“犹是泥里洗土块，毕竟心下未安稳清脱”[②]。这使谨守《毛序》壁垒的东莱不能再沉默了，他在回信中对朱子进行了前所未有的激烈批评。他在《答朱侍讲所问》的《诗说辨疑》中说：

> “思无邪”，“放郑声”，区区朴直之见，只守此两句，纵有它说，所不敢从也。……宋玉《登徒子赋》用《遵大路》之语，《左传》韩起解《褰裳》之义，均为它书之引《诗》者也，皆非诗之本说也。今《集注》一则采之，一则以断章而弃之，无乃犹以同异为取舍乎！此却须深加省察，若措之事业如此，则甚害事也。或喜渔仲（郑樵）之说方锐，乞且留此纸，数年之后试取一观之，恐或有可采耳。

东莱的批评并没有说服朱子。朱子反而更充满自信地对《诗集传》进行了全面的修改。后来直到淳熙十一年才定稿。这年春写的《读吕氏诗纪桑中篇》，就是为修订成《诗集传》而作，是对三衢之会以来新《诗》学思想发展的理论总结，也是同传统《毛序》解《诗》说的决裂。然而到那时，东莱已经看不到了。

后来朱子应东莱之弟大愚之请，为《吕氏家塾读诗记》作序云：“此书所谓朱氏者，实熹少时浅陋之说，伯恭父误有取焉。其后历时既久，自知其说有所未安，如雅郑、邪正之云者，或不免有所更定，伯恭父反不能不置疑于其间，熹窃惑之。方将相与反复其说，以求真是之归，而伯恭父已下世矣。”可见两人在《诗》学方面的分歧一直没有达成一致。今从东莱的《吕氏家塾读诗记》与朱子的《诗集传》两部《诗》学名著的内容看来，前者是对《诗》学旧说的全

① 《朱文公文集》卷三十四《答吕伯恭》书三十三。

② 《朱文公文集》卷三十四《答吕伯恭》书三十四。

面总结，而后者则是对《诗》学新说的大胆开拓。两书观点不同，然而各有千秋。

在《易》学方面，朱子从鹅湖归后发现《易》不过是一本卜筮之书，但这一发现却遭到了东莱和南轩的非难。为了不引起争端，此后东莱和南轩回避了同朱子进行《易》学论辩，然而三人在《易》学上始终未能相合。在《四书》方面，朱子在《大学章句序》中攻击“权谋术数、一切以就功名之说”；《孟子集注》注孟子见梁惠王论义利一节，特引太史公之说；注齐宣王问齐桓晋文称霸一节，特引董仲舒之说。显然，这是对东莱的史学和浙东派事功说的指责，其间的分歧也很难弭合。

然而，东莱所最关心的毕竟是朱子与陆象山之间的学术分歧。从鹅湖之会以来，东莱从未中断过协调朱、陆关系的努力。一直到淳熙八年东莱四十五岁时，业已身患重病的东莱仍念念不忘调解朱、陆两人之间的矛盾。他书信往来于两人之间，希望他们彼此消除分歧，求同存异，以期在理学的基本观点上趋向一致。

二月，象山陆九渊到南康同朱子相会，成为闽浙赣士子注目的胜事。白鹿之会有着十分微妙的背景，是朱、陆鹅湖之会以来双方各自对自己理学思想进行新的反思的产物。

在鹅湖之会后，朱、陆之间保持了一段时间的不快沉默和旁攻侧击。但通过东莱从中协调之后，双方才开始逐步靠拢。从淳熙四年陆复斋写信给朱子问及礼制，到淳熙五年夏陆氏兄弟两次致书朱子“自讼前日偏见之说”，双方恢复了往来。最初开启和解气氛的，是二陆的高弟刘淳叟释褐归乡，经东莱引荐，在淳熙五年秋七月来崇安屏山拜访朱子，讲论了数日。这是二陆弟子中第一次有人来向朱子问学。朱子偕同蔡元定等一班弟子道友陪刘淳叟登天湖，览云谷，游武夷，妙语击节的倾谈共论和游山唱酬显得异常融洽。朱子告诉东莱说：“数日讲论甚适。”[①]为陆复斋与朱子的相晤预备了良好气氛。淳熙六年二月，朱子赴南康任途中寓居在信州铅山崇寿僧舍时，复斋便再偕刘淳叟在三月从抚州来

① 《朱文公文集》卷三十四《答吕伯恭》书八。

访，与朱子会见于铅山观音寺，相谈了三天。这次相会，两人各有一些自我批评。复斋深受朱子的影响，因而基本上倾向了朱子。于是，朱子也乐于为三年前鹅湖之会上二陆写的诗作了一首和诗：

德义风流夙所钦，别离三载更关心。
偶扶藜杖出寒谷，又枉蓝舆度远岑。
旧学商量加邃密，新知培养转深沉。
却愁说到无言处，不信人间有古今。

旧学加邃密，新知转深沉，都清楚道出了复斋思想的转变：从反对读书讲学的“空疏”转为邃密深沉的“就实”，朱子的和诗正是为他这种转变而作。在观音寺之会后，朱子对象山依然多有微词，而对复斋已无贬词。复斋从此转向朱子的态度已经很明朗。于是，象山的槐堂弟子中坚傅梦泉，亦通过张南轩的介绍同朱子相识。

象山显然受到复斋的影响，也做出了自我检讨的姿态，承认读书讲学的不可废，而把它作为一种方法论吸收到自己的心学体系中来。朱子致函东莱说：“子静近得书。其徒曹立之者来访，气质尽佳，亦似知其师说之误。持得子静近答渠书与刘淳叟书，却说‘人须是读书讲论’，然则自觉其前说之误矣。但不肯幡然说破今是昨非之意，依旧遮前掩后，巧为词说，只此气象却似不佳耳。”①到淳熙七年（1180），象山自己也幽居到南五里的滋兰潜心读起书来了。

淳熙七年三月，朱子致函东莱说：“子寿学生又有兴国万人杰字正纯者，亦佳，现来此相聚，云子静却教人读书讲学。亦得江西朋友书，亦云然。此亦皆济事也。”②东莱也把同样的消息告诉朱子说：“陆子静近日闻其稍回。大抵人若不自欺，入细着实点检，窒碍做不行处，自应见得。渠兄弟在今士子中不易得，若整顿得周正，非细事也。”③四月，复斋又来东莱处相聚讲论了二十余天。东

① 《朱文公文集》卷三十四《答吕伯恭》书二十八。
② 《朱文公文集》卷三十四《答吕伯恭》书三十二。
③ 《吕东莱先生文集》卷四《与朱侍讲》书八。

莱函告朱子说：“陆子寿前日经过，留此二十余日，幡然以鹅湖所见为非，甚欲着实看书讲论，心平气下，相识中甚难得也。”[①]“着实看书讲论”，正是复斋在观音寺之会上所转向的“新知”。他的转向朱子是陆氏弟子所难以掩盖的事实。

不久，象山主动邀约在秋间到南康与朱子相会，共游庐山。朱在六月六日函告东莱说：“子寿兄弟得书，子静约秋凉来游庐阜……渠兄弟今日岂易得，但子静似犹有些旧来意思。闻其门人说：子寿言其‘虽已转步，而未曾移身，然其势，久之亦必自转’。回思鹅湖讲论时，是甚气势，今何止什去七八耶！”[②]这不仅可看出复斋早已转到朱子一边在说话，在推动着象山，而且象山也有意跟在复斋之后“转步”。九月，复斋病故，临终时说：“比来见得子静之学甚明，恨不更相与切磋，见此道之大明耳。”他所说的“子静之学甚明”，正是特指这时象山思想上向朱子“转步”的新变化。但由于复斋不幸病故，致使象山最终未能由“转步”走向“转身”。由于复斋之丧，象山推迟了来庐山相会的日子。在以后一段时间中，象山为复斋作《陆先生行状》，把复斋引为同道大加赞扬。东莱受象山之请作了《墓志铭》，含蓄不露地称赞复斋的勇于求道。朱子作了《祭陆子寿文》，对复斋最后的思想转变作了全盘肯定。二陆弟子继续来向朱子问学，双方还沉浸在融洽气氛中，甚至连象山的大弟子陈正己（刚）也准备在本年冬天来五夫访朱子。

然而，朱子也更清楚地意识到了自己学术中的缺陷。朱、陆两人都在自我反省中看到了对方的长处和自身的短处：在尊德性与道问学、持敬与致知、践履与讲学中，朱子更多注意了尊德性、持敬与践履，而象山更多注意了道问学、致知与讲学。朱子希望双方各取所长，各去所短。朱子和象山的白鹿之会，就是在这种双方都在反思靠拢的微妙背景下发生的。

淳熙八年辛丑（1181）二月，象山带领朱克家、陆麟之、周清叟、熊鉴、路谦亨、胥训实一班弟子由金溪来南康访朱子。相见气氛显得前所未有的融洽愉快。象山请朱子书写东莱所作的《陆先生墓志铭》，两人携弟子泛舟落星湖，

---

①《吕东莱先生文集》卷四《与朱侍讲》书九。

②《朱文公文集》卷三十四《答吕伯恭》书三十四。

畅游了庐山名胜之地，朱子竟如得知己似的有些陶醉地自叹："自有宇宙以来，已有此溪山，还有此佳客否？"[①]二月二十日，朱子请象山到白鹿洞书院，登堂升席为僚友和诸生开讲，"得一言以警"学者。象山慷慨激昂地讲说了《论语》中的"君子喻于义，小人喻于利"一章，娓娓大谈义利之辨。象山联系科举之弊对义利君子小人的严辨，使诸生听得汗出泪下。朱子当场起身离席说："熹当与诸生共守，以无忘陆先生之训。"一再表示："熹在此不曾说到这里，负愧何言！"后来他还提起这件事说："子静来南康，熹请说书，却说得这义利分明，是说得好。如云：'今人只读书便是利，如取解后，又要得官，得官后，又要改官。自少至老，自顶至踵，无非为利。'说得来痛快，至有流涕者。"他便请象山书写了《讲义》，刻碑立于白鹿洞书院，还亲自为这篇《讲义》写了一跋，赞道："其所以发明敷畅，则又恳到明白，而皆有以切中学者隐微深痼之病，盖听者莫不悚然动心焉。"

这就是陆氏弟子们后来大肆渲染的象山在白鹿洞书院的一次巨大成功，正像他们把鹅湖之会也大肆渲染成象山的一次巨大胜利一样。实际上他们没有读懂《白鹿洞书院讲义》和象山、朱子的苦心。象山是根据朱子的《白鹿洞书院学规》发挥义利之说，实质又是借义利之说阐述了尊德性、道问学的思想，"博学、审问、慎思、明辨而笃行之"，等于不言而喻地已经承认了读书讲学的不可废，而由以义立志、以义为习达到学问思辨行、"道其平日之学"，也是强调了尊德性与道问学的统一，这才是象山所要说的真意和朱子所以大为欣赏这篇《讲义》的真正原因。所以《讲义》与其说是显示了象山的巨大成功，不如说恰是证实了他的思想的"转步"。然而，观音之会以来，象山思想的"稍回"又只是指在心学的方法论上有所转变，而在心学的世界观上依旧故我。这就是复斋说的只"转步"而还没有"转身"；而且这种方法论上的"转步"也仅仅是承认了读书讲学的不可废，而发明本心这一方法论的基本思想却毫无改变。白鹿之会终于暴露了两人这一内在分歧的无从调和相合。在书院讲席上两人可以同心感动叹赏到使诸生悚然掉泪，一下了书院讲席，两人却又展开互不相让的争论。

① 上引均见《陆九渊年谱》。

当象山还没有离开南康时，朱子就致函东莱说："子静近日讲论比旧亦不同，但终有未尽合处，幸其却好商量，亦彼此有益也。"[①]这"未尽合处"的争论，朱子在四月给东莱的信中有所透露：

> 子静旧日规模终在，其论为学之病，多说如此即只是"意见"，如此即只是"议论"，如此即只是"定本"。熹因与说："既是思索，即不容无意见；既是讲学，即不容无议论；统论为学规模，亦岂容无定本？便随人材质病痛而救药之，即不可有定本耳。"渠却云："正为多是邪意见、闲议论，故为学者之病。"熹云："如此即是自家呵斥，亦过分了。须是着邪字、闲字，方始分明不教人作禅会耳。又教人恐须先立定本，却就上面整顿，方始说得无定本底道理。今如一概挥斥，其不为禅学者几希矣。"渠虽唯唯，然终亦未竟穷也。……子静之病，恐未必是看人不看理，自是渠合下有些禅的意思。……然其好处自不可掩覆，可敬服也。[②]

然而分歧还不仅在此，甚至在义利之辨上，朱子同象山也存在着由来已久的对立。象山一向以义利公私判儒释，他在淳熙三年同王顺伯论儒释之辨时就说："某尝以义利二字判儒释，又曰公私，其实即义利也。""惟义惟公，故经世；惟利惟私，故出世。"[③]这种说法遭到了朱子的讥讽，他认为以义利判儒释只是"第二义"，"第一义"应该以道（理）判别儒释：儒家之道是实理，佛家之道是空理，"吾儒万理皆实，释氏万理皆空"。这是从世界观的最高层次来划判儒释二家的根本不同，故他指责象山说："向见陆子静与王顺伯论儒释，某尝窃笑之，儒释之分，只争虚实而已。"对此，早在与复斋观音寺之会上，复斋带给朱子一封象山的信，其中大谈用义利的道德标准来划判儒释，朱子有回信作了批驳，他后来提起这件事说："向在铅山，得他（象山）书云：'看见佛之所以与儒异者，止是他底全是利，吾儒止是全在义。'某答他云：'公亦只见得第

① 《朱文公文集》卷三十四《答吕伯恭》书四十四。

② 《朱文公文集》卷三十四《答吕伯恭》书四十五。

③ 《陆九渊集》卷二《与王顺伯》书一。

二着。'……看来这错处，只在不知有气禀之性。"[1]所以，白鹿之会表明象山的心学和朱子的理学之间存在难以调和的矛盾。同鹅湖之会相比，不过是两人在论辩态度上显得温和客气一些而已。白鹿之会后，由于复斋的早亡，象山停止了"转步"，朱子对象山的期望也开始冷却。尽管两人仍保持着表面的友好关系，但却滋长着越来越大的思想离心力：朱子固然仍没有抛弃兼取两家之长的想法，但他视陆学为禅学的看法已经固定不变；象山则从此义无反顾地沿着自己的心学之路走了下去。

象山的心学方法论走了一个"之"字形的曲折的三步：在鹅湖之会以前，他主张易简工夫而激烈反对读书讲学；从鹅湖之会以后经观音之会到白鹿之会，他进而承认读书讲学，但又认为它们易产生邪意见、闲议论蒙蔽本心；白鹿之会以后，他转而承认读书讲学可以除意见，去心蔽，同发明本心的易简工夫内外珠联璧合，其心学体系亦更为成熟。他每走一步，都有赖东莱和复斋的从中耐心开导，以及朱子从反面的批判推动。

从朱、陆学术分歧的整个历程看来，鹅湖会后通过东莱长期努力，终于使复斋向朱子方面"转身"；由于复斋的"转身"，才带动了象山的"转步"，从而促成了朱、陆之间颇为融洽的白鹿之会。而且，复斋生前就曾预料象山"虽已转步，而未曾移身，然其势，久之亦必自转"；假若复斋健在，进而带动象山由"转步"发展为"转身"，也是完全可能的。然而遗憾的是，复斋恰恰在此关键时刻不幸去世，使得象山也就此停止了"转步"，更无从由此而发展为"转身"，以致朱、陆的关系也就发展至此而止。接着，更由于关键人物东莱的过早逝世，终于导致朱、陆关系越来越远。到淳熙十年以后，两人矛盾终于不可避免地激化，开始了一场双方由弟子参战的朱攻陆为禅学、陆攻朱为老学的论战。这就是果斋李方子说的"其后子寿颇悔其非，而子静终身守其说不变"。

在朱子理学与象山心学之间的分歧尚未消弭之际，朱子理学与永嘉、永康事功学派之间的分歧又已初露端倪。

永嘉之学从浮沚周行己直到"无一指不本于仁义，无一言不关于教化"的

---

① 《朱子语类》卷一百二十四。

景望郑伯熊的正统一脉，都没有突破二程洛学的藩篱；而从袁道洁到艮斋薛士龙的别派一脉，才超越洛学建起了事功之学。朱子同郑景望思想比较合拍，而在乾道九年同薛艮斋相识，几次通信之后，朱子便以为他不重义理。对薛艮斋来信中说的“汉儒之陋，则有所谓章句家法”[1]，朱子也以为他贱视章句之学。可以看出朱子对永嘉学派的功利之说一开始就抱着反感。以后陈君举、叶水心融取郑、薛二家之学完成了永嘉事功学派的建立。东莱与永嘉学派的郑景望、薛士龙以及较后进的陈君举、叶水心都保持着亲密的关系。

东莱二十六岁时结识陈龙川，同试漕台。乾道四年前后，龙川结识了郑伯熊和薛艮斋，接受了永嘉学派的思想。可是因为场屋科举连连失意，乾道六年在太学受东莱的影响，一度转向二程洛学。乾道八年，东莱在给朱子信中说起他思想上的这一变化说：“陈同甫近一二年来，却翻然尽知向来之非，有意为学，其心甚虚，而于门下向慕尤切。”[2]所以龙川从乾道六年到九年潜研二程之学，先后写了《孟子提要》《经书发题》《伊洛正源书》《伊洛礼书补亡》《三先生论事录》，刊印《程氏易传》《杨氏中庸解》等。及至乾道九年（1170—1173）薛艮斋去世以后，龙川在第二年春天往永嘉哭吊，同永嘉名流学者郑伯英、陈君举、叶水心、戴溪、陈谦、徐居厚、蔡幼学、徐谊相聚论学。这次永嘉之会实际是一次讨论薛艮斋之学的盛会。龙川以这次盛会为标志，直接上承薛艮斋之学加以发扬光大，而在《类次文中子序引》中揭起事功的旗帜，别建了永康学派。

在龙川看来，儒学的精神乃是开物成务，故一种真正有价值的学说必须足为开物成务之资、切于当世实用，尤其应为恢复中原这一至为迫切的时代任务之完成而开辟道路。对于龙川，东莱惊叹他“未可以世为不能用！”[3]而朱子只对他的一度皈依洛学十分欣赏，还通过东莱向他求取他所印刻的《三先生论事录》、林勋《本政书》等；但对他鼓倡王通续经，奉《文中子》为功利说的圣经，却给予了批评。朱子曾一再企图通过东莱去说服龙川放弃功利之学，而皈

① 薛季宣《浪语集》卷二十三《与朱编修》书二。

② 《吕东莱先生文集》卷四《与朱侍讲》书二。

③ 叶适《龙川集序》。

依理学。东莱与龙川交谊之深，亦可由此得到佐证。在朱子看来，象山之学虽然近禅，但危害不大，而真正令其担忧的是永嘉、永康的功利之学。他说：“江西之学，只是禅，浙学却专是功利。禅学，后来学者摸索，一旦无可摸索，自会转去；若功利，学者习之便可见效，此意尤可忧。”[①]然而，正由于东莱的去世，理学与心学之间的分歧尚未消弭，而性理学派与功利学派之间的论争又拉开了序幕。

四、哲人其萎

东莱的风痹之症本来就是一种不治之症，加上精神上的悲苦和从事著述的过度劳累，以致病情日益加重。也许因为这仅仅是肢体之病，在神志上并未受到影响，加之他一贯以来的好学乐道的乐观主义精神，所以并没有想到自己很快就要辞别人世。他在浑身痿痹，不能动弹的情况下，还给在朝新任参知政事的周必大写信道：“若十年不死，嵩之崇福、衮之太极、华之云台，皆可卧游也。”以致直到临死前几天，他还兴致勃勃地在信中谈及自己的学术计划：

近日来读书，视旧颇不卤莽，若得十数年余暇，无他病挠恼，于句读训诂间或粗有毫分之益也。[②]

然而，病体的日益恶化毕竟不是仅仅靠精神信仰所能支撑的。到了淳熙八年辛丑（1181），七月二十九日，竟然寿终正寝，享年四十有五岁。于十一月初三日，安葬于明招山祖茔之中。

纵观东莱的一生，他并不是以一个有作为的政治家彪炳于史的，而是以思想敏锐和学识宏富的思想家著称于世的。他一生天年不足，长期患病而不辍读书著述。在仅二十多年的学术生涯中，他考证了大量的古代典籍，编纂修定了

① 《朱子语类》卷一百二十三。
② 《吕东莱先生文集》卷四《与周丞相》。

众多的经学和史学著作，撰写了不少学术专著，可谓学富五车，著作等身。在经学方面，专门探索《易经》的专著就有《古周易》一卷，《古易音训》二卷，《易说》二卷，《周易系辞精义》二卷，《读易纪闻》一卷；探讨《尚书》的则有《书说》十卷（或作六卷）；《诗经》学则有《吕氏家塾读诗记》三十二卷；《礼》学则有《礼记详节》（已佚）和《家范》六卷；《春秋》学有《春秋左氏传说》二十卷，《春秋左氏传续说》十二卷、《纲领》一卷，《春秋左氏传类编》（不分卷），《东莱左氏博议》二十五卷，《春秋讲义》一卷。在史学方面，有《大事记》十二卷，并附《通释》三卷、《解题》十二卷；《读史纲目》一卷，《读汉史手笔》一卷；《西汉精华》十四卷，《东汉精华》十四卷，《历代制度详说》十二卷；又有《十七史详节》，凡收书十种，合二百七十三卷；又为范祖禹所著的《唐鉴》作注，凡二十四卷。在理学方面，则有《丽泽论说集录》十卷，《少仪外传》二卷，《正学编》一卷；又与朱子共编《近思录》十四卷。在文学方面，则编有《宋文鉴》一百五十卷，《古文关键》二卷，《诗律武库》十五卷，《诗律武库后集》十五卷，《东莱集注观澜文集》七十卷。在纪事方面则有《卧游录》一卷，《入越录》一卷，《入闽录》一卷，《庚子辛丑日记》一卷。东莱去世后，其亲友又广泛搜集东莱一生所作的单篇诗文，包括诗、辞、表疏、奏议、策问、试卷、宏词进卷、书信、序跋、传记、碑记、祭文、行状、墓志、语录等等，汇编而成《东莱吕太史文集》四十卷（另一种作《吕东莱先生文集》二十卷），其中包括东莱的年谱、圹记和亲友祭奠东莱的祭文、哀诗等《附录》三卷。这些著作大多是中国学术史上的重要文献，有的还成为历代家喻户晓的读本。

这些众多的著作，其中《易说》二卷系出于众门人所记的讲学内容，故各卦详略不等，甚至有十八卦内容全缺，全书内容尚未达成完整而系统的理论体系。《书说》十卷，据《直斋书录解题》的说法，认为“其始为之也，虑不克终篇，故自《秦誓》以上，逆为之说，然说仅能至《洛诰》而止”。这是说，东莱在开始撰写此书之初，就已担心自己生前可能来不及完成，才从最后一篇《秦誓》开始，从后向前逆写，只写到《洛诰》而止。此说能否成立姑置勿论，但《书说》是一部未写完成的书却是事实。另外两部重要著作则明确是临终前的未成之作。《大事记》只写到汉武帝征和三年而止，这时离东莱逝世仅二十天；

《吕氏家塾读诗记》修订到《公刘》首章而止，离东莱逝世仅隔一天。这些都永远成为东莱一生中的未竟之业，既是东莱毕生的遗憾，也是当时和后世许多学者的遗憾。

尽管东莱的一生业已取得如此巨大的成就，但从东莱所具有的潜力而言，由于天年不足，还远远未曾达到他所能达到的高度。他早在给丞相周必大的信中透露过自己一生中的治学步骤："意欲及筋骸尚未衰惫，考治训诂，极意翻阅；至五十以后乃稍稍趋约，庶几不至躐等也。"[①]这说明，他本就打算在五十岁之前以博学为主，到五十岁以后才进一步从事由博返约的工夫。可见他去世之时尚处在尽力从事"考治训诂，极意翻阅"的以"博学"为主的知识积累阶段，远未进入"稍稍趋约"的"由博返约"的贯通提炼阶段，正因为如此，他的学问尚未免给人以"博杂"之感。假如说，东莱也能像朱子那样享有高年，那就毫无疑问，他的水平和成就必将不可限量！

我们可以想象，像东莱这样博学而勤奋的哲人，若能天假之年，不仅未成之书可告完成，而且必将会有更多更好的学术著作留给后人。再则，有如东莱这样宽厚雅量、善于兼容不同学说并能毕生致力于协调各学派之间的关系的哲人，苟能天假之年，必将有利于各学术流派之间的正常交流。诚然，要使各流派的学术观点达到完全一致是不可能的，其实也无此必要，然而，若能遵循《易传》所谓"天下同归而殊途，一致而百虑"，《中庸》所谓"万物并育而不相害，道并行而不相悖"的宗旨，以求同存异、"和而不同"的方式来处理不同学派之间的关系，则在进行正常的学术交流之中互相取长补短以成相反相成之效，以共同推动学术的正常发展，则是完全可能的。可是，由于东莱的不幸早亡，不仅在协调朱、陆关系上功亏一篑；而且从此以后，导致性理之学与事功之学的论争动无宁日。所以，东莱的不幸早亡，不仅是当时学术界的一大损失，而且对整部学术史而言，也有其巨大的影响。

在东莱未死以前，各个学派的对立和分化其实在朱、吕、张三家讲学论道的笼罩下还不明朗。浙东各派学者都聚集在东莱这面旗帜下，缺少各自的面目；

---

① 《东莱吕太史别集》卷九《与周丞相》。

江西陆氏兄弟也把东莱视为学术上的同道；朱子更把东莱看成是“吾道”中人。一到东莱去世，这种学派局面打破了。以东莱为精神纽带的各学派之间表面的团聚力一下子消除，出现了朱子惊叹的“诸贤（吕、张）死后，议论蜂起”的情势。潜伏的学派分化不可避免地公开化，学派营垒的对立趋向明朗。他们都借着悼念东莱的机会，把东莱拉作为自己学派的旗帜。正由于东莱在学术界的巨大影响，加之他待人宽厚的处世品德和在学术上能够兼容各派的治学态度，因而对于他的逝世，无论政界官僚、各学派的学者、亲朋好友以及门人后学无不为之悲叹惋惜，闻风前来哭祭的人异常众多。他们一方面对东莱之死寄予深切的悼念之情，另一方面抓住东莱学术思想中的某一方面为自己学派张目。就现存《东莱吕太史文集·附录》所收的悼念之作，祭文有四十九篇，哀诗有五十七首之多。兹将最能体现东莱之为人以及当时学术界之趋向的一些作品略为摘要如下：

朱子是东莱一生中学术交往最密切、相知也最深的同调讲友，故其哀悼也最为真切诚挚，读其祭文宛若闻其哭声：

鸣呼哀哉！天降割于斯文，何其酷邪？往岁已夺吾敬夫，今者伯恭胡为而又至于不淑也邪？道学将谁使之振，君德将谁使之复邪？后生将谁使之诲，斯民将谁使之福邪？经说将谁使之继，《事记》将谁使之续邪？若我之愚，则病将孰为之箴，而过将孰为之督邪？然则伯恭之亡，曷为而不使我失声而警呼，号天而恸哭邪？

鸣呼！伯恭有蓍龟之智，而处之若愚；有河汉之辩，而守之若讷。胸中有云梦之富，而不以自多；辞章有黼黻之华，而不易其出。此固今人之所难，而未足以议兄之仿佛也。若乃孝友绝人而勉励如弗及，恬淡寡欲而持守不少懈，尽言以纳忠而羞为讦，秉义以饬躬而耻为介。是则古之君子犹或难之，而吾伯恭犹歉然而未肯以自大也。盖其德宇宽洪，识量闳廓。既海纳而渊停，岂澄清而挠浊？……所以禀之既厚而养之深，取之既博而成之粹。宜所立之甚高，亦无求而不备。……既一卧以三年，尚左图而右书。……始言沉痼之难除，犹幸死期之未即。中语简编之次第，卒夸草树之深幽。谓昔腾笺而有约，盍今命驾以来游？欣此旨之可怀，懔讣车之偕至。考日月之几何，不旦暮之三四。呜呼！伯恭而遽死邪？吾道之衰，乃至此邪！

当世之中，能得朱子如此褒颂的人，除了张南轩可以与之匹配外，再无他人。由此足见东莱在朱子心目中的分量。

陆象山与朱子学术观点的分歧，幸赖东莱从中沟通，才使双方关系得到缓和。当朱、陆“教人”之法发生分歧时，东莱实际是倾向朱子的。但是在象山的心目中，东莱仍是当世学者中最值得信赖的人。他多次来金华与东莱相会，一起探讨双方所共同关心的学术问题。及至东莱的“讣书东来，心裂神碎，与二三子，恸哭萧寺”。又特地从江西赶到金华哭祭东莱，为东莱送葬。他在祭文中历叙与东莱的交往过程和东莱给予自己的教益。他对东莱的评价是：

外朴如愚，中敏鲜俪。晦尝致侮，彰或招忌。纤芥不怀，惟以自治。侮者终敬，忌者终愧。远识宏量，英才伟器。……属思纡余，摛辞绮丽。……约偏持平，弃疵养粹。玩心黄中，处身白贲。停澄衍溢，不见涯涘。……《诗传》之集，《大事》之记。先儒是裨，麟经是嗣。杜门养疴，素业不废。……公赐良针，始痛惩艾。问我如倾，告我如秘。教之以身，抑又有此。[①]

这里比较准确地反映了东莱其人其学的特征，并称自己与东莱“道同志合，惟公不二”。如果没有对东莱其人其学的透彻了解，是不可能有如此简洁的传神之笔的。由此亦印证了两人之间的深厚友谊。

东莱的婺学，就其为学主旨而言，乃是穷究和践行道德性命之理，故与当时倡言功利之说的永嘉、永康学派存在着较大的理论分歧。然而学术观点的分歧，并没有妨碍东莱与永嘉、永康功利学派代表人物所结下的纯真友情。东莱

① 《陆九渊文集》卷二十六《祭吕伯恭文》。

一直持这么一个观点：多与几个意见相左的人交朋友，对于增进自己的道德素养，开拓自己的学术视野，未尝不是好事。他将这种认识付诸实践，结果使自己成为功利学派的至交挚友，双方书信不断。一般理学家多喜与自己意见相同者相处，而视不同意见者为异端。正是在这一点上，东莱超越了朱子、张南轩、陆象山等人。他引永嘉、永康代表人物登堂入室，且时常命驾浙东，与薛士龙、徐居厚、陈君举、陈龙川等人相会，甚至滞留忘返。同样，永嘉和永康诸人也并不因为东莱是道学中人而疏远之。他们视其为忠实朋友，亦时常来东莱处，一住就是十天半月，有时竟经月不归。在频繁的接触过程中，他们为东莱的忠厚为人和宏富学识所折服，受其学影响不小。功利学派所提倡的注重实效、经世致用等主张亦在吕学中得到了充分反映，清楚地显示了吕学受功利之学影响的轨迹。吕学之所以比朱子、南轩、象山等人的学术思想多了一层务实精神，盖源于此。

永康陈龙川，在东莱因病家居期间，常互有书信往来。而且在龙川心目中，晚年的东莱对自己尤其好。故他曾谓“四海相知惟伯恭一人”。如今东莱猝然逝去，他悲不自胜，于东莱逝世的第四天即奔赴金华灵前哭祭。九月，他自己又设香烛茶酒以祭，在祭文中抒发了他与东莱在不同见解上的推心置腹的辩论。其祭文有云：

> 呜呼！孔氏之家法，儒者世守之，得其粗而遗其精，则流而为度数刑名；圣人之妙用，英豪窃闻之，徇其流而忘其源，则变而为权谲纵横。故孝悌忠信，常不足以趋天下之变；而才术辨智，常不足以定天下之经。在人道无一事之可少，而人心有万变之难明。虽高明之独见，犹小智之自营。虽笃厚而守正，犹孤垒之易倾。……方半夜之剧论，叹古来之未曾。讲观象之妙理，得应时之成能。谓人物之间出，非天意之徒生。兄独疑其未通，我引数而力争。

祭文之所记，盖东莱生前与龙川“方半夜之剧论”所涉及的内容。但其将拘守仁义的世儒和徒逞智辩的豪士并列加以抨击，这分明是在借悼念东莱的名义，隐含了对性理之学的批评。龙川的又一篇祭文云：

惟兄天资之高，地望之最。学力之深，心事之伟。无一不具，其来未已。群贤凋谢，屹然山峙。兄又弃去，我存曷以！一代人物，风流尽矣。生也何为？莫解此理。……昔兄之存，众慕如蚁。……事固多变，中江乃尔。

东莱去世以后，龙川认为知己既已不存，遂生“伯牙之琴已分，其不可复鼓”之慨，其伤逝之深，几至于废其讲论：“亮平生不曾会与人讲论，独伯恭于空闲时喜相往复，亮亦感其相知，不知其言语之尽。伯恭既死，此事尽废。”[①] 悲哀之情跃然可见。因此当他后来与朱子交书辩论而又意见互不相入之时，又勾起他对东莱之悠悠的怀念，“甚思无个伯恭在中间掴就也”。他许东莱为平生第一知己。东莱死后，龙川倍感寂寞，认为世上再也找不到像东莱这样可以无所不谈、谈无不尽的知心朋友了。

永嘉学派的陈君举标举东莱的经史一贯之学，在祭文中盛赞说：

自夫孔门之徒尽，经术阙；马迁而下，史法乱。微言卒堕于佛老，多识不离乎笺传。惟公绍绝学之遗统，缅潜心于一贯。立六艺之要津，涉九流而弗畔。……可谓明古人之大体，而能通当世之变。……余观公与夫专善偏长之士，岂可同日而论也哉！

永嘉的后起之秀叶水心专程赴金华会葬，陈龙川、潘叔度等欲以水心作为吕学传人，水心辞谢。其祭文有云：

昔余之于公也，年有少长之序，辈有后先之隔，每将言而辄止，意迟迟而太息；今余之于公也，丧前路之乡导，废旁观之轨则，纵欲言而谁闻，

① 《陈亮集》卷二十《复朱元晦秘书书》。

> 恨冥冥而不白。……公以生禀之知，世家之旧，备义理于一身，讲源流于遍扣。既彻牖以并纳，亦随才而独秀。由是东南之夫，拔起林岫。为英为哲，继公之后。……至于不以记为博，不以文为富。器不止于一能，学不期于偏就。事欲析而愈精，德欲充而兼冒。畅群儒之异指，续先民之遗胄。

水心《习学记言序目》云："吕氏既葬明招山，亮与潘景愈使余嗣其学。余顾从游晚，吕氏俊贤众，辞不敢当。"其实，水心不愿为吕学传人，其表面理由则如在《习学记言序目》所云，但实际上，水心所承永嘉事功之学，与吕氏之理学在思想上并不一致。故祭文中有"每将言而辄止，意迟迟而太息"之语。

幼安辛弃疾于乾道六年就在都下从游于同巷共居的南轩和东莱。他在祭文中说：

> 惟公天质之美，道学之粹。操存之既固，而充养之又至。一私欲未始萌于心，极万变不足以移其志。故不力而勇，甚和而毅。……厥今上承伊洛，远泝洙泗，佥曰朱、张、东莱，屹鼎立于一世。学者有宗，圣传不坠。

文中把朱、吕、张三家一起誉为"上承伊洛，远泝洙泗"的"道学"传人。他同东莱的交谊就是建立在这种理学思想的共同信仰上的。

此外，诚斋杨万里祭文评云："穷经讲道，不但文字。闯孟之户，得程之髓。鼓箧抠衣，至者千里。……曩岁贤关，备闻诲言。同志联事，情好益敦。"延之尤袤祭文评云："惟公渊源之学，浩养之气；纯全之行，刚毅之志。高视古人，不论今世。濂溪河南，其道未坠。公生百年，独探其秘。"参知政事子充周必大祭文评云："学富而醇，文敏而丽。通今不流，博古不泥。高明之识，力去其蔽；卓绝之行，亦矜其细。他人有一，自足名世；惟君兼之，夫孰能俪？"在这些祭文中，都给东莱以很高的评价。东莱若九泉有知，想亦可以无憾矣。

东莱的岳父南涧韩元吉，有感于二女嫁归东莱都不幸早亡，故于东莱之殁，赋诗以悼。兹姑借其诗以慰东莱之灵云：

青云途路本青毡，圣愿相期四十年。
台阁久嗟君卧疾，山林空叹我华颠。
伤心二女同新穴，拭目诸生续旧编。
斗酒无因相沃酹，朔风东望涕潸然。

第十章　文献著述

纵观吕东莱的一生，虽然天年不足，且又长期患病，然而不辍读书著述。在仅二十多年的学术生涯中，他考证了大量的古代典籍，编纂修定了众多的经学和史学著作，撰写了不少学术专著，可谓学富五车、著作等身，几乎包括有六经以及文史、百家等全部内容。今将现在尚存的东莱著作内容试予按类简要介绍，以便读者能大致了解他的著述情况。

一、经学著作

《古周易》一卷，系为恢复《周易》原貌而考定其篇目编次之作。本书题名“古周易”，系相对于编次混乱的通行本“今易”而言。因为《周易》在编次上有所谓“分经合传”的“今易”和“分经异传”的“古易”两种不同的系统。古时《周易》经、传各自独立成篇，汉初传《易》者六家，编次略同。故《汉书·艺文志》谓“《易经》十二篇”，颜师古《注》谓“上、下经及十翼，故十二篇”。自汉末郑玄据费氏易作《周易注》，为了使学者寻省易了，以免两读之烦，故把《彖》《象》两传分属各卦经文之后，并各冠以“彖曰”“象曰”以别之。魏王弼作《周易注》，又进而把《彖传》《大象》移置卦辞之下，六爻之前，而把《小象》逐条分附各爻之下（唯《乾》卦因《小象》内容难于分割，所以仍存郑氏之旧），再把《文言》分置《乾》《坤》二卦，为了经、传不相混合，又各冠以“彖曰”“象曰”“文言曰”以示区别。于是乃成为“今易”的基本体例。唐孔颖达奉命修《周易正义》，独取王弼《注》而为之疏，宋伊川程氏亦据以作《易传》，故王弼所改乃成为后世最通行的编次，而《周易》古时的原貌反致失传。然而，以“分经合传”为特色的“今易”虽然便于诵习，但经、传各篇的完整性受到破坏，导致支离破碎的流弊。于是宋、元以降诸儒力求恢复周易的原貌，乃形成以“分经异传”为特色的“古易”系统。众多的“古易”本子（如宋吕大防考验旧文作《周易古经》二卷，晁说之作《录古周易》八卷，薛季宣作《古文周易》十二卷，程迥作《古周易考》一卷，李焘作《周易古经》八篇，吴仁杰作《古周易》十二卷等等），由于各出己见，故在经文格式以及传文的篇名、篇数和篇序等方面各不相同。其中以东莱所定的《古周易》编次最为合理。尤其是他力破“费直为乱经之始”的成说，而提出了“费氏《易》在汉诸家中最近古，自康成、辅嗣合《彖》《象》《文言》于经，学者遂不见古本”的新观点，纠正了《易》学史上的严重误会。故朱子取东莱所定《古周易》而作《周易本义》[①]。于是，东莱的《古周易》的编次乃成为“古易”系统中影响最大的一个本子。现存版本有《通志堂经解》本、《四库全书》本、《清芬堂丛书》本、《金华丛书》本、《孙氏山渊阁丛刊》本及古不夜城孙氏题《周易古本附音训》校刊本等多种。

《古易音训》二卷，又名“周易音训”，系门人金华王莘叟所笔受，书甫毕而东莱病殁，故系东莱晚期之作。本书是东莱在考正《周易》的编次而作《古周易》的基础上，又进而考正《周易》的文字音义的著作。他汇纂陆德明《经典释文》和晁说之《古周易》而成此书，内容可谓详实丰富。今传世诸本《易释文》多有舛误，唯此编所载与宋抄本合。晁说之生于北宋，犹见郑玄《周易注》四篇以及唐代诸家之说，其书吸收了许多今已失传的宋代以前的资料。然而晁氏的《古周易》今亦失传，全赖东莱此书以存其梗概，即此可见本书之价

① 谨按：《四库全书》收有《周易本义》两种本子：其一是原本《周易本义》十二卷，这就是朱子取东莱所定《古周易》的编次而作的原书；其二是所谓“别本”《周易本义》四卷，则是后来又被俗儒所篡改的通行本。顾炎武《日知录》对此有详细记述：“永乐中修《大全》，乃取朱子卷次，割裂附之程《传》之后。于是朱子所定之古文仍复淆乱。后来士子厌程《传》之多，弃去不读，专用《本义》，遂刊去程《传》，而以程之次序为朱之次序，相传且二百年矣。惜乎朱子定正之书，竟不得见于世，岂非此经之不幸也夫！”可见现在的通行本《周易本义》并非朱子依吕本所定的原本。

值。朱子注释群经，悉有音训，唯作《周易本义》，因有东莱此书而音训独阙，故其孙朱鉴取此书与《本义》合刊行世。《周易音训》现存最早刻本见于元至正六年（1346）虞氏务本堂所刊《周易程朱传义音训》中，内地惟国家图书馆独藏；其次见于多种清刻本的《周易传义音训》和《周易本义》之中；清嘉庆中，始由宋咸熙从《周易会通》中辑录成编付梓，乃为单行本，后又收入《金华丛书》《仰视千七百二十九鹤斋丛书》《式训堂丛书初集》《槐庐丛书》、孙溪朱氏《经学丛书初编》、孙氏《山渊阁丛刊》《校经山房丛书》《清芬堂丛书》《丛书集成初编》《续修四库全书》等多种丛书之中。

《易说》二卷，乃东莱门人所记师说，收入《丽泽论说集录》时题名“门人集录易说”，为其乃东莱《易》学精华之所在，后人从《集录》中抽出单刻，故收入文集及其他丛书者皆径题“易说”。《易说》是东莱在继承程子《易传》所阐释的义理的基础之上，进一步发挥易理的讲学记录。但因系出众门人所记，而非东莱亲手著述，故全书内容缺少完整性和系统性；而且各卦详略不等，或多达上千字，或少仅数十字，甚至有十八卦内容全缺。然其所论见解精辟而多卓识，且能时出新意，堪称《易》学义理派的上乘之作，故在学术史上有其较大的影响。现存版本有明崇祯九年（1636）茅氏浣花居刻《芝园秘录初刻》本、清人嘉兴曹溶所辑《学海类编》本及清道光十一年（1831）晁氏活字印本等。

《周易系辞精义》二卷，又名《晦庵先生校正周易系辞精义》，盖此书在宋代有二本，始则为《周易系辞精义》本，后则为《晦庵先生校正周易系辞精义》本。此书是东莱有鉴于程子所作《周易程氏传》只解六十四卦经文而不解《大传》，故集周、张、二程诸家经说、语录及二程门人共十四家之说为此书以补其阙。当时朱子即对此书有所评论，认为此书“编得亦杂，只是前辈说话有一二句与《系辞》相杂者皆载”，“这文字虽然是裒集得做一处，其实于本文经旨多有难通者”云云[①]。尽管朱子认为此书在取舍上未臻精当，但也可见此书在收集资料方面确乎丰富而全面；而且朱子既然曾校正此书，而对其著书人未有怀疑，则更可藉以证明此书确为东莱所编殆无疑义。然而陈振孙《直斋书录解题》则

① 《朱子语类》卷一二二。

引《馆阁书目》以为“托伯恭之名”，以致后人多沿其说，对此实有辨正之必要。本书内容虽然比较庞杂，但能广集诸家之说于一书，确实给研究《周易》提供了方便；其中尤其对于《周易程氏传》曾取尹氏本和朱子本参定其异同，又从小学家是正其文字，用力至深；而其中所载如《龟山易说》等书久已失传，而此书为之保存了不少翔实的资料。因而此书仍不失为一本有重要价值的书。此书版本有《古逸丛书》《四库全书存目丛书》《续修四库全书》《丛书集成初编》《复性书院丛刊》等丛书本。1997年台湾庄严文化事业有限公司出版单行本。

《读易纪闻》一卷，乃东莱读《易》时所记下的心得体会，共六十六条，多为独具卓识的精辟见解。

《周易古经彖》（已佚）。

《古周易》《古易音训》《易说》《周易系辞精义》与《读易纪闻》同为东莱的重要《易》学著作。《古周易》在于考正恢复《周易》古本的编次，《古易音训》即根据《古周易》的编次而进行文字考正，《易说》和《周易系辞精义》则在前两书的基础上分别发挥《周易》经、传的义理，而《读易纪闻》则是随时所录的读《易》札记。五书共同组成东莱自成体系的《易》学系统。

《东莱先生书说》十六卷，《直斋书录解题》作十卷，并认为“其始为之也，虑不克终篇，故自《秦誓》以上，逆为之说，然说仅能至《洛诰》而止。世有别本全书者，其门人续成之，非东莱本书也”。这是说，东莱在开始撰写此书之初，就已担心自己生前可能来不及完成，才从最后一篇《秦誓》开始，从后向前逆写，只写到《洛诰》而止，故《书说》是一部未写完成的书。其实，东莱的《书说》乃继其师林少颖《书集解》而作。因林氏《书集解》至《洛诰》而止，故东莱《书说》始《洛诰》而终《秦誓》，凡十八篇，以补师说之未及。盖林少颖受学于东莱之伯祖吕居仁，东莱又受学于少颖，本以终始其师说为一家之学也。此书马端临《文献通考》亦作十卷，赵希弁《郡斋读书志附志》作六卷。丁丙《善本书室藏书志》著录有严久能手钞宋本十三卷，标题门人巩丰仲至钞，非出时澜之手。今之善本书目皆未见著录此书。南京图书馆馆藏著录有《东莱先生书说》十六卷之残存卷一至卷九，清归安严元照（字久能）钞、校、跋，钱塘丁丙跋本。丁氏书后转藏于南京国学图书馆，即今南京图书馆也，当即为是书。民国十七年（1928）南京中社影印严元照钞本，题记亦称十三卷，“惜卷九以下阙”云云。

《增修东莱书说》三十五卷，首一卷。《四书提要》云：“是编《文献通考》作十卷，赵希弁《读书附志》作六卷，悉与此本不合。盖彼乃祖谦原书，未经编次，传钞者随意分卷，故二家互异。此本则其门人时澜所增修也。原书始《洛诰》，终《秦誓》；其《召诰》以前，《尧典》以后，则门人杂记之语录，颇多俚俗。澜始删润其文，成二十二卷。又编定原书为十三卷，合成是编。王应麟《玉海》云：“林少颖《书说》至《洛诰》而终，吕成公《书说》自《洛浩》而始。盖之奇受学于吕居仁，祖谦又受学于之奇，本以终始其师说为一家之学，而澜之所续，则又终始祖谦一人之说也。”朱彝尊《经义考》云：“吕成公为林少颖门人，少颖著《书集解》，朱子谓《洛浩》以后非其所解，盖出于他人手，成公意未安，故其《书说》始《洛诰》而终《秦誓》，以补师说之未及。门人不知其意，乃增修之，失成公之本怀矣。”此书有《通志堂经解》本、《四库全书》本、《金华丛书》本、《丛书集成初编》本等。

当年听东莱讲《书》的诸生多达千人以上，都应该有笔录，而流传至今的只有以上两种：前者是门人巩丰整理的《东莱书说》十六卷本，今仅存清严久能手抄宋本《东莱书说》九卷，即《尧典》至《太甲》三篇止，其下皆阙，是稀有版本，现藏南京图书馆。后者是门人时澜整理的《增修东莱书说》三十五卷，首一卷，其中卷二十三《洛诰》至卷三十五《秦誓》共十三卷，当是东莱续其师林少颖《书集解》的补阙之作；而卷一《尧典》至卷二十二《召诰》，则为补足《东莱书说》，又广集诸生笔录加以整理而成，乃成为东莱一人之全书，今存版本尚多。比较两个本子的异同，总体印象是：巩本比较原始，如《禹贡图说》一卷系卷五《禹贡》前，当是东莱本原始面貌；而时本置于卷首，又删《贡图》，失其真也。在文字语言方面，巩本保留了东莱当年授课时的大量口语，而时本删改痕迹凿然，不如巩本曲鬯，但也有不少删节改正之处。综观二种本子，亦可窥见东莱当时说《书》的大致风貌。

《吕氏家塾读诗记》三十二卷，卷一为总论，分《纲领》《诗乐》《删次》

《大小序》《六义》《风雅颂》《章句音韵》《卷帙》《训诂传授》《条例》等项，卷二以下始分篇释《诗经》本文及《大小序》。其书汇集自毛、郑以来八十多家《诗》说，存其名氏；先列训诂，后陈诗义，剪裁贯穿，如出一手；己意有所发明，则别出之。朱子为之作《序》，谓其“兼总众说，巨细不遗，挈领提纲，首尾该贯，既足以息夫同异之争；而其述作之体，则虽融会通彻浑然若出于一家之言，而一字之训、一事之义，亦未尝不谨其说之所自；及其断以己意，虽或超然出于前人意虑之表，而谦让退托，未尝敢有轻议前人之心也”。本书大体上持论公允、通达，择善而从，并不碍于成说或偏见，总的特点是“兼总众说，巨细不遗，挈领提纲，首尾该贯”，这也突出地反映出东莱学术上博采兼综、不存门户之见的风格。正如陈振孙《直斋书录解题》所谓“诗学之详正，未有逾于此书者也”。东莱此书还在一定程度上纠正了宋人力诋《毛传》《郑笺》，以己意解经之弊，这是应该肯定的；但他坚守毛、郑，信从《小序》，以为得其真，则又未免成为此书的局限。此书大致在淳熙元年居丧期间写成初稿，又于淳熙三年、六年复加修订，以期修成正稿。遗憾的是直到逝世前两日，才修订到《公刘》一章为止，未能最后修订完成。尤袤作《跋》谓东莱一生“六经皆有论著，未就，独此书粗备”。今从东莱的《吕氏家塾读诗记》与朱子的《诗集传》两部《诗》学名著的内容看来，前者是对《诗》学旧说的全面总结，而后者则是对《诗》学新说的大胆开拓。两书观点不同，然而各有千秋。此书现存版本甚多，足以说明东莱《诗》学于后世所产生之巨大影响。

《门人所记诗说拾遗》一卷，是东莱讲说《诗经》的记录，收入《丽泽论说集录》。关于讲说《诗经》的内容，后来已由东莱亲手编有《吕氏家塾读诗记》一书，而《拾遗》仅仅是门生的一些零碎记录，仅存对于五十六篇诗的讲解，但其中也有很多精辟的见解。如云：“今之言《诗》者，字为之训，句为之释，少有全得一篇之意者。”又云：“凡观《诗》，须先识圣贤所说大条例。如孟子言‘不以文害辞，不以辞害意’，又《大序》言‘言之不足，故嗟叹之’，又横渠言‘置心平易始知诗’之类，皆是。”

《门人集录周礼说》一卷，是东莱讲说《周礼》的记录，收入《丽泽论说集录》。对于《周礼》所载的周代官制，有其独到的见解。如谓：“古之设官，有总大法操体统者，又有斟酌损益弥缝其间者，两者交相济，然后大纲举而万目不遗。”又谓：“成均，五帝之学。以五帝之学法建国之学政，合国之子弟而教之。自舜命夔典乐教胄子，以此知五帝、三王之学政，无不由乐始。盖陶冶之功，入人最深，动荡鼓舞，优游浃洽，使自得之。”皆能从大处着眼。

《门人集录礼记说》一卷，是东莱讲说《礼记》的记录，收入《丽泽论说集录》。他善于把“礼”与“理”联系起来。认为“礼”就是“理”，从“理无物不备”这个前提中引申出“理”所体现的“礼”亦无处而不备、“无时而不足”的结论。如谓：“圣贤千言万句，会其有极，归其有极，皆在乎致知。致知是见得此理，于视听言动、起居食息、父子、夫妇之间，深察其所以然，识其所以然，便当敬以守之。”显见“礼”与“理”之联系。

《礼记详节》（已佚）。

《春秋集解》三十卷，首列《春秋》经文，经文以《左氏》为本，对其中与《公羊》《穀梁》两家歧异的文字加注列出。自三《传》而下，集诸家之说，各记其名氏，计有伊川程氏《解》、杜氏《注》、何氏《注》、范氏《注》、孔氏《正义》、陆氏（淳）《纂例》《微旨》《辨疑》、刘氏（敞）《权衡》《传》《意林》、泰山孙氏（复）、高邮孙氏（觉）、刘氏（绚）、苏氏（辙）、武夷胡氏（安国）《传》、襄陵许氏（瀚）、大东莱吕氏（本中）等，而以已说低一格附于诸家之后。从全书汇集各家之说的编排顺序和援引次数上，可以清晰看到东莱之治《春秋》，重《左氏》、伊川程氏、武夷胡氏的指导思想。本书在《春秋》学史上具有重要学术意义，同时保存了刘绚、许瀚、吕本中等人已亡佚的《春秋》著述，因此又有很高的资料价值。此书所择颇繁，然而条理清晰，说明此书犹同《读诗记》，是经东莱精心剪裁之作。赵希弁《读书附志》卷上《经解类》谓“《春秋集解》三十卷，右东莱先生所著”云云，《四库提要》据以考定此书为吕本中撰，实非也。审赵氏《读书附志》著录东莱之作，皆称“东莱”，或以“东莱吕成公祖谦”并言；而著录吕本中之作，则直称“吕本中”而不称“东莱”。故赵氏之“东莱”当为祖谦甚明。现存版本有《通志堂经解》本、《四库全书》本等多种。

《东莱左氏博议》二十五卷，亦名“东莱博议”，共一百六十八篇。其中每篇文章都以《左传》所载史实为题，发挥其哲学、伦理、政治、经济、史学等各方面的思想观点，以作为诸生应试学习作文技巧而写的范文。其格式于时文为近，所以广泛地运用了立意、布局、修辞、炼句等各方面的艺术技巧。这是一部融合阐发经义、通贯理学、切合题旨、文章作法等多种功能于一炉的论文专集，也可以说是东莱具有独创意义的著作。其书立论纯正深刻，精于义理；议论新颖奇兀，常出人意表；文情跌宕起伏，富于变化；文字淳朴精当，明白流畅。故深受当时及后世读者所喜爱而习诵不衰。故现存版本甚多，有宋刻元明递修本、元刻本、元刻明修本、明刻本、清刻本、清钞本、日本刻本以及多种丛书本。今本《东莱博议》每题之下附载《左氏》传文，中间征引典故，亦略为注释。其注不知何人所作，考《宋史・艺文志》有东莱门人张成招标注《左氏博议纲目》一卷，疑为当时书肆以成招标注散入各篇而成。

《春秋左氏传说》二十卷，是东莱研究《左传》系列中的重要著作。他在卷首《看左氏规模》中提出："看《左传》须看一代之所以升降，一国之所以盛衰，一君之所以治乱，一人之所以变迁。能如此看，则所谓'先立乎其大'者，然后看一书之所以得失。"又云："《左氏》一书，接三代之末流，五经之余派。学者苟尽心于此，则有不尽之用矣。"《朱子语录》称此书"极为详博，然遣词命意颇为伤巧"。陈振孙《直斋书录解题》谓东莱"于《左氏》一书，多所发明，而不为文，似一时讲说，门人所钞录者"。《四库提要》谓"是编持论与《博议》略同，而推阐更为详尽"。胡凤丹谓"其论世知人，推阐源流，了如指掌。诚哉《左氏》之功臣也"。现存版本有《通志堂经解》本、《金华丛书》本、《孙氏抱经楼钞本丛书》本、《丛书集成初编》本等多种。

《春秋左氏传续说》十二卷，《纲领》一卷。其《纲领》引子贡曰："文、武之道未坠于地，在人。贤者识其大者，不贤者识其小者，莫不有文、武之道焉。"并认为"此数句便是看《左传》纲领。盖此书正接虞、夏、商、周之末，战国、秦、汉之初，上既见先王遗制之尚在，下又见后世变迁之所因，此所以最好看。看《左传》须是看得人情物理出"。《四库提要》云："是编继《左氏传说》而作，以补所未及，故谓之《续说》。久无传本，今见于《永乐大典》者，惟自僖公十四年秋八月至三十三年，襄公十六年夏至三十一年，旧本阙佚，无足采录。其余则首尾完具，以传文次第排比之，仍可成帙。其中如‘臾骈送狐射姑之帑’、‘孟献子爱公孙敖二子’两条，俱以《博议》所云为非是，则是书当成于晚年矣。其体例主于随文解义，故议论稍不如前《说》之阔大，然于传文所载，阐发其蕴，并抉摘其疵。如所谓‘《左氏》有三病：不明君臣大义，一也；好以人事附会灾祥，二也；记管、晏事则尽精神，说圣人事便无气象，三也’云云，虽亦沿宋儒好轧先儒之习，然实颇中其失。至于朝祭、军旅、官制、赋役诸大典，及晋楚兴衰、列国向背之时机，诠释尤为明畅。惟子服景伯系本桓公，而以为出自襄公，稍为讹舛耳。盖祖谦邃于史事，知空谈不可以说经，故研究传文，穷始末以核得失，而不倡废传之高论。视孙复诸人，其学为有据多矣。”仪顾堂跋云：“此书虽续《传说》而作，与《传说》体例不同。其词如语录，与《丽泽论说集录》相似。当出随时讲说，而门人录以成书者。”现存有《四库全书》本、《续金华丛书》本，别有清邵晋涵校钞本、翁同龢校清钞本。

《春秋左传类编》（不分卷），是书前有《年表》，以鲁纪年，下系诸侯征战盟会等军政大事；次有《纲领》，选录《尚书》《周礼》《礼记》《论语》《孟子》及刘向《战国策序》、杜预《春秋序》等书中相关资料二十二则。正文取《左传》中诸事以类析为十九目：周、齐、晋、楚、吴越、夷狄、附庸、诸侯制度、风俗、礼、氏族、官制、财用、刑、兵制、地理、春秋前事、春秋始末、论议。其中“官制”又分周、鲁、晋、楚、齐、宋、郑、卫、家臣等九类；“论议”又分论典礼、论兵、土功、荒政、火政、诸侯政事、名臣议论等七类。每门俱前列《左传》，而以《国语》附其后。此书的抄本至今尚存，如《四部丛刊续编》所影印的旧钞本，中国历史博物馆藏有明抄本，国家图书馆、复旦大学图书馆藏有清抄本。

《春秋讲义》一卷，系为《春秋》讲学而作，卷首即提出了“学欲切而思欲近”的读经方法。宋黄震《黄氏日钞》卷四十云：“亦少年之作，但不至如《博议》之太刻耳。”

《春秋四传大全》三十八卷，明陈第《世善堂藏书目录》题著者为吕祖谦。是书首载杜预、何休、范宁、胡安国四序；次《春秋纲领》，述各家议论；次

《春秋提要》，如周十二王、鲁十二公，以及会盟战伐之数，并撮举大凡；次《春秋列国图说》《春秋二十国年表》《春秋诸国兴废说》。凡经文之下皆分注《左氏》《公羊》《穀梁》三传，而《胡传》则别为标出，间加音注。但《四库提要》则谓"不知何人所编……此本验其版式，犹为元椠，盖当时乡塾读本也"。考东莱年谱不载，或为当时课门人之作也。有明刻本、清刻本存，均不署著者名氏，姑录以存疑。

《甲午左传手记》一卷，共十条，为读《左传》时的笔记。

《左氏统纪》三十卷（已佚）。

《门人集录论语说》一卷，是东莱讲说《论语》的记录，收入《丽泽论说集录》。其中虽大都是关于日常言行的论述，但也有很深刻的哲理探索。他认为："《论语》虽言'仁之方'，然未尝不是全体。孟子指切良心教人，仁人心也。"又谓："人无小无大，皆有文、武之道，皆是圣人学处。"

《门人集录孟子说》一卷，是东莱讲说《孟子》的记录，收入《丽泽论说集录》。其中多有卓见，如论"义利"与论"道"，皆有独到之处。又谓："'恻隐之心，仁之端也。''端'之一字极好，若见恻隐便谓仁，但只知恻隐，须体察所以恻隐者何故，如此看仁始有分寸。"显然是从根本处着眼。

二、理学著作

《家范》六卷，包括《宗法》《婚礼》《葬仪》《祭礼》《学规》各一卷，《官箴》《荥阳公家塾广记》《舍人官箴》《择善》共一卷。其中《宗法》是为整理春秋以前封侯建邦时代的封建宗法制度而作，具有考证古代社会制度的历史意义。《婚礼》《葬仪》《祭礼》是依据《礼记》的制礼原则并参考《仪礼》的条文，再结合当前的社会风俗，将古今之礼加以参校修订而成，使之既符合圣人的制礼之义，又便于今人能依礼而行。《学规》则是辑录东莱历年在明招、丽泽等书院讲学时所制定的规约，包含有一定的教育思想。《官箴》是记录为官时必须警戒之事。《荥阳公家塾广记》是东莱追记高祖吕希哲的遗言。《舍人官箴》主要是东莱追记伯祖吕本中的为官语录。《择善》是东莱平时从《左传》《战国策》《史记》《汉书》《后汉书》《三国志》《南北史》《唐史》中所录出的可资择善而从的典故，以供立身处世的借鉴之用。张南轩《阃范·序》言“伯恭为严州校官时，‘与其友取《易》《春秋》《书》《诗》《礼》《传》《鲁论》《孟子》，圣贤发明人伦之道，见于父子兄弟夫妇之际者，悉笔之于编’；又考子、史之书可以训示者皆辑之。书成，名以《阃范》”云云。整部《家范》收录了东莱关于社会实用方面的著作，集中体现了他的经世致用的务实思想。

《少仪外传》二卷，是东莱从近七十种书中选录前人切于立身应世的嘉言善行而成的普及读物。目的在于用书中这些当知易见的格言和范例，对初学之士进行道德教育，使之在修己、待人和处事等方面树立正确的观念，以成为有用之材。书名取义于《礼记·少仪》，“少仪”，朱子谓“少者事长之节”，而此书内涵更为广泛，故称“外传”。书中所录皆博学切问之事，而大要以谨厚为本，对初学者深为有益。现存《四库全书》本，是从《永乐大典》中辑录出来的，其他本子均出自《四库》本。

《卧游录》一卷，乃东莱晚岁卧病时，“因有感于宗少文‘卧游’之语，每遇昔人记载人境之胜，辄命门人随手笔之”，以恣“卧游”之趣。盖咫尺具冈峦之势，枕簟有濠梁之观，不必蹑屐扶筇，梯山钓水，而杂引遗事前言，寻绎一过，胸次洒然，如置身于舞雩、沂水间，油然有“乐与人同”之致。优而游之，使自得之，既以为怡神适志之具，又为兴寄“故国之念”也。此书传世版本有繁、简二种。繁本凡一百一十七则，无序跋；简本凡四十六则，前有宋王深源序，后有顾元庆跋。二本前二十一则皆同出《世说新语》，而后各绝异。繁本有《说郛》本、《金华丛书》本；简本有《文房小说》本、《宝颜堂秘笈》本。

《阃范》十卷（已佚）。

《紫微语录》一卷（已佚）。

《吕氏读书记》七卷（已佚）。

《近思录》十四卷，与朱子合编。辑录周濂溪、二程、张横渠语录六百二十二条，分类汇编，为初学义理之入门书。全书十四卷：卷一“道体”，就理之本然者而言；卷二“为学大要”，统论修身的纲领指趣，而以明明德为要；卷三“格物穷理”，乃明致知格物之义；卷四“存养”，谓存心养性，乃致力于诚意、正心的功夫；卷五“省察克治”，旨在改过迁善，克己复礼（以上三卷乃细论修身的条目工夫）；卷六“齐家之道”，论父子、兄弟、夫妇以至睦族恤孤之道；卷七“去就取舍”，论出处进退辞受之义；卷八“治道大要”，综论治国平天下之道；卷九“治法”，又称“制度”，乃斟酌先王之道使可行于今者以为万世不易之准；卷十“处事之方”，即所谓应接事物而处其当也；卷十一“教学之道”，此则教人为学之道；卷十二“警戒”，亦作“改过及人心疵病”，乃就人之不能省察克治者而摘其疵病以深警而痛戒焉；卷十三“辨异端”，论古今人物以别其是非（凡非圣人之道而别为一端者皆为异端）；卷十四“观圣贤”，标举历代圣贤气象，使学者有所信仰和向往。其中卷一辨明“道体”，而后于道知所从入，可以用力以求至焉，盖道之体既明，而所以体道者自愈以详审而精密；卷二至卷五详论修身之道，则以明明德为本，以知识与道德并进为功夫，而以克己复礼为依归；卷六至卷十依次论述齐家、治国、平天下之道，兼及独善与兼济的穷通之理，乃是由亲及疏的新民事业；卷十一至卷十二专论育人之道，而以正面教学与反面警戒并施为法，亦新民之事也；卷十三与卷十四则分别以反面“辨异端”与正面“观圣贤”以阐明圣人之道。全书构成了一个完整的理学体系。此书现存多种元、明、清刻本，并收入《四库全书》《四部备要》《正谊堂全书》《丛书集成初编》等多种丛书之内。

三、史学著作

《大事记》十二卷，并附《通释》三卷、《解题》十二卷，合二十七卷。本书取司马迁《年表》所书编年系月的体例，复采辑《左传》、历代《史》《皇极经世》《稽古录》《资治通鉴目录》等书举要以广之。书法皆祖太史公，所录不尽用策书凡例。此书作于淳熙七年，每以一日排比一年之事。本欲历辑自春秋至五代的重大历史事件，以供后人借鉴。可是，当他带病撰写到临去世前二十天的时候，突然病情恶化，不得不就此搁笔。所以只辑自周敬王三十九年至汉武帝征和三年（前481—前90）这段历史时期的一些历史事件，最后未能完成编辑计划，永远留下了一桩未竟的事业。在当时的讲学家中，唯东莱博通史传，不专言性理，故朱子颇讥吕学为“杂”。然而独对于《大事记》，不得不叹服其编述之“精密”。他说：“其书甚妙，考订得仔细。”又说：“伯恭《大事记》辨司迁、班固异同处最好。……渠大抵谦退，不敢任作书之意，故《通鉴》《左传》已载者，皆不载；其载者皆《左传》《通鉴》所无者耳。”又谓其《解题》“煞有工夫，只一句要包括一段意思”。盖此书去取详略实有深意，而议论正大，于古今兴衰治忽之理尤多所发明。诸如书中周慎靓王二年所载魏襄王问孟子事，取苏辙《古史》之论，后来朱子作《孟子集注》，即引用其说，可见朱子亦心服其淹通。《四库提要》谓“当时讲学之家，惟祖谦博通史传，不专言性命。然所学终有根柢，此书亦具有体例。即如每条之下各注‘从某书修’云云，一一具载出典，固非臆为笔削者可及也。其《通释》则如说经家之有纲领，皆录经典中要义格言，以及历代名儒议论。其《解题》则如经之有传，略具本末而附以己见。凡《史》《汉》同异及《通鉴》得失，皆缕析而详辨之。又于典章制度、名物象数之旁见侧出者，并皆夹注句下，使读者得推阐贯通，以几于由博返约之助，其用心亦为周至”。此书现存明刻本、清钞本和清武英殿活字印本，有《四库全书》《金华丛书》《丛书集成初编》等多种版本。

《读史纲目》一卷，综论读史之法。分官制、兵制、财赋、刑法、政事、君德、相业、国势、风俗、辨《史记》十篇有录无书等十目。其谓：“读史先看统体，合一代纲纪、风俗、消长、治乱观之。……既识统体，须看机括。国之所以兴所以衰，事之所以成所以败，人之所以邪所以正，于几微萌芽时察其所以然，是谓机括。”又谓：“读史既不可随其成败以为是非，又不可轻立意见易出议论，须揆之以理，体之以身，平心熟看，参会积累，经历谙练，然后时势事情渐可识别。”

《读汉史手笔》一卷，系读汉史时所记的心得见解，对汉代人或事随加评论，时出卓见。

《西汉精华》十四卷，《东汉精华》十四卷，两种总名“两汉精华”。其《总目按语》谓“看本纪要先知人君地位，次要看资质短长、时代兴衰、事业难易、规模大小、治道粹驳、措置得失、任用贤否、事意本末、情理血脉、情事同异、古人深意、史法褒贬、议论当否；看列传要看才能偏全、心术邪正、学术渊源、出处终始”。是书系就两《汉书》摘其要语而论之，或比类以明之。所论每条仅一二语，略抒大意以明其精华之所在。明李旻《序》云：“学于古而必求是非之正，务合圣人之道，不为异说所惑，则见诸设施，失必鲜矣。东莱之在当时，诸儒称其深于史学，于此足以见之。然使不本诸经，而惟史是学，则议论之正，曷能如是也哉！此又读是书者之所当知也。”朱弥钥《刻两汉精华引》云：“史以载事，所以待博古之品题，为后人之鉴戒也。两汉事纪述论赞摄显阐幽，不可尚已。遐岁之下，语大纲而知始终之成坏，拟条目而知彼此之优劣，求至于精神心迹之极，匪吕东莱括伦鉴之要，深坟素之情，不如是也。编曰‘两汉精华’，岂过情哉。”是书现存《四库存目丛书》所收明正德张氏刻本和国家图书馆藏明嘉靖朱氏刻本。

《历代制度详说》十五卷，是一部论述历代制度沿革的著作。凡分十五门，每卷一门，依次为：科目、学校、赋役、漕运、盐法、酒禁、钱币、荒政、田制、屯田、兵制、马政、考绩、宗室、祀事。每门皆前列“制度”，上起三代，下至宋代，引录历代文献，说明其渊源和演变，叙述简赅；后为“详说”，则是对该项制度及其沿革的分析和评论，议论明切。元彭飞《序》谓：“于古今沿革之制，世道通变之宜，贯穿折衷，首尾备见，凿凿如桑麻谷粟，切于民生实用，有不容阙者焉。……穷经以立其本，涉史以通其变，研究事理以观其会通，然后见天下果无道外之事、事外之道，而古人穷理经世之学盖如此。”现存有元抄本、旧抄本、清抄本，常见有《四库全书》本、《金华丛书》本等。

《欧公本末》四卷，系为欧阳修生平历仕、行实、撰述与交游史传之作，旁及时事、时贤之本末，内容至为丰赡。欧阳修与吕氏先世有诸多交谊，故东莱于风痺卧病之晚年，为之详考其事迹而编成此书，足见二家交契之深。第一卷为考辨欧氏幼年勤学、初仕之经历，辅以其时人物传记者有钱惟演、韩琦、尹洙等二十四人；第二卷考辨欧氏自京官贬夷陵、乾德等经历以及编纂《崇文书目》和修《礼书》详实，辅以其时人物传记者有王尧臣、富弼、文彦博、范仲淹、包拯等五十六人；第三卷为考辨欧氏修《唐书》《五代史》之始末及史学成就，辅以其时人物传记者有陈执中、蔡襄、宋祁、狄青、王安石、司马光、吕公著等九十五人；第四卷为考辨欧氏论著及学术成就，辅以其时人物传记者有范祖禹、苏洵、梅圣俞等十二人。盖北宋自真宗、仁宗至英宗数十年间相关重要史实皆已概见。陈振孙《直斋书录解题》谓“非独欧公本末，而时事时贤之本末，亦大略可观矣”。此书体例一以欧文为经，杂掺他书之人物传记为纬。故于欧文之后低一格系以人物传记，以两相补充、参验，其用意之善，体制之密，可谓独出匠心也。此书存世者仅有日本静嘉堂文库所藏陆心源皕宋楼旧藏本一部，这次收入《吕祖谦全集》，海外孤本始得以公之于世。

又有《十七史详节》，凡收书十种：《史记详节》二十卷，《西汉书详节》三十卷，《东汉书详节》三十卷，《三国志详节》二十卷，《晋书详节》三十卷，《南史详节》二十五卷，《北史详节》二十八卷，《隋书详节》二十卷，《唐书详节》六十卷，《五代史详节》十卷，合二百七十三卷。东莱因史书篇籍浩瀚，阅读研治“十七史”，诚非短期可以卒业。而初学者欲得其要义、精义，则尤为不易，乃自《史记》至《五代史》诸史进行删节，以便初学也。其用功至深，虽不能尽诸史之全，亦足以为东莱重视史学之明证。明郑京《序》云：“东莱吕成公总会而为《十七史》，使数千年之事迹，学者一展阅，旬月之间可悉其要。视彼国书汗牛充栋，使人自幼至老，徒兴望洋之叹者，其功奚啻倍蓰？谓之天生圣贤，以扶持世教者非欤？……学者熟读是书，以尽其博，然后参之《纲目》，以归于正，则其学为有用，措之天下，决大疑，定大事，裕如也。”现存宋残本、元刊本及明、清刊本等多种。

《诸史类编》六卷，初辑此书为《择善》《儆戒》《阃范》《治体》《论议》《处事》六门，而《阃范》先成既刊，今唯五门，而《论议》分上下卷。

《东莱音注唐鉴》二十四卷，系为范祖禹所著的《唐鉴》作注。范祖禹曾协助司马光编撰《资治通鉴》为编修官，分掌唐史，以其所自得者著成《唐鉴》十二卷，于唐一代事撮取大纲，系以论断。其书极为伊川程子所称，谓三代以后，无此议论。宋高宗尝与讲官言：“读《资治通鉴》，知司马光有宰相度量；读《唐鉴》，知范祖禹有台谏手段。”其推重如此。东莱为之作注，乃分为二十四卷，并在卷首增加唐“历代纪元之图”、唐“历代传世之图”、范氏《进唐鉴表》《上太皇太后表》。其注先之以音义，继之以注释，其间是非褒贬，则皆以范氏为准。吕氏音注本的最早刻本有国家图书馆藏宋刻元修本，现存诸多明刻本和清刻本，常见版本有《金华丛书》本、《丛书集成初编》本等。

《门人集录史说》一卷，是东莱讲史的记录，收入《丽泽论说集录》。东莱之学素以经史并重著称，故讲史也是他教学的重要内容。其论观史法云："观史当如身在其中，见事之利害，时之祸患，必掩卷自思，使我遇此等事，当作如何处之。如此观史，学问亦可以进，知识亦可以高，方为有益。"

《门人所记杂说》二卷，是弟子杂辑东莱讲论各方面见解的记录，收入《丽泽论说集录》。他认为："看史非欲闻见该博，正是要'识前言往行以畜其德'。大抵事只有成己、成物两件，……然两事又却只是一个'成'字。史亦难看，须是自家镜明，然后见得美恶；称平，然后等得轻重。欲得镜明、称平，又须是致知格物。"所谓"识前言往行以畜其德"，实可视为吕氏治学之特色。

《左氏国语类编》二卷（已佚）。

《历代奏议》十卷（已佚）。

《国朝名臣奏议》十卷（已佚）。

《西汉财论》十卷（已佚）。

《通鉴节要》二十四卷（已佚）。

《宋通鉴节要》五卷（已佚）。

《诸史类编》六卷（已佚）。

在纪事方面则有：

《入越录》一卷，为淳熙元年八九月间东莱游越之日记。其于所历山川、名胜、风俗之类悉记之。

《入闽录》一卷（残阙），为淳熙二年东莱游闽之日记，所以纪武夷之游、鹅湖之集，盖一时之盛也。

《庚子辛丑日记》一卷，为东莱卧病后所作之日记，至临殁前一日为止，共一年又七个月事迹。包括每日读书、论著等内容，以及气候、草木之变化等悉记之。

四、文学著作

《宋文鉴》一百五十卷，是东莱奉旨所编的一代诗文总集。此书收集自建隆至建炎时期诸贤文集八百家，选取其辞理之醇有益于明道致治之文二千四百八十余篇，分六十一类，书成奏上，孝宗赐名《皇朝文鉴》。朱子谓“此书编次，篇篇有意，每卷卷首，必收一大文字作压卷，如赋则取《五凤楼赋》之类。其所载奏议，皆系一代政治大节，祖宗二百年规模与后来中变之意，尽在其中，非《选》《粹》比也”。叶水心谓“此书刊落浩穰者百存一二，苟其义无所考，虽甚文不录，或于事有所该，虽稍质不废，钜家鸿笔以浮浅受黜，稀名短句以幽远见状，大抵欲约一代治体归之于道，而不以区区虚文为主”。又谓“其因文示义，不徒以文，余所谓必约而归于正道者千余数，盖一代之统纪略具焉。后有欲明吕氏之学者，宜于此求之矣”。此书的选编宗旨，贯彻了东莱的政治、经济、文化、军事等经世思想，文献价值至巨，有宋一代诸多佳作全赖此书得以传世。现存有宋刻本、明刻本，通行者有《四库全书》本、《四部丛刊》本、《万有文库》本等。

《东莱标注三苏文集》五十九卷，为三苏文的较早选本，包括老泉文十一卷，东坡文二十六卷，颍滨文二十二卷，盖为举子习文而选定之读本。观其选文标准，颇注重论道、论史以阐发儒家道学之旨，而于涉及释老、女色以及舒畅性情之什皆摈斥不录。所谓“标注”，第一为“标”，即用朱色圈点或画线标出文中警策与关节之处。第二是“注”，此非字义训诂之谓，而是提纲携领之评点也；而其批注，常有“主意”“发尽主意”等字眼以揭示主题。其评点之方式，常与“标”互为表里，相映成趣。观此标注本意，不但充分展现东莱之经学、理学以及史学思想，为研究其思想体系的重要文献依据；而且对于阅读三苏文章亦甚有参考价值。此书仅在宋代梓印，后世流传甚少，国内唯国家图书馆收藏一部，而且颇有残佚，今据以收入《吕祖谦全集》内。

《历代奏议丽泽集文》十卷，附《关键》一卷，共收《汉书》至《五代史》历代奏议七十九篇，末附一卷为《关键增广丽泽集文》。此书盖刊刻于宋光宗前，以后未尝复刊，故今所流传者为宋刻秘籍，国内仅收藏于国家图书馆一部，今得以收入《全集》。

《丽泽集诗》三十五卷，系辑录自汉至宋历代各家之诗而成。卷一为《乐府》诗，卷二为《文选》诗，卷三为陶渊明诗，卷四至卷十五为唐人诗，卷十六至卷三十五为宋人诗。其所集诗，选择精当。朱子谓此书“大纲亦好，但自据他之意拣择，大率多喜深巧有意者，若平淡底诗，则多不取”。现存国家图书馆所藏宋刊孤本，今已收入《吕祖谦全集》内。

《古文关键》二卷，选取韩、柳、欧、苏、曾等诸家文凡六十篇。各篇标举其命意、布局之处，标抹注释，示学者以门径，故谓之“关键”。首冠总论，述看文字法，论作文法，论文字病等。然后把这些作文方法，分别标注于所选的各篇文章的必要之处，随时加以指点，以便读者有效地进行欣赏与学习，所以当时就广为流传。张云章《序》云：“观其标、抹、评、释，亦偶以是教学者，乃举一反三之意。且后卷论策为多，又取便于科举，原非有意采辑成书以传久远也。然其手眼实出诸家之上，作者之心源、骨髓，一一抉出，不啻口讲手画以指示学者，可谓知之深而与得之者同其难矣。苟读之而心解神会，则难者正无难耳。”《四库提要》云：“所撰《文章关键》，于体格源流，具有心解，故诸体虽豪迈骏发，而不失作者典型。”胡凤丹《序》云：“先生是编，最简而要，虽所甄录，文仅数家，家仅数篇，而构局造意，标举靡遗，实能灼见作者之心源，而开示后人以奥窔。”此书版本甚多，宋、明、清皆有刻本，较流行者则有《四库全书》本、《金华丛书》本。

《诗律武库》十五卷，《诗律武库后集》十五卷，是东莱为课其弟子学习词赋而编的文史典故类书。其书征引故实，分类辑录，凡二十八门。《四库提要》谓此书“在类书中最为浅陋，断非祖谦之所为，殆后人依托也”。然而清康熙间人余起霞则认为此书“在诸家类书中尤为杰出”，故必为东莱亲手所辑。今考其宋版碑云：“吕氏家塾手校《武库》一帙，用是为诗战之具，固可以扫千军而降勍敌。”其定为“家塾手校”之作，当有所本。而《四库》馆臣仅凭“浅陋”之感受，遂疑此书为后人所托，羌无实据。何况教育子弟，亦须由浅入深，故未可以“浅陋”议之也。现存多为宋、元椠本或明、清抄本，今收入《全集》。

《东莱集注观澜文集》七十卷。此书为其师林之奇所编，东莱为之集注。林氏此编，踵武《昭明文选》体例，选取屈、宋辞赋及两汉以来至北宋诗文，凡三百三十四篇，依体裁总分甲、乙、丙三集。其所以名“观澜”者，即取《孟子》“观水有术，必观其澜”之意。澜者，水之大波也，以喻君子之学必有所本，上自涓涓之源流，而后至洋洋无涯之波澜，宜以次循序渐进，广泛浏览之、撷取之也。其旨盖以为传授弟子举业习文之用，而东莱复以此书为课其门人之教本，故肆力为作集注。所注体例大略有三：其一为本之旧注，如《离骚》《文赋》《闲居赋》《古诗十九首》等，全用《文选五臣注》；其二为参考多种旧注而综合之，不主一家之说，如注韩、柳之文；其三为自行注释，凡唐、宋诗文，除韩、柳二家之外皆亲自作注。东莱所注，多以解释事理为主，并说明典故出处。注释确切详明，素为后世所倚重。今传此书版本有二：一为影宋三十二卷之残本，见于《宛委别藏》；一为影宋翻刻本七十卷之足本，今已收入《吕祖谦全集》内。

《东莱吕太史文集》四十卷（另一种作《吕东莱先生文集》二十卷）。东莱殁后，其弟大愚“乃始与一二友收拾整比”，编定《吕太史文集》十五卷；此后又由大愚之子乔年复辑缀家范、尺牍、读书杂记之类为《别集》十六卷；继而乔年又将陆续发现的一些未刊遗稿，如策问、宏词、程文、尺牍之类，辑为《外集》五卷；并将年谱、遗事、圹记、哀诗和亲友祭文等总为《附录》三卷；另以《词堂记》等别为《附录拾遗》一卷。合此三集，都四十卷，系广泛搜集东莱一生所作的单篇诗文，包括诗、辞、表疏、奏议、策问、试卷、宏词进卷、书信、序跋、传记、碑记、祭文、行状、墓志、语录等等汇编而成。东莱一生以治学、育人为主，并不刻意为文。但其赋诗，韵律雅靓，用典出神入化，甚得中唐遗韵；为文纵横开阖，变化莫测，洋洋洒洒，气势磅礴，颇具汉唐气象。《四库》馆臣谓“其文词闳肆辨博，凌厉无前”，“在南宋诸儒中，可谓衔华佩实”，“豪迈骏发，而不失作者典型”。清王崇炳叙云：“其学近里切己，贵涵养实践，不贵争辨，于洙、泗为近。其为人，闳廓平粹，志在经世，而耻苟合；其为文，波流云涌，珠辉玉洁，为一时著作之冠；其释经，研精覃思，婉转归己，拔义于训诂之外，读其书可知也。”张坦让序云：“先生得理学正传，心平气和，一切殚近里着己功夫。尝曰‘操存则血气就轨而不乱，收敛则精神内守而不浮’，故其为文也，如匣剑帷灯，浑金璞玉。髫时读其遗编，恍见洙、泗支流，而一种静穆之致，使人仿佛兴起。”胡凤丹序云：“今读集中诸说，盖深有会于天人理学之原，家国修齐之要，其有功于圣教，更非《博议》可比。”现存多种宋刻本和元、明刻本，通行本有《四库全书》本、《续金华丛书》本等。近年整理校点《吕祖谦全集》，又从《永乐大典》《四库全书》及金华等地的方志中辑得东莱佚诗文八十多篇，作为《新增附录·吕集佚文》系于四十卷之末。

《离骚章句》一卷（已佚）。

《杜工部三大礼赋注》十卷（已佚）。

这些著作大都是中国学术史上的重要文献，有的还成为历代家喻户晓的读本。可惜有多种著作已经失传，确实是学术界的一大损失。所幸的是，今已将东莱传世的著作进行全面整理，出版有《吕祖谦全集》十六册、《十七史详节》八册，以供学术界同仁进行全面而系统的研究。

第十一章　婺学之宗

吕东莱一生讲学著述，开创了当时学术界独树一帜的婺学。其学标举由经入史、经史致用，从而形成兼容理学、心学和事功之学等各种思想于一炉，成为最能体现先秦儒学的规模而深得孔门之正传的思想体系。婺学的后学众多，影响深远，东莱之学自然成为婺学之正宗。

一、论道明理

在哲学的本体论上，东莱体现为理与心并重的心物相融之学；在方法论上，则体现为相济相成的执中之道；在历史观、理欲观和义利观等方面，也都有自己的独到见解而有其极为开阔的论述。

（一）心物相融的本体论

东莱之学，素以重理亦重心为其基本特色。他把包含在事物中的普遍规律亦即“理”或“天理”作为最高的哲学范畴，认定存在于事事物物中的“理”是无始无终、不生不灭的永恒存在，而事物的变化发展必须遵循“理”的支配，所以“理”是不容泯灭，也是泯灭不了的。然而，他在将“理”作为哲学最高范畴的同时，又将“心”上升为世界的本原，从而使其本体论呈现客观事物运动规律之“理”与主观认识事物之“心”并重的观点。

若从事物的客观规律而论，东莱认为“理”是超时空的绝对。世界上其他事物都有始有终、有生有灭，唯有理是永恒的存在。他在《易说·离》中说：

“大抵天下道理本自相继以明……事虽不见，而理常在。”《易说·复》中说：“天地生生之理，元不曾消灭得尽。”他在《左氏博议·颍考叔争车》中说：“理之在天下，犹元气之在万物也。”“天理与乾坤周流不息。”《左氏博议·梁亡》中说：“天下之不容泯者，天理也。”很显然，东莱的这个观点，与朱子所谓“万一山河天地都陷了，毕竟理却在这里”[①]的理论如出一辙。《易说·无妄》中说：“至极之理，不可加一毫人伪。……天理所在，损一毫则亏，增一毫则赘，无妄之极，天理纯全，虽加一毫不可矣。”这就是说，“理”原来是什么样就是什么样，任何时候都容不得人为地给予“增”或“损”，否则非“赘”则“亏”。而所谓“理”，就是天地生生之理。他在《易说·复》中说：“草木萌动，根芽初露”“枝枝叶叶，渐渐条达”，都是“天地生生之理”，是“自然之天道”。同书《无妄》中说：“循其天理自然，无妄也。”

东莱关于程子“理一分殊”的命题，在《易说·乾》中作了具体论证：“‘乾道变化，各正性命，保合太和，乃利贞’。‘易有太极，是生两仪’，非谓两仪既生之后无太极也，卦卦皆有太极；非特卦卦，事事物物皆有太极。乾元者，乾之太极也；坤元者，坤之太极也。一言一动，莫不有之。”何谓“太极”？朱子说：“太极只是天地万物之理。”[②]东莱同意这样说。他认为在“太极”或曰“天理”的作用下，产生了阴阳“两仪”，但不是说产生阴阳之后“太极”就不复存在了，它永远高悬在天地万物之上。因为事事物物都是从“太极”这里出去的，所以事事物物都有属于自己的“太极”。比如乾有“乾之太极”，坤有“坤之太极”，推而言之，各卦都有其“太极”。易之太极是事事物物太极的总名，而事事物物的太极则是易之太极的体现。东莱指出“天下只有一个道理”，而由“一个道理”产生出来的事物虽然从现象上看千差万别，形性各异，但其本质完全是一致的。其《易说·睽》云：“天下事有万不同，然以理观之，则未尝异。君子须当于异中而求同，则见天下之事本未尝异。”这就是对于伊川所谓“一理摄万理”，“万理归于一理”之理论的进一步发挥。这实际上就是程、朱理

① 《朱子语类》卷一。

② 《朱子语类》卷一。

学所提出的“理一分殊”的理论。

东莱还认为，不仅自然界有人们必须遵循之理，人事也是有理可循的。其《易说·贲》云：“日月、星辰、云汉之章，天之文也；父子、兄弟、君臣、朋友，人之文也。此理之在天人，常昭然未尝灭没。人惟不加考究，则不见其为文耳。……唯能观察此理，则在天者可以知时变，在人者可以化成天下也。”天因为有日月、星辰、云汉的区别，不仅显得绚丽多彩，而且还可以从其运行变化中，知道时令气候的变化，这就是“天之文”；人因为有父子、兄弟、君臣、朋友之分，而使得社会昌盛和谐，人人各守其分，就可以达到天下之大治，这就是“人之文”。他以为天理昭示于人之处即此，必须精加考察，洞悉底蕴。故《易说·同人》云：“如天同一天，而日月、星辰自了然不可乱；地同一地，而山川、原隰自秩然不可乱；道同一道，而君臣、父子自了然不可乱。”东莱在论述了自然界的“各得其所”之后，进而论述了人类社会的“各得其分”。日月、星辰同处中天而有其固定的空间位置和运行轨道，山川、原隰共居大地而各自占据属于自己的地盘，它们之间是不能相互更换或改变的。同样，在同一天理的支配下，君臣、父子亦各有其分，也“了然不可乱”。自然界和人类社会虽然不能截然分开，但是二者之间是有严格区别的。

若从人的主观能动性而论，东莱又把“心”提到最高的范畴，认为人的一切思想行动都必须受“心”的支配。东莱认为，宇宙间的一切，“仰而观之”，“俯而察之”，“皆吾心之发见也”。他在《杂说》中说：“心是活物，流而不息。”“本然者谓之性，主宰者谓之心。”因而认定这种“心”的主宰作用。他在《左氏博议·楚武王心荡》中说：“圣贤君子以心御气而不为气所御，以心移气而不为气所移。”然而他又说：“心由气而荡，气由心而出。”这说明了心与气之间的相互作用。

又若从客观之“理”与主观之“心”的关系而论，他主张“心与理合”“道与心一”，亦即“心”的活动必须符合事物之“理”，才是达到了最高的境界。他在《易说》中还以“生生之意”的“仁”，来论述“天人合一”“万物一体”的观念。认为《易经》所说的万物“生生”之意，亦即“天地之心”；而“圣人之心”即“仁心”“道心”，可以体察“天地之心”，到与天地合德同心，包容天地万物，即所谓“万物皆备于我”。其《乾》云：“仁者，人也，合而言之，道也。世人分为二，故君子体而为一。”其《复》云：“天地以生物为心，人能于善心发处，以身反观之，便见得天地之心。”“圣人以天地为本”，“先王以天人为一体”。意思是说，圣人之心可以参天地，“人心”与“天理”“人事”与“天道”是相通的。所以他对朱子的“理学”和陆象山的“心学”都有所吸取，并将其贯通融合为一。其实，这也就是孔子所说的“从心所欲不逾矩”的境界。所谓“矩”，就是客观事物的法则，从心所欲而能达到不违背客观事物的法则，就是天地万物“生生”之道的“仁”。这乃是儒家认为只有圣人才能达到的最高境界。

东莱在继孟子提出扩充良知良能的修养方法之后，还较早地对“良知”概念作了阐发。其《易说》云：“凡人未尝无良知良能也，若能知所以养之，则此理自存，至于生生不穷矣。”他有时也把“良知”称为“良心”，他认为人的这种“良知”，“未受外物所诱，故正。正者，其良心良知之所在，故无交感之害也”。如果“局于小智，憧憧起伏，所以未光大，反逐于物而私障蔽之。盖心本光大，至此，则光大皆不见”。因此，“与生俱生”的“良知”“良心”能否保持并光大，关键在于人的道德自觉：“有以继之，则为君子；无以继之，则为小人”“故学者不忧良心之不在，而忧良心之不继”。但对于任何人来说，“继之”“复之”的可能性总是存在的。“虽为穷凶极恶之事积于身”的人，“然固有之良心亦自具在”，只要有“悔过之心”，就可能改恶从善。由此可见，这种“良知”说，充分强调了主体道德意识自觉的作用。这显然已开王阳明的“致良知”说之先河。但由于王氏“心外无物”之说过分夸大了“心”的作用，以致王门后学取消了“光大”和“有以继之”的修养功夫，从而陷入“现成良知”的末流之弊，故其说反不若东莱此说之纯然无弊也。

综上所论，东莱将事物客观规律之“理”与主观思维之“心”贯通融合为一，以达到孔子所说的“从心所欲不逾矩”的心物相融的最高境界。即此可见，在当时的各学派之中，东莱之学独得孔门之正传。

（二）相济相成的执中之道

关于对立面相反相成的作用，东莱也作了较为系统的讲论。他在《易说·

坤》中云："理一而已矣。理虽一，然有乾即有坤，未尝无对也。犹有形则有影，有声则有响，一而二，二而一者也。""一"指事物对立面的统一，"二"指事物对立的两个方面。《恒》云："天下之理，未尝无对也。"《晋》云："大抵天下之理，有进则有退，有荣必有辱。不待进极而后有退，当进之初已有退之理；不待荣极而后有辱，当荣之初已有辱之理。"《大壮》云："天下事必有对。盛者衰之对，强者弱之对。"《蛊》云："天下之事常有对，有一病则有一治法。"又云："天下事有终则有始，乃天道。"

东莱在承认了矛盾的普遍性的基础上，进而提出了"相反处乃是相治"的可贵命题。其《易说·蹇》云："大抵天下之理，相反处乃是相治。水火相反也，而救火者必以水；冰炭相反也，而御冰者必以炭；险与平相反，而治险必以平。"《睽》云："世之所谓相反者，无如水火，而其理初未尝有异。故一动一静互为其根，一阴一阳互为其用。君子须是得同而异之理，方可以尽睽之义。然《象》言'天地睽而其事同，男女睽而其志通，万物睽而其事类'。……盖圣人使人于同之中观其异，异之中观其同，非知道者不足识此。"他在《蛊》中还提出"盖易盈虚消长成败常相倚伏"的观点，正如《豫》所谓"人多在顺中坏了"。故其《泰》云："大抵人当否之时，自然忧深思远。至泰时，人民安富，国家闲暇，所失多由虑之不远。殊不知乱每基于治，危每基于安，讵可遐遗乎。"这是说，统治者在国家多事之秋，天下动荡不定（否）之时，一般能够"忧深思远"，而在"人民安富，国家闲暇"（泰）之际，也必须虑之甚远。只有这样，才能使国家始终保持强盛，立于不败之地。

东莱还认为对立的双方是相互渗透的，不可以将它们截然分开。其《易说·观》云："治中有乱，乱中有治。"正如《左氏博议·妖祥》所云："阳之发见，阴之伏匿。阳明阴幽若不通，及二气和而为雨，则阳中有阴，阴中有阳，孰见其异哉！"也是同样的意思。

东莱认为对立的双方不是固定不变的，而是在一定条件下发生转化。其在《宋穆公立殇公》中论述"常"与"奇"的关系云："殊不知道无不常，亦无不中。"而在同书《郑伯侵陈》中又进而论证了对立面互相转化的观点："天下之事胜于惧而败于忽。惧者福之源，忽者祸之门也。"既然对立面经常发生转化，因此在观察问题时，不仅要从事物之“顺”的方面看，还要从事物之“逆”的方面看。同书《楚斗椒》有云：“物以顺至者，必以逆观。天下之祸，不生于逆而生于顺。剑楯戈戟未必能败敌，而金缯玉帛每足以灭人之国；霜雪霾雾未必能生疾，而声色畋游每足以殒人之躯。”东莱认为，国家处于武装威胁之际，则能唤起国人，自强不息，从而可以抵御敌人的进攻；假若敌国奉献“金缯玉帛”以示卑顺，则容易使人放松戒备。人们在气候恶劣的条件下，时时注意对身体的养护调理，故而未必会生病；但当处于顺境之中，人们往往会忘乎所以，而不注意对身体的养护调理，以至于弄垮了身体而不自觉。从这个意义上说，身处逆境未必是坏事，而身处顺境未必就是好事。故在同书《管仲言晏安》中意味深长地说：“地之于车，莫仁于羊肠而莫不仁于康衢；水之于舟，莫仁于瞿塘而莫不仁于溪涧。盖戒险则全，平则覆也。”车行于羊肠小道，因其坎坷险峻，车夫不敢有半点疏忽大意；船驶于水湍流急之瞿塘，船夫则会全神贯注，故而能避免倾复之患，而能顺利地通过。但往往也有这样的情况：因为车行平坦大道，船驶水流平稳之河面而漫不经心，落得车翻船覆的悲惨结局。

《左氏博议·楚子问鼎》论楚人“观兵于周疆”，“问鼎之大小轻重”，大有取周以代之意。但由于周使者王孙满善于辞令，楚师为其所动，放弃了原来的企图。这件事从表面上看是极为难得的好事，但东莱却认为“一夫而抗强敌，一言而排大难，此众人之所喜，而识者之所忧也”。这将是“喜在今日，而忧在他日也”。因为王孙满以辞令退楚师，纯属侥幸，实不可恃。但它却造成了周之君臣侥幸投机的心理，认为只要凭“一辩士”的“三寸舌”就可以退却强敌了，而“君臣上恬下嬉，奄奄略无立志……玩于宴安，寝以媮惰”，再也不“忧惕祗畏，怀覆之之虞”，国势日趋衰颓。一旦秦兵东出，周人“辩不能屈，说不能下”，终于“无所可施”，只好“稽首归罪，甘为俘虏”。东莱由此得出了一条发人深省的结论。其《楚莫敖屈暇》云：“遇事之易者未足喜，遇事之难者未足忧。盖先遇其易则以易为常，是祸之源也；先遇其难则以难为常，是福之基也。世固有一胜累一国，以一能败一身者，岂不甚可畏耶！”“难”与“易”是相对的，“以难为常”，自强不息，“难”则为“易”；“以易为常”，掉以轻心，“易”则变“难”。这就是历史的辩证法。故东莱指出，作为国家的统治者，应该居安思危。

然而，在互相对立的两端之间，必以“中”为准则。《易说·乾》云：“惟常言、常行，自得中正之义。”同书《恒》云：“大抵天下事，惟得中则可以无悔。”这是说，“中”是天下一切事物的准则。又谓：“盖得形之中，不若得理之中。……是中也，亘古今而不易，历万世而无弊。”这是说，所谓“中”，并非简单的对半折中，而是以“理”为权衡的中道，才是“亘古今而不易，历万世而无弊”的执中之道，也就是中庸之道。

然而《恒》又云：“大凡道无不常，亦无不中，在乎处之如何耳。”这是说，对于不同性质的情况，处得其“中”的方法也不相同。《左氏博议·里克谏晋侯》云：“物之相资者，不可相无；物之相害者，不可相有。两不可相无，则不得不合；两不可相有，则不得不争。合之者，欲其两全也；争之者，欲其一胜也。”由于事物的两端之间，有“相资”与“相害”之异，处理的方法也就不同：“相资”者在于求其“两全”，而“相害”者则在于求其“一胜”。正如“邪之与正，则相害而不可相有。有正则无邪，有邪则无正，安得有所谓邪正之间哉！将为君子耶，盍主其正；将为小人邪，盍主其邪”。然而“当两全而欲使一胜，则其一终不能独胜；当一胜而欲使两全，则其两必不能俱全”。例如协调兄弟或朋友之间的矛盾，在于求其“两全”；而处理“正”与“邪”之间的矛盾，则必须扶“正”以祛“邪”而求其“一胜”。因而又云：“《大学》论上下左右之间，皆欲两全而不伤，何其恕也？至其论小人，则以谓‘仁人放流之，迸诸四夷，不与同中国’，又何其不恕也？”其实，这也就是分别正确处理“内部矛盾”和“敌我矛盾”两种不同矛盾时，所应采取的使之符合“中”之准则的两种不同方法。

（三）关于历史观、理欲观和义利观

在历史观方面，东莱的“理”论，不仅承认自然有变化之理，而且肯定人事有变化之道。其《易说·贲》认为，若能懂得这一变化道理，“则在天者可以知时变，在人者可以化成天下也”。同书《蛊》云：“天下之事向前则有功，不向前，百年亦只如此，盖往则有功也。”“天下事若不向前，安能成其大。”这是说，人们如果能顺应历史“向前”的趋势办事，就一定会成就大功。然而历史的向前发展，是一个“有因有革”的过程，故他在《轮对札子》中主张：“视前代未备者，固当激励而振起；其远过前代者，尤当爱护而扶持。”对历史上好的东西要继承发扬，但更要爱护和扶持新的东西，至于旧的不适合时势的东西则要“更革”。其《易说》认为，事物总是要变化的，“事极则须有人变，无人变则其势自变”。他在《易说・蛊》中说：“祖宗之意，只欲天下安。我措置得天下安，便是承祖宗之意，不必事事要学也。”如果事事效法祖宗，就不可能“向前有功”了。为此，他批评了“今不如古”的思想，而提倡“达于事变”。其《诗说拾遗》云：“常人之情，以谓今之事皆不如古，怀其旧俗而不达于消息盈虚之理，此所谓不达于事变者也。达于事变，则能得时措之宜，方可怀其旧俗。若惟知旧俗之是怀而不达于事变，则是王莽行井田之类也。”这是说，“达于事变”，才能“得时措之宜”，也才能分清哪些“旧俗”尚能适应事变的需要，应当加以继承；哪些“旧俗”业已过时，必须加以变革。这样，就不会像“王莽行井田”那样盲目法古了。

在伦理思想上，“存天理，灭人欲”是理学家的共同观念。东莱也希望达到“人欲都忘而纯乎天理”的境界，但也阐发了一些新的内容。他对“人欲”的解释，指的是私心、私意、私利、恶念等不正当的思想和欲望，所以他对人的正当的“欲”是肯定的。其《左氏博议・成得臣卻献子》云：“何人而无欲?”同书《管仲言宴安》云：“君子之耳目口鼻所欲与人无异也。”《晋怀公杀狐突》云：“乐也，荣也，安也，人之所同嗜也。”其《史说》云：“布帛粟菽，人人所须；泉货金贝，人人欲用。”《诗说拾遗》云：“易曰：崇高莫大乎富贵，圣人之大宝曰位。圣人未尝以富贵、宝位自嫌……若后世之人以是自嫌者，宜乎?”他的结论是“天理在人欲中，未尝须臾离也”。这说明，不管是圣人还是常人，都有基本的生活需求和欲望，问题在于满足这些需求和欲望的手段是否合乎义理。这实际上为后来“天理存在于人欲之中”的理欲观开了先河。

东莱也认为“义”与“利”是可以达到统一的。他在《易说・乾》中说：“利者，义之和也。老苏之说不合分利义为两涂。盖义之和处，即是利也，苟有徒义徒利之辨则非矣。”所谓“利者义之和”，就是承认“义”与“利”有其一致性，因而不赞成苏洵“分义利为两涂”的观点。他认为，“利”有公、私之分，“公利”与“义”是一致的，“私利”与“义”是有矛盾的。不过他并没有把“公”与“私”截然对立起来，他在《史说》中说：“世俗多谓公私不两立，此大不然。所行若合道理，则公私两全，否则公私两失。”“庶或公不败事，私不伤义，便是忠厚气象。”这种“义利相和”“公私两全”的观点，是既符合儒家义理又切合民生实用的进步思想。

二、教育治学

吕东莱在其一生的讲学活动中，不仅给前来从学的弟子们输送了广博的知识，而且也使自己由此增长了不少见解。尤其是在教学方面，既从实践中积累了许多宝贵的经验，又从理论上得到了充分的升华，获得了“教学相长”之效，从而形成了自己较为成熟的教育思想。

（一）关于教学宗旨

东莱早在武义明招山讲学时的《规约》中就提出了明确的教学宗旨。这就是：以“孝悌忠信”为本，以“讲求经旨”为教学内容，以“明理躬行”为教学目的。也就是说，教学是以“孝悌忠信”的素质为基础，用“讲求经旨”的方式以达到“明理”，然后反过来再以所“明”之“理”去指导“躬行”人伦道德和立身处世之实践，从而强调了理论与实践的结合。后来在《太学策问》中，更进而总结为“讲实理、育实材而求实用”的教学方针。“讲实理”是其教育指导思想，“育实材”是其教育培养的目标和任务，“求实用”是其治学态度和根本目的，而其基本精神就在于“务实”。所以他强调不仅要“骛于言”，而且更应“从事所以言”，要求诸生必须“各发身之所实然者，以求实理之所在”，而不要用“角词章、博诵说、事无用之文”来应付了事。这一教育方针显然是在明招讲学过程中总结出来的心得体会。

首先，东莱从务实的精神出发，认为对于有志于学的人来说，最根本的问题在于要具备“忠信”的素质，故坚持以“德教为本”。其《易说·乾》云：“大抵为学之道，当先立其根本。忠信乃实德也，有此实德，则可以进德修业。”一个人如果缺少忠信，即使学到一些才干也派不上多大用场，一到紧急关头就会畏缩不前。特别是功成名就之后，其所考虑的主要是自己的身家性命和官位爵禄，而将国计民生的根本利益置于脑后。并认为官场上之所以出现“高爵重禄，一得所欲，畏缩求全，惟欲脱去，无复始来之慷慨”的情况，就在于这些人缺少“忠信”的缘故。所以在《规约》的第一条即规定“以孝悌忠信为本”。他从经世致用的务实精神出发，力倡学者必须具备“惇厚笃实”的学风。故又云：“大抵为学，不可令虚声多，实事少。非畏标榜之祸也，当互相激扬之时，本心已不实，学问已无本矣。”学者之所以不要贪图虚名声，而要真正潜心于学问，就在于唯有如此，才能使自己的功力扎实，可以学到经世致用的真本领。这一观点，与永嘉、永康学派讲求“名务其实”的学风颇为一致。

其次，在于“讲求经旨”以“明理”，而“明理”的精神则在于“讲实理”。他在《礼记说》中对讲求圣学的目的作了这样的解释：“不能择乎中庸而守之，便是纳诸罟擭陷阱之中而莫知辟也。盖不入此，必入彼也。且如行道若知此是坦途，决然自此行去，若稍有坎坷崎岖处，必不肯行，况明知罟擭陷阱之害乎？所以莫知辟者，只是见之未明耳。若见之果明，不待劝勉而自行坦途矣。圣贤亦只是从安稳处行而已。”这就是说，人们之所以不能遵从中庸之道行动，主要是因为不知道中庸的高明所在，才误入“罟擭陷阱”的。讲圣学的目的，就是为了帮助人们对伦理道德从“见之不明”到“见之果明”，分清“坦途”和“罟擭陷阱”的区别，从而使他们沿着人生的“坦途”前进。从“见之不明”到“见之果明”，就是“明理”的过程。

其三，则在于“明理”以“躬行”，亦即在于“育实材而求实用”。他在《礼记说》中又指出：“圣贤千言万句，会其有极，归其有极，皆在乎致知。致知是见得此理。于视听言动、起居食息、父子夫妇之间，深察其所以然；识其所以然，便当敬以守之。”东莱认为，圣贤们教育人们的准则就是体察日常言行和“父子夫妇”之间的人伦道德之“所以然”，以便让人们“敬以守之”。所谓“识其所以然”就是“明理”，而“敬以守之”就是“躬行”。“明理”的目的即在于“躬行”。

东莱规定身体力行人伦道德乃是学习的根本任务。并认为进行道德教育，仅仅在书本上探索是不够的，最重要的是在日常生活中认真践履。其《与学者及诸弟》云："如事亲、从兄、处家、处众，皆非纸上所可记。此学者正当日夕检点，以求长进门路。"这就是说，对于人伦道德的践履，不是纸上功课所能代替得了的。只有"日夕检点"地去"躬行"，才能有所长进。他在《杂说》中更明确指出，读书当求实用："百工治器，必贵于有用；器而不可用，工弗为也。学而无所用，学将何为也邪?"他认为，读圣贤之经典，尤以能用于事为贵。故又云："今人读书全不作有用看。且如人二三十年读圣人书，及一旦遇事便与闾巷人无异。或有一听老成人之语，便能终身服行，岂老成人之言过于六经哉?只缘读书不作有用看故也。"

其四，东莱从"育实材而求实用"的教育方针出发，主张德才并重。东莱虽然注重德行，强调"德教为本"，但并不轻视"才能"，并认为道德不能代替"才能"，如果一个人只有"道德"而无"才能"，对于国计民生也起不到多大作用。必须是既有道德又有才能的德才兼备者才是有益于国计民生的有用之人。

由是观之，东莱之所谓"讲求经旨，明理躬行"的教育宗旨，与胡瑗的"明体达用"之旨完全一致，而与朱子提出的"穷天理，明人伦，讲圣言，通世务"的教育思想也有相通之处。其与朱子稍有不同的是，东莱在本体论上明显具有心学倾向，反映到教育思想上就是主张以"存养此心"和"立实心"作为学习伦理道德的先决条件。其《与朱元晦》云："学者若有实心，则讲贯玩索，固为进德之要。"《太学策问》云："立心不实，为学者百病之源。"东莱认为，如果"心"立得不坚实，而只是在口头上"讲贯玩索"，是无法"进德"的。因此学者不应该专尚"口耳"，而应立足于"存养此心"和"立实心"。然而，东莱虽然重视"心"的作用，却又不同于陆象山的心学。陆象山轻视"教"的作用，主张无师自通的"悟"；而东莱则最重视"教"对学者成材所起的作用。后来他在《与学者及诸弟》论及教育的重要性，还把振兴教育同"拯救衰世""雪耻图强"联系起来。他说："时事所以艰难，风俗所以浇薄，推其病源，皆由讲学不明之故。"这是说，若要扭转时事艰难、风俗浇薄的局面，必须大力加强教育。显然，这较之陆象山的观点要显得合理而全面。

以上论述中一连串所提出的实心、实德、实理、实材、实用、实事、笃实等，无不集中体现了婺学的"务实"精神。

（二）关于教学内容

在宋代的其他理学家中，大都抱有重经轻史和重道轻文的倾向。然而东莱却不同，他在具体的教学实践中体现了经史并重和文道并重的态度。他在讲学时既解经也讲史；既阐发义理，也传授作文之法，而且还进而亲手编定《古文关键》和撰写《左氏博议》等专供学习作文的教材。这在理学家中可谓是非常难能可贵的。

东莱教学的内容主要是儒家经典“五经”、《论语》和《孟子》，以及《史记》《资治通鉴》等各种史籍，体现了经史并重的特色。这些经、史虽然都有现成书籍可资讲解，但东莱讲学并不受书籍所囿，常常提出自己独到的见解而随时加以引申和发挥。往往能引人入胜，吸引住学生们的兴趣，使之听而不厌。关于这些内容，弟子们都作了记录，而成《丽泽论说集录》十卷。

东莱教学内容的另一项更为突出的特色则是“文道并重”。因此他亲自选编《文海》，撰写《东莱左氏博议》，以作为学文之范本；而且还编有《古文关键》，明确提出了文章的作法及其欣赏方法。

东莱先从唐宋名家中精心选定韩愈、柳宗元、欧阳修、苏洵、苏轼、苏辙、曾巩、张耒文凡六十篇，编为二卷，取名《古文关键》。各篇标举其命意、布局之处，指示学者以欣赏文章和写作文章的门径，故谓之“关键”。因为此书的选批议论，系专为门生学文而编，故卷首冠以《总论》，通论“看文”和“作文”等关键问题。他首先在《看文字法》中提出欣赏文章的方法，认为各家文章都有其不同的特色，故读者也应从不同角度加以欣赏，并提出欣赏和学习各家文章的不同方法。其次在《论作文法》中提出作文的方法，并要求达到“常中有变，正中有奇；题常则意新，意常则语新”。所以，作文必须善于处理诸如“上下，离合，聚散，本末”等相反相成的关系。最后又在《论文字病》中强调作文必须避免各种弊病。这些确实是很切合实际的学文方法。然后，他把所提出的作文方法，分别标注于所选的各篇文章的必要之处，随时加以指点，以便读者有效地进行欣赏与学习。《古文关键》编成之后，在作文教学中确实收到了很好的效果。

然而，《古文关键》尽管对于起、承、转、合之类的文章作法问题作了精当的指导。但作为学习应试文章的范文而言，《古文关键》仍有其严重的不足之处。这是因为，科举应试之文主要是以儒家经典命题的，文章必须以阐发经旨为任务；即使是“策问”“应对”之类，也是根据当时的政治需要而命题，故必须讲究文章如何切合题旨的方法。而《古文关键》所选虽系唐宋名篇，在文章的行文结构上确有其典型性，但因并非专为应试而作，所以在阐发经义和切合题旨上，未免有所不足。因此，东莱认为有必要再写一部将阐发经义与文章作法融为一体的教材。于是，东莱决定以《春秋左传》的内容命题来撰写文章，写一部适合于学习应试文章的教材，这就是《东莱左氏博议》一书。其中每篇文章都以《左传》所载史实为题，发挥其政治、哲学、伦理之观点，以作为诸生课试学习之范文。其《自序》云：“《左氏博议》者，为诸生课试之作也。予始屏处东阳之武川，仰林俯壑，出户而望，目尽无来人。居半岁，里中稍稍披蓬藋从予游，谈余语隙，波及课试之文。予思有以佐其笔端，乃取《左氏》书理乱得失之迹，疏其说于下。旬储月积，浸就篇帙。诸生岁时休沐，必抄寘褚中，解其归装无虚者。……予离群而索居有年矣，过而莫予辅也，跌而莫予挽也，心术之差、见闻之误而莫予正也。幸因是书而胸中所存、所操、所识、所习，毫忽发谬随笔呈露，举无留藏。……凡《春秋》经旨概不敢僭论，而枝辞赘喻，则举予所以资课试者也。”《博议》之书，本系为诸生应试学习作文技巧而写的范文，其格式于时文为近，所以广泛地运用了立意、布局、修辞、炼句等各方面的艺术技巧，因而乃成为历代传诵的作文范本。

（三）关于教学方法

首先，东莱认为，读书教学必先存心、治心。其《杂说》云：“善学者之于心，治其乱，收其放，明其蔽，安其危；守之必严，执之必定。少怠而纵之，则存者亡矣。”又云：“看书须存长久心。”所谓“长久心”，也就是“恒心”。故其《易说·恒》云：“大抵立天下之功，必悠久胶固，然后能成。若振动躁扰，暂作易辍，安能成功?”要想“立天下之功”就必须持之以恒，读书学习也要做到“悠久胶固”才会有进步。所以他规定学生要“肄业有常，日记所习于簿”。他还认为，读书既要有一股韧劲，还要有一股锐气。《杂说》又云：“大抵人之为学，须是一鼓作气，才有间断，便非学矣。所谓再而衰也。”所以“学者最不可悠悠”，即使天资聪颖的人也不可“怠惰苟且”。为此他规定要将“徒恃资质”，而“漫应课程”“疏略无叙者”开除学籍。

其次，东莱认为，为学最宜谦虚，而不宜“讳过自足”。其《易说·复》云：“未满而有增，既满则招损而亡，尚安能复增乎？”为了防止自满，他在《礼记说》中从“学”与“教”两方面进行阐发：

> “学，然后知不足；教，然后知困。知不足，然后能自反也；知困，然后能自强也。”人皆病学者自以为是，但恐其未尝学耳；使其果用力于学，则必将自进之不足，而何敢自是哉？……不能自反自强，皆非真知者也。

大凡自以为是的往往是一些没有真才实学的人；而凡是好向别人炫耀自己才能的人，一般也是没有学问的人。正如同书《谦》所云：“无文学者，恐人轻其无文学，必外以辞采自炫，实有者却不如此。”

其三，东莱主张治学要勇于存疑。其《杂说》云：“读书无疑，但是不曾理会。”所以他认为治学不可有“成心”，故又云：“学者，……欲进之则不可有成心。有成心则不可进乎道矣。故成心存则自处以不疑，成心亡，然后知所疑，小疑必小进，大疑必大进。”只有消除了“成心”，才能对书产生疑点，不囿其所说，然后破疑解惑而有所进步。然而，治学又必须要有独立的见解，敢于跳出前人之窠臼。其《易说·随》云：“今之为学，自初及长多随所习熟者为之，皆不出窠臼。唯出窠臼外，然后有功。”故东莱十分重视“反复论难”对于破疑的作用。他在《学规》中规定学生“凡有所疑，专置册记录，同志异时相合，各出所习及所疑，互相商榷”。“反复论难”以集思广益，相互取长补短，乃是有效的治学之道。

其四，东莱强调治学贵在多加体会以知其所以然。其《杂说》云：“夫人之作文既工矣，必知所以工；处事既当矣，必知所以当；为政既善矣，必知其所以为善。苟不知其所以然，则虽一时之偶中，安知他时之不失哉？”其《礼记说》亦云：“物之微，莫不欲知其所来，为学欲至于贤圣，岂可不知其本始？”这里所谓“所来”“本始”，亦即指隐藏在事物深层的所以然而言。

吕氏家学的一项重要特色就是“多识前言往行以畜德”，亦即学习历史经验以提高自身的修养。所以东莱在《读史纲目》中提出了“揆之以理，体之以身”的读史方法。所谓“揆之以理”，就是要审度出历史事变的道理：“国之所以兴所以衰，事之所以成所以败，人之所以邪所以正，于机微萌芽时察其所以然，是谓机括。”所谓“机括”，就是要善于在历史事变“机微萌芽”之时“察其所以然”。这是一种由现象深入到本质的认识方法在考察历史事件时的运用。所谓“体之以身”，就是观史“当如身在其中”去体察思考问题。其《史说》亦云：“观史当如身在其中，见事之利害、时之祸患，必掩卷自思，使我遇此等事，当如何处之。如此观史，学问亦可以进，知识亦可以高，方为有益。”这说明，东莱研究历史，为的是从中吸取经验和教训，为现实政治服务。

其五，东莱明确提出了求同存异的治学态度。其《史说》论兼容之道云：“大凡天生万物，不无善恶，要之欲各得其所。如城邑市井则人居之，山林薮泽虎狼居之，江海沮洳鱼龙居之，虽有善恶而各得其所，故谓之兼容；非必白黑不分、贤愚混杂始可为兼容也。”这里，他提出了“各得其所”以互相“兼容”的观点。

从“兼容”的观点出发，东莱认为在学术问题上应该具备求同存异的度量。这是因为他已经认识到，世界上学术观点完全一致的情况是不存在的，即使彼此意气相投，学术见解相当接近的人，也总有许多不一致的地方。其《杂说》云：“人之相与，虽道合志同之至，亦不能无异同。且如一身早间思量事，及少间思之，便觉有未尽处。盖无缘会无异同。”即以同一人而言，早上考虑的问题，过一会再考虑时便觉得“有未尽处”，需要加以修正，何况是不同的人呢？故“道合志同之至”也总有分歧。学者对于不同的学术观点不能只凭个人的好恶决定向背取舍，否则就开拓不了眼界。所以他主张学者应专心致志于治学，而反对学派之间无谓的论争。他在《学规》中一再告诫学生们“毋得……訾毁外人文字”，明确要求门人对学术观点不同者要宽容温和；同时也不要在同一学派内部互相吹捧，彼此标榜：“毋得互相品题，高自标置，妄分清浊。”

东莱之所以能对一些关系密切的学者治学欠妥之处提出一些颇为中肯的批评意见，这是其不拘门户之见所致。正由于他能平和地对待各种学术观点，因而使得他在学术界有着广泛的联系。为此，朱子批评他“驳杂不纯”，而东莱则认为能否与众多意见不合者相处平和，实际是检验自己学力的一种方法。其《易说・兑》云：“今之学者唯其不专意于讲习，故群居相与，多至于争是非、较胜负。使其一意讲习，则我见处众之可乐，而不见其多事矣。学者欲自验为学之进否，观其处众之乐与否可也。”意思是说，大凡与人争论不休，固执是非胜负，因而不能与众人很好地相处的，都是没有把心思放在对学问的探求之上的缘故。这不仅影响到学问之“进”，而且会影响到个人道德的升华。因为一个人如果能与众人很好地相处，其本身就是一件“可乐”之事，并体现了其宽阔的胸怀。

东莱在反对学派之间的争论的同时，还进而提倡学者对于不同的学术观点要广泛接触交流。他认为只与自己意见相同的人交往，而拒绝与不同观点的人交流，是不利于自身学术水平提高的。其《与刘衡州》云：“近日思得吾侪所以不进者，只缘多喜与同臭味者处，殊欠泛观广接，故于物情事理多所不察，而根本渗漏处，往往鲁莽不见，要须力去此病乃可。”他将学业“不进”的原因，归结为“多喜与同臭味者处，殊欠泛观广接”，是有道理的。故他在《与朱侍讲》中坚决反对“道不同不相知”的观点，认为这样做“诚未允当”，未免“颇乏广大温润气象”。基于这种认识，才使他超越了当时诸家，使自己的学术“兼取其长”，形成了博大宏富之学术体系。这种对待各学派以泛观广接的态度，无疑是很值得今人发扬光大的。

由于他治学向以严谨著称，且不囿于门户之见，因而“四方之士”慕名前来师从其学。即如后来竟连朱子之子和张南轩之女也都曾先后前来投其门下，可见他在教学方面的影响之大。

总的看来，似乎可以把东莱的讲学效果概括为如下特色：其一，在教学目标上，讲求务实；其二，在教学内容上，提倡经史并重和文道并重；其三，在不同观点之间，主张兼容。显然，这些教学特色，也为形成自己的学派特色定下了基调。

三、经世致治

东莱之学本乎经世致用之旨，故在经济上和政治上都提出过一些精辟的见解。如在经济上提出“取民有制”和“本末并举”的主张；在政治上非常重视为君之道和君臣相得之道。尤其是针对孝宗专断独裁之要害而提出为治之大原，针对宋代重文治轻武绩之积弊而提出文武并重之策，皆不失为适时务实的治本之论。

（一）理财之道

在国计民生方面，吕东莱认为首先必须在根本上重视耕织。其《左氏博议·宋人围曹》云：

> 天下之所以有侥幸而得帛者，以蚕妇阴为之织也；天下之所以有侥幸而得粟者，以农夫阴为之耕也。如使天下尽厌耕织，焚其机，斧其耒，则虽有巧术，何从而取粟帛？皆将冻于冬而馁于涂矣。

基于这种认识，东莱认为执政者应珍惜人民的辛勤劳动，才能换取他们的甘心奉养。其《诗说拾遗》云：“民之服田力穑，岂不其劳？君若以为宝，民则以为好。谓其甘心代人君之力而奉养也。”故在《易说·损益》中提出了“取民有制”的思想：

> 损之卦，损下益上故为损。盖上虽受其益，殊不知既损下，则上亦损矣。然其下为兑，兑，悦也。……是下乐输以奉上，人君固可以安受之，何名为损乎？盖损下益上，人君之失也；乐输于上，人臣之义也。两者自不相妨。……凡上有取于民皆为之损，合上下二体而观之，下当乐输而不怨，上当取于民有制，不可无所止也。

他主张“上”接受“民输”过程中，要有一定的分寸，有所节制。假如无止境地强迫“民输”，重敛不已，超出民众所能负荷的限度，这就变为“人君之失”了。所以又说：“损下益上为损，损上益下为益。”这里所谓“损上”，是指损去一些过度的骄佚奢侈，变横征暴敛为薄赋轻徭。这在客观上减轻了人民的负担，也有利于国家长治久安。因此，东莱在任严州州学教授时，受太守张南轩委托，为张代作《乞免丁钱奏状》，请求朝廷免去严州的丁盐钱绢的数额，减轻人民的负担，让老百姓有一个“息肩之日”。后来又在上皇帝的《轮对札子》中，再次提出了在经济方面应“取民有制”“与民休息”等主张。

正因为出于“取民有制”，实行薄赋轻徭以减轻人民负担，东莱在《杂说》中批判了唐代中期开始推行的“两税法”：

> 杨炎变租庸调为两税，只取一时之便，不知变坏古法最不可者。租庸调略有三代之意，至杨炎时只为暴赋横敛名色之多，皆在租庸调之外，故炎都并来均作二税。二税之外不许诛求一钱，他却不知如何保得后来不诛求。且如租庸调之法尚在，自是无害于民，外有暴赋横敛，只为军兴窘急及暴君污吏所为。使有贤君，使无军兴，则此等自可罢去。……大凡治财，最不可坏下法，最不可并省名目。名目既省，则后来复置容易矣。孟子言粟米之征便是租，布缕之征便是调，力役之征便是庸，此三件自来源流如此，但古者或缓其二，或缓其一，至唐太宗都征了。

“租庸调”是唐初赋税的主要形式。到唐代中期，又在“租庸调”之外巧立各种名目进行暴赋横敛。杨炎改“租庸调”为“两税法”，干脆把“租庸调”以外所附加的各种暴赋横敛的数目都纳入“两税法”之中作为法律规定了。故东莱认为，如果“租庸调”之法仍在，那么在“使有贤君，使无军兴”时，那些暴赋横敛的名目自可罢去；而在改为“两税法”之后，就永远成为合法的赋税而不能罢去了。

若要做到“取民有制”，关键在于国家要“节用”。故东莱在《史说》中云：“大抵朴素简约，即兴之渐；奢侈靡丽，即衰之渐，天下国家皆然。”

东莱还率先提出“本末并举”的主张。自秦汉以后习惯于视农为“本”，工商为“末”。然而先秦儒家不仅不“抑末”，而且《春秋》主张实行“通商惠工”的政策。《中庸》亦把“来百工”列为治天下的“九经”之一，且谓“来百工则财用足”，可见对于百工之重视。孟子则曰：“市，廛而不征，法而不廛，则天下之商皆悦而愿藏于其市矣；关，讥而不征，则天下之旅皆悦而愿出于其路矣；耕者，助而不税，则天下之农皆悦而愿耕于其野矣。”可见孟子主张应给各行各业的发展创造有利条件。荀子亦曰：“故仁人在上，则农以力尽田，贾以察尽财，百工以巧尽器械，……夫是之谓至平。”可见荀子也主张百业平衡协调地发展，并无重农轻商之意。自从法家主张重农轻商，而汉儒则吸收法家之说纳入儒学之后，厚本抑末才成为历代专制统治者所奉行的基本国策，宋明各派道学家亦继其说。这显然抑制了工商业的正常发展，导致了许多流弊。然而，东莱竟能在积习弥深的“崇本抑末”观念大行其势的时代，率先提出“本末并举”的主张，直接继承了先秦儒家士农工商平衡发展的经济思想，不啻是一种独具卓识的高明见解。

（二）为君之道

吕东莱认为，天下能达到大治的根本条件，在于君明臣贤，以及君臣之间的和谐关系。其中君主肩负着天下治乱兴衰的主要责任，故东莱很重视为君之道。他认为，君主所出的政令必须符合君子之道，其《易说·观》云：

> 九五，居人君之位。故须观我之所生德教刑政之类，事事合于君子之道，人人归于君子之域，方始无咎。……盖使天下皆为君子，是人君本分职事才得恰好。”

只有君主所定的德教刑政之类，事事合于君子之道，才能使人人归于君子之域，天下才能治好。然而，如何才能知道“我之所生德教刑政”符合君子之道呢？东莱认为检验的标准在于俗美时治。故又云：

> 人君居尊位，最难自观，盖左右前后阿谀迎合，然却自有验得处。俗之美恶，时之治乱，此其不可掩而最可观者也。

由于君主特殊的地位，平时所听到的多是阿谀奉承之词。如果仅仅征求自己“左右前后”对朝廷所颁发的“德教刑政”的看法，往往是不真实的。故而若要考察“我之所生德教刑政”之臧否，唯一的办法是认真考察社会风气习俗之美恶，时政之治乱得失。换言之，亦即君主应把社会实践与社会效果作为检验政令得失之标准。显然，东莱的这一观点具有很高的政治价值。

在君臣关系上，东莱推崇君臣相得，相互尊重，融洽无间，配合默契的和谐关系。正如其在《易说·临》所谓“上厚于下，下厚于上，上下相应，固尽善矣”。故在同书《睽》中论述“上下相应”之道云：

> 君降志而应乎刚明之臣，臣尽道以辅乎柔顺之君。君臣之间尽道相与，于睽乖之时，虽不能大有所为，亦可以小吉。大抵天下之治，患君臣之不相与。

其《晋》亦云：

> 大抵君臣之间，惟降志以相接，则治可日彰，德可日明；若在下者方命，在上者骄亢，则治与德俱退矣。惟是上柔顺以接下，下柔顺以辅上，则为晋盛。

然而，能达到君臣“降志以相接”“尽道相与”的，古来并不多；更多的是在上者骄亢暴虐，刚愎自用，在下者惟命是从，曲意奉承；抑或是在下者方命专权，桀骜不驯，在上者受制于臣，失去控制全局的能力。无论是前者还是后者，都有失致治之道。故东莱认为，作为君主，既要“全天子之尊”以总揽治乱兴衰之大纲，又不宜躬亲细务。其《左氏博议·王赐虢公晋侯玉马》云：“圣人欲上全天子之尊，必先下谨士庶人之分。守其下所以卫其上也。”而其《易说·晋》则云：

既得尊位……但恐用明太过，虑事太详，恤其失得而凡事迟疑。……大抵人君之体，若屑屑亲细务而恤其得失，以此为明察，安能无不利？惟夫俨然在上，总其大纲，委其大臣而得失勿问，使在下者得尽心力为之，则无往而不利。

东莱认为，真正的贤明之君总是俨然在上，总其大纲，而把具体的事则放手让大臣去处理，不作过多的干预。这样，在下之贤者就会为君主尽心尽力去做，而君主可收垂拱而治之效。故在淳熙四年（1177）当面所呈两份《轮对札子》中的第一份《札子》，即大胆地极陈皇帝“独运万机”之弊。他说：“夫独运万机之说，其名甚美，其实则不可不察焉。”因为“治道体统，上下内外不相陵夺而后安”。因而他还为孝宗忧虑臣下权重之弊而提出己见：“如曰臣下权任太隆，惧其不能无私，则有给舍以出纳焉，有台谏以纠正焉，有侍从以询访焉，诚得端方不倚之人分处之，自无专恣之虑，何必屈至尊以代其劳哉！”于是，他又从正面提出为君之道云：

愿陛下虚心屈己以来天下之善，居尊执要以总万事之成。勿以图任或误，而谓人多可疑；勿以聪明独高，而谓智足遍察。勿详于小，而遗远大之计；勿忽于近，而忘壅蔽之萌。诚意笃而远迩各竭其忠，体统正而内外各得其职，则二帝、三王之治不能加毫末于此矣。

所谓“独运万机”，就是直指孝宗把本应由臣下处理之事揽在自己手里的专断独裁而言。这确实是直言无讳地击中了孝宗的要害。

东莱在其《汉太史箴》中则高扬史官“持于公议”的重任，以期统治者有所戒惧。这显然也是针对孝宗当时业已初见端倪的日益专断独裁之风而言的。他说：

史官者，万世是非之权衡也。禹不能褒鲧，管蔡不能贬周公；赵盾不能改董狐之书，崔氏不能夺南史之简。公是公非，举天下莫之能移焉。是故人主极天下之尊，而公议复尊于人主；公议极天下之公，而史官复持于公议。自古有国家者，皆设史官，典司言动。凡出入起居、发号施令，必九思、三省，奠而后发，兢兢慄慄，恐播于汗简，贻万世之讥。是岂以王者之利势，而下制于一臣哉？亦以公议所在，不得不畏耳。汉绍尧运，置太史令以纪信书，而司马氏仍父子纂其职，轶材博识，为史臣首。迁述黄帝以来，至于麟止，勒成一家，世号实录。武帝乃恶其直笔，刊落其书。呜呼！亦惑矣！公议之在天下，抑则扬，塞则决，穷则通。纵能削一史官之书，安能尽梶天下之笔乎！

在政治上如何控制至高无上的君权，一直是儒家难以彻底解决的大问题。以历史的公论来告诫君主，使之有所戒惧，虽然收效不大，但较之汉儒专以灾祥妖异之类神道设教来警诫君主要切实一些；也较之宋代理学家专从性理上“格君心之非”，使之发扬道德的自觉性要有效一些。这也是东莱既重经也重史，从而推崇司马迁及其《史记》的原因。东莱与朱子在如何控制君权这一问题上的不同处，就在于朱子偏重于从道德上“格君心之非”，而东莱则兼重历史公论之监督。这无疑是吕学的一项长处。

（三）致治之道

在东莱一生中，曾在孝宗召对时上过四份《轮对札子》，集中体现了东莱的政治思想。前两份是乾道六年（1170），东莱在太学时曾有两次轮对；后两份是在淳熙四年（1177），孝宗召对时所面呈。他在乾道六年第一次轮对时所上的《札子》，内容主要是明“圣道”。他说：“夫不为俗学所汩者，必能求实学；不为腐儒所眩者，必能用真儒。圣道之兴，指日可俟。”从实际情况而言，他认为：“智力有时而不能运，权利有时而不可驱，材能有时而不足恃，臣所以拳拳愿陛下深求于三者之外，而留意于圣学也。”这个札子的主要精神是希望孝宗能首先从思想上恢明“圣学”，亦即理学；而所谓“圣学”，乃是“宅心制事”“亲贤远佞”“规模审定”之类“实理所在”之学。

在当时偏安一隅的局势下，恢复国土乃是国家的头等大事。故在乾道六年第二次轮对时所上的《札子》，内容主要是论“恢复”。他说：“恢复，大事也。

规模当定，方略当审；始终本末当具举，缓急难易当预谋。”对此，他向孝宗提出要求：“唯愿陛下精加考察，使之确指经画之实，以何事为先，以何事为次，意外之祸若之何而应，未至之患若之何而防，周密详审，一无所遗，始加采用，则尝试侥幸之说，不敢复陈于前矣。然后与一二大臣合群策，定成算，次第行之，无愆其素，大义之不伸，大业之未复，臣弗信也。”这个札子的主要精神是主张通盘筹划“恢复大事”，强调“规模当定，方略当审，始终本末当具举，缓急难易当预谋”，重视“确指经画之实”，而反对“尝试侥幸之说”，表明他是一个稳健而务实的抗金论者。东莱作为理学大师，面对偏安一隅的南宋政局，常“念仇耻之未复，版图之未归”，一再强调“恢复大事”，“方略当审”。故在政治思想上也不像当时道学家那样偏重于以“正心诚意”来“格君心之非”，而是把正君德与施行具体政务结合起来进行讨论。这正是体现了东莱的婺学在重视事功上的务实之风。这两个札子，实际上是东莱政治主张的公开宣言书。

此后，在淳熙四年（1177）孝宗召对时所面呈的两份《札子》中的第二份《札子》，则是进而力陈国家治体之根本。他说：“臣窃惟国朝治体，有远过前代者，有视前代犹未备者。夫以宽大忠厚建立规模，以礼逊节义成就风俗。……此所谓远过前代者也。然文治可观，而武绩未振；名胜相望，而干略未优。虽昌炽盛大之时，此病已见。……此所谓视前代犹未备者也。”因而他建议：“臣窃谓今日治体，其视前代未备者，固当激励而振起；其远过前代者，尤当爱护而扶持。”东莱从实际出发，认为重文治而轻武绩，乃是赵宋一代最大的弱点，故从根本上提出了文治与武绩必须并重的国策。

其他在吏治方面则主张“勤政廉政”“轻徭薄赋”“诚心惠民”“更革弊政”等等。所有这些，莫不贯穿着“务实”这一基本精神。显然，这是与他在学术上的性理与事功并重的务实之学完全一致的。两份奏表的宗旨，在于希望孝宗能认真总结北宋覆灭的惨痛教训，励精图治，不要再发生上下内外相侵夺的现象。恳请孝宗“虚心以来天下之善”，广泛听取各方面的意见，“视前代未备者”，“固当激励而振起”，以避免重蹈徽宗之覆辙。对于这些建议，孝宗虽然未能身体力行，但对于东莱的一片忠诚之心还是深为嘉许的。

东莱还写有《馆职策》一文，提出了“治道有大原”的观点。全文洋洋数千言，列举汉唐史实以论证其“统宗会元之说”。所谓“为治之大原”，就是“提其统，据其会”。也就是说，只要掌握其为治之原则，提纲挈领，然后纲举目张，万事并举。文中着重批评了在抗金问题上存在的“一切不为”与“一切亟为”的两种倾向。指出“天下之患，懦者常欲一切不为，锐者常欲一切亟为”。呼吁宋孝宗广开言路，以杜绝“群情众论，隐匿壅遏，而不得上闻”的现象发生。

纵观东莱的四篇《轮对札子》以及其他有关文章，无论从思想上抑或在政治上，莫不贯穿着他所开创的“婺学”以经世致用为宗旨的“务实”这一条基本精神。

第十二章　流风遗韵

一、吕门家传

吕东莱逝世之后，他所开创的婺学，主要由其胞弟祖俭所继承。吕祖俭（1140—1198），字子约，号大愚。从小受业于父亲仓部公和兄长东莱，他与东莱既是兄弟，又如师生，故尽得父兄中原文献之传。淳熙八年（1181），被任为监明州（今浙江省宁波市）仓，不料正要上任之际，适值东莱病卒。由于他与东莱感情非常深厚，便向朝廷请求要等兄丧服满后再行赴任。按照规定，半年不上任者为违年，而兄丧要服一年才满，但大愚坚持要服满一年之丧，朝廷也就悯其情而答应了他。所以自大愚开始，诏令违年者皆以一年为限。淳熙九年冬，大愚服满兄丧，然后赴官任职。

其实，作为监仓之职，只承担一种监督的责任，并无具体的事务，也不可能在政事上有所作为，所以大愚广交当地学者，每天都与之讲论学问。当时，明州学者以舒璘、沈焕、杨简、袁燮为最著名，号称“甬上四先生”，大愚皆与之成为讲论之友。

舒璘（1136—1199），字元质，一字元宾，号广平，奉化人。从小得闻伊洛之说，高雅有大志。游太学时，曾向张南轩请益。东莱讲学于婺州，舒璘徒步赴婺从学，还写信告诉其家中道：“敝床疏席，总是佳趣；栉风沐雨，反为美境。”又与其兄舒琥、弟舒琪同受业于陆氏之门。然而闻人有诋朱子者，舒璘辄戒以不可轻议。舒璘曾说："吾非能一蹴而至其诚也，吾惟朝夕于斯，刻苦磨厉，改过迁善，日有新功，亦可以弗畔云尔。"于是躬行愈力，德性益明。其学以笃实不欺为主。乾道八年（1172）进士，为江西转运司干官。有所著《诗学发微》《诗礼讲解》以及《广平类稿》残编等。

沈焕（1139—1191），字叔晦，号定川，定海人。师从陆复斋，史籍传记采取至约。又曾与东莱兄弟极辩古今，始知闳览博考之益。凡世变之推移，治道之体统，圣君贤相之经纶事业，孜孜讲求，日益深广，有足以开物成务之学。一生非圣哲书不读，曾作诗箴其友曰："为学未能识肩背，读书万卷空亡羊。"每称"陶靖节读书不求甚解，会意欣然忘食，此真读书者"。所著有《定川集》五卷。其弟沈炳，字季文。年未四十，弃去科举之业，师事陆象山，务穷性理。赵汝愚曾以遗逸荐之，不就，固穷终身。

杨简（1141—1226），字敬仲，慈溪人。筑室于德润湖上，故号慈湖先生。乾道五年（1174）进士。任富阳主簿时，适陆象山道经富阳，谈论契合，乃从之学。淳熙元年（1174），因母丧去官家居。著有《慈湖遗书》二十卷，以及《易传》《诗传》《五诰解》《先圣大训》等。

袁燮（1144—1224），字和叔，号絜斋，鄞县人。早年读东都《党锢传》，慨然以名节自期。曾从东莱学，得中原文献之传，所得益富。又与永嘉陈君举为友，与之考订旧章，探讨世变。后来又师从陆象山。有《絜斋家塾书钞》十二卷。

甬上四先生本来都是金溪陆氏的高弟，但其中袁燮、舒璘、沈焕又都曾师从东莱。是时，诸先生多里居讲学：杨简开讲于碧沚，沈焕开讲于竹洲，袁燮则讲于城南之楼氏精舍，惟舒璘在外为官。大愚经常应邀在他们的各处书院一起讲学，而把"得中原文献之统"的婺学也带到了甬上，与之朝夕相切磨。故甬上学者遂以大愚代舒璘，亦称为"四先生"。滕德粹受任为鄞县县尉，朱子告诉他说："甬上有杨、袁、沈、吕四人，可以与之讲论。"于是，甬上之学，在陆氏心学的基础上，又融进了婺学的务实之风。

在甬上四先生中，大愚交往得最多的，当数沈焕兄弟。清全谢山作有《竹洲三先生书院记》，具体而生动地记述了大愚与沈氏兄弟之间交往的一段逸事：

竹洲在鄞西湖之南，盖十洲之一。三先生：沈端宪公（焕）暨其弟徵君季文（炳），参之以金华吕忠公（祖俭）也。……于是端宪兄弟并居湖上，其时忠公方为吾乡仓监，昕夕与端宪兄弟晤。顾公治在城东，还往为劳，有船场官王季和者，忠公友也，曰："是易耳。"乃以场木为制船，每忠公兴至，辄泛棹直抵湖上，端宪从水阁望见之，辄呼徵君曰："大愚来矣！"相与出俟于岸上。或竟入讲堂，讨论终日；或同泛湖上。忠公为诗以纪之，曰"湖光拍天浮竹洲，隐然一面城之幽，中有高士披素裘，我欲从之恐淹留，探囊百金办扁舟，又烦我友着意修，微风一动生波头，飞棹来往倦则休"是也。方端宪游明招山中，忠公之兄成公（东莱）尚无恙，相与极辩古今，以求周览博考之益。凡世变之推移，治道之体统，圣君贤相之经纶事业，孜孜讲论，日益深广，期于开物成务而后已。则夫忠公之来，所以商量旧学而证明新得，当不知其若何也。端宪之父签判（沈铢），故程门私淑弟子。端宪则受陆文达公之传，而徵君师文安。其兄弟分宗二陆，《宋史》竟以端宪系之文安门下，误也。端宪尤睦于成公，及其家居，忠公又宦于鄞，切磋倍笃。故沈氏之学，实兼得明招一派，而世罕知之者。

这篇《书院记》，既区分了沈氏兄弟各承二陆之别，又考证了沈氏既师从成公，又友于忠公，揭示了沈氏之学兼得明招吕学之实。大愚在明州任监仓六年，明州学术界亦深受其影响，他把东莱所开创的婺学融入了甬上众多学者之中。

大愚在明州期间，还培养有不少门生。如舒衍、张渭就是其中之较著者。舒衍，原名沂，字仲与，鄞县人。初从袁燮游，继从沈焕、杨简二先生学，后又从大愚质疑请益，然后闻见日广，智识日明，而践履不倦，非义理不谈。论古人物，分别邪正，如辨黑白。闻善人为时用则喜，苟非其人，忧见于色。表里真淳，乡党信重之，称其贤，无异辞。张渭，字渭叔，新昌人，师事大愚。及大愚任满离开明州之后，又从杨简问学。此外，凡是当时甬上四先生的弟子，大都曾听大愚讲学。

至淳熙十四年（1187），大愚调任衢州法曹。他在临走前不久，曾赋有《题慈溪龙虎轩》诗云：

> 年来世路转蹉跎，正大中庸论愈多。出本无心归亦好，何须胸次自干戈！

后来到了清代，明州学术界为了纪念大愚，曾为其立祠以祀之。明州学者全谢山为作《吕忠公祠堂碑文》，其文曰：

> 忠公之官吾乡，为司庾故，不得有所设施，但传其屏去仓中淫祠一事，深宁志之《四明七观》。而是时，正甬上奎娄光聚，正学大昌，忠公以明招山中父兄中原文献之传，左右其间，其功无所见于官守，而见之讲学。
>
> 忠公之集虽不传，然犹散见于《永乐大典》中，予欲钞其与诸先生论学之文而未得。顾读忠公吾乡之诗，吊景迂之祠，式清敏之里，求了翁、寓溪之遗，想见其一往情深。乃自元讫明，以至于今，竟无有以斋苇荐及忠公者，是则甬上文献之衰，可为长太息者矣。
>
> 礼于"释奠"之制，必求之其乡之先师；不然者，则有合也。有合者，谓其乡无足以当先师之享，则合之他乡之近而可溯者。今甬上之先师，杨、袁、舒、沈其人，可谓盛矣。而愚谓当以忠公合之，以其同讲学于鄞久，并列于先师之座，无歉也。

《碑文》充分肯定了大愚"以明招山中父兄中原文献之传，左右其间"，给予明州学术界的巨大影响，并认为虽把他和甬上之先师杨、袁、舒、沈诸人并列，"无歉也"。

大愚离开明州赴铨之时，丞相周必大嘱尚书尤袤招之，大愚不往，直到很久后才去拜见。而潘时经略广东时，欲辟大愚为僚属，大愚辞谢不赴。不久以侍从郑侨、张杓、罗点、诸葛庭瑞等共同推荐，召除籍田令，又除司农簿。继而请求补外，乃出为台州通判。宁宗即位，授为太府丞。当时韩侂胄任枢密都承旨，以外戚执政，欲倾轧右相赵汝愚，使正言李沐劾而罢之。大愚奏谓"汝愚虽亦不得无过，然未至如论者所云”。侂胄大怒道：“吕寺丞乃预我事邪?”适有祭酒李祥、博士杨简皆上书讼汝愚，李沐又皆劾而罢之。大愚乃上疏论救云：

陛下初正清明，登用忠良，然曾未逾时，朱熹老儒也，有所论列，亦亟许之去。至于李祥老成笃实，非有偏比，盖众听所共孚者，今又终于斥逐。臣恐自是天下有当言之事，必将相视以为戒，钳口结舌之风一成，而未易反，是岂国家之利邪?

今之能言之士，其所难非在于得罪君父，而在忤意权势。姑以臣所知者言之，难莫难于论灾异，然言之而不讳者，以其事不关于权势也。若乃御笔之降，庙堂不敢重违，台谏不敢深论，给舍不敢固执，盖以其事关贵幸，深虑乘间激发而重得罪也。故凡劝导人主，事从中出者，盖欲假人主之声势，以渐窃威权耳。比者闻之道路左右，执御于黜陟废置之际，间得闻者，车马辐辏，其门如市，恃权怙宠，摇撼外庭，臣恐事势浸淫，政归幸门，不在公室。凡所荐进，皆其所私；凡所倾陷，皆其所恶。岂但侧目惮畏莫敢指言，而阿比顺从内外表里之患必将形见。臣因李祥获罪而深及此者，是岂矫激自取罪戾哉?实以士气颓靡之中，稍忤权臣则去不旋踵，私忧过计，深虑陛下之势孤，而相与维持宗社者寖寡也。

疏既上，束担待罪。有旨谓祖俭朋比罔上，安置韶州（今广东省韶关市）。中书舍人邓驿缴奏谓祖俭够不上贬谪之罪。诏旨又谓“祖俭意在无君，其罪当诛，窜逐已为宽恩”。适有楼钥进读大愚六世祖吕公著元祐初所上“十事”，因而进言道：“如公著社稷臣，犹将十世宥之，前日大府寺丞吕祖俭，以言事得罪者，其孙也。今投之岭外，万一即死，圣朝有杀言者之名，臣窃为陛下惜之。”谁知宁宗竟反问道：“祖俭所言何事?”这时始知前日贬谪之旨并非出于宁宗之意。然而尽管如此，韩侂胄仍然威胁道：“复有救祖俭者，当处以新州矣!”众莫敢再言。有人谓侂胄道：“自赵丞相去，天下已切齿，今又投祖俭瘴乡，不幸或死，则怨益重。曷若少徙内地?”侂胄亦认为言之有理。大愚行至庐陵时，正欲越岭前往韶州，终于获旨改谪吉州。

当大愚被贬南行时，舒璘寄书道：“所冀缉熙学力，不磷不缁，否泰循环，吾道未必终穷也。”这既是安慰，又是勉励。当时，朱子亦寄书道：“熹以官则高于子约，以上之顾遇恩礼，则深于子约，然坐视群小之为，不能一言以报效，乃令子约独舒愤懑，触群小而蹈祸机，其愧叹深矣。”大愚即回书道：“在朝行闻时事，如在水火中，不可一朝居；使处乡闾，理乱不知，又何以多言为哉!”

大愚在谪所时，读书穷理，卖药为生。每出必草屦徒步，为逾岭之备。尝言：“因世变有所摧折，失其素履者，固不足言矣；因世变而意气有所加者，亦私心也。”后遇赦，安置高安。二年后卒，诏令送归葬于原籍，谥“忠”。著有《大愚集》。

大愚一生中，曾为整理其兄东莱的著作下过不少功夫。即在东莱逝世的第二年，亦即淳熙九年（1182）九月，朱子邀约浙东各派学者到江西玉山相会，其中大多数是金华吕学弟子，如吕大愚、潘景宪、潘景愈等，此外还有江西学者玉山汪逵，永嘉新秀叶水心等。会上大愚带来了丘密的一封信，要朱子为他们两人在江西隆兴刻板的《吕氏家塾读诗记》作序。朱子在《序》中委婉地谈到自己同东莱在《诗》学上的不同之处：“此书所谓‘朱氏’者，实熹少时浅陋之说，而伯恭父误有取焉。其后历时既久，自知其说有所未安。如雅郑邪正之云者，或不免有所更定，则伯恭父反不能不置疑于其间，熹窃惑之。方将相与反复其说，以求真是之归，而伯恭父已下世矣。”后来大愚又请尤袤写了一篇《后跋》。尤氏盛赞《读诗记》“取诸儒之说，择其善者萃为一书，间或断以己意，于是学者始知所归一。今东州士子家宝其书。”可见大愚在为其兄东莱的著作进行校订、出版以及宣传等方面，确实花费了不少精力。

东莱的从弟祖泰，字泰然，寓居常州宜兴。性疏达，尚气谊，学问该洽。在继承吕氏家学的基础上，又遍游江、淮间，广交当世知名士以交流学问。大愚因言事被贬江西时，祖泰徒步往省，留月余。对其友王深原道：“自吾兄之贬，诸人钳口。我虽无位，义必以言报国，当少须之，今未敢以累吾兄也。”及大愚殁于贬所，祖泰乃诣闻鼓院上书道：

道学自古所恃以为国也。丞相汝愚，今之有大勋劳者也。立伪学之禁，逐汝愚之党，韩侂胄自尊而卑朝廷一至于此，愿亟诛侂胄，以周必大代之。

书一发表，中外大骇，发配钦州（今广西壮族自治区钦州市）牢城收管。及侂胄伏诛，朝廷昭雪其冤，特授迪功郎，监南岳庙。丧母，无钱营葬，至都谋于诸公。得寒疾，索纸写道："吾与吾兄共攻权臣，今权臣诛，死不憾；独吾生还，无以报国，且未能葬吾母，为可憾耳。"乃卒。

大愚长子乔年，字巽伯，为沈焕之婿。亦有贤名，能守家学。袁燮称其"克肖厥父，议论劲正不阿"。又曾协助乃父搜集、整理伯父东莱的遗著。《东莱文集》四十卷，即为大愚和乔年合编。该书将东莱生前大部分文稿进行汇集刊行，为研究东莱的最主要资料。《丽泽论说集录》十卷，为东莱讲学时的门人记录，系由其弟大愚所裒辑，由侄乔年编次出版。

东莱从子康年，自幼从叔父大愚受学。甲戌廷对，真德秀欲置之状头，同列以其言中书之务，多触时政，固争不从，遂自甲置乙。德秀叹息不已，为之开雕。

东莱之子延年，字伯恩，东莱卒时仅三岁，实由叔父大愚抚养成人，并授以家学。官至寺丞，缙云羊哲师事之。

《宋元学案·东莱学案》云："诸讲学子孙，惟吕氏未坠"。可见吕氏家学，不仅东莱之前渊源深厚，而且在东莱之后亦能传之久远了。

二、丽泽后学

东莱之学的传播，主要还在于他的众多的学生。全谢山说："明招学者，自成公下世，忠公继之，由是递传不替，……历元至明未绝，四百年文献之所寄也。"[①]据载，东莱讲学明招，学生最多时有三百余人；而在东莱一生当中，其学生之多自然要数倍于此了。兹将有据可查者略作介绍如下：

叶邽，字子应，金华人。大冶主簿。受业于东莱之门，以所得于东莱者授

① 《宋元学案·丽泽诸儒学案》。

义乌徐侨。徐侨后为朱子高弟，而于叶先生执弟子礼，没身不衰。

王瀚，字伯海，号定庵，金华人。龟山弟子王师愈之子，而文宪公王柏之父。师事东莱和朱子。仕至朝奉郎，主管建昌军仙都观。

王洽，字伯礼，侍讲师愈之子，金华人。天资粹雅，操行洁修。尝知当涂县，真德秀荐状言其“为邑也，心乎爱人，用刑督赋，常有不得已之意，士民称诵，翕然一词云”。

楼昉，字旸叔，号迂斋，鄞县人。从东莱学于婺州，而以其所学教授乡里，从游者数百人。李悦斋学士以及王厚斋尚书之父皆其高弟。后守兴化军卒。弟楼昞，字季文，亦受学于东莱。兄弟俱以文名。

葛洪，字容父，东阳人。从东莱学。登进士第，历官为尚书员外郎。上书言：“今之将帅，非必奋不顾死，冒水火，蹈白刃，而后谓之忠也。第职思其忧谓之忠，公尔忘私谓之忠，纯实不欺谓之忠。乞严饬将帅，申儆军实。”累迁参知政事，封东阳郡公。卒，谥端献。杜范称其侃侃有大臣风。有《奏议》《杂著》二十四卷。

乔行简，字寿朋，东阳人。学于东莱之门，历练老成，识量宏远。登绍熙进士，历宗正少卿、秘书监、权工部侍郎兼国子司业兼史院兼侍讲，进知枢密院事，后加少师、保宁军节度使、醴泉观使，居官无所不言，好荐士，多至显达，至于举钱时、吴如愚，又皆当时隐逸之贤者。封鲁国公，谥文惠。所著有《周礼总说》《孔山文集》。

李诚之，字茂钦，东阳人。受业于东莱，释褐为饶州教授，历知蕲州。尝谓真德秀说：“‘笃信好学，守死善道’，吾辈八字箴也。”金人犯淮南，黄州不保，力战死之，果不负所学。全谢山《答诸生问思复堂集帖》曰：“蕲州死事李诚之，最在理、度二朝忠臣之先，东莱之高弟也。”赠朝散大夫、秘阁修撰，封正节侯。

王介，字元石，自号浑尺居士，本为苏州人，初学于东莱，徙居金华。绍熙元年（1190），廷对陈时弊，光宗嘉其直，擢居第三人，历国子录。宁宗立，以忤韩侂胄坐劾，奉祠。久之，累迁国子祭酒。会旱，诏求直言，王介手疏论时政。又言：“汉法，天地降灾，策免丞相，乞命史弥远终丧。”后以集英殿修撰知襄阳府、京西安抚使。以疾奉祠。卒，谥忠简。有《浑尺集》。

乔梦符，字世用，东阳人。从东莱学，淳熙二年（1175）进士。知歙县，有大逵当水冲，居民岁苦霖雨，梦符为筑堤凿渠，人免水患，号乔公街。后除大理正，奉旨鞫郭倬狱于宿州，不畏权势。进监察御史。

石范，字宗卿，浦江人。从东莱游。以进士授奉化尉，岁饥贫，民将为变，石范赈之，不诛一夫而定。迁知婺源县，有月桩钱二万，皆取之民，石范请蠲其十之二。继而权通判袁州，适逢峒獠弄兵，袁当其冲，石范摄州事，练军旅，广储蓄，博访守御之策，峒獠不敢近。转通判泉州。

朱质，字仲文，义乌人。受学于东莱。中绍熙进士第二人。累官至右正言、左司谏兼侍读、权吏部侍郎。著有《易说举要》。

叶秀发，字茂叔，号南坡先生，金华人。师事东莱，极深性理之学，兼善为文。以进士为庆元府教授，从其学者岁至数百人。一时巨儒皆相器重，如慈湖杨简、絜斋袁燮以及楼攻媿、史独善、楼迂斋、郑安晚等皆与之交；而以慈湖问难尤详，谓得所启发。后知高邮军。所著有《易说》《周礼说》及《论语讲义》等书。

潘景宪，字叔度，金华人。九岁以童子贡京师，后入太学，为学官汪应辰、芮烨、王十朋所推重。隆兴元年（1163）进士，请为南岳祠官，秩满，力请太平教授，远次以归。始为佛说，既而闻东莱论说行身探道之意，慨然感悟，遂尽弃所学而受学于东莱，与东莱同年而稍长。父服除后不复仕，日游东莱之门，诵诗读书，旁贯史氏，尤尽心于《程氏易传》。以女归朱子之子朱塾，故与朱子为姻亲。

潘景愈，字叔昌，叔度之弟。年三十余为太学解魁。甚有志趣，东莱称其“有意务实”。淳熙二年，从东莱入闽访朱子，并参加鹅湖之会。

潘景夔、潘景尹，松阳人。其父朝散大夫潘好谦，笃于教子，遣使越数百里入婺从东莱游，且谋徙家于婺，以便其学。

邹补之，字公衮，开化人。受业于朱子、东莱之门。淳熙初举进士，判江宁府。著有《春秋语孟注》《兵书解》《宋朝职略》等书。

杜旟，字伯高，金华人。学于东莱之门。淳熙、开禧间，两以制科荐。陆放翁、陈君举、叶水心、陈龙川咸称其文。所著有《桥斋集》。

戚如圭，金华人。以进士为嵊县尉。弟戚如玉，亦游太学。兄弟皆从东莱游。

戚如琥，字少白，如圭从弟，亦从东莱游。其学务以修身齐家见诸实用，不为空言，东莱每叹异之。以进士授郴州教授，迁国子博士。出知台州，不久改袁州，政绩大著。甫受代而卒，门人私谥曰贞白先生。

夏明诚，字敬仲，金华人。其学本于东莱，而自负甚高。登庆元丙辰进士第三人。一为安庆推官，遂致仕。尝作《八咏楼赋序》，直斥沈休文为是楼之辱。吴礼部敬卿特称之。

郑宗强，字南夫，金华人。游于东莱之门，讲贯理道，笃志根源。蔡久轩称其“学业精深，履行纯笃”。后以朝请大夫致仕。著有《坦溪集》行世。

汪淳，金华人。受业东莱，励志于学。授吉州教授，为讲学者所推重。

汪大亨，字时升，金华人。弟汪大度，字时法，号独善，人称西山先生；汪大明，字时晦。兄弟三人皆久从东莱游。庆元初，大愚触权奸贬韶州，汪大度裂裳裹足往送之，直至贬所，久之乃还，经纪其家事甚至。朱子致书，深加叹敬。从弟汪大章，号约叟，亦受业于东莱。大愚之卒，大章距秋试仅四日，舍之就道，护丧以归。兄弟遂以义行闻于士大夫之间。

黄涣，字德亨，光泽人。从东莱游，志笃学博。淳熙戊戌，南省第二人。后守岳州，罢厨传，蠲鱼税，毁淫祠。卒年八十。兄黄谦，字德柄，亦游朱、吕之门。

陈鼒，字斯士，东阳人。从东莱游，不汲汲进取，以恬静自守。永康显宦林大中闻其贤，妻以女，陈鼒未尝倚以为重。淳熙八年，登进士，林欲召为枢密院，力辞不受。及大中卒，乃迁国子博士，著作郎。凡三十年，偃蹇宦途而不改其乐。后丐祠归，贫无室庐，僦居永康以终。

詹仪之，字体仁，遂安人。张南轩守严州，东莱分教，詹仪之俱从之游。累官吏部侍郎、知静江府。

邢世材，字邦用，其先自青州徙汴，绍兴间始家会稽。久从东莱讲学，深思力索，有所未达，愤悱见于辞色，退则汲汲求践其所闻。出为南康军司户参军，迁从政郎、金华县丞，未上，卒于家，年三十七。

郭澄，字伯清，东阳人。其父将仕郎郭良臣，为筑西园书舍，招延东莱、薛象先诸贤教授子弟，乡中士人愿请业者，皆聚而教之。郭澄用力于学，益知师友之可亲，辞气悃颖，悉以善其身，迪其族，随其力之所至，皆有以自见。

赵彦秬，字周锡，东阳人。师事东莱。擢取应科，授右选。精于《春秋左氏传》，作《发微》一百篇以进，深受嘉奖。隆兴元年（1163）登进士第，换宣义郎，终眉州通判。

李大同，字从仲，东阳人。学于东莱与朱子之门。登嘉定进士第，官至工部尚书，以宝谟阁直学士知平江府。有《群经讲义》。

时澜，字子澜，兰溪人。师事东莱。淳熙辛丑（1181）进士，累官朝散郎、通判台州。东莱辑《书说》，自《秦誓》泝《洛诰》，未毕而卒。由时澜补撰完成。有《南堂集》若干卷。兄时澐，字子云，亦师东莱。著《尚书周官余论》，未成而卒。

郭颐，字养正，学者称固斋先生，严州寿昌人。从东莱游。成进士，官至军器监主簿。

巩丰，字仲至，号栗斋，其先郓州须城人，渡江为婺州武义人。其母杨氏，通《毛诗》《论语》《孝经》，知大义，故使诸子皆师东莱，传正学，有闻于时。巩丰登淳熙进士，知临安县，稍迁提辖左藏库。弟巩嵘，字仲问，淳熙二年（1175）进士，累官至太学博士、大理寺丞。上书言兵端不可开，忤宰相，出知严州。陛辞时，力言外攘当先内修。已而直秘阁，历迁司封郎。奉祠致仕。一生静正夷博，而儒术吏治所至皆有声闻。所著有《厚斋集》八十卷。长兄巩岘，亦师东莱，其事已佚。

周介，字叔谨，括苍人。从东莱、朱子游。

彭仲刚，字子复，平阳人。早年曾从徐子宜、王道甫游，及以进士为金华主簿，始从学于东莱，而闻丽泽之教，东莱谓其用力甚锐。其学不事论说，以实践为宗旨，以为非同声趋和所能至，故不敢以意之为是，而独以力之能者试之。常左经而右律，目验而耳覈，考实以任重，先难以致远。非其心之所通，虽诚闻之亦不苟从；非其行之所至，虽审知犹整置之。故其材为实材，德为实德。尤有吏才，所至皆有政绩。又善听讼，然不自以为明，每谕之曰：“虽讼而直，所屈多矣。”民爱信之，讼为衰止。提刑荐其政，授两浙运司均斛官。继以近臣荐，召为详定一司敕令所删定官，迁国子监丞。继知全州，又减繁费以苏民力，然后戢豫借，宽省限，商税止取正钱，带纳者蠲其大半，输租得自概量，吏胥不敢取斛面。又择耆老之有学行者为师长，以教子弟；自己亦于听政之暇，亲执经而教之。故凡先生所至，去后无不思者。绍熙五年（1194），明、越大饥，特令为常平提举。是年病卒，叶水心为志其墓。

卢汝琰、卢汝琯兄弟，淳安人。东莱为新定校官，汝琯实缀弟子员，后汝琰亦介弟以见东莱，兄弟从学于东莱者数年。

楼孟恺、仲恺、叔恺、季恺四兄弟，义乌人。并从东莱游。父楼蕴卒，东莱为志其墓。

汪仲仪，金华人。尝从东莱游。母卒，请铭于东莱。

郭粹中、敏中、允中、时中四兄弟，武夷人。皆从东莱讲学。粹中尝为龙游尉，敏中主江山簿，允中、时中皆应进士举。

叶诞，字必大，兰溪人。从东莱游。乾道进士，尝主清江簿，官至吴县令。其父卒，东莱为之志墓。

徐文虎，分水人。从东莱游，相与居者数年，从师友讲习甚笃。

陈锡，乌伤人。尝执经于东莱。

徐侃、徐倬，义乌人。乃徐侨之兄，皆学于东莱，而徐侨则师事朱子。

王深源，婺州人。东莱门人。郑闻在吕氏家塾从深源为学。

赵焯，字景昭，开封人。东莱介之以见玉山，曰：“新太平州司户赵焯，旧与从游，有志于正学，练达世故，于辈流中不易得，愿一听謦欬。傥有以语之，想必能佩服。亦季路同年也。”故复师事玉山，官司直，最与张杰善。

辅广，字汉卿，号潜庵，崇德人。始从东莱游，继又问学于朱子。伪学禁严，学徒多避去，辅广不为动。朱子曰：“当此时立得脚定者甚难，惟汉卿风力稍劲。”筑传贻书院教授，学者称为传贻先生。所著有《语孟学庸答问》《四书纂疏》《六经集解》《诗童子问》《通鉴集义》《潜庵日新录》《师训编》。

朱塾，字受之，朱子长子。从东莱学。以荫官将仕郎。早卒。赠中散大夫。

刘爚，字晦伯，建阳人。与弟刘炳俱受学于朱子、东莱之门。登乾道进士，累官国子司业，兼国史院编修、实录检讨。进国子祭酒兼修注官，权兵部侍郎，兼太子左谕德、国史实录院同修撰。试刑、工二部。奏乞绝金岁币，罢遣贺正使，建制置使于历阳，以援两淮。进权工部尚书，兼太子右庶子。卒，赠光禄大夫，赐谥文简。著有《奏议史稿》《经筵故事》《讲堂故事》《云庄外稿》等集。

刘炳，字韬仲，号睦堂，建阳人。与兄刘爚从朱子、东莱游。举进士，累官兵部侍郎朝请大夫。著有《四书问目》。

陈孔硕，字肤仲，学者称为北山先生，侯官人。少时即以圣贤自期，既从南轩、东莱学，后偕其兄孔夙师事朱子。官秘阁修撰。著有《中庸大学解》《北山集》。

王遇，字子合，号东湖先生，龙溪人。受学于朱子、东莱、南轩之门。乾道进士，历长乐令，通判赣州，召为太学博士，除诸王宫教授。以常州大旱，命为守，讲求荒政，民无流殍。又究致旱之由，开掘太湖水之侵塞于富家者。浙东饥，复诏提举常平事。入对，极论时弊。至官，力言计灶买盐之非策。除大宗正丞，迁右司郎中，以考校殿庐。著有《论孟讲义》《两汉博议》及《文集》。

吴必大，字伯丰，兴国人。早年师事东莱、南轩，晚师朱子，深究理学，议论操守，为儒林所重。以父任补官，为吉水丞。

沈有开，字应先，常州人。少嗜学，志其大者。南轩、东莱在严州之初，士从游者尚少，沈有开首来从学，喜曰：“吾一日得二师。”后来二公入京，有开又从之。其学不衒于繁而守其要，文字华藻，涣然有得。历迁工部、刑部架阁文字，至太学博士，与诸生讲学罢，杜门读书。为枢密院编修兼实录院检讨，进秘书丞。迁起居舍人、起居郎，皆兼侍讲，加直龙图阁。

宋甡，字茂叔，金华人。初从东莱学，论《通鉴》，贯穿不穷，东莱大奇之。继而学于张南轩，卓然自立。绍熙进士，主高安簿，江西帅漕如王蔺、邱密、尤袤皆重之，引为上客。继为广西盐事司主管官。周必大称之曰：“茂叔气象和平，讼议坚正，明敏足以决事，廉勤足以厉俗。其于经史，皆究本原。”雅工为诗，尝次放翁韵曰：“欲成平易多成拙，稍涉新奇却未工。得句直须参造化，此身何必问穷通。”

潘友端，字端叔，金华人。年十七即从南轩、东莱游。淳熙甲辰进士，为太常博士。

章用中，字端叟，平阳人。先从陈君举游，因随君举至金华，又从东莱学，由是显名。

倪千里，字起万，东阳人。七岁能熟诵九经、诸子。学于陈君举，传其《春秋》之学；又受学于东莱，学者宗之，户外之屦恒满。淳熙进士，累官监察御史。公馈不入门，私书不出阈，退食萧然如山居。迁右正言，以论事忤大臣，除起居舍人，至侍讲。卒，赠右文殿修撰。

石斗文，字天民，新昌人。与弟宗昭同学于朱子、东莱、象山三氏之门。斗文举隆兴进士，为临安府学教授。史丞相荐其学行，迁枢密院编修。上书论曰：“朝事譬之千金之家，必严大门以司出入。一旦疑守者而创开便门，不知其私之滋甚于大门也。”知武冈军。

石宗昭，字应之，斗文之弟。亦受学于朱、吕、陆三氏之门。

陈刚，字正己，盱江人（一作建昌之欧江人）。初学于陆象山，继而游浙中，又师东莱和陈龙川。以进士官教授。

丁希亮，字少詹，黄岩人。负奇气，拊躬誓志，自以为不至于所至不止。先从叶水心学于乐清，水心以其读书有数，微贬厉之。后又变名字从陈龙川于永康，龙川惊曰：“是人目荦荦，神谔谔，非妥帖为学徒者。且吾乡里不素识，得非岩穴挺出之士邪?”又未几，从东莱于明招，则一时硕师良友，名言奥义，贯穿殆尽。尝服补褐而食蔬薄，手钞成屋，于是纵笔所就，词雅意确，论事深眇，皆有方幅。水心亦叹曰：“不图少詹学倏博，文倏工，淹识练智，粗细并入，非人力所及也。”有《丁少詹集》。

胡子廉，淳安人。从东莱游，博极群籍，不屑科举之业，终身不仕。

康文虎，字炳道，与弟文豹，字蔚道，皆东莱弟子。

赵善谈，东莱门人。官安抚。

李大有，字谦仲，东阳人。李大同之兄，私淑朱子、东莱、南轩三先生之学。庆元二年进士，官至太常博士。尝以轮对上疏，极力推崇三先生之学。

舒衍，字仲与，鄞县人。初从袁燮、沈焕、杨简学，后又从东莱之弟大愚质疑请益，然后闻见日广，智识日明。

张渭，字渭叔，新昌人，师事吕大愚。

纵观吕东莱丽泽诸生，率多俊杰，或居官而多政绩，或讲授以传学统，或践行以为乡闾表率，甚或兼而有之。他们都对弘扬和传播婺学作出了巨大贡献。然而考之婺学的发展历程，其中有二支影响最大。一支自东莱弟子叶邽，传于义乌毅斋徐侨，再经王世杰、石一鳌、黄溍而至王袆；一支由东莱弟子王翰传其子鲁斋王柏，经兰溪金履祥，传浦江柳贯而至宋濂。徐侨、王柏皆兼朱学，柳贯、黄溍皆为元代理学大家；而宋濂、王袆则为明初文坛盟主。尤其是宋濂，被誉为明代文臣之首，为有明开一代学绪之盛。故全谢山谓“历元至明未绝，四百年文献之所寄”云。

三、务实遗风

南宋乾道、淳熙年间，涌现了众多的成就卓著的大儒，而且形成了许多重要派别。如朱子在福建创立了规模宏大门徒众多的“闽学”，张南轩在湖南进一步奠定了由胡宏开其端的“湖湘之学”，陆象山在江西开创“金溪之学”，陈君举、叶水心在浙南建立“永嘉之学”，陈龙川在浙中永康创建“永康之学”；吕东莱则对各家之说力求“兼取其长”、存异求同，希冀陶铸众说于一炉，故在浙中金华建立了陶融众说的“婺学”。

东莱在当时的学术界，起有举足轻重且又无可替代的作用。从全国范围而言，他与闽学的领袖朱子、湖湘学的领袖张南轩并称为“东南三贤”；他所创建的婺学又与朱子的闽学、陆象山的金溪之学共成鼎立之局，并由他调停于朱、陆之间；从浙江范围而言，他的婺学与陈君举、叶水心的永嘉之学、陈龙川的永康之学亦成鼎立之局，并与之建立至为密切的关系。因而可以说，东莱所创建的婺学在当时的整个学术界中，既是联系和协调各学派的枢纽，又是容纳各种学说的交汇之区。

纵观当时学术界的论战，无非是两个层面的争论：其一是人生修养上“尊德性”与“道问学”何者为先的争论；其二是人生目标上“道德”与“事功”何者为重的争论。前者属于“内圣”范围内的争论，而后者属于“内圣”与“外王”的关系之间的争论。

在人生修养方面，《中庸》提出“尊德性而道问学”，道德与知识分明是并重而统一的。陆象山确有偏重“尊德性”的倾向，而朱子则主张两者并重。朱子曰：“持敬是穷理之本，穷得理明，又是养心之助。”[①]明确地论证了道德与知识之间的辩证统一关系。在这一问题上，应该说朱子的观点比较全面，而象山则未免有所偏颇。正因为如此，东莱也就明显地赞成朱子的观点，并努力做象山的思想工作，使之接受朱子的观点，正体现了他的求真务实精神。

在人生目标方面，先秦儒家是把道德和事功统一在一起的。例如《尚书》把“克明俊德”与“平章百姓”“协和万邦”相统一，《论语》把“修己”与“安人”“安百姓”相统一，《大学》把正心、诚意的“明明德”与治国、平天下的“新民”相统一，《中庸》把以“诚”为本的“三达德”与治天下之“九经”相统一，《孟子》把“不忍人之心”与“王天下”的事业相统一，总而言之，就是“内圣”与“外王”的辩证统一。然而在宋儒当中，朱、张、陆的性理之学，确实有偏重“内圣”之道德的倾向；而永嘉、永康的功利之学，则确实有偏重“外王”之事功的倾向；独有东莱所开创的婺学，主张道德与事功并重以达到两者的统一，亦体现了他的求真务实精神。

所谓“务实”，简言之，就是所学的理论与客观实际适相符合，也就是儒家方法论之所谓适得事理之宜的中庸之道。因而先秦儒家的特色，亦正在于它的务实精神。然而在南宋时期学术界的两个层面的争论中，无论是偏重“尊德性”和偏重“道问学”，抑或偏重“性理”和偏重“功利”，尽管层面不同，然而其为违背事理之宜的“失中”状态则如出一辙；其间独有东莱所承传的得“中原文献之统”的婺学，无论在“尊德性”与“道问学”之间，抑或在“性理”与“事功”之间，都主张两者兼重而悉得其平，纯然合乎先儒所垂训的中庸之道，

① 《朱子语类》卷九。

乃可谓独得以“务实”为特色的儒学之正传。

东莱之学是以博综当世各家之说的姿态出现在世人面前的。这是因为：第一，吕氏家族“学无常师”的治学风格，给东莱综合各家之说以重大影响。由于东莱受家学不主一说之传统的影响，故能自觉地撤除门户之见，“泛观广接”当世诸家学说，并不自立标的，不论是对前人还是对同时代的学者的学说见解，均能“公平观理之所在”，持论公允。第二，东莱一生所出仕的都是学官和史官，和当时学术界保持着广泛接触，使之成为当时交游最广的思想家之一。第三，东莱为人平易随和，待人诚恳，具有“躬自厚而薄责于人”的良好士德，加上他本身学问广博，治学严谨，学术气度恢宏，使他在学人中间有着很好的人缘，以致许多学术观点不同的学者都愿意与其往来。因此，当时各学派的代表人物都乐意与之交往。与同代任何一个学者相比，东莱的相知友好最多，学术联系面也最广。他百般周旋，极力调停当时各家之间的争论，“未尝倚一偏而主一说”。

东莱对各家之说所以采取兼容并蓄、“委曲拥护”的方针，并非无原则的，而主要是企图汲取各家学说中的合理因素，构成自己的理论体系，从而为风雨飘摇中的南宋政权提供综合当世各家之说，“兼取其长”的理论基础，以摆脱政治、经济上的危机。这对于他所开创的婺学风格的最终形成，无疑起到了举足轻重的影响。

正因为东莱能博采众家之说，故而与同代其他思想家相比，其学术思想显得“驳杂而不纯”，且被后世误认为无特色而忽视。婺学“驳杂而不纯”，确属事实，但由此断定其思想体系无鲜明的个性则未必尽然。史称其“兼总众说，巨细不遗，挈领提纲，首尾该贯，浑然若出一家之言”。其实，既能“不主一说”，又能“首尾该贯，浑然若出一家之言”，这正是东莱治学的最大特色。因为他的思想体系是在对当世各家“委曲拥护”的基础上构筑起来的，故而很少有门户之见，容纳了比其他诸家更多的思想信息，保存了其他诸家所不能保存的思想资料。如果认真剖析其学术思想，不但可以从总体上把握南宋中期学术思潮的脉搏和趋向，而且还可以理顺当时各家理论分歧的症结所在。

由于东莱与朱子、象山都相知甚深，故而他能充当双方的调停者，承担了鹅湖之会的召集和主持的任务；而且，自己也分别从朱、陆的学说中吸取了不少长处。而且，东莱自幼受“中原文献之传”的家学熏陶，史学功底极其深厚，而为当时其他理学家所不及。从历代王朝兴衰存亡的复杂过程中，他隐约感到仅仅依靠“性命义理”之学尚不足以永久而巩固地维护国家安定，必须参以“经世致用”的学问，这就使他与永嘉、永康功利学派有不少共同语言。永嘉、永康学派中的薛士龙、陈君举、徐元德、叶水心、陈龙川等人对东莱思想体系的最终形成都有过程度不同的影响，而东莱的学术思想也同样对他们具有一定的感染力。在与不同学术观点的学者接触过程中，东莱博采众说，而成为当时学术界杂色相间的旗帜。因而综合各家学说之任，自非吕氏莫属了。

由是观之，东莱所创建的婺学，主要有两个特色：其一是以求真务实为宗旨，其二是以兼容众说为方法。也就是说，在求真务实的前提下，可以兼容众说；而兼容众说，又必须以求真务实为前提。这样，就使得婺学所主张的求真务实的宗旨并非狭隘的，而其所提倡的兼容众说的气度也并非无原则的。因而可以说，求真务实乃是婺学的基本原则。然而，“求真”的目的，归根到底还在于“务实”，所以，以经世致用为目标的“务实”之风，乃是婺学的基本精神。在“务实”这一精神的指导下，完全可以兼容众说而取其长，这就是婺学所自具特色的治学风格。全谢山说：

> 小东莱之学，平心易气，不欲逞口舌以与诸公角，大约在陶铸同类，以渐化其偏，宰相之量也。

所谓“同类”，系指儒家学说的大范围而言。东莱认为，在当时的各学派，无论是朱子的理学，还是陆象山的心学，抑或永嘉、永康的功利之学，都是以儒家学说为理论基础和指导思想，都是以儒家学说来为治国安民服务的，他们的出发点和归宿点高度一致，故而相互之间并不存在什么原则分歧，都是儒学内部的派别，是完全可以相互取长补短的，所以都是“同类”；然而，各学派又未免都有所“偏”，独有东莱能以其宽宏的“宰相之量”来“陶铸同类，以渐化其偏”，使之“会归于一，而定所适从”。故《宋元学案·东莱学案》认为：“先生文学术业，本于天资，习于家庭，稽诸中原文献之所传，博诸四方师友之所讲，融洽无所偏滞。……达于家政，纤悉委曲，皆可为后世法。”所谓“博诸四方师友之所讲，融洽无所偏滞”，就是将“陶铸同类，以渐化其偏”付诸实践的实际行动；所谓“纤悉委曲，皆可为后世法”，就是体现了经世致用的“务实”精神。

东莱的丽泽书院和明招堂培养出了芸芸吕学弟子，但也向来是朱学、陆学、永康学、永嘉学的学者们纷纷前来朝拜的圣地。因受东莱宽宏雅量以及兼容众说态度的影响，各派的弟子一到丽泽，都能协调相处，学派的营垒和界限并不明朗。金华学者时少章在《书王木叔秘监文集后》中对东莱在世时吕学、永康学和永嘉学的你中有我、我中有你的关系有一段很生动精彩的叙述：

往时东莱先生讲道金华，吾宗人尊老翕然从之，叔祖铸寿卿、鋹长卿实为之领袖。而寿卿与先生同为癸未进士，先生盖兄视之，而视长卿若弟。伯父沄子云、泾仲渊及吾先人（按：时澜，字子澜），则日在讲下，课试常最诸生。是时四方来学者常千余人。自永嘉者特多，学行又冠诸郡，尤与吾宗人厚善。子云筑室，扁曰“学古”，前植丹桂，后倚苍柏，大皆蔽牛。每休日，则永嘉憬集□□。叶公正则始介陈公同甫以来，已而戴公肖望、钱公□□□□，徐公居厚最后来；而刘公茂实、蒋公行可、陈公颐刚则又往来其间。薛公士隆访先生，留数月，先生挟以游“学古”，从容竟日，欲去，尚回顾不忍舍发。吾宗人是时皆饶于财，夙戒甘毳，候诸公至，争先迎致之。日渐月染，至自忘其乡音，相见类作温语，而日所啖，大半温产也。秘书少监王公，乾道进士……始仕为义乌尉，独识寿卿于先生座上。先人时尚未第，其后教授临安，乃始识公，一见遂如旧交，日与王元后、张伯广诣直舍索谈，至引日连宵不少倦，视叶、戴、钱、徐又亲矣。先人在宗人中独后死，又尝为天富盐官，所友永嘉之士殆百余人，案上笺牍，永嘉盖十八九。先人亦自言每闻人作温语，即喜就之，以宿契使然……[①]

在这一幅绝妙的文化风俗画上，已可以透视到诸家学说在吕学影响下趋向融合的痕迹。在以“务实”作为浙东各派都可以接受的总的学术原则下，陈龙川、陈君举和叶水心成了相继并起的三颗巨星；朱子因同东莱的知己之情和长子朱塾的从学于东莱，同金华吕学学派保持着一种特殊的友好，并使朱学在金华学者中也有极深影响。金华学的代表人物吕大愚、潘叔昌虽同朱子论学终不能合，却也深受朱学的影响。朱子在淳熙八年入都奏事时，潘叔昌一直追送他到严陵钓台；大愚更终身向朱子问学不停。因此，务实和兼取诸家之长乃成为婺学的优良传统。

东莱生前虽然未能协调朱、陆之间以及理学与事功之学之间的关系而使之“会归于一而定所适从”，然而其经世致用的务实精神和兼容众说的治学方法，则为他的后学所继承。他的胞弟大愚，既与朱子保持密切的关系，又与陆氏高弟“甬上四先生”结为莫逆之交，也与永康陈龙川、永嘉叶水心等成为讲论之友，并吸取其诸家的长处。其他吕门弟子也都能继承东莱的流风遗韵，在“务实”这一宗旨下兼取众说，从而形成了经史并重、文道并重、道德与知识并重、道德与事功并重的经世致用的“婺学”传统。

东莱吕祖谦所开创的“婺学”，不仅在当时的思想界具有举足轻重的影响，且历久不衰，一直影响到明代学术风气的趋向，“为有明开一代学绪之盛”[②]；而且，清代的实学乃至近现代所提倡的求真务实之风，无不深受其影响。

拙著既成，爰赋一律以志之曰：

---

① 《敬乡录》卷十一。

② 《宋元学案·丽泽诸儒学案》。

婺学宏深世所崇，终须求实继遗风。
德因修己尊心性，业为安人重事功。
道本并行不相悖，文宜博取可旁通。
东莱雅量谁能会？旨在殊途归大同！

大事年表

宋高宗绍兴七年丁巳（1137）　一岁

是时，外祖曾畿为广西转运使，父吕大器和母曾夫人在桂林甥馆，二月十七日某时，吕祖谦出生于桂林广西转运使官邸。祖谦字伯恭，号东莱。

绍兴八年戊午（1138）　二岁

外祖曾畿因忤秦桧而去官，故东莱亦由父母带领归居婺州，住所在婺城西南隅的长仙门内向西十数步的光孝观之侧。其地本为印光寺故址，前临二湖，旁有土山及一览亭，后因寺废，土地入官建房。自曾祖吕好问从开封携家随宋室南迁，定居于婺州，即租赁此处官房居住。

绍兴十一年辛酉（1141）　五岁

大约本年前后，在父母和伯祖吕本中的教导下开始读书。

绍兴十五年乙丑（1145）　九岁

是岁，伯祖吕本中病卒于江西上饶。

绍兴十六年丙寅（1146）　十岁

是岁，父吕大器为江东提举司干官，东莱随侍于池阳（今安徽省池州市）。

十二月初八日，祖父吕弸中病卒于婺州。

绍兴十七年丁卯（1147）　十一岁

随侍父亲吕大器于婺州。

绍兴十八年戊辰（1148）　十二岁

四月，因祖父吕弸中致仕病卒，故恩补为将仕郎。

绍兴十九年己巳（1149）　十三岁

是岁，启蒙老师刘勉之病卒。据载，东莱曾师事刘勉之，而刘勉之卒于东莱十三岁时，故知受业于刘勉之当在十三岁以前。

绍兴二十一年辛未（1151）　十五岁

是岁，父吕大器为浙东提刑司干官，东莱随侍于越。

绍兴二十三年癸酉（1153）　十七岁

是年，作有《题真觉僧房芦》诗，又有《再赋真觉僧房芦》诗三首。

绍兴二十五年乙亥（1155）　十九岁

是年春，父吕大器赴任福建提刑司干官，东莱随父来到福州任所，侍于福唐（今福建省福清市）。

三月，遵父命始从林之奇先生游。

绍兴二十六年丙子（1156）　二十岁

是年，应福建转运司进士试，举为首选。

十一月初九日，先生林之奇被荐入京为秘书省正字，迁校书郎。东莱亦随师如临安。至十二月下旬，从临安返回福州，适值朱熹携家由同安卸任北归，经过福州前来拜谒吕大器，东莱得以与朱熹初次见面相识，当时朱熹二十七岁。

是岁，作有《许由》《清晓出郊》《城楼》《夏诗》诸诗。

绍兴二十七年丁丑（1157） 二十一岁

自林之奇进京后，东莱又遵从父命向胡宪受学。

是年春，应礼部试，不中；赴铨试，中宏词科第三人。四月初七日，授迪功郎，监潭州南岳庙，因如天台省视外祖父母。六月初二日，自天台归福州。

十月，父吕大器任满归里，东莱亦随侍归婺州。适值汪应辰知婺州，东莱遵父命又拜汪应辰为师。

是年，作有《登八咏楼有感》《富阳舟中夜雨》等诗。

十二月十六日，亲赴信州迎娶韩元吉之女韩复为婚。在信州，有《晚望》诗。二十九日，迎归韩女至于婺州，成礼。

绍兴二十八年戊寅（1158） 二十二岁

三月，偕韩夫人归宁，在信州作有《春日》七首。四月初二日，偕韩夫人自信州归，即率韩夫人在吕氏家庙恭行庙见之礼。

绍兴二十九年己卯（1159） 二十三岁

十一月初四日，女华年生。

绍兴三十年庚辰（1160） 二十四岁

四月，岳祠满。初六日，赴铨试，为上等第二人。父吕大器亦以祠满赴阙，授岳州通判。是时，先生胡宪为秘书省正字，汪应辰为秘书少监，皆入都供职。八月，自临安归婺州。

绍兴三十一年辛巳（1161） 二十五岁

正月十三日，授严州桐庐县尉，主管学事。

二十三日，子岳孙生，两旬而夭。

五月，王十朋为大宗正丞，过婺来访。

十二月，先生林之奇出为提举福建市舶，过婺来访。

绍兴三十二年壬午（1162）　二十六岁

正月初八日，偕韩夫人归宁如信州，不久又同赴临安，是时岳父韩元吉为司农寺主簿。是年，发两浙转运司解第二人，与陈亮同试漕台，当时陈亮二十岁。三月二十八日，自临安归婺州。

四月，父吕大器用从臣荐，差知黄州。六月初七日，子齐孙生。十二日，父吕大器之官黄州，东莱侍母曾夫人如越中外家，时伯舅曾逢通判绍兴府事。

六月二十三日，韩夫人病卒于临安。是日，东莱自越如临安。八月，以韩夫人之丧归于婺州。九月二十六日，葬夫人韩氏于武义县明招山祖茔。不久，所生男齐孙亦夭。

冬，如越中外家省亲。

是年，先生胡宪病卒。

宋孝宗隆兴元年癸未（1163）　二十七岁

春，应试礼部，奏名第六人。四月十二日，赐进士及第，改左迪功郎，又中博学宏词科。六月初七日，特授左从政郎，改差南外敦宗院宗学教授。

十二月中旬，朱熹因入都奏事南归途经婺州，与东莱重晤，同游金华名山，从此恢复了断绝多年的通问，开始了学术上的讨论和交流。

隆兴二年甲申（1164）　二十八岁

四月，如黄州省父。八月，侍父赴阙奏事。

九月，如越外家省亲。

十一月，如浙西。闰十一月，自浙西归婺州。

乾道元年乙酉（1165）　二十九岁

八月，父吕大器之官池州。十二月，侍母曾夫人至池州任所。

乾道二年丙戌（1166）　三十岁

十月，父吕大器自池州召归为郎，先如临安；东莱侍母曾夫人归至建康。

十一月初一日，母曾夫人以疾终于舟中，东莱护丧归婺。

乾道三年丁亥（1167）　三十一岁

正月二十二日，葬母曾氏夫人于武义明招山祖茔，父吕大器亦告归会葬。

四月，如临安省父。五月，复归明招守墓。

冬，在明招守墓，学子多来从学，乃开始讲学于明招寺。

乾道四年戊子（1168）　三十二岁

秋，自明招归婺城。于是父吕大器出知江州，待次，寻改知吉州。

九月，制定《乾道四年九月规约》。

冬，撰有《左氏博议》，又修《东莱公家传》。

乾道五年己丑（1169）　三十三岁

制定《乾道五年规约》。

二月，母丧服满，从吉。初二日，如宣城外氏省亲。四月，自宣城还婺州。

五月，如德清韩氏迎亲，续娶韩夫人女弟韩螺为继室。二十日，亲迎韩女归至婺州。

六月初六日，由南外宗学教授改任，除太学博士，待阙。

夏，在住所附近创办丽泽书堂（后称丽泽书院）。向朱子借用程氏《易传》校本。

八月，偕韩夫人如德清归宁，十一日，自德清归婺州，以韩夫人庙见。

八月二十五日，以近旨中都官待次者应补外之故，改添差严州州学教授。

八月二十七日，如三衢，谒见先生汪应辰。至十月初七日，自三衢归。

十月十八日，之官严州。二十一日，交事。时值张栻为严州太守，两人互相慕名已久，一见如故，各陈所学，乃成至交。在张栻的支持下，东莱大力整顿严州书院，制定《关诸州在籍人》，著有《春秋讲义》，又有《己丑课程》《己丑所编》等。

乾道六年庚寅（1170）　三十四岁

为张栻代作《奏免丁钱奏状》及《谢表》。又编次《阃范》，张栻为之作序。

五月初七日，除太学博士。闰五月初四日，自严陵归婺州。初八日，会诸生于丽泽书堂，有《规矩七事》。九日，复还严陵，遂如临安。是月，父吕大器之官吉州。不久，张栻亦自严陵召归为郎，兼讲官，与东莱同巷居住，经常互相交流学问。

十二月十九日，进而兼任国史院编修官、实录院检讨官。是岁，有《上孝宗皇帝轮对札子》二首，勉孝宗留意圣学，且言恢复大事，规模当定，方略当审。又有《太学策问》及为门人定《丧葬礼》。

乾道七年辛卯（1171）　三十五岁

正月二十八日，尚书汪应辰得请奉祠，饯行者分韵赋诗，东莱分得“敢”字为韵，赋诗送行。是月，又有《送丘宗卿博士出守嘉禾》，以“视民如伤”为韵，赋诗四首。

四月二十二日，韩夫人生女，取名螺女。五月十三日，韩夫人病卒。六月，请告归婺。十七日，葬夫人韩氏于明招祖茔。

是月，父吕大器自吉州奉祠归婺。七月初六日，如龙游迎接父亲，初八日，侍父归婺。与宰相书，请祠侍亲，不许。二十四日，以通历任四考，改左宣教郎，召试馆职，写有《馆职策》。九月十六日，除秘书省正字，兼职如故。

是岁，祭酒芮烨、詹事王十朋皆卒，有《祭芮祭酒文》《王詹事挽章》及为宰臣虞允文恭书御书崔寔《政论》下方等。

乾道八年壬辰（1172）　三十六岁

春，为省试考官，在试院参与主持礼部考试工作，点检试卷，得陆九渊文而深为赏识。

二月初四日，礼部考试尚未结束，忽接其父病危的家报，于是仓皇奔归。

路上耗时三天，及至初七日抵家时，父吕大器已卒。为服父丧再次离职丁忧，复修《丧葬礼》，定《祭礼》。陈亮作祭文前来金华祭奠。十一月初三日，葬父吕大器于武义明招山祖茔，乃结庐于明招山侧守墓。不久，螺女亦夭。

乾道九年癸巳（1173）　三十七岁

是岁，诸生复集结于门下从学，达三百人之多。朱子亦命长子朱塾来金华受教于东莱，住在潘景宪馆舍。乃讲《尚书》，有《癸巳手笔》。

八月，刘清之及陆九龄来访。陆九渊对东莱丧中讲学颇有异词，以为这将损害“纯孝之心”，劝其散遣学生。与此同时，先生汪应辰也来信希望他不要在哀苦过度之际，再为讲学耗费精力。东莱接受了他们的意见，但又感到“四方士子业已会聚，难以遽已”，因此将讲学活动坚持到了年底。

是年，朱、张、吕三人对于《太极图说》的论辩扩大到仁说和《西铭》。

淳熙元年甲午（1174）　三十八岁

正月，散遣诸生，以岳父韩元吉守婺，乃归婺省侍。始编《吕氏家塾读诗记》，重阅《春秋左氏传》，有摽抹本。刘清之来访。

三月，如明招守墓。四月，父丧已满，除服，从吉。

五月十三日，如三衢。二十六日，陆九渊自临安专程前来金华造访。六月初一日，自三衢归，才与陆九渊相会。

六月二十三日，主管台州崇道观。

八月二十八日，如越中外家省亲，潘叔度偕行。沿途遍游名山古寺，到达会稽后，又偕同伯叔舅等泛舟鉴湖，特地拜访了名儒苏仁仲。在越逗留二十余日，至九月二十七日乃归，有《入越录》。

是岁，有《左氏手记》及《魏元履国录挽章》二首、《哭芮祭酒》十诗、《薛季宣墓志铭》、《乔德瞻墓志》等。

淳熙二年乙未（1175）　三十九岁

春，在明招讲学。三月二十一日，东莱从婺州起程，前往福建访问朱熹，有弟子潘景愈随行。四月一日到达建州崇安五夫里紫阳书堂同朱熹相见。最初五天在五夫附近游览。后来又到朱熹的寒泉精舍留住月余，同观关洛书，共辑《近思录》十四卷。

五月中旬，离开寒泉精舍而赴江西铅山，朱熹亲率何镐、蔡元定、詹体仁、范念德、连崧、徐宋臣等一起送行，沿途在武夷山中游览了几天。同时，东莱为了消解朱熹与陆九渊之间的学术分歧，使之会归于一而定所适从，预先约定陆氏兄弟前来铅山鹅湖相会。五月底，东莱和朱熹一行人到达铅山鹅湖，陆九龄、陆九渊兄弟也带领朱桴、朱泰卿、邹斌、傅一飞一班弟子，临川守赵景明邀约刘清之、赵景昭，一起来会。

六月初，东莱与朱、陆在铅山鹅湖寺举行学术讨论会议。前两天主要讨论教人之法，朱子之意欲令人泛观博览而后归之约，二陆之意重在发明人之本心而不必务于博览，朱以陆之教人为太简，陆以朱之教人为支离，故此未能达成一致，气氛较为紧张。在以后五六天中，主要切磋一些具体的经学和理学问题，双方见解多有一致，气氛趋于缓和融洽。朱、吕、二陆还一同拜访了屏居上饶湖潭的名儒、程门尹焞的高弟王时敏。东莱对朱、陆的评价是“元晦英迈刚明，而工夫就实入细，殊未可量；子静亦坚实有力，但欠开阔耳。”

六月初八日，东莱与潘景愈辞别朱、陆，离鹅湖而归。途经三衢，谒先生汪应辰，又留旬日，乃归婺州。有《入闽录》。

七月，幼弟病卒，自明招如武义之上槲会葬，因游刘氏山园，有《绿映亭》诸诗。八月一日，复归明招，阅《通鉴》。学子多来受业，有《乙未手笔》。

八月，叶适约同陈亮前来明招相访。

闰九月初五日，从明招还婺城。

十二月十九日，先生汪应辰病卒。

淳熙三年丙申（1176）　四十岁

正月十二日，如三衢，哭祭先生汪应辰，有祭文。十八日，自三衢归婺。

正月二十五日，磨勘转奉议郎。

三月二十三日，女华年归于潘景良。

三月二十八日，往三衢，与朱熹相会于开化县北汪氏的听雨轩，主要对《五经》中的问题展开讨论，历时七八天，两人还作有互相唱和的《汪端斋听雨轩》诗。四月初十日，自三衢归婺。

七月初十日，迁书塾于右司宅，开始复编《吕氏家塾读诗记》。

十月初一日，如越外家省亲，不久归明招。二十六日，由明招归婺。是日，因荐除秘书省秘书郎，兼国史院编修官、实录院检讨官。二十九日，如临安就职。

十一月初五日，到实录院供职，奉命重新修定《徽宗皇帝实录》。

淳熙四年丁酉（1177）　四十一岁

三月初九日，《徽宗实录》二百卷修定完毕，呈送孝宗，并面呈《轮对札子》二首，恳请孝宗“虚心以求天下之士”，“视前代未备者”，“固当激励而振起”，以避免重蹈徽宗之覆辙。不久，升著作郎兼编修官。

四月二十九日，以参与修《实录》有劳，转承议郎，罢检讨，仍兼史职。

十一月初二日，娶故国子祭酒芮烨之季女为继室。

十一月初九日，被旨校正《圣宋文海》，东莱请一就删次，断自中兴以前。十六日，有旨从之。

是岁，先生林之奇病卒，有祭文（作文在次年夏）。

淳熙五年戊戌（1178）　四十二岁

三月十三日，磨勘转朝奉郎。是年礼部春试，东莱为殿试考官，原取叶适为第一名，因孝宗览其策颇有微词，故有司改王自中为第一名，叶适为第二名，徐元德为第四名，三人皆系永嘉学派的学者。

四月二十三日，除著作佐郎，兼史职。六月十三日，兼权礼部郎官，以参与修《中兴馆阁书目》，书成，进御，减二年磨勘。

九月十二日，孝宗驾幸秘书省观书，赐宴。翌日，出近体诗一首，赐群臣。丞相以下皆进诗，东莱进《恭和御制秋日幸秘书省近体诗》一首、《贺车驾幸秘书省》二首及代宰臣恭书御制下方，又代宰臣作谢表。二十七日，以幸省恩转朝散郎。十月十七日，除著作郎，兼职如故。

十二月十四夜，因感风寒而患风痹症，给假半月以治病。

淳熙六年己亥（1179） 四十三岁

正月十一日，因岁前感疾请祠，诏与州郡差遣。十六日，又诏与添差参议官，差遣免谢，辞。

正月二十四日，枢密使王淮宣旨，问所编《文海》次第，东莱遂以其书缴申三省以进。二月初三日，因编《文海》称旨，除直秘阁。初四日，又遣中使李裕文宣赐银三百两、绢三百匹。东莱具表谢，且辞免除职，不允，乃拜命。所进《文海》，赐名《皇朝文鉴》，命翰林学士周必大为之序。《皇朝文鉴》后人习称《宋文鉴》，乃根据北宋诸家文集、旁采传记他书而成，凡六十一门，一百五十卷。

四月初七日，买舟而归。十三日，至婺。始于婺城西北隅买宅迁居，而以原来所赁官房归还官府。

六月初七日，诏令主管建宁府武夷山冲佑观。

七月二十八日，夫人芮氏病卒。九月十五日，葬夫人芮氏于明招山祖茔。

秋，开始再次修订《吕氏家塾读诗记》，又有《尚书讲义》。

十月，陆九龄又来金华相访，留住二十余日。这时陆九龄已完全放弃原先的主张而倾向于朱熹的观点，东莱致函告诉朱熹。是时，朱熹在南康修复白鹿洞书院，特请东莱作《白鹿洞书院记》以阐述重建书院的宗旨。东莱于十二月初作《记》寄之。

淳熙七年庚子（1180） 四十四岁

自正月初一日始有《日记》，初作《大事记》。建家庙，修《宗法》及《祭礼》。

四月十七日，磨勘转朝请郎。是月，陆九龄又来金华相访。

九月二十五日，除著作郎，兼国史院编修官，固辞。十月十二日，添差两浙东路安抚司参议官，又辞。十一月二十二日，诏令主管亳州明道宫。

是岁，张栻、陆九龄皆卒，东莱有《祭张公文》及《陆先生墓志》。

淳熙八年辛丑（1181）　四十五岁

五月，东莱为家族修定家规，又定《古周易》十二篇，编《欧公本末》，阅《熙宁奏对》，又有《坐右录》《卧游录》等。

七月二十九日，因病终于寝，享年四十有五。十一月初三日，葬于武义明招山祖茔。（嘉定九年，赐谥曰“成”）

参考文献

《吕东莱先生文集》二十卷，（宋）吕祖谦撰，《金华丛书》本。

《东莱吕太史文集》十五卷，（宋）吕祖谦撰，《四库全书》本、《续金华丛书》本。

《东莱吕太史别集》十六卷，（宋）吕祖谦撰，《四库全书》本、《续金华丛书》本。

《东莱吕太史外集》五卷、《拾遗》一卷，（宋）吕祖谦撰，《四库全书》本、《续金华丛书》本。

《东莱吕太史集附录》三卷，《四库全书》本、《续金华丛书》本。

《古周易》一卷，（宋）吕祖谦撰，《文渊阁四库全书》本，台湾商务印书馆影印。

《古易音训》二卷，（宋）吕祖谦撰，《金华丛书》本。

《易说》二卷，（宋）吕祖谦撰，《学海类编》本。

《周易系辞精义》二卷，（宋）吕祖谦撰，《古逸丛书》本。

《增修东莱书说》三十五卷，（宋）吕祖谦撰，时澜增修，《文渊阁四库全书》本，台湾商务印书馆影印。

《吕氏家塾读诗记》三十二卷，（宋）吕祖谦撰，《文渊阁四库全书》本，台湾商务印书馆影印。

《春秋左氏传说》二十卷，《文渊阁四库全书》本，台湾商务印书馆影印。

《春秋左氏传续说》十二卷、《纲领》一卷，（宋）吕祖谦撰，《文渊阁四库全书》本，台湾商务印书馆影印。

《东莱左氏博议》二十五卷，（宋）吕祖谦撰，《文渊阁四库全书》本，台湾商务印书馆影印。

《大事记》十二卷，附《通释》三卷、《解题》十二卷，（宋）吕祖谦撰，《文渊阁四库全书》本，台湾商务印书馆影印。

《历代制度详说》十二卷，（宋）吕祖谦撰，《文渊阁四库全书》本，台湾商务印书馆影印。

《丽泽论说集录》十卷，（宋）吕祖谦撰，《文渊阁四库全书》本，台湾商务印书馆影印。

《古文关键》二卷，（宋）吕祖谦撰，《文渊阁四库全书》本，台湾商务印书馆影印。

《近思录》十四卷，（宋）朱熹、吕祖谦撰，《文渊阁四库全书》本，台湾商务印书馆影印。

《吕祖谦全集》十六册，（宋）吕祖谦撰，浙江古籍出版社2008年版。

《十七史详节》八册，吕祖谦编纂，上海古籍出版社2008年版。

《晦庵集》，（宋）朱熹撰，《文渊阁四库全书》本，台湾商务印书馆影印。

《南轩集》，（宋）张栻撰，《文渊阁四库全书》本，台湾商务印书馆影印。

《陆九渊集》，（宋）陆九渊撰，中华书局1980年版。

《陈亮集》，（宋）陈亮撰，河北教育出版社2003年版。

《叶适集》，（宋）叶适撰，中华书局1961年版。

《宋史》，中华书局校点本。

《宋元学案》，（清）黄宗羲撰，浙江古籍出版社2012年版。

《四库全书总目提要》，《文渊阁四库全书》本，台湾商务印书馆影印。

《中国儒学》，庞朴主编，东方出版中心1997年版。

《中国儒学史》（宋元卷），韩钟文著，广东教育出版社1998年版。

《浙学通史》，徐儒宗著，浙江大学出版社2021年版。

《婺学通论》，徐儒宗著，杭州出版社2010年版。

《吕祖谦评传》，潘富恩、徐余庆著，南京大学出版社1992年版。

《朱子大传》，束景南著，商务印书馆2003年版。

《陈亮评传》，董平、刘宏章著，南京大学出版社1996年版。

《陈亮传》，卢敦基著，上海社会科学院出版社2004年版。

后 记

我少时初读《诗经》，先父即命以朱子《诗集传》和吕东莱《吕氏家塾读诗记》两书参互读之，当时只觉得朱、吕解《诗》时有分歧，使我产生了不少疑问。继读《春秋左传》，先父又命兼读《东莱左氏博议》，当时只觉得《博议》之文纵横恣肆，很能启发文思，而对于作者的身世及其学术思想并无多少了解。后来从事儒学研究，才逐渐认识到东莱在学术史和思想史上的历史地位。

1987年冬，为应邀参加“国际周易学术讨论会”而撰写《周易经传分合考》一文，乃对东莱的《古周易》作了较为深入的研究，并对其在《易》学上的贡献作了充分肯定。2000年，我申报了《婺学通论》的研究课题，方对东莱的身世及其所开创的“婺学”作了较为系统的考察，从而有了较为全面的了解。

2002年春，金华市政协准备出版《吕祖谦全集》，我应邀参加本书的整理工作，承担了其中《古周易》《古易音训》《易说》《周易系辞精义》四种《易》学著作的点校整理任务，并对东莱一生的著作有了进一步了解。在召开点校整理该书的工作会议期间，由金华市政协组织专程赴武义明招山考察了吕东莱墓及其祖茔，又考察了东莱长期讲学的明招书院和朱吕讲堂。于是，对东莱的学术思想、治学精神和道德风范有了更为深切的感受。

2002年冬，我毅然承担了《婺学之宗——吕祖谦传》的撰写任务。我明知这是一部很难写的传记，因为东莱作为历史名人，一生既没有波澜壮阔、叱咤风云的功业，也没有悲欢离合、可歌可泣的情节；他一生的成就主要是从事讲学、著述和师友交流。显然，写这样的传记，不能以事迹和情节的推进为线索，而应该以学问的积累和思想的发展为脉络。正因为如此，撰写时难免侧重于学术性探讨。而这次又因为收入《浙江文化名人传记》的“精选系列”而重加修订，除了对原本重行校核而改正个别错字外，又增撰了“文献著述”和“婺学之宗”两章内容，分别对东莱的传世著作和学术思想作了较为系统的介绍。凡原本与新增两章的内容或有重复之处，则作了适当的调整。所述或有讹误，尚祈读者指正。

本书在撰写和出版过程中，多蒙有关领导、学者和编辑们的大力支持，对此一并致以衷心的感谢！而吾儿孟璋、小女闰璋长期承担资料收集和文字输入工作，亦附志卷末以资纪念。是为记。

徐儒宗重识于杭州寓舍

岁次癸卯仲春之月（2023年3月）